연구보고서 2017-42

장애인의 건강한 삶 정착을 위한 건강권 증진 방안 연구

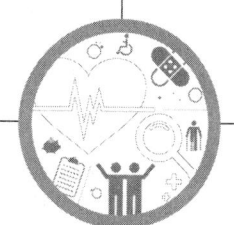

김성희·황주희·김용진·노승현
이동석·정희경·호승희·곽미영·이민경

【책임연구자】
김성희   한국보건사회연구원 연구위원

【주요 저서】
2014년 장애인실태조사
한국보건사회연구원, 보건복지부 2014(공저)

장애종합판정체계 모의적용 연구
한국보건사회연구원, 보건복지부 2014(공저)

【공동연구진】
황주희   한국보건사회연구원 부연구위원
김용진   가톨릭대학교 사회복지학과 외래교수
노승현   루터대학교 사회복지학과 교수
이동석   숭실대학교 사회복지학과 외래교수
정희경   광주대학교 사회복지학과 교수
호승희   국립재활원 재활표준연구과 과장
곽미영   국립중앙의료원 공공보건의료지원센터 주임연구원
이민경   한국보건사회연구원 전문연구원

연구보고서 2017-42

장애인의 건강한 삶 정착을 위한 건강권 증진 방안 연구

발 행 일	2017년 12월
저 자	김 성 희
발 행 인	김 상 호
발 행 처	한국보건사회연구원
주 소	[30147]세종특별자치시 시청대로 370 세종국책연구단지 사회정책동(1층~5층)
전 화	대표전화: 044)287-8000
홈페이지	http://www.kihasa.re.kr
등 록	1994년 7월 1일(제8-142호)
인 쇄 처	㈜한디자인코퍼레이션
가 격	10,000원

ⓒ 한국보건사회연구원 2017
ISBN 978-89-6827-460-2 93330

발간사

　인간이 누려야 할 기본권의 하나로 건강권이 세계보건기구 헌장(1946)에서 명시된 이후 국제사회에서 장애인의 건강권이 강조되고 있으며, UN 인권협약인 장애인권리협약(2006)에서는 장애특성에 맞춘 건강권을 제시하고 건강권 향유에 있어서의 차별금지와 의료서비스로의 접근성 보장을 강조하고 있다. 우리나라의 경우 장애인의 건강은 「보건의료기본법」, 「장애인복지법」, 「장애인차별금지 및 권리구제등에 관한 법률」에 명시되어 있고 2015년에는 「장애인건강권 및 의료접근성 보장에 관한 법률」이 제정되어 2017년 12월 30일부터 시행되게 된다.
　지난 10여 년간 우리나라의 장애인구는 지속적으로 증가하여 왔고, 최근에는 장애인구 중 취약계층인 65세 이상 장애노인과 1인가구의 비율이 크게 증가하고 있다. 후천적 원인에 의한 장애인구는 지속적으로 증가할 것으로 예측되며, 그에 따른 건강에 대한 욕구는 증가하고 관련 사회적 부담도 커질 것이다. 따라서 장애인 복지향상을 위한 노력과 더불어 건강 분야로의 정책 확대가 필요하다. 그러나 관련 사회적 인프라의 미흡, 건강정보 획득의 어려움, 이동, 의사소통, 시력 제한 등 장애특성으로 인한 의료 및 건강관련 서비스로의 낮은 접근성 등으로 인해 장애인의 건강권이 확보되지 못하고 있으며, 장애인의 구체적인 건강관련 실태 또한 제시되지 못하고 있는 상황이다. 따라서 장애인의 장애특성이 반영된 접근성 및 사회적 차별 등 사회환경적 영역을 고려한 복지적 측면에서의 다양한 논의와 접근을 통한 지역사회에서의 장애인의 건강권 증진방안을 모색하는 것이 필요하다.
　이에 본 연구에서는 장애인 당사자의 욕구와 특성, 사회환경적 요인을 반영한 건강한 삶 정착을 위한 지역사회 기반 건강권 증진방안을 도출하고자 하였다. 이를 위해 장애인의 건강권 실현을 위한 장애인의 건강권 개념, 현행 장애인 대상 건강관련 법 제도, 특히 새로 제정된 「장애인 건강권법」 등을 검토하고, 장애인의 건강 실태와 욕구의 심층적인 분석, 해외 선진 사례 검토를 통하여 「장애인 건강권법」의 본격적인 시행에 따른 지역사회 기반 장애인 건강권 증진방안을 제시하였다.

본 연구는 김성희 연구위원의 책임 하에 원내의 황주희 부연구위원, 이민경 전문연구원, 그리고 원외에서는 김용진 가톨릭대학교 사회복지학과 외래교수, 노승현 루터대학교 사회복지학과 교수, 이동석 숭실대학교 사회복지학과 외래교수, 정희경 광주대학교 사회복지학과 교수, 호승희 국립재활원 재활표준연구과 과장, 곽미영 국립중앙의료원 공공보건의료지원센터 주임연구원이 참여하여 이루어졌다.

본 연구진은 바쁘신 중에도 본 보고서를 검독하고 사려 깊은 검토 의견을 제시해 주신 원내 변용찬 명예연구위원, 권선진 평택대학교 교수에게 깊이 감사드린다. 아울러 본 연구의 실증적인 논의를 위해 자문회의에 적극적으로 참여해주신 여러 전문가들과 심층인터뷰에 응해 주신 참여자분들에게도 감사의 마음을 전한다.

끝으로 본 보고서에 수록된 내용은 연구진의 의견이며 본 연구원의 공식적인 견해가 아님을 밝혀둔다.

2017년 12월
한국보건사회연구원 원장
김 상 호

목 차

Abstract ·· 1
요약 ·· 3

제1장 서 론 ·· 21
제1절 연구 배경 및 목적 ··· 23
제2절 연구 내용 및 방법 ··· 26

제2장 장애인 건강권에 대한 이론적 고찰 ······················ 29
제1절 건강권, 장애인의 건강권 개념 ·································· 32
제2절 장애인 건강권 관련 선행 연구 ································· 53

제3장 장애인의 건강 격차 및 욕구 ·································· 71
제1절 장애인과 비장애인의 건강 격차 ······························· 74
제2절 장애인의 장애 특성별 건강 격차 ··························· 111
제3절 장애인 건강권에 대한 욕구(FGI) ··························· 155
제4절 소결 ·· 171

제4장 장애인 건강 관련 법·제도 ···································· 185
제1절 장애인 건강 관련 법·제도 ······································· 188
제2절 장애인 건강권법의 의미 및 추진 방향 ·················· 196
제3절 공공보건의료 분야의 장애인 건강 관련 사업 ······· 211

제5장 외국의 장애인 건강권 지원 정책 ·· **233**
　제1절 영국 ·· 236
　제2절 독일 ·· 258
　제3절 일본 ·· 291

제6장 장애인의 건강권 증진 방안 ·· **327**
　제1절 기본 방향 ·· 329
　제2절 건강권 증진 방안 ·· 331

참고문헌 ·· **345**

표 목차

〈표 2-1〉 국제헌장, 규약, 협정에 나타난 건강권 개념 ·················· 40
〈표 2-2〉 국내 법령에 나타난 건강권 개념 ·················· 45
〈표 2-3〉 장애인 건강권 영역 및 관련 정책 ·················· 52
〈표 3-1〉 분석 대상자의 일반적 특성 ·················· 74
〈표 3-2〉 장애인의 장애 유형별 일반적 특성(2014년 한국의료패널) ·················· 76
〈표 3-3〉 장애인의 장애 유형별 일반적 특성(2014년 장애인실태조사) ·················· 77
〈표 3-4〉 장애인과 비장애인의 건강 수준 ·················· 78
〈표 3-5〉 장애인과 비장애인의 연령별 건강 수준 ·················· 79
〈표 3-6〉 장애인과 비장애인의 정신건강 ·················· 81
〈표 3-7〉 장애인과 비장애인의 연령별 정신건강 ·················· 82
〈표 3-8〉 장애인과 비장애인의 의료서비스 이용 ·················· 84
〈표 3-9〉 장애인과 비장애인의 연령별 의료서비스 이용 ·················· 85
〈표 3-10〉 장애인과 비장애인의 개인 지출 의료비 ·················· 87
〈표 3-11〉 장애인과 비장애인의 연령에 따른 개인 지출 의료비 ·················· 87
〈표 3-12〉 장애인과 비장애인의 의료서비스 이용 제한 경험 ·················· 89
〈표 3-13〉 장애인과 비장애인의 연령별 의료서비스 이용 제한 경험 ·················· 89
〈표 3-14〉 장애인과 비장애인의 건강 행태 ·················· 91
〈표 3-15〉 장애인과 비장애인의 연령별 건강 행태 ·················· 92
〈표 3-16〉 장애인과 비장애인의 성별 및 교육 수준별 양호한 건강 인지율 ·················· 96
〈표 3-17〉 장애인과 비장애인의 성별 및 교육 수준별 만성질환 이환율 ·················· 97
〈표 3-18〉 장애인과 비장애인의 성별 및 교육 수준별 우울증상 경험률 ·················· 98
〈표 3-19〉 장애인과 비장애인의 성별 및 교육 수준별 자살 생각률 ·················· 99
〈표 3-20〉 장애인과 비장애인의 성별 및 교육 수준별 미충족 치료율 ·················· 100
〈표 3-21〉 장애인과 비장애인의 성별 및 교육 수준별 치과 치료 제한율 ·················· 101
〈표 3-22〉 장애인과 비장애인의 성별 및 교육 수준별 현재 흡연율 ·················· 102
〈표 3-23〉 장애인과 비장애인의 성별 및 교육 수준별 위험 음주율 ·················· 103

〈표 3-24〉 장애인과 비장애인의 성별 및 교육 수준별 중등도 신체활동 실천율 ············ 104
〈표 3-25〉 장애인과 비장애인의 성별 및 교육 수준별 걷기 실천율 ························ 105
〈표 3-26〉 장애인과 비장애인의 성별 및 교육 수준별 비만율 ······························ 106
〈표 3-27〉 장애인과 비장애인의 소득 분위별 건강 인지율 및 만성질환 환자율 ············ 107
〈표 3-28〉 장애인과 비장애인의 소득 분위별 우울증상 경험률 및 자살 생각률 ············ 108
〈표 3-29〉 장애인과 비장애인의 소득 분위별 미충족 치료율 및 치과 치료 제한율 ······· 109
〈표 3-30〉 장애인과 비장애인의 소득 분위별 현재 흡연율 및 위험 음주율 ················· 110
〈표 3-31〉 장애인과 비장애인의 소득 분위별 운동 실천율 및 비만율 ······················· 111
〈표 3-32〉 장애인의 장애 특성별 건강 수준 ·· 112
〈표 3-33〉 장애인의 장애 유형별 연령에 따른 건강 수준 ·· 113
〈표 3-34〉 장애인의 장애 정도별 연령에 따른 건강 수준 ·· 115
〈표 3-35〉 장애인의 장애 기간별 연령에 따른 건강 수준 ·· 117
〈표 3-36〉 장애인의 장애 특성별 정신건강 ·· 119
〈표 3-37〉 장애인의 장애 특성별 연령에 따른 정신건강 ·· 110
〈표 3-38〉 장애인의 장애 정도별 연령에 따른 정신건강 ·· 122
〈표 3-39〉 장애인의 장애 기간에 따른 연령별 정신건강 ·· 124
〈표 3-40〉 장애인의 장애 특성별 의료서비스 이용 ··· 126
〈표 3-41〉 장애인의 장애 유형에 따른 연령별 의료서비스 이용 ······························ 127
〈표 3-42〉 장애인의 장애 정도에 따른 연령별 의료서비스 이용 ······························ 130
〈표 3-43〉 장애인의 장애 기간에 따른 연령별 의료서비스 이용 ······························ 132
〈표 3-44〉 장애인의 건강검진율과 구강검진율 ·· 134
〈표 3-45〉 장애인의 장애 유형에 따른 연령별 건강검진율 및 구강검진율 ·············· 135
〈표 3-46〉 장애인의 장애 정도에 따른 연령별 건강검진율과 구강검진율 ················ 137
〈표 3-47〉 장애인의 장애 특성별 의료서비스 평가 ··· 139
〈표 3-48〉 장애인의 장애 유형에 따른 연령별 의료서비스 평가 ······························ 140
〈표 3-49〉 장애인의 장애 정도에 따른 연령별 의료서비스 평가 ······························ 142
〈표 3-50〉 장애인의 장애 특성별 의료서비스 이용 제한 경험 ································· 144
〈표 3-51〉 장애인의 장애 특성에 따른 연령별 의료서비스 이용 제한 경험 ············ 145

〈표 3-52〉 장애인의 장애 정도에 따른 연령별 의료서비스 이용 제한 경험 ·················· 147
〈표 3-53〉 장애인의 장애 기간에 따른 연령별 치과 치료 제한 경험 ···························· 149
〈표 3-54〉 장애인의 장애 특성별 건강 행태 ··· 150
〈표 3-55〉 장애인의 장애 유형에 따른 연령별 건강 행태 ·· 151
〈표 3-56〉 장애인의 장애 정도에 따른 연령별 건강 행태 ·· 153
〈표 3-57〉 FGI 개요 ··· 155
〈표 3-58〉 FGI 참여자 ·· 155
〈표 3-59〉 장애인과 비장애인의 연령에 따른 건강 격차 분석 결과 ······························· 173
〈표 3-60〉 장애인과 비장애인의 성별, 교육 수준, 소득에 따른 건강 격차 분석 결과 ·· 177
〈표 3-61〉 장애인의 장애 특성에 따른 건강 격차 분석 결과 ·· 179
〈표 4-1〉 「보건의료기본법」에서의 장애인 건강 관련 주요 조항 ································· 189
〈표 4-2〉 「장애인복지법」에서의 장애인 건강 관련 주요 조항 ····································· 190
〈표 4-3〉 「장애인 차별금지 및 권리구제 등에 관한 법률」에서의
          장애인 건강 관련 주요 조항 ··· 191
〈표 4-4〉 장애인과 전체 인구 진료비 비교(2014년) ·· 202
〈표 4-5〉 전국 시·도별 취약계층의 인구 비중 ··· 212
〈표 4-6〉 지역 거점 공공병원 공공의료복지 연계센터 지역 네트워크(시범병원 6개) ····· 219
〈표 4-7〉 사회보장기본법 개선(안) ··· 224
〈표 4-8〉 사회복지공동모금회법 개정(안) ·· 22
〈표 4-9〉 사회복지사업법 개선(안) ··· 225
〈표 5-1〉 장애인 건강권 보장을 위한 건강 영역에서의 전략 ··· 265
〈표 5-2〉 의료적 재활 급여의 종류 ·· 267
〈표 5-3〉 주무 담당 기관에 따른 재활스포츠와 기능훈련의 기간 ································· 277
〈표 5-4〉 재활스포츠 및 기능훈련 과정 ·· 279
〈표 5-5〉 지적장애인 및 중복장애 성인을 위한 의료치료센터에서 제공하는 서비스 ······ 285

그림 목차

[그림 3-1] 장애인과 비장애인의 연령별 건강 수준 ·· 80
[그림 3-2] 장애인과 비장애인의 연령별 정신건강 수준 ·· 83
[그림 3-3] 장애인과 비장애인의 연령별 의료서비스 이용 ······································ 86
[그림 3-4] 장애인과 비장애인의 연령별 개인 지출 의료비 ···································· 88
[그림 3-5] 장애인과 비장애인의 연령별 의료서비스 이용 제한 경험 ···················· 90
[그림 3-6] 장애인과 비장애인의 연령별 현재 흡연율 및 위험 음주율 ·················· 93
[그림 3-7] 장애인과 비장애인의 연령별 운동 실천율 및 비만율 ··························· 95
[그림 3-8] 장애인의 장애 유형에 따른 연령별 건강 수준 ···································· 114
[그림 3-9] 장애인의 장애 정도별 연령에 따른 건강 수준 ···································· 116
[그림 3-10] 장애인의 장애 기간별 연령에 따른 건강 수준 ·································· 118
[그림 3-11] 장애인의 장애 유형에 따른 연령별 정신건강 ···································· 121
[그림 3-12] 장애인의 장애 정도별 연령에 따른 정신건강 ···································· 123
[그림 3-13] 장애인의 장애 기간별 연령에 따른 정신건강 ···································· 125
[그림 3-14] 장애인의 장애 유형에 따른 연령별 의료서비스 경험 ························ 129
[그림 3-15] 장애인의 장애 정도에 따른 연령별 의료서비스 이용 경험 ·············· 131
[그림 3-16] 장애인의 장애 기간에 따른 연령별 의료서비스 이용 ······················· 133
[그림 3-17] 장애인의 장애 유형에 따른 연령별 건강검진율 및 구강검진율 ········ 136
[그림 3-18] 장애인의 장애 정도에 따른 연령별 의료서비스 경험 ······················· 138
[그림 3-19] 장애인의 장애 유형에 따른 연령별 의료서비스 평가 ······················· 141
[그림 3-20] 장애인의 장애 정도에 따른 연령별 의료서비스 평가 ······················· 143
[그림 3-21] 장애인의 장애 특성에 따른 연령별 의료서비스 평가 ······················· 146
[그림 3-22] 장애인의 장애 정도에 따른 연령별 의료서비스 제한 경험 ·············· 148
[그림 3-23] 장애인의 장애 특성에 따른 연령별 건강 행태 ································· 152
[그림 3-24] 장애인의 장애 정도에 따른 연령별 건강 행태 ································· 154
[그림 4-1] 장애인과 전체 인구의 일반 건강검진 수검률(2014년) ······················· 198

[그림 4-2] 장애인의 장애 유형별 일반 건강검진 수검률(2014년) ·········· 198
[그림 4-3] 장애인의 장애등급별 일반 건강검진 수검률(2014년) ·········· 198
[그림 4-4] 장애인과 전체 인구 고혈압 및 당뇨병 유병률(2014년) ········ 199
[그림 4-5] 입내원별 장애인과 전체 인구 1인당 연평균 내원일수(2014년) ········ 200
[그림 4-6] 장애 유형별 장애인 1인당 연평균 내원일수(2014년) ·········· 200
[그림 4-7] 전체 인구 대비 장애인의 연간 총 진료비(2014년) ············· 201
[그림 4-8] 장애 유형별 장애인 1인당 연평균 진료비(2014년) ············· 202
[그림 4-9] 공공의료복지 연계 흐름도 ··············· 217
[그림 4-10] 공공의료복지 연계망 정보시스템 개념도 ············· 218
[그림 4-11] 분야별 공공의료복지 연계 전달체계 확충 ··········· 228
[그림 5-1] 영국 보건서비스 개혁에 따른 전달 체계 개편 ············ 239
[그림 5-2] 재활스포츠와 기능훈련의 목표 ············ 273
[그림 5-3] 일하는 당신의 건강관리 핸드북 ············ 298
[그림 5-4] 지적장애인 건강관리 매뉴얼 ············ 298
[그림 5-5] 생활습관병 대책 지역 연대 위탁 지원 사업(도쿄도 레리마구) ········ 300
[그림 5-6] 주치의(가카리쓰게 의(医)) 제도 ············ 301
[그림 5-7] 사이다마현(埼玉縣) 노인·장애 지역재활지원체 정비(예) ········ 306
[그림 5-8] 고차뇌기능장애인 및 관련 장애인 지원보급 사업 ············ 308
[그림 5-9] 장애인 헬스 프로모션 사업 전문가 연수 과정 ············ 313
[그림 5-10] 지역 장애인 스포츠 보급 촉진 사업 ············ 315

Abstract

A Study on the promoting strategies for the right to health for healthy life of persons with disabilities

Project Head · Kim, Seonghee

At a time when 『Act on guarantee of right to health and access to medical services for persons with disabilities(Act on the right to health for persons with disabilities)』 is enacted and will be enforced in late 2017, a thorough discussion on the promoting strategies for the right to health of persons with disabilities is necessary.

This study aims to define the concept of the right to health of persons with disabilities, examine the current state of the law and institutions to support health care of persons with disabilities and suggest strategic implications for promoting the right to health of persons with disabilities.

The content and methods of research work as follows. We have conducted an extensive prospective studies about the right to health of persons with disabilities. We identified the gaps in health care between the disabled and the non-disabled based upon age, gender, level of education and economic status by analysing Korean health panel data 2014, and examine the difference in health care among persons with disabilities

---

Co-Researchers: Hwang, Juhee · Yi, Mingyeong · Kim, Yongjin · Roh, Seunghyun · Lee, Dongsuk · Jeong, Heegyeong · Ho, Seunghee · Kwak, Miyoung depending on the type, degree and characteristics of disabilities by analysing the data of National survey on the persons with disabilities 2014. We explored diverse experience of difficulties in access to medical services(use of medical facilities, access to medical information etc.) because of disorders for persons with disabilities through focused group interviews with the staffs of disabled groups. Also we examined the law, institutions and programs which guarantee the right to health for persons with disabilities in England, German and Japan through extensive literature reviews.

According to study we proposed several policy suggestions for promoting the right to health of persons with disabilities such as a customized general medical examination program for persons with disabilities, special health care services for women with disabilities, elders with disabilities as a support for vunerable groups in health. In conclusion it should be provided with health care services to meet the needs and characteristics of disabilities in disabled persons and we should prepare proper strategies to live a healthy lives in local community for people with disabilities.

요약

1. 연구의 배경 및 목적

□ 연구 배경

○ 「장애인 건강권 및 의료접근성 보장에 관한 법률」(이하 장애인 건강권법)이 제정되어 2017년 말 본격적인 시행을 앞둔 시점에서 장애인의 건강권 보장에 대한 다양한 논의와 접근을 통해 장애인의 건강권 증진 방안을 모색하는 것이 필요함.

□ 연구 목적

○ 장애인의 건강권 실현을 위한 장애인의 건강권 개념, 현행 장애인 대상 건강 관련 법 제도, 특히 새로 제정된 「장애인 건강권법」을 검토하고, 장애인의 건강 실태와 욕구의 심층적인 분석 및 해외 선진 사례 검토를 통하여 「장애인 건강권법」의 본격적인 시행에 따른 장애인의 건강한 삶 정착을 위한 지역사회 기반 장애인 건강권 증진 방안을 마련하고자 함.

□ 연구 방법

○ 첫째, 문헌 연구로 건강권, 장애인의 건강권에 대한 개념, 국내외 장애인의 건강권 관련 연구 동향 및 흐름을 파악하였고, 국내 장애인을 대상으로 하는 건강 관련 법령 및 정책을 분석하고, 해외 장애인의 건강 지원 제도 및 정책을 검토함.

○ 둘째, 2014년 「장애인실태조사」자료와 2014년 「의료패널」자료

를 활용하여 2차 자료 분석을 통해 장애인의 건강 실태, 장애인과 비장애인 간 건강 수준의 차이를 분석함.
- ○ 셋째, 장애인 단체의 관리자 및 실무자, 장애인 당사자를 대상으로 4회의 FGI를 실시하여 장애인 건강 관련 욕구와 어려움 등에 대한 의견을 수렴함.

2. 주요 연구 결과

가. 건강권에 대한 이론적 고찰

- □ 국제 헌장, 규약, 협정의 건강권
  - ○ 세계보건기구 헌장: 개인이 최상의 건강 수준을 유지하여 육체적, 정신적, 사회적으로 온전히 행복할 수 있는 권리
  - ○ 세계인권선언: 모든 사람이 도달 가능한 최고 수준의 신체적, 정신적 건강을 향유할 권리
  - ○ 장애인권리협약: 장애를 이유로 차별받지 않고 최고 수준의 건강을 향유할 권리

- □ 국내 법령의 건강권
  - ○ 헌법: "모든 국민이 보건에 관하여 국가의 보호를 받는다."라는 규정은 있으나 건강권에 대한 정의는 없음.
  - ○ 보건의료기본법: 건강 또는 건강권에 대해 구체적으로 정의하고 있지 않으나 차별 금지, 알권리, 자기결정권, 비밀 보장 등 절차적 권리를 구체화하여 제시함.

○ 장애인 건강권 및 의료접근성 보장에 관한 법률: '최선의 건강 상태를 유지할 권리'와 '보건과 의료서비스를 제공받을 권리'를 모두 포함하는 개념으로 정의함.

□ 건강권의 구성 요소

○ '건강할 권리(rights to be healthy)', '보건의료에 대한 권리(rights to health care)', '보건의료 체계 내에서의 권리(right in health care)'라는 세 가지 영역으로 분류될 수 있음(문창진, 1997, p. 275).

□ 장애인의 건강권

○ 장애인의 건강권은 '보건의료 서비스와 건강을 훼손하지 않기 위한 각종 관련 시설·환경·의료서비스 자원에 대하여 장애에 따른 차별 없이 접근할 수 있고, 포괄적인 건강 관련 서비스 체계 내에서 자원을 차별 없이 균등하게 향유할 수 있으며, 최고 수준의 신체적, 정신적, 사회적, 문화적 건강을 향유할 수 있는 권리'로 정의될 수 있음.

○ 구성 요소에 따른 장애인 건강권은 다음과 같음.

- 건강할 권리: 장애인이 건강 상태를 유지할 수 있도록 지원하는 모든 정책이 포함됨. 장애인 차별 없이 건강 유지를 위한 스포츠 활동 등 각종 활동에 참여할 수 있도록 지원하는 정책이 필요하며, 안전한 식수와 기본적 위생이 적절히 공급되고, 건강에 악영향을 미칠 수 있는 환경으로부터 자유로워야 함.

- 건강 관련 서비스에 접근할 수 있는 절차적 권리: 장애인 차별

없이 일상적 질병과 손상에 대한 적절한 의료, 주요 전염병에 대한 면역, 기본적 의약품, 추가적인 장애를 최소화하고 예방하기 위한 서비스, 지역사회에서의 건강서비스에 접근할 수 있도록 지원하는 정책 마련을 의미함.
- 보건의료 체계 내에서의 권리: 건강 관련 정책 의사결정에의 동등한 참여, 보건의료 체계 내에서 자신의 건강·신체를 통제할 권리와 간섭으로부터 자유로울 권리, 의료서비스 내용과 과정에 대한 정보 접근, 동등한 질의 서비스 제공 정책 마련을 의미함.

나. 장애인의 건강 격차 및 욕구

□ 장애인의 비장애인에 대한 건강 격차

○ 건강 수준: 비장애인에 비해 양호한 건강 인지율은 낮고 만성질환 이환율은 높았음. 건강 인지율은 남자인 경우, 고학력, 고소득일수록 높았으며, 만성질환 이환율은 여자인 경우, 저학력, 저소득일수록 높았음.

○ 정신건강: 비장애인에 비해 우울증상 경험률, 자살 생각률, 약물 복용률이 높았음. 우울증상과 자살 생각률 모두 여자인 경우 높았으며, 소득이 많을수록 낮아지는 경향을 보임.

○ 의료서비스 이용: 비장애인에 비해 입원율과 응급의료서비스 이용률이 높았음. 비장애인보다 높은 개인 의료비를 지출하나, 비장애인에 비해 미충족 치료율과 치과 치료 제한율이 높았음. 미충족 치료율은 여자인 경우, 저학력, 저소득일수록 높았으며, 치과 치료 제한율은 저학력, 저소득일수록 높았음.

○ 건강 행태: 비장애인에 비해 걷기 실천율이 낮게 나타남. 현재 흡연율과 위험 음주율은 남자인 경우, 고학력, 고소득일수록 높았음.

□ 장애인의 장애 특성별 건강 격차

○ 건강 수준: 내부장애인, 정신장애인은 타 장애 유형에 비해 양호한 건강 인지율은 낮고 만성질환 이환율은 상대적으로 높았음.

○ 정신건강: 내부장애, 정신장애의 우울증상 경험률과 자살 생각률 모두 높았으며, 중증장애의 우울과 자살 생각 위험 수준이 높았음.

○ 의료서비스 이용: 정신장애와 내부장애의 지속적 진료율, 외래진료율, 입원치료율이 높았으며, 중증장애도 높게 나타남. 반면 건강검진율과 구강검진율은 정신장애, 발달장애, 중증장애의 수검률이 낮게 나타났으며, 미충족 치료율은 신체외부장애와 감각장애, 장애 정도로는 중증장애인의 미충족 치료율이 높았음.

○ 건강 행태: 현재 흡연율의 경우 정신장애가 가장 높았으며, 위험 음주율은 신체외부장애와 감각장애가 높게 나타남.

□ 장애인의 건강권에 대한 욕구(FGI)

○ 보건의료서비스 이용에서의 '장애' 경험

- 첫째, 병의원에서 의료 행위, 검사 등을 하는 과정에서 시설·의료장비 등에 따른 물리적 접근성의 제한, 둘째 의료기관 종사자들의 장애 인식에 대한 것으로 심리적 접근성의 문제, 셋째 의사소통의 문제로 인한 낮은 접근성의 문제가 있음을 지적함.
- 의료기관시설 이용을 위한 이동 편의 지원이나 재활체육 및 운동의 논의가 이동장애, 신체장애 중심으로 논의되어 내부장

애나 발달장애의 상대적 소외 현상을 지적함.

○ 개선을 위한 제언
- 첫째, 장애인 건강권 보장의 논의에서 의료장비(의료기기), 치과 진료 서비스, 정신건강 지원 등 영역의 확대가 필요함. 둘째, 예방적 차원에서의 건강권 보장 논의가 필요하며, 셋째 예산 확대 등 추진 과정에 대한 논의가 필요함. 마지막으로 사회 통합적 접근 방식으로 장애인의 의료서비스 보장에 대한 논의가 이루어져야 함.

다. 장애인 건강 관련 법·제도

□ 장애인 건강 관련 법 현황

○ 보건의료기본법: 「보건의료기본법」의 제34조(장애인의 건강증진), 제45조(취약계층 등에 대한 보건의료서비스 제공)에 장애인 건강 및 보건의료서비스 등의 내용을 담고 있음.

○ 장애인복지법: 장애인 건강 관련 내용은 제17조(장애발생 예방)와 제18조(의료와 재활치료)임.

○ 장애인 차별금지 및 권리구제 등에 관한 법률: 제3조(건강권 정의)와 제31조(건강권에서의 차별금지) 정의에서 장애인 건강 관련 내용을 제시함.

○ 장애인 건강권 및 의료 접근성 보장에 관한 법률: 장애인 건강보건관리 종합계획의 수립, 장애인 건강보건관리사업, 장애인 건강보건관리 전달 체계 등의 내용을 담고 있음.

□ 장애인 건강 관련 계획

○ Health Plan 2020: 제3차 국민건강증진종합계획(2011~2020)의 6개 영역 중 '인구집단 건강관리' 분야의 32개 중점 과제 중 '장애인 건강'이 포함됨.

○ 장애인정책종합계획: 제4차 장애인정책종합계획의 4대 분야 중 장애인 건강증진을 위한 과제로 '장애 발생 예방 및 의료재활 강화'가 중점 과제, '장애인 건강 향상을 위한 기반 마련'이 과제로 추진됨.

○ 장애인 인권증진 중장기 계획: 차별 없이 건강을 향유할 권리 보장 등 7개의 추진 목표가 수립됨.

□ 장애인 건강권법[2]

○ 장애인 건강권법: 총 6장 28조로 구성됨.

- 목적: 장애인 건강권 보장을 위한 지원, 장애인 보건관리 체계 확립 및 의료접근성 보장에 관한 사항을 규정하여 장애인의 건강 증진에 이바지 하고자 함(제1조).

- 적용 대상자: 장애인복지법 제2조에 따른 장애인으로 재활의료, 재활운동의 경우 손상이나 질병 발생 후 완전한 회복이 어려워 일정 기간 내에 장애인이 될 것으로 예상되는 사람을 포함함(제3조 제1호 및 제4호, 제15조).

- 장애인 건강보건관리 종합계획 수립·시행(제6조): 건강권법 종합계획은 장애인복지법에 따른 장애인정책조정위원회의 심의를 거쳐 장애인 건강보건관리 종합계획을 5년마다 수립하

---

[2] 2015년 12월 제정, 2017년 12월 시행 예정.

고, 국민건강증진법에 따라 국민건강증진종합계획 및 실행계획을 수립·시행함에 있어서 종합계획이 포함되도록 함.
- 재원: 사업 비용 지원에 대해서 국가와 지방자치단체는 장애인 보건의료센터의 업무 수행에 소요되는 비용 및 장애인 건강보건관리사업에 소요되는 비용 등에 대하여 그 전부 또는 일부를 지원할 수 있도록 함(제22조).

○ 추진 방향
- 첫째, 장애인 건강보건관리사업에 대한 모니터링과 평가제도, 평가 후 결과에 따른 조치 방안 및 개입과 조치에 대해 명시하여 장애인 건강증진 관련 사업이 실효성을 가지고 실행되도록 함.
- 둘째, 장애인 특성을 고려한 정책 목표와 지원 체계를 구체화하여 명문화하고, 장애 특성별 맞춤형 법 규정을 개선하도록 함.
- 셋째, 암관리법, 심뇌혈관질환법, 만성질환의 예방 및 관리에 관한 법 등의 다양한 건강 관련 법들과의 비교를 통하여, 다양한 서비스와 혜택이 장애인들에게도 결과적으로 동일하게 적용될 수 있는지에 대한 검토와 보완이 필요함.

□ 공공보건의료 분야의 장애인 건강 관련 사업

○ 취약계층 건강 관련 사업 현황과 문제점 : 공공의료복지 연계서비스의 전달 체계, 제도, 법률 부재
- 장애인, 노인, 저소득 등 취약계층 대상으로 미충족 의료서비스 등 자원을 연계할 수 있도록 권역 공공의료복지 연계센터(가칭)를 중심으로 지역 자원을 효율적으로 활용할 수 있는 네트워크를 구축하고 지원해야 함.

○ 장애인 등 취약계층 공공의료복지 연계 허브 구축 사업

- 권역 및 지역 내 '(가칭)공공의료복지 연계센터'를 구축하여 취약계층의 발견과 치료, 치료 후 사회 복귀를 지원하는 원스톱 창구로서 지역 내 보건·의료·복지 연계의 중심 역할 수행을 가능토록 함.
- 2015년부터 보건복지부 공공의료과는 '공공보건프로그램사업비' 지원을 통해 지역 거점 공공병원 6곳을 시범 대상기관으로 공공·의료·복지 통합지원센터를 설치하고 운영 중임.

□ 장애인 건강 지원을 위한 개선 방안

○ 단계적 공공의료복지 연계센터 확대: '공공의료복지 연계 사업'을 전체 국공립병원으로 확대하고, 거점 의료기관 중심의 '지역의료복지 연계센터', 상급종합병원 등을 중심으로 '권역의료복지 연계센터' 설치·운영과 기술지원 체계 필요

○ 지방의료원을 활용한 지역 장애인보건의료지원센터 확대 방안: 지방의료원 기능에 장애인 대상 미충족 의료서비스 제공 기능과 연계센터 설치에 대한 내용을 추가하는 방안 검토 필요

○ 장애인 등 분야별 공공의료복지 연계 모델 및 지침 개발: 장애인 등 취약계층을 위한 지역별 공공의료복지 연계 허브 구축 및 거점 의료기관(지역 장애인의료지원센터)의 인프라 구축을 위해 표준 모델 및 지침 개발

○ 지역 내 장애인 공공의료복지 연계를 위한 정보 교류 체계 확보

○ 장애인 공공의료복지 연계 거버넌스: 국공립병원의 지원을 맡고 있는 국립중앙의료원 공공보건의료지원센터와의 연계 및 협력 방

안 검토

라. 외국의 장애인 건강권 지원 정책

□ 영국

○ 장애인 건강 관련 제도 변화와 배경:「국가건강서비스법」(1946)을 대체하는「건강 및 사회적 돌봄법(Health and Social Care Act)」(2012)이 제정되고 대대적인 건강 및 돌봄서비스 개혁을 추진

- NHS는 선제적으로 지역사회에서 건강서비스 제공: 'NHS가 책임지는 지속적 건강서비스(NHS continuing healthcare)'를 제공하고 있으며, NHS는 건강서비스 비용에 대해 직접 재원을 제공

○ 발달장애인의 건강 불평등 실태와 원인

- 영국에서 발달장애인들은 심각한 건강 불평등을 경험하고 있으며(Emerson & Baines, 2010; Mencap, 2017), 이에 따라 발달장애인의 건강에 대해서는 다양한 지표로 모니터링이 되고 있음.

- 발달장애인의 건강 불평등을 야기하는 원인으로는 크게 여섯 가지가 제기됨(Emerson & Baines, 2010).

• 빈곤, 열악한 거주 환경 등 사회적 결정 요인(일반 국민들과 마찬가지), 장애와 관련된 유전적, 생물학적 요인, 의사소통의 문제와 건강 교육의 부족, 개인적으로 건강에 위험을 미치는 행동, 건강서비스에의 낮은 접근성과 건강서비스의 낮은 질, 건강검진에의 접근 부족임.

○ 장애인 건강 개선을 위한 서비스-개인건강예산(Personal Health Budgets)

- NHS는 2012년 개혁 조치에 따라 장애인을 대상으로 '개인건강예산(Personal Health Budgets)'을 지급하는 시범 사업 추진
  - 장애인 '개인예산제도(Individual Budgets)'에서 착안된 것으로, 개인건강예산은 건강에 특화되며 NHS 예산으로 지원
  - 장애인 개인(또는 대리인)과 지방정부 보건위탁기관(the local clinical commissioning group)이 계획을 세우고 합의하는데, 이 지원 계획에 따라 장애인은 건강과 삶의 질의 목표를 확인하고 어떻게 예산을 사용할 것인지 명확히 함.
- 원칙: 더 많은 선택과 통제권을 개인이 갖도록 하는 것으로 모든 사람이 욕구에 기반하여 서비스를 이용하는 것임.
- 사용처: 개인건강예산은 NHS 팀과 함께 합의된 지원 계획에 있는 모든 서비스에 지불될 수 있음(단, 응급치료, 주치의 방문, 치과 치료 등의 일차적인 보건 서비스 구매에는 사용 불가).

□ 시사점 및 제언

○ 보건서비스에 대한 접근 논의 이전에 건강서비스에의 접근성을 강화함으로써 예방 정책을 강화할 필요가 있음.

○ 공급자 중심의 건강서비스 제공 방식을 벗어나 장애인이 스스로 선택과 통제권을 행사할 수 있도록 예산 방식의 지원이 필요함.

○ 장애인 건강 불평등 문제를 해결하기 위해서는 보건 및 건강서비스의 접근권 이외 사회 전반에 걸쳐 장애인에 대한 배제를 극복하기 위한 노력이 필요함.

□ 독일

○ 장애인 건강(권) 정책에 대한 기본적 이해

- 장애와 질병을 동일시하지 않으며 건강을 위한 개인의 조건뿐 아니라 사회적 조건도 중요한 요소로 인식함.

- 접근 방식: 독일의 건강 정책 목표는 '모든 사람들을 위한 건강 시스템'으로 일반 건강 시스템 안에서 장애인의 욕구를 고려함.

- 장애인 건강 정책: UN장애인권리협약의 요구를 이행하기 위하여 연방 차원에서 2011년에 '국가적 행동계획1.0(Nationaler Aktionsplan 1.0)'을 마련하였고 2016년 6월에 '국가적 행동계획2.0(Nationaler Aktionsplan 2.0)'을 재설계하여 13개의 행동 영역에서 175개의 전략을 구체화함.

○ 장애인 건강제도 현황

- 장애인 급여군 중 '의료적 재활 급여' 안에서 이루어지는데, 의료적 재활 급여는 만성질환과 장애의 예방·제거·완화·보상 및 악화 방지와 생업 능력의 제한과 돌봄 필요성의 최소화·극복·악화방지를 목적으로 제공됨(사회법전 제9권 제26조 제1항).

〈표 1〉 독일 의료적 재활 급여의 종류(사회법전 제9권 제1장)

의료적 재활 급여	○ 후속 치료 ○ 아동 치료 ○ 부모 재활치료 ○ 가족 지향 재활 ○ 종양 에프터케어 급여 ○ 장애아동 및 장애위험에 있는 아동의 조기교육 ○ 비의학적 소아과적 급여 ○ 14세까지의 아동을 위한 사회의학적 요양 ○ 중독환자를 위한 중지 치료 ○ 단계적 재편입 ○ 노인재활

- 의료적 재활 급여들은 공적의료보험기관, 공적연금보험기관, 공적사고보험기관이 담당하며, 건강 회복을 위한 재활서비스라면 대부분 의료보험기관에 의해 제공되고, 생업기능 회복에 목표를 둔 재활서비스라면 연금기관이 비용을 담당함.
    - 의료적 재활서비스를 받기 위해서는 의사 처방전이나 의사 소견서를 첨부하여 재활 담당 기관에 허가를 받아야 함.
- 재활스포츠와 기능훈련: 질병(치료) 이후에 활동 능력의 강화를 위해 제공되는 급여로, 의료적 재활 내 보충급여로 볼 수 있음.
    - 목적: 장애인의 신체적·사회적 안정성에 기여하고 지속적으로 노동생활에 편입되며 사회적 삶에 참여하는 것임. 또한, 재활훈련과 기능훈련을 받은 후 일상생활에서 스스로 스포츠 활동을 하거나 훈련을 하는 것임.

□ 시사점 및 제언

○ 장애인 건강 정책은 삶의 다양한 환경 속에서 발생하는 다양한 욕구를 충족시킬 수 있도록 보다 세분화되어야 할 것임.

○ 재활스포츠와 기능훈련의 중요성이 강조되어야 함. 이는 건강에서 장애인의 주체적인 역할을 강조하고, 사회 통합·참여에 목적을 두고 실시되어야 함을 의미함.

○ 지역사회에서의 스포츠 활동 지원 시스템 구축, 즉 '무장벽의료(Barrierefreie Medizin)' 추진을 통해 모든 장애인이 일반 의료 시스템에 포함될 수 있는 환경 조성이 필요함.

□ 일본

○ 일본의 국민건강 운동과 건강증진법

- 21세기 국민건강 만들기 운동(건강일본21): 질병과 개호에 대한 사회적 부담의 해결을 위해 2000년 건강일본21운동을 전개함. 평균수명과 건강수명의 격차를 줄이는 것이 주 목표임.
- 건강증진법(2002년): 법률에 따라 도·도·후·현 건강증진 계획 및 시·정·촌 건강증진 계획을 세워야 하며(제2장), 건강검사 실시에 대한 방침(제2장) 등을 실시해야 함.

○ 장애인 건강증진

- 장애 예방 생애주기별 건강검진: 법적 의무가 있는 건강진단과 일반 건강검사가 있음. 법적 의무가 있는 건강진단은 노동안전위생법에 의거하여 기업 노동자에게 실시하는 단순한 검사임. 일반 건강검진은 법적 의무가 아니고 50~100항목 등 검사 항목이 많고 보험 적용이 안 되는 경우가 있어 고가인 경우가 많음.
- 장애인 건강검사(1992년): 검사 내용은 일반 건강검진과 다르지 않지만 장애를 고려한 검사 도구와 배려 내용을 선택할 수 있음. 그러나 전액 자기 부담 원칙임.
- 주치의(가카리쓰케 의(医)): 홈닥터 또는 주치의와 같은 의미로, 지역 주민과 밀착하여 일상적인 건강 유지 상담이나 고혈압, 당뇨병과 같은 생활 습관병 등 만성질환을 진료하고, 전문적인 검사나 입원이 필요한 경우에는 전문 병원을 소개함으로써 의료의 역할 분담을 꾀하고자 도입됨.

○ 장애인 대상의 의료 및 의학적 재활

- 장애인 보건 의료사업(총 274개, 2014년 기준): 장애인이 살

고 있는 지역에서 서비스를 받는 것이 주요 취지이며, 주요 내용은 중증장애인 의료비 조성 사업 또는 치과 진료, 질병의 초기 발견과 치료, 정신장애인 의료비 지원 사업, 장애아동 지원 사업, 장애인복지 관계자 교육 사업 등임.
  - 장애인 의료재활 전문기관(국립재활병원 장애인건강증진·운동의과학지원센터): 장애인 건강 만들기, 장애인 스포츠 지원, 사회 참여를 통한 장애인의 일상생활 향상과 장애인의 수명 연장을 목적으로 운영됨.
○ 장애인 스포츠 사업
  - 스포츠기본법 제정(2011년): 지역 장애인 스포츠 저변 확대를 위한 사업으로 장애인 스포츠 보급 및 촉진 사업, 특별지원학교 장애학생 스포츠 활동 실천 사업, 일본 장애인 스포츠협회 보조금, 전국 장애인 스포츠대회 개최 사업 등이 있음.
  - 장애인 스포츠 센터: 장애인의 운동과 스포츠 활동이 가능한 시설로 대부분의 도·도·후·현과 시·정·촌에 설치됨.
○ 시사점
  - 건강 관련 기관들의 협력을 통한 건강증진 노력이 이루어짐.
  - 전인적 차원의 장애예방→운동(스포츠)→재활이 연결됨.
    • 주치의 지정 병원을 통한 지원, 장애인 스포츠 활성화, 지역사회 재활병원 확대(병원→재활병원으로 퇴원하여 재활훈련→재택 퇴원) 등의 유기적 연계가 이루어짐.
  - 법률에 기반한 장애인 건강 관련 실행 계획과 프로그램 운영이 필요함.

- 장애인 운동 처방 및 지도사 등 장애인 재활체육 관련 인력의 양성이 필요함.

3. 결론 및 시사점

□ 기본 방향

○ 건강 취약계층인 장애인의 건강증진을 위한 지원 정책은 장애인의 장애 특성, 건강 특성 그리고 욕구를 반영하여야 하며, 아울러 장애인이 생활하고 있는 지역사회에서 차별받지 않는 환경을 구축함으로써 건강한 삶을 살아갈 수 있도록 지원하는 것을 원칙으로 함.

□ 건강권 증진 방안

○ 장애인의 특성에 따른 장애인의 건강증진 방안
  - 전 생애주기에 따른 장애인의 건강 정책 마련
  - 장애인의 장애 특성을 고려한 건강 정책 마련
  - 여성장애인, 고령 장애인, 저학력 장애인 등 건강 취약계층의 다양한 지원을 통한 건강 격차 해소
  - 장애인의 치과서비스 이용 확대

○ 장애인 건강증진을 위한 건강보건관리 강화
  - 장애인 건강검진 제도화 및 사후 관리
  - 재활운동 및 재활체육 활동을 위한 지원 체계 구축
  - 수요자 중심의 적극적인 장애인 건강관리사업
  - 장애인 건강관리를 위한 다학문적 팀 접근 및 관계기관 협력

○ 보건의료서비스 접근성 보장

　- 장애인 건강 주치의 제도 시행 방안 마련

　- 의료기관 이동 지원 및 이용 편의 제공 등 무장벽 의료 추진

　- 중증장애인 대상 방문 진료 서비스 도입

○ 장애인의 건강 관련 통합법으로서의 장애인 건강권법

　- 장애인 건강 관련 법으로 보건의료기본법, 장애인복지법 등이 있음. 개별 법들의 주요 대상과 시행 내용이 다름에 따라 기관 및 주체 간 협조가 어려우며 관련 법들의 중복 등 한계가 있음. 「장애인 건강권법」을 보강하여 장애인 건강에 대한 통합법으로 역할을 수행할 것을 제안함.

○ 장애 차별 없는 지역사회 기반 통합적 건강 정책 지향

　- 보건의료서비스에의 접근성을 강화하는 것과 함께 지역사회에서 건강하게 살 수 있도록 지원하는 정책이 중요하며 이를 위한 건강권 영역에서의 차별 금지를 확대하기 위한 적극적 정책이 필요함.

*주요 용어: 장애인 건강권, 장애인 건강권 및 의료접근성 보장에 관한 법률

제1장 서론

제1절 연구 배경 및 목적
제2절 연구 내용 및 방법

1 서론

제1절 연구 배경 및 목적

세계보건기구 헌장(1946년)에 건강권을 인간이 누려야 할 기본권의 하나로 규정함으로써 인권으로서의 건강권이 명시된 후 UN 인권협약인 장애인권리협약(2006)에 이르기까지 국제사회에서 장애인의 건강권이 강조되고 있다.[3] 이는 건강권의 동등한 향유를 저해하는 의도나 효과를 갖는 모든 차별을 금지하는 것으로서 결국 장애인의 건강권은 비차별성과 동등한 대우가 핵심이 됨을 의미한다. 특히 장애인권리협약(25조)에서는 장애 특성에 초점을 맞춘 건강권을 제시하고 있는데, 이는 장애인들이 장애를 이유로 차별받지 않고 최고로 달성할 수 있는 수준의 건강을 향유할 권리가 있음을 인정하는 것이고, 당사국은 의료 관련 재활을 포함하여 성별에 민감한 의료서비스에 대해서도 장애인들의 접근성을 보장하는 모든 적절한 조치를 취해야 한다는 것이다(우주형, 2016).

우리나라의 경우 장애인의 건강에 대해 「보건의료기본법」 제34조(장애인의 건강 증진), 제45조 제1항(취약계층 등에 대한 보건의료 서비스 제공), 「장애인복지법」 제17조(장애발생 예방), 제18조(의료와 재활치료), 「장애인 차별금지 및 권리구제 등에 관한 법률」 제3조(건강권), 제31조(건강권에서의 차별금지)에서 명시하고 있고, 2015년 「장애인건강권 및 의료접근성 보장에 관한 법률」이 제정되어 2017년 12월 30일부터 시

---

[3] 1946년 세계보건기구(WHO)의 규약 전문에 '건강이란 단순히 질병이 없다거나 허약하지 않다는 것만이 아니라 육체적, 정신적 신념, 경제적 혹은 사회적 조건에 따른 차별 없이 최상의 건강 수준을 유지하는 것으로서 인간이 누려야 할 기본권의 하나'라고 규정함.

행되게 된다. 결과적으로 '건강권'이란 양호한 건강 상태에 도달하고 그 것을 유지하는 데 필요하여 국가가 제공할 책임이 있는 다양한 시설과 환경을 이용할 권리로, 건강권은 의료를 제공받을 권리, 건강할 수 있는 조건에 대한 권리라는 두 요소로 구성되어 있으며 '도달 가능한 최고 수준의 건강'으로 이해될 수 있다(Asher, 2004/2009, pp. 38-39).

2014년 장애인실태조사 결과에 따르면, 우리나라의 추정 장애 인구 수는 지속적으로 증가하여, 2005년 214만 명이던 것이 2014년에는 약 273만 명으로 증가하여 지난 10여 년간 장애 인구 수는 58만 명 증가하였다. 장애 인구 중 65세 이상 장애 노인 비율은 38.8%(2011년)에서 43.3%(2014년)로 증가하였고 장애인 가구 중 1인 가구 비율도 22%로 10년 전 대비 2배 수준으로 증가하였다. 이는 장애인 중 보건과 복지 등 다양한 지원을 필요로 하는 장애 노인과 독거 장애인 가구 등의 취약계층이 지속적으로 증가한 것을 나타낸다. 인구 고령화에 따른 장애 인구의 고령화, 각종 사고 및 재해 등에 따른 후천적 원인에 의한 장애 인구는 지속적으로 증가할 것으로 예측되며, 그에 따른 건강에 대한 욕구는 증가하고 관련 사회적 부담도 커질 것이다. 따라서 장애인의 복지 향상을 위한 노력과 더불어 건강분야로의 정책 확대가 필요한 시점이다.

실제 장애인이 사회 및 국가에 대해 가장 우선적으로 요구하는 사항을 조사한 결과 소득 보장과 더불어 의료 보장이 가장 높은 비율을 차지하였다(김성희 등, 2014). 장애인은 비장애인에 비해 건강상의 가벼운 문제들이 일상생활 및 사회생활에 지장을 초래하며, 다른 장애를 유발하는 원인이 될 수 있으므로 비장애인들에 비해 지속적인 건강관리가 필요하다. 그러나 관련 사회적 인프라가 미흡하게 구축되어 있고 장애인의 건강 정보 획득의 어려움, 이동과 의사소통의 제한, 시력 제한 등의 장애 특성에 따른 의료 및 건강 관련 서비스로의 낮은 접근성 등으로 인해 장애인의 건강권이 확보되지 못하고 있다는 비판이 제기되고 있다. 또한 이로 인한 2차 장애 발생의 위험이 높으며 장애인의 건강 관련 실태 또한 구체적으로 제시되지 못하고 있는 상황이다. 이러한 장애인의 건강에 대한 책임은 개인에게도 있지만 일정 부분 사회에도 주어진다. 즉, 장애인의 건강은 개인적 요인보다 소득과 사회적 지위, 교육 수준 및 고용 상태 등 사회·환경적 요인에 더 많은 영향을 받고 있으며 이로 인해 비장애인과 많은 건강 격차가 나타나고 있어 개인의 의지와 노력만으로는 해결하기 어려운 국가가 해결해야 할 시급한 문제이다.

그동안 장애인의 건강권은 선언적 수준에 머물렀으나, 장애 개념의 의료적 모델에서 사회적 모델로의 전환에 따른 건강의 사회환경적 요인과의 관계가 중요시되고, 2015년 「장애인 건강권 및 의료접근성 보장에 관한 법률」(이하 장애인 건강권법)이 제정되어 2017년 말 본격적인 시행을 앞둔 시점에서 장애인의 건강권 보장에 대한 다양한 논의와 접근을 통해 장애인의 건강권 증진 방안을 모색하는 것이 필요하다. 즉, 기존의 의료적 영역에서의 논의와 달리 사회적 소수자로서의 장애인의 장애 특성이 반영된 접근성 및 사회적 차별 등 사회환경적 영역을 고려한 복지적 측면에서의 다양한 논의와 접근을 통한 지역사회에서의 장애인의 건강권 증진 방안을 모색하는 것이 필요하다.

그러나 기존 연구는 장애인이 경험하는 차별과 그로 인한 건강과 안녕의 영향에 주목하지 못하여 왔고, 장애인 대상 건강권 관련 연구는 대부분 국민건강보험공단의 건강보험 가입자 자료를 분석하는 2차 자료 분석에 근거한 의료적 관점 중심의 연구들이었다. 이는 이용자인 장애인 당사자의 욕구가 반영되지 못하고, 다양한 장애 특성이 반영되지 못하는 한계를 가지며, 더불어 장애인의 건강 문제에 대한 심층적인 분석은 물론 실태조사 자체도 불충분한 상황이다. 따라서 본 연구에서는 이러한 미비점을 보완하여 장애인 당사자의 욕구와 특성, 사회환경적 요인을 반영한 장애 발생 이후의 건강한 삶 정착을 위한 지역사회 기반 건강권 증진 방안을 마련하고자 한다. 이에 본 연구는 장애인의 건강권 실현을 위한 장애인의 건강권 개념, 현행 장애인 대상 건강 관련 법 제도, 특히 새로 제정된「장애인 건강권법」등을 검토하고, 장애인의 건강 실태와 욕구의 심층적인 분석 및 해외 선진 사례 검토를 통하여「장애인 건강권법」의 본격적인 시행에 따른 장애인의 건강한 삶 정착을 위한 지역사회 기반 장애인 건강권 증진 방안을 마련하는 데 목적이 있다.

제2절 연구 내용 및 방법

1. 연구 내용

본 연구는 총 6장으로 구성되어 있다. 제1장 서론에 이어, 제2장에서는 국내외 동향 분석을 통하여 건강권에 대한 개념과 사회적 소수계층인 장애인의 건강권에 대한 개념을 정리하였다. 또한 건강권 관련 선행 연구 검토를 통하여 관련 연구의 경향성을 파악하고 시사점을 제시하였다. 제3장은 2014년 한국의료패널 자료와 2014년 장애인실태조사 자료를 활용하여 장애인의 장애 특성 등 다각적인 측면에서 장애인의 건강 특성을 파악하고자 하였다. 특히 장애인과 비장애인 간 전반적인 건강 수준을 비교·제시하고 연령별, 성별, 교육 수준, 소득 수준 등의 특성별 장애인과 비장애인 간의 건강 격차와 더불어 장애인의 장애 특성별 건강 격차를 분석·제시하여 장애인과 비장애인 간의 건강 수준의 차이 그리고 장애인의 장애 특성별 건강 수준의 차이를 파악하고자 하였다. 더불어 장애인 당사자를 대상으로 초점집단면담(Focus Group Interview, FGI)을 실시하여 장애로 인한 건강권 행사 시 어려운 점, 필요한 건강 관련 서비스 내용 및 향후 건강권 증진을 위한 정책적 지원 방안 등을 분석하였다. 제4장에서는 먼저 장애인을 대상으로 하는 건강 관련 법·제도 현황을 파악하고 관련 법·제도들이 장애인을 고려하지 못하고 있음에 따른 문제점을 파악하였다. 그리고 이에 근거하여 2017년 12월부터 시행 예정인 「장애인 건강권법」의 시행 시 반영 추진이 필요한 내용을 도출하였다. 다음으로 시행 예정인 「장애인 건강권법」의 도입 배경과 의미, 그리고 주요 사업 등을 제시하고, 향후 장애인의 건강권 보장을 위한 추진 방향을 제시하였다. 더불어 현재 공공보건의료 분야에서의 장애인 대상 건강 관련 사업과 개선 방안을 제시하였다.

 제5장은 장애인의 건강 지원 정책을 선진적으로 시행하고 있는 영국, 독일, 일본 등 주요 외국에서의 장애인 건강 관련 제도 및 현황을 파악하여 정책적 시사점 및 국내 적용 방안을 검토하였다. 제6장은 결론에 해당하는 장애인의 건강권 증진 방안으로 장애인의 건강권에 대한 선행 연구, 장애인의 건강 수준 분석과 FGI 결과, 장애인 대상 건강 관련 법·제도 검토 및 외국의 장애인 건강권 지원 정책 현황 파악 등을 바탕으로 향후 장애인의 건강권 증진을 위한 정책 과제를 제시하였다.

2. 연구 방법

 본 연구의 연구 방법은 크게 네 가지로 수행되었다. 첫째, 문헌 연구로서 건강권, 장애인의 건강권에 대한 개념을 포함하였고, 국내외 장애인의 건강권 관련 연구 동향 및 흐름을 파악하였다. 또한 국내 장애인을 대상으로 하는 건강 관련 법령 및 정책을 분석하고, 해외 장애인의 건강 지원

제도 및 정책을 검토하여 국내 정책적 시사점을 도출하고 정책 방안을 제시하는 데 활용하였다.

둘째, 2차 자료 분석으로서, 2014년 「장애인실태조사」자료와 2014년 「의료패널」자료를 활용하여 장애인의 건강 실태와 욕구, 장애인과 비장애인 간 건강 수준의 차이를 분석하였고, 셋째, 장애인을 대상으로 FGI를 실시하여 현재 장애인 건강권에서의 어려움 및 지원 방안 등을 심층적으로 분석하여 장애인 건강 관련 사업의 문제점 및 욕구, 개선 사항, 「장애인 건강권법」의 효율적 시행 방안에 대한 의견을 수렴하였다.

마지막으로 연구 방향 및 연구 내용의 적절성을 위해 연구 수행 과정 중 3차례에 걸쳐 워크숍을 실시하였다. 연구의 초기에는 연구의 방향, 연구 내용 및 방법 등의 적절성에 대해 전문가 의견을 수렴하였고, 연구 중반에는 연구의 진행 내용을 확인하고 결론 도출을 위한 향후 연구 진행에 대해 의견을 수렴하였다. 연구의 마무리 단계에서는 작성된 보고서에 대한 검토와 정책 대안에 대한 의견을 수렴하여 최종 보고서에 반영하였다.

제2장 장애인 건강권에 대한 이론적 고찰

제1절 건강권, 장애인의 건강권 개념
제2절 장애인 건강권 관련 선행 연구

장애인 건강권에 대한 이론적 고찰

건강(健康, health)이란 몸이나 정신에 아무 탈 또는 질병이 없이 튼튼한 상태(a healthy state of wellbeing free from disease)를 의미한다. 따라서 건강권을 일차적으로는 '신체적, 정신적 질병이 없이 건강할 권리(right to be healthy)'로 해석할 수 있다. 하지만 현재 건강권은 건강할 권리에만 한정되어 있지 않고, 자신의 건강·신체를 통제할 권리와 간섭으로부터 자유로울 권리, 건강 보호제도에 대한 권리까지 포함하고 있다(Committee on Economic, Social and cultural Rights, 2000; 손정인, 김창엽, 2016a, p. 9). 또한 사회적 소수계층인 장애인의 건강권 개념은 일반적인 건강권 개념과 차이가 있을 수 없다.

장애인 건강권 개념을 확립하기 위해, 건강권 개념의 변천 및 현재 개념을 이해할 필요가 있다. 이를 위해 주요 국제헌장 및 규약에서 정의하고 있는 건강권의 개념 및 우리나라 법률에서 정의하고 있는 건강권 개념을 살펴보았다. 이와 더불어 장애인의 건강 불평등, 건강권 접근에의 차별 개념도 포함하여, 장애의 특성이 반영된 장애인 건강권 개념을 정리하였다. 더불어 장애인의 건강권 개념 관련 연구, 장애인의 건강 관련 연구 등 장애인 건강권 관련 선행 연구를 검토하였다.

제1절 건강권, 장애인의 건강권 개념

1. 주요 국제헌장, 규약, 협약에서의 건강권

건강권을 국제적 수준에서 처음으로 명시한 것은 세계보건기구가 창립되면서 선포된 '세계보건기구 헌장'이다. 이에 따르면 건강을 소극적으로 아프지 않은 상태로 보는 것이 아니라 보다 적극적으로 최상의 건강 상태를 유지하고 행복할 수 있는 기본적인 권리로 파악하고 있다. 이후 세계인권선언의 인권 목록에도 건강권이 포함되었다. 건강권은 자신과 가족의 건강과 안녕에 적합한 생활수준을 누릴 권리로 정의되고 있다.

헌장이나 선언은 국제법의 효력이 없는 선언적 수준이었지만, 이후 '경제적·사회적·문화적 권리에 관한 국제규약(A규약, 사회권 규약, International Covenant on Economic, Social and Cultural Rights)'이 1966년에 채택되고, 이에 대해 우리나라 국회에서도 1990년 3월 동의를 함에 따라 국제법적 효력을 갖게 되었다.4) 이 국제규약에 따르면 건강권은 모든 사람이 도달 가능한 최고 수준의 신체적, 정신적 건강을 향유할 권리로 정의되고 있고, 이에 더해 건강권에 접근할 수 있도록 개별 국가가 취해야 할 적극적 조치를 구체적으로 명시하고 있다.

국제규약의 이해를 돕고 국제적 이행을 촉진하기 위해 관련 위원회는 일반 논평을 발행하고 있다. 사회권 모니터링 기관인 '경제적·사회적·문화적 권리위원회(Committee on Economic, Social and Cultural Rights)'는 2000년 사회권 규약 12조에 건강권에 관한 일반 논평을 채택

---

4) '경제적·사회적·문화적 권리에 관한 국제규약'은 1989년 10월 5일 제39회 국무회의의 심의를 거치고 1990년 3월 16일 제148회 국회(임시)의 동의를 얻어 1990년 4월 10일 최호중 외무부장관 명의의 가입서를 국제연합 사무총장에게 기탁함으로써 1990년 7월 10일부터 대한민국에 대하여 효력을 발생하게 됨.

하였다. 일반 논평에서는 건강권을 적절한 보건의료뿐만 아니라 안전한 식수 및 적절한 위생에 대한 접근, 안전한 음식, 영양 및 주거의 적정 공급, 건강한 직장 및 환경 조건, 성 및 생식보건을 포함한 보건 관련 교육 및 정보에 대한 접근과 같은 기본적인 건강 결정 요소들까지 확대하는 포괄적 권리로 해석하고 있다.

장애인 건강권이 국제적 규약에서 명시된 것은 2006년 UN에서 채택된 '장애인권리협약(Convention on the Rights of Persons with Disabilities)'에서이다. 이 협약에 따르면 장애인 건강권은 장애를 이유로 차별받지 않고 최고 수준의 건강을 향유할 권리로 정의되고 있다. 기존 인권헌장, 사회권 규약 등과 비교해 보면 건강권을 '최고 수준의 신체적, 정신적 건강을 향유할 권리'로 규정하는 것은 동일하지만, 비장애인에게 제공되는 건강관리 및 프로그램에서의 장애인 차별 금지, 보건관리, 보건서비스, 식량과 음료 제공에서의 차별 금지, 생명보험 제공에서의 차별 금지 등을 명확히 하고 있는 점에서 차이가 있다. 또한 적극적 조치를 구체적으로 명시하고 있는데, 추가적인 장애를 최소화하고 예방하기 위한 서비스의 제공, 장애인이 속한 지역사회에서의 건강서비스 제공, 자유롭고 사전 고지에 근거하고 동의에 기초한 동등한 질의 서비스 제공 등을 구체적으로 명시하고 있다.

가. '세계보건기구 헌장'의 건강권

1946년 7월 19일부터 22일까지 뉴욕에서 세계 61개국의 대표들이 참석한 국제보건의료회의(International Health Conference)가 개최되었고 이 회의에서 세계보건기구가 설립되면서 '세계보건기구 헌장'이 만들어졌다. 이 헌장에서는 건강권을 다음과 같이 정의하고 있다.

"건강은 단지 질병에 걸리지 않거나 허약하지 않은 상태뿐만 아니라, 육체적, 정신적, 사회적으로 온전히 행복한 상태를 의미한다. 인종, 종교, 정치적 신념, 경제적 혹은 사회적 조건에 따른 차별 없이 최상의 건강 수준을 유지하는 것이 인간이 누려야 할 기본권의 하나이다. 인류의 건강은 평화와 안전을 보장하기 위한 기본 전제이며, 개인과 국가 사이에 충분한 협조를 통해서 이룰 수 있다....(중략)... 정부는 국민의 건강에 대한 책임을 다하기 위해 적절한 보건 및 사회 제도를 마련해야 한다."

이에 따르면 건강권은 '개인이 최상의 건강 수준을 유지하여 육체적, 정신적, 사회적으로 온전히 행복할 수 있는 권리'를 의미한다. 또한 정부는 이를 위해 적절한 보건 및 사회제도를 마련할 책임이 있다.

나. '세계인권선언'의 건강권

1948년 12월 국제연합 총회에서 채택된 '세계인권선언'은 서문과 30개의 조항으로 구성되어 있다. 이 중 건강권의 개념은 제25조에 포함되어 있으며, 내용은 다음과 같다.

"제25조 1. 모든 사람은 식량, 의복, 주택, 의료, 필수적인 사회 역무를 포함하여 자신과 가족의 건강과 안녕에 적합한 생활수준을 누릴 권리를 가지며, 실업, 질병, 불구, 배우자와의 사별, 노령, 그 밖의 자신이 통제할 수 없는 상황에서의 다른 생계 결핍의 경우 사회보장을 누릴 권리를 가진다.

2. 모자는 특별한 보살핌과 도움을 받을 권리를 가진다. 모든 어린이는 부모의 혼인 여부에 관계없이 동등한 사회적 보호를 향유한다."

이에 따르면 건강권은 '의료 등의 영역을 포함하여 자신과 가족의 건강과 안녕에 적합한 생활수준을 누릴 권리'를 의미한다.

다. '경제적·사회적·문화적 권리에 관한 국제규약'의 건강권

세계인권선언의 정신이 국제법의 효력을 갖추게 된 것은 유엔이 1966년 두 개의 국제인권규약을 채택하면서부터이다. 두 개의 인권규약은 '경제적·사회적·문화적 권리에 관한 국제규약(A규약, 사회권 규약)'과 '시민적·정치적 권리에 관한 국제규약(B규약, 자유권 규약)'이다. 건강권은 사회권으로서 '사회권 규약' 제12조에 구체적으로 천명되어 있다. 12조의 내용은 다음과 같다.

"1. 이 규약의 당사국은 모든 사람이 도달 가능한 최고 수준의 신체적, 정신적 건강을 향유할 권리를 가지는 것을 인정한다.

2. 이 규약 당사국이 동 권리의 완전한 실현을 달성하기 위하여 취할 조치에는 다음 사항을 위한 필요한 조치가 포함된다.

(a) 사산율과 유아 사망률의 감소 및 어린이의 건강한 발육
(b) 환경 및 산업위생의 모든 부문의 개선
(c) 전염병, 풍토병, 직업병 및 기타 질병의 예방, 치료 및 통제
(d) 질병 발생 시 모든 사람에게 의료와 간호를 확보할 여건의 조성

이에 따르면 건강권은 '모든 사람이 도달 가능한 최고 수준의 신체적, 정신적 건강을 향유할 권리'이고 또한 이를 위해 각 정부는 건강권의 완전한 실현을 위해 필요한 구체적인 조치들을 취해야 한다. 결국 이전과 마찬가지로 건강권의 개념을 신체적, 정신적 건강과 안녕을 향유할 권리로 규정하였지만, 이에 더해 건강권에 접근할 수 있도록 개별 국가가 취해야 할 적극적 조치를 구체적으로 명시한 데 의미가 있다.

라. '유엔 경제적·사회적·문화적 권리위원회' 일반 논평 제14호

2000년 5월에 사회권 모니터링 기관인 '경제적·사회적·문화적 권리위원회(Committee on Economic, Social and Cultural Rights)'는 사회권 규약 12조 건강권에 관한 일반 논평을 채택하였다. 일반 논평에서는 건강권을 '적절한 보건의료뿐만 아니라 안전한 식수 및 적절한 위생에 대한 접근, 안전한 음식, 영양 및 주거의 적정 공급, 건강한 직장 및 환경 조건, 성 및 생식보건을 포함한 보건 관련 교육과 정보에 대한 접근과 같은 기본적인 건강 결정 요소들까지 확대하는 포괄적 권리'라고 해석했다(신영전, 2011, p. 189).

이처럼 일반논평에서는 건강권이 건강할 권리(right to be healthy)만 의미하는 것이 아니라 이에 더해 자신의 건강·신체를 통제할 권리와 간섭으로부터 자유로울 권리(freedom), 건강보호제도에 대한 권리를 포함한 요구자격(entitlement)이 모두 포함되어 있다고 해석하고 있다(Committee on Economic, Social and Cultural Rights, 2000; 손정인, 김창엽, 2016a, p. 9).

또한 일반 논평에 따르면 건강권은 그 자체로도 중요하지만, 음식, 주거, 근로, 교육, 참여, 과학적 진보와 그 응용기술의 혜택 향유, 차별 금지, 평등, 고문 금지, 사생활 보호, 정보 접근, 결사, 집회, 이동의 자유 등을 포함한 타 인권의 실현과 밀접한 관계가 있다(WHO, 2002, p. 10).

마. '장애인권리협약'의 건강권

'장애인권리협약(Convention on the Rights of Persons with Disabilities)'은 신체장애, 정신장애, 지적장애를 포함한 모든 장애가 있

는 이들의 존엄성과 권리를 보장하기 위한 유엔 인권협약이다. 이 협약은 21세기 최초의 국제 인권법에 따른 인권 조약이며, 2006년 12월 13일 제61차 유엔총회에서 채택되었다. 2008년 4월 3일까지 중화인민공화국, 사우디아라비아를 포함한 20개국이 비준함에 따라 2008년 5월 3일에 발효되었다. 2017년 5월 말 기준으로 비준국은 173개국이다(UN CRPD 홈페이지).

우리나라는 2007년 3월 30일 UN에서 서명하였고, 이후 2008년 4월 22일 제17회 국무회의에 안건으로 상정하였다. 2008년 6월 16일 대통령 재가를 거쳐, 2008년 12월 2일 제278회 국회 제14차 본회의에서 비준동의를 획득하였고, 2008년 12월 11일 비준서를 UN에 기탁하였다. 이에 따라 2009년 1월 10일부터 법적 효력을 발효하게 되었다.

'건강' 조항은 장애인권리협약 25조에 존재한다. 이 조항에 따르면 건강권은 '장애를 이유로 차별받지 않고 최고 수준의 건강을 향유할 권리'로 이해될 수 있다. 또한 이를 위해 개별국의 정부는 보건서비스 등 건강권 확보를 위해 필요한 서비스에 장애인의 접근을 보장하는 모든 적절한 조치를 취하여야 한다. 제25조(건강) 조항의 내용은 다음과 같다.

"제25조(건강) 당사국은 장애인이 장애를 이유로 한 차별 없이 달성할 수 있는 최고 수준의 건강을 향유할 권리가 있음을 인정한다. 당사국은 보건 관련 재활을 포함하여 성별을 고려한 보건서비스에 대한 장애인의 접근을 보장하는 모든 적절한 조치를 취한다. 특히, 당사국은 다음의 사항을 이행한다.

가. 성적, 생식적 보건 및 인구에 기초한 공공보건 프로그램을 포함하여 다른 사람에게 제공되는 것과 동일한 범위, 수준 및 기준의 무상 또는 감당할 수 있는 비용의 건강관리 및 프로그램을 장애인에게 제공한다.

나. 적절한 조기 발견과 개입을 포함하여, 장애인이 특히 장애에 기인

하여 필요로 하는 보건서비스와 아동 및 노인에게 발생하는 장애를 포함하여 추가적인 장애를 최소화하고 예방하기 위하여 고안된 서비스를 제공한다.

다. 농촌지역을 포함하여, 장애인이 속한 지역사회와 가능한 한 인접한 곳에서 이러한 건강서비스를 제공한다.

라. 특히 공공 및 민간 보건관리의 윤리적 기준에 대한 훈련과 홍보를 통하여, 장애인의 인권, 존엄성, 자율성 및 필요에 대한 인식 증진에 따른 자유롭고 사전 고지에 근거한 동의에 기초할 것을 포함하여 보건 전문가로 하여금 장애인에게 다른 사람과 동등한 질의 서비스를 제공하도록 요구한다.

마. 건강보험 및 국내법에 따라 허용되는 생명보험의 제공 시 장애인에 대한 차별을 금지하며, 이러한 보험은 공평하고 합리적인 방식으로 제공된다.

바. 장애를 이유로 한 보건 관리, 보건 서비스 또는 식량과 음료의 차별적 거부를 금지한다."

이처럼 장애인권리협약에서도 기존 인권헌장, 사회권 규약 등과 유사하게 건강권을 '최고 수준의 신체적, 정신적 건강을 향유할 권리'로 규정하고 있다. 하지만 장애를 이유로 차별받지 않아야 함을 강조한다는 점에서 차이가 있다. 비장애인에게 제공되는 건강관리 및 프로그램에서의 장애인 차별 금지, 보건관리, 보건서비스, 식량과 음료 제공에서의 차별 금지, 생명보험 제공에서의 차별 금지 등을 명확히 하고 있다.

또한 장애인의 건강권 보장을 위해 개별 정부가 시행하여야 할 적극적 조치를 구체적으로 명시하고 있다. 추가적인 장애를 최소화하고 예방하기 위한 서비스의 제공, 장애인이 속한 지역사회에서의 건강서비스 제공, 자유롭고 사전 고지에 근거한 동의에 기초한 동등한 질의 서비스 제공 등이 이에 해당된다.

하지만 대한민국 정부는 제25조 마호의 생명보험 관련 규정에 대하여 유보하면서 협약을 비준하였다. 즉 마호 생명보험 제공 시 장애인 차별 금지가 상법 제732조와 충돌한다는 이유로 생명보험 가입 등에서의 장애인 차별 금지 조항에 대한 국내법적 효력은 유보한 것이다. 결국 장애인권리협약은 장애인도 차별 없이 최고 수준의 건강을 향유할 권리가 있음을 명시하고 이를 위해 정부가 필요한 모든 적절한 조치를 취할 것을 규정하고 있지만, 대한민국 정부는 생명보험에서의 장애인 차별은 금지의 대상이 아닌 것으로 규정한 것이다.

바. 소결

세계보건기구 헌장부터 장애인권리협약까지 국제조약에 나타난 건강권 개념을 정리하면 건강권은 최상의 건강 수준을 유지하면서 행복할 수 있어야 하는 실체적 권리이면서, 이의 보장을 위한 적절한 보건 및 사회제도 등 구체적인 절차적 권리를 포함하고 있는 것으로 볼 수 있다. 즉 건강권은 '건강할 권리'라는 실체적 권리와 이를 위해 보건의료서비스, 건강 관련 서비스 등에서 동등한 접근을 강조하는 절차적 권리로 구성되어 있음을 알 수 있다.

세계보건기구 헌장은 건강권을 '최상의 건강 수준을 유지하면서 행복할 수 있는 권리'로 규정함에 따라 건강권을 실제적 권리로 인정은 했지만 이의 보장을 위한 절차적 권리에 대한 언급은 없었다. 세계인권선언도 마찬가지로 건강권을 실체적 권리로만 인정하였다. 하지만 경제적·사회적·문화적 권리에 관한 국제규약 및 장애인권리협약에서는 건강권을 실체적 권리로 인정할 뿐만 아니라 이의 보장을 위해 각국이 적극적 조치를 취하도록 절차적 권리를 건강권 개념 속에 포함시키고 있다. 국제헌장,

규약, 협정 등에 나타난 건강권 개념을 실체적 권리와 절차적 권리로 구분하여 살펴보면 다음 표와 같다.

〈표 2-1〉 국제헌장, 규약, 협정에 나타난 건강권 개념

건강권 개념	세계보건 기구 헌장	세계인권 선언	경제적·사회적· 문화적 권리에 관한 국제규약	유엔 경제적· 사회적·문화적 권리위원회 일반 논평	장애인권리 협약
실체적 권리	최상의 건강 수준을 유지하면서 행복할 수 있는 권리	건강과 안녕에 적합한 생활수준을 누릴 권리	신체적, 정신적 건강과 안녕을 향유할 권리	건강할 권리 간섭으로부터 자유로울 권리 건강보호제도에 대한 요구권리	최고 수준의 신체적, 정신적 건강을 향유할 권리
절차적 권리			각국이 취해야 할 적극적 조치 구체적 명시		장애를 이유로 한 차별 금지 국가의 적극적 조치

2. 국내 법령에서의 건강권

우리나라 법률에서 인권의 목록을 구체화하고 있는 최상위 법은 헌법이다. 하지만 우리나라 헌법에는 건강권을 구체적으로 명시하고 있지 않다. 다만 보건이라는 추상적 용어를 사용하고 있으며, 보건 증진을 위한 국가의 보호 의무를 규정하고 있다.

「보건의료기본법」, 「의료법」, 「소비자보호법」, 「정신건강증진 및 정신질환자 복지서비스 지원에 관한 법률」 등 개별 법령에서 건강권의 개념을 구체적으로 명시하고 있지는 않지만 건강권에 접근할 수 있는 절차적 권리를 구체화하고 있다.

다만 「장애인 건강권 및 의료접근성 보장에 관한 법률」에서 건강권의 개념을 구체적으로 명시하고 있다. 건강할 권리와 더불어 보건과 의료서비스를 제공받을 권리를 포함하는 개념으로 정의하고 있다.

가. 헌법

헌법 제10조에 행복추구권을 규정하고 있고, 제34조에 모든 국민의 인간다운 생활을 할 권리를 천명하고 있다. 특히 제36조 제3항에 "모든 국민이 보건에 관하여 국가의 보호를 받는다."고 규정하고 있다.

이처럼 헌법에서는 건강권을 '모든 국민은 건강할 권리를 가진다.'와 같이 직접적이고 구체적으로 명시하고 있지 않지만, 국민의 행복추구권과 인간다운 생활을 할 권리를 통해 건강권을 간접적으로 명시하고 있다. 이와 더불어 모든 국민이 보건에 관하여 국가의 보호를 받을 수 있음을 명시함에 따라 국가의 책무를 엄격히 규정하고 있다. 하지만 '보건', '보호'와 같은 추상적인 단어를 사용함으로써 '건강'에 대해서는 상대적으로 소극적인 태도를 취하고 있다고 볼 수 있다(신영전, 2011, p. 190).

나. 보건의료기본법

2000년 1월 제정하여 동년 7월부터 시행된 「보건의료기본법」에는 구체적으로 건강권이라는 단어가 언급되고 있다. 관련 조항인 제10조(건강권 등)는 다음과 같다.

"제10조(건강권 등) ① 모든 국민은 이 법 또는 다른 법률이 정하는 바에 의하여 자신과 가족의 건강에 관하여 국가의 보호를 받을 권리를 가진다.

② 모든 국민은 성별·연령·종교·사회적 신분 또는 경제적 사정 등을 이유로 자신과 가족의 건강에 관한 권리를 침해받지 아니한다."

하지만 이 법에서는 구체적으로 건강권의 개념을 정의하고 있지 않으며, 다만 건강권을 '건강에 대하여 국가의 보호를 받을 권리'로 규정하고 있다. 또한 이 법 제10조 제2항에서는 어떤 이유로도 건강에 관한 권리를 침해받지 아니하여야 함을 강조하고 있다. 즉 차별배제 원칙을 천명하고 있다. 이와 더불어 보건의료에 관한 국민의 권리를 말하고 있는 11조부터 13조까지는 보건의료에 관한 국민의 알권리(제11조), 보건의료서비스에 관한 자기결정권(제12조), 비밀을 보장받을 권리(제13조)가 열거되고 있다.

이를 보면「보건의료기본법」에서는 건강 또는 건강권에 대해 구체적으로 정의하고 있지 않다. 또한 국가의 보호를 받을 권리로 한정함으로써, 국가의 보호 영역이 아닌 건강의 경우 건강권의 영역에서 배제되는 문제가 발생할 수도 있다. 이처럼 건강권 자체의 개념은 모호하지만 차별 금지, 알권리, 자기결정권, 비밀 보장 등 절차적 권리를 구체화한 것은 상당한 의미를 가진다고 할 수 있다. 즉 건강하기 위해서는 건강권에 접근하기 위한 구체적인 절차나 조치가 마련되어야 함을 의미하는 것이다.

다. 의료법

1951년「국민의료법」으로 제정되었다가 1962년「의료법」으로 전부 개정되어 현재에 이르고 있는「의료법」에는 구체적으로 건강권에 대한 개념 정의는 없다. 다만 제1조 법의 목적에서 "이 법은 모든 국민이 수준 높은 의료 혜택을 받을 수 있도록 국민의료에 필요한 사항을 규정함으로써 국민의 건강을 보호하고 증진하는 데에 목적이 있다."고 밝힘으로써 국민의 건강을 증진하기 위한 한 수단으로 모든 국민이 의료 혜택을 받는 것이 중요함을 강조하고 있다.

따라서 이 법에서는 건강권을 달성하기 위한 구체적인 절차적 권리를 명시하고 있다. 진료 거부 금지 등과 같은 차별 금지(제15조), 비밀 보장(제19조), 알권리(제21조)와 같은 조항들이 이에 해당된다.

라. 소비자기본법

「소비자기본법」은 소비자의 권익 증진을 위하여 소비자의 권리와 책무, 국가·지방자치단체 및 사업자의 책무, 소비자단체의 역할 및 자유 시장 경제에서 소비자와 사업자 사이의 관계를 규정함과 아울러 소비자 정책의 종합적 추진을 위한 기본적인 사항을 규정한 것이다. 건강 유지를 위해 의료기관을 방문하는 환자도 소비자이기 때문에 이 법의 적용을 받게 된다.

「소비자기본법」에서는 소비자의 기본 권리로 ① 물품 또는 용역(이하 '물품 등'이라 한다)으로 인한 생명·신체 또는 재산에 대한 위해로부터 보호받을 권리, ② 물품 등을 선택함에 있어서 필요한 지식 및 정보를 제공받을 권리, ③ 물품 등을 사용함에 있어서 거래상대방·구입장소·가격 및 거래조건 등을 자유로이 선택할 권리, ④ 소비생활에 영향을 주는 국가 및 지방자치단체의 정책과 사업자의 사업 활동 등에 대하여 의견을 반영시킬 권리, ⑤ 물품 등의 사용으로 인하여 입은 피해에 대하여 신속·공정한 절차에 따라 적절한 보상을 받을 권리, ⑥ 합리적인 소비생활을 위하여 필요한 교육을 받을 권리, ⑦ 소비자 스스로의 권익을 증진하기 위하여 단체를 조직하고 이를 통하여 활동할 수 있는 권리, ⑧ 안전하고 쾌적한 소비생활 환경에서 소비할 권리를 규정하고 있다. 따라서 의료서비스를 구매하거나 건강 관련 상품을 소비할 때도 이와 같은 소비자의 권리는 적용 가능하다.

하지만 이 법에서도 건강권에 대한 구체적인 개념 정의는 없고, 건강권에 접근하는 소비자의 권리를 보호하는 절차적 권리만 명시되어 있다.

마. 장애인 건강권 및 의료접근성 보장에 관한 법률

2015년 12월 제정되어 2017년 12월 시행 예정인 「장애인 건강권 및 의료접근성 보장에 관한 법률(이하 장애인 건강권법)」에서는 건강권을 구체적으로 다음과 같이 정의하고 있다.

"질병 예방, 치료 및 재활, 영양개선, 재활운동, 보건교육 및 건강생활의 실천 등에 관한 제반 여건의 조성을 통하여 최선의 건강 상태를 유지할 권리를 말하며, 보건과 의료서비스를 제공받을 권리를 포함한다."

따라서 「장애인 건강권법」에 따르면, 건강권은 '최선의 건강 상태를 유지할 권리'와 '보건과 의료서비스를 제공받을 권리'를 모두 포함하는 개념으로 볼 수 있다.

바. 정신건강증진 및 정신질환자 복지서비스 지원에 관한 법률

이 법에서는 건강권 또는 정신건강권을 구체적으로 정의하고 있지는 않다. 하지만 제1조(목적)에 국민의 정신건강증진 및 정신질환자의 인간다운 삶을 영위하는 데 이바지함을 목적으로 하고 있음을 밝힘으로써, 통상적인 건강 개념을 사용하고 있음을 알 수 있다.

또한 제2조(기본이념) 제2항과 제3항에 "② 모든 정신질환자는 인간으로서의 존엄과 가치를 보장받고, 최적의 치료를 받을 권리를 가진다."와 "③ 모든 정신질환자는 정신질환이 있다는 이유로 부당한 차별대우를 받지 아니한다."와 같은 이념이 명시됨에 따라 이하 조항에서는 적절한 치료를 받기 위한 절차적 권리를 나열하고 있다. 따라서 이 법에 따르면 건강권은 주로 치료를 받기 위한 절차적 권리로 해석할 수 있다.

사. 소결

국내 법령에 나타난 건강권 개념도 실체적 권리와 절차적 권리를 모두 포함하고 있다. 건강권은 최선의 건강 상태를 유지할 수 있어야 하는 실체적 권리이면서, 건강하기 위해 보건 및 의료서비스에 접근할 수 있어야 하고, 관련하여 차별 금지, 알권리, 자기결정권, 비밀 보장 등과 같은 구체적인 절차적 권리로 구성되어 있다.

헌법에서는 건강권을 건강할 권리로 개념 규정함으로써 실체적 권리를 인정하였고, 또한 국가의 보호 의무를 규정함으로써 절차적 권리성도 보장하였다. 하지만 보장이 아닌 보호라는 용어 사용에 의한 한계는 존재한다. 「장애인 건강권 및 의료접근성 보장에 관한 법률」 및 「정신건강증진 및 정신질환자 복지서비스 지원에 관한 법률」은 건강권을 실체적 권리로 인정하면서 다양한 절차적 권리를 명시하고 있다. 「보건의료기본법」, 「의료법」, 「소비자기본법」은 건강권의 실체를 규정하지 않고, 절차적 권리를 구체적으로 명시하고 있다. 국내 법령에 나타난 건강권 개념을 실체적 권리와 절차적 권리로 구분하여 살펴보면 다음 표와 같다.

〈표 2-2〉 국내 법령에 나타난 건강권 개념

건강권 개념	헌법	보건의료 기본법	의료법	소비자 기본법	장애인 건강권 및 의료접근성 보장에 관한 법률	정신건강증진 및 정신질환자 복지서비스 지원에 관한 법률
실체적 권리	건강할 권리	-	-	-	최선의 건강 상태를 유지할 권리	통상적인 건강 개념 사용
절차적 권리	국가의 보호 의무	차별 금지, 알 권리, 자기결정권, 비밀 보장 등	차별 금지, 비밀 보장, 알 권리 등	의료서비스에 접근할 수 있는 소비자 권리	보건과 의료서비스를 제공받을 권리	적절한 치료를 받기 위한 권리

3. 건강권의 구성 요소

국제규약, 협약 및 국내 법령 등에서 살펴본 것처럼, 건강권은 실체적 권리와 절차적 권리로 구성되어 있다. 실체적 권리는 건강할 권리, 최선의 건강 수준 및 행복 상태를 유지할 권리 등을 의미한다. 또 이의 실현을 위해 절차적 권리가 필요한데, 건강 관련 서비스에 차별 없이 동등하게 접근할 수 있는 것이 필요하다. 또한 접근 이후에 필요한 만큼 보장받을 수 있어야 한다. 따라서 건강권은 '건강할 권리'라는 실체적 권리와 '건강 관련 서비스에 동등하게 접근할 수 있는 권리'와 '동등한 자원을 향유할 수 있는 권리'인 절차적 권리로 구성됨을 알 수 있다.

이처럼 건강권은 '건강할 권리(rights to be healthy)', '보건의료에 대한 권리(rights to health care)', '보건의료 체계 내에서의 권리(right in health care)'라는 세 가지 영역으로 분류될 수 있다(문창진, 1997, p. 275). 건강할 권리는 건강권에 대한 구조적 접근으로, 보건서비스를 받을 권리는 건강권에 대한 제도적 접근으로, 보건서비스 과정에서의 권리는 건강권에 대한 실체적·내용적 접근으로 이해된다(김주경, 2011, pp. 153-155).

이 중 '건강할 권리'란 가장 광범위한 건강권으로서, 개인이 신체적·정신적으로 건강한 상태에 있을 권리를 가진다는 것을 의미한다. 이때 소극적 의미에서의 '건강할 권리'는 건강에 영향을 미치는 환경적 위협에 평등하게 대처할 수 있는 권리를 의미한다고 볼 수 있으며, 적극적인 의미에서의 '건강할 권리'는 건강한 상태를 위하여 국가 또는 사회로부터 포괄적인 보호를 차별 없이 균등하게 받을 수 있음을 의미한다. 결국 적극적인 의미에서의 건강할 권리는 생존권적 기본권을 의미한다고 볼 수 있다(김주경, 2011, p. 153).

이때의 '건강'은 단순한 보건의료 서비스의 향유라는 차원뿐만 아니라 사회 환경으로부터 건강을 훼손당하지 않을 권리를 기본적으로 내포하고 있다. 따라서 공해로 인한 각종 질환, 산업재해, 교통사고, 농약 중독, 연탄가스 중독 등으로 인한 인명 손상 등은 궁극적으로 사회적 책임으로 귀속되며, 모든 개인은 이로부터 평등하게 보호받을 권리를 가지게 된다. 이러한 점에서 보면 '건강할 권리'는 건강관리에 있어 사회적 책임을 극대화하고 문제의 원인을 사회구조적인 요인에서 찾고 있다. 이 점에서 문제의 책임을 피해자의 개인적 과실에서 찾는 '피해자 문책'의 원칙과는 상반된 개념으로 볼 수 있다(김주경, 2011, p. 154).

'보건의료에 대한 권리'는 보건의료 자원에 접근할 수 있는 절대적 개념으로서의 권리와 개인의 신분이나 재산에 관계없이 균등하게 접근할 수 있는 권리를 의미한다. 이때 의료인력·시설의 물리적인 균등배치 등과 같은 객관적인 접근성도 중요하지만 개인적인 특성들과 관련된 주관적 접근성도 중요하다(김주경, 2011, p. 154). 객관적인 접근성은 쉽게 측정이 가능하여 전문가들이 주로 관여하고자 하나, 주관적인 접근성은 개인의 성향 및 심리적 상태와 밀접히 연관되어 있기 때문에 쉽게 평가하기가 곤란하다. 따라서 이 권리의 확보 또는 보장을 위해서는 반드시 장애인 당사자들의 참여가 보장되어야 한다.

'보건의료 체계 내에서의 권리(right in health care)'는 개인이 보건의료 전달 체계 내에서 의료 자원을 균등하게 향유할 기본적인 권리를 의미한다. 기본적으로 필요한 양의 필수적인 서비스를 받을 권리와 동등한 경우에 있어 진료 수준의 차이를 배제하는 권리가 포함된다(김주경, 2011, p. 155). 이를 위해서는 자신의 건강·신체를 통제할 권리와 간섭으로부터 자유로울 권리가 보장되어야 한다(손정인, 김창엽, 2016a, p. 9).

4. 건강 불평등과 건강 격차

장애인 건강권에 장애로 인한 차별 금지를 포함하고 있다 하더라도 현실에서는 건강권과 관련하여 장애인 차별이 실제로 존재해 왔기 때문에 건강 불평등 또는 건강 격차 문제가 발생할 수밖에 없다. 건강 격차란 용어는 건강 불평등과 동일시 또는 구분되면서 사용되고 있는데, 건강 격차(health disparity)는 주로 미국에서 사용되고 있으며, 건강 불평등(health inequality)은 미국을 제외한 유럽 등에서 사용되고 있다(이소영, 2013a, p. 77).

건강상의 차이를 가져오는 요인은 다양하다. Whitehead(2000, p. 5)는 우선 건강상의 차이를 가져오는 요인으로, ① 자연적, 생물학적 변이, ② 특정 스포츠나 오락 참여 등과 같은 자유롭게 선택한 건강 유해 행동, ③ 한 집단이 다른 집단보다 먼저 건강증진 행동을 채택하는 경우의 명백한 건강상의 이점, ④ 생활양식의 선택 정도가 심각하게 제한된 곳에서의 건강 유해 행동, ⑤ 건강치 못하고 스트레스를 주는 생활 및 근로조건에의 노출, ⑥ 필수적 보건 및 기타 공공서비스 접근에의 부적절성, ⑦ 병자들의 사회 등급을 강등시키는 경향이 있는 자연도태나 건강 관련 사회이동과 같은 일곱 가지 요인을 지적하고 있다. 하지만 Whitehead(2000, p. 5)에 따르면 '불필요하고, 피할 수 있을 뿐만 아니라 불공정하며, 부정의한 건강상의 차이들'이 건강 불평등의 범주에 포함된다. 따라서 7가지 요인들 중 피할 수 없는 요인들은 건강 불평등의 범주에 포함되지 않기 때문에, ①번부터 ③번까지는 건강 불평등의 범주에서 제외되고, ④번부터 ⑦번까지의 요인들이 건강 불평등의 범주에 포함된다.

이와 같은 건강 불평등에 영향을 미치는 요인은 다양하다. 왜냐하면 건강이란 상호작용하는 여러 요소들의 총합에 의하여 결정되기 때문이다

(이소영, 2013a, p. 78). McGinnis 등(2002)은 유전적 특질, 환경적 노출, 사회상황, 건강관리 접근성 결여의 네 가지 요인이 건강 불평등을 유발한다고 보았으며, Krahn 등(2006)도 이와 유사하게 유전, 사회 환경, 환경조건, 건강증진, 의료 접근성의 다섯 가지를 건강 불평등의 결정 요인으로 제시하였다(이소영, 2013a, p. 78에서 재인용). 이 가운데 사회상황, 건강관리, 의료 접근성, 환경조건, 건강증진과 같은 요인은 사회적 결정 요인으로 피할 수 있고 부당한 불평등의 국면을 지니지만, 유전적 특질이나 스스로 선택한 개인적 건강 유해 행동 등은 개인적 측면이 강한 요인이다.

그런데 세계보건기구(WHO)의 '건강의 사회적 결정요인 위원회'는 2008년 보고서에서 "빈곤층의 낮은 건강 수준, 국가 내에서 나타나는 건강의 사회적 격차, 현저한 국가 간 건강 불평등은 국가적·국제적으로 존재하는 권력, 소득, 물자, 서비스의 불평등한 분포 때문에 생긴다."고 주장하면서 건강의 사회적 결정 요인을 총체적 시각에서 정의하였다(김창엽, 2013, p. 28). 따라서 건강을 결정하는 주요 요인은 사회적인 것들이며, 이는 건강 불평등과 같은 건강 문제는 하나의 사회문제로 다뤄져야 함을 의미하는 것이다(이웅, 김동기, 2015, p. 134).

5. 장애인의 건강권

장애인 건강권도 일반적인 건강권과 마찬가지로 '건강할 권리', '보건의료에 대한 권리', '보건의료 체계 내에서의 권리'라는 세 가지 요소로 구성된다. 우리나라 장애인 건강권법도 건강권에 '최선의 건강 상태를 유지할 권리'와 '보건과 의료서비스를 제공받을 권리'를 모두 포함하고 있다. 하지만 구체적인 조항을 살펴보면 장애인 주치의 등 보건의료에 대한 권리에 치중한 경향이 있다. 지금까지의 장애인 건강권 논의가 보건의료 인력을 중심으로 진행되고 있다는 사실에서도 명확히 나타나고 있다.

그러나 보건의료서비스에 대한 접근도만을 건강권으로 규정하는 것은 지나치게 협소하게 해석하는 것이다. 건강은 의료서비스의 제공만으로 달성될 수 있는 것이 아니기 때문이다. 무엇보다 건강하기 위해서는 그것을 가능케 하는 물리적, 사회적 환경과 더 나아가 문화적 조건들이 필수적이기 때문이다(신영전, 2011, p. 193). 이처럼 건강은 보건의료를 비롯하여 보다 광범위한 사회 문화적 요소들을 포함한다.

그리고 건강은 적절한 제도의 결과물일 뿐만 아니라, 그 자체로 독자적인 중요성을 갖는다(신영전, 2011, p. 194). 건강은 인간 삶의 가장 중요한 조건 중 하나이면서도 가치 있는 일들을 할 수 있게 만드는 역량(capability)의 중요한 요소이다(Sen, 2002, p. 661). 또한 건강은 개인들의 안녕을 직접적으로 구성하는 요소이면서도 개인이 주체 또는 법적 행위자로서 기능할 수 있게끔 만드는 요소이기도 하다(Anand, 2002, p. 486).

따라서 건강권은 '정치·경제·사회·문화적 요인까지 포함하는 보다 포괄적인 건강할 권리', '보건의료서비스를 포함한 건강 관련 서비스에 대한 권리', '보건의료서비스를 포함한 건강 관련 서비스 체계 내에서의 권리'로 구성된다. 이와 더불어 장애인의 경우 장애로 인한 차별을 받지 않아야 한다.

이에 따라 장애인의 건강권은 '보건의료 서비스와 건강을 훼손하지 않기 위한 각종 관련 시설·환경·의료서비스 자원에 대하여 장애에 따른 차별 없이 접근할 수 있고, 포괄적인 건강 관련 서비스 체계 내에서 자원을 차별 없이 균등하게 향유할 수 있으며, 최고 수준의 신체적, 정신적, 사회적, 문화적 건강을 향유할 수 있는 권리'로 정의될 수 있다.

장애인의 실질적인 건강권을 보장하기 위해서는 건강권 영역에서의 차별 금지 대상을 더욱 확대할 필요가 있고, 이와 더불어 필요한 적극적 조치를 더욱 확대할 필요가 있다. 우선 비장애인에게 제공되는 건강관리 프로그램5)에서의 장애인 차별 금지, 보건관리· 보건서비스· 식량과 음료 제공에서의 장애인 차별 금지, 생명보험 제공에서의 장애인 차별금지 등을 포함하는 다양한 건강 관련 장애인 차별 금지가 구체화되어야 한다.

이와 더불어 건강권에서 발생하게 되는 차별을 시정하기 위하여 적극적 조치가 구체적으로 포함되어야 한다. 추가적인 장애를 최소화하고 예방하기 위한 서비스의 제공, 장애인이 속한 지역사회에서의 건강서비스 제공, 자유롭고 사전 고지에 근거한 동의에 기초한 동등한 질의 서비스 제공, 건강 관련 정책 의사결정에의 장애인 참여 등을 포함하는 다양한 건강 관련 적극적 조치가 구체화되어야 한다.

결국 장애인의 건강권은 장애로 인한 차별 없이 '건강할 권리', '건강 관련 서비스에의 권리', '건강 관련 서비스 체계 내에서의 권리'로 구성되고, 장애로 인한 차별을 극복하기 위하여 적극적 조치 정책이 필요한 것으로 정의할 수 있다. 따라서 장애인 건강권 구성요소와 관련 정책 예시는 다음과 같이 정리할 수 있다.

---

5) 건강관리 및 프로그램은 건강 상태를 이루기 위한 기본 전제조건과 관련된 것으로 안전한 식수와 기본적 위생의 적절한 공급, 심각한 환경적 건강 위협으로부터의 자유 등이 포함됨.

<표 2-3> 장애인 건강권 영역 및 관련 정책

장애인 건강권의 영역	관련 정책
건강할 권리	- 장애인 차별 없이 안전한 식수와 기본적 위생의 적절한 공급 - 장애인 차별 없이 심각한 환경적 건강 위협으로부터의 자유 - 장애인 차별 없이 건강 유지를 위한 각종 활동에의 참여
건강 관련 서비스에의 권리	- 장애인 차별 없이 일상적 질병과 손상에 대한 적절한 의료 - 장애인 차별 없이 주요 전염병에 대한 면역 - 장애인 차별 없이 기본적 의약품의 제공 - 추가적인 장애를 최소화하고 예방하기 위한 서비스의 제공 - 장애인이 속한 지역사회에서의 건강서비스 제공
건강 관련 서비스 체계 내에서의 권리	- 건강 관련 정책 의사결정에의 동등한 참여 - 보건의료 체계 내에서 서비스를 구매하는 당사자로서 자신의 건강 및 신체를 통제할 권리와 간섭으로부터 자유로울 권리 - 장애인 차별 없이 생명보험 제공 - 의료서비스의 내용과 과정에 대한 정보 접근 - 자유롭고 사전 고지에 근거한 동의에 기초한 동등한 질의 서비스 제공

건강할 권리에 관련된 정책으로는 모든 장애인이 건강 상태를 유지할 수 있도록 지원하는 모든 정책이 포함된다. 장애인 차별 없이 건강 유지를 위한 스포츠 활동 등 각종 활동에 참여할 수 있도록 지원하는 정책이 필요하다. 또한 안전한 식수와 기본적 위생을 적절히 공급하여야 하고, 건강에 악영향을 미칠 수 있는 환경으로부터 자유로워야 한다.

건강권이라는 실체적 권리에 접근하기 위해서는 건강 관련 서비스에 접근할 수 있는 절차적 권리가 마련되어야 한다. 이를 위해서는 장애인 차별 없이 일상적 질병과 손상에 대한 적절한 의료, 주요 전염병에 대한 면역, 기본적 의약품, 추가적인 장애를 최소화하고 예방하기 위한 서비스, 지역사회의 건강서비스에 접근할 수 있도록 지원하는 정책이 마련되어야 한다.

또한 건강 관련 자원에 동등하게 접근하기 위해서는, 건강 관련 정책 의사결정에의 동등한 참여가 보장되어야 하고, 보건의료 체계 내에서 서비스를 구매하는 당사자로서 자신의 건강 및 신체를 통제할 권리와 간섭으로부터 자유로울 권리가 필요하다. 또 장애인 차별 없는 생명보험 제공이 필요하며, 의료서비스의 내용과 과정에 대한 정보 접근이 가능해야 한다. 또 자유롭고 사전고지에 근거한 동의에 기초한 동등한 질의 서비스 제공 정책이 마련되어야 한다.

제2절 장애인 건강권 관련 선행 연구

1. 건강권 개념 관련 연구

가. 국제규약 등 국제법률 검토에 따른 건강권 개념 연구

건강권 개념의 근거를 각종 국제규약 등 국제법률을 통해 찾는 연구들이 대부분이다. 이 연구들은 이와 같은 검토를 통해 건강권 개념을 정립하고, 인권으로서 건강권의 필요성, 인권 확보를 위한 구체적인 실천 방안 등을 찾고 있다.

김희성, 홍은경(2012)은 국제법상 건강권의 법원을 살펴본 후, 국가별 사회문화적 배경의 차이에 따라 기본권으로서의 해석에 차이가 있으며, 이에 따라 국가별로 상이한 형태로 헌법 또는 국제법에서 시작해 노동법과 국민건강보험법, 의료급여법으로 구체화되어 발전되어 왔음을 밝히고 있다(김희성, 홍은경, 2012, pp. 234-235). 그러므로 국가별 기본권으로서의 건강권과 의료접근권에 대한 접근은 그 사회의 다양한 가치와 의식에 대한 이해를 토대로 하여야 하며 획일적 기준을 적용하여서는 안 된다고 주장하고 있다(김희성, 홍은경, 2012, p. 256). 아울러 사회문화적 배경에 따른 건강권과 의료접근권에 관한 각 국가별 보장 대상이나 범위의 차이는 있을 수 있으나, 인권보장적 측면에서 그 보호 수준을 최대한 높이는 국제사회의 공동의 노력이 필요하다고 주장하고 있다(김희성, 홍은경, 2012, p. 256).

정민수, 김지연, 김수인(2014)은 각 국가들이 가진 보건의료 자원의 정도에 따라서 개인의 건강권리 실현 정도에는 차이가 있으나 세계인권선언(UDHR)과 경제·사회·문화적 권리에 관한 국제협약(ICESCR)이 국가와 사회 기관으로 하여금 건강권에 대한 책무성을 가지고 관련 제도를 마련하도록 하는 데 기여하였다고 밝히고 있다. 그리고 더 나아가 건강이라는 본질적 권리가 한 사회 안에서 법적으로 검토되고 평등과 비차별의 원칙 하에서 그 실현 범위가 확대되는 데 도움을 주었으나, 인권이 한 국가의 실정법 안에서 뿌리내리는 데 국제법의 영향력이 미미했던 것처럼 세계인권선언과 경제·사회·문화적 권리에 관한 국제협약 역시 현실에 존재하는 건강권 침해의 구체적 사안들을 해결하는 데 제약이 있었음을 밝히고 있다. 그러므로 오늘날 건강권의 근본적인 실현을 위해서는 세계인권선언과 경제·사회·문화적 권리에 관한 국제협약 등을 통하여 건강권의 법적 토대를 강화하는 것이 필요할 뿐 아니라 국제보건의 관점에서 다양한 비영리기관의 역할을 모색하는 것이 요구되고, 아울러 환자의 자율성 문제와 같이 점증하는 보건의료 분야의 윤리적인 사안들을 검토하여 건강권 실현을 위한 절차화를 고민하는 것이 필요하다고 주장하고 있다.

신영전(2011)은 상대적으로 논의가 적었던 사회권으로서의 건강권의 내용을 구체적으로 파악하고 사회권 규약의 실효성을 높이기 위하여 사회권으로서의 건강권 관련 지표들의 도출 가능성을 검토하였다. 이를 위해 기존 관련 지표를 참조하여 사회권적 건강권 지표들을 선택하고 그 지표에 따른 한국 사회의 사회권적 건강권의 현황을 파악하여 그 정책적 함의를 살펴보았다. 분석 결과 한국 사회에서 사회권적 성격을 가지는 건강권은 제도적 형태는 갖추었으나 내용적으로는 OECD 국가 평균에 비해 부족한 것으로 나타났다. 특히 낮은 의료보장 수준, 높은 의료 사각지대, 낮은 국민의료비 중 공공의료비 비중, 높은 산업재해율 등의 문제가 심각한 것으로 나타났다. 일부 지표는 체계적인 수집이 이루어지지 않고 있었다. 건강 지표에서도 한국 남성의 출생 시 기대수명, 결핵 유병률, 잠재수명 손실연수(potential years of life lost)로 측정되는 조기사망률, 저체중아 출생률, 자가보고 건강 수준도 OECD 국가의 평균보다 나쁜 것으로 나타났다.

김왕배, 김종우(2012)는 건강권 영역의 확대에 따른 기존 논의들, 특히 알마아타(Alma Ata) 선언 이후 제기된 건강권의 여러 논점들을 소개하고, 현재 후기 산업사회에서 건강권과 관련되어 쟁점이 될 만한 사안들을 조명해 보았다. 즉, 건강, 의료 시스템, 삶의 질, 글로벌 차원의 국가 개입과 협조, 의사결정 과정에서의 참여 과정 등 건강권이 확대되는 과정과 유연화와 같은 작업 방식의 변화, 지구 온난화로 인한 생태계의 변화, 의료 시장의 확대, 과학기술 실험 등 건강권과 연관된 새로운 논제들을 정리하였다.

나. 건강권 관련 헌법재판소 판결 및 국내 학술연구 분석 연구

건강권 개념의 근거를 헌법 및 헌법재판소 판례 분석을 통해 찾는 연구들이 있으며(김주경, 2011), 또한 건강권 관련 기존 국내 연구의 동향을 분석함으로써 건강권 개념 및 실천 방안을 모색한 연구도 있다(손정인, 김창엽, 2016a, 2016b). 이 연구들은 분석을 통해 법적 권리로서의 의미, 권리로서의 실현 방안 등을 논의하고 있다.

우선 김주경(2011)은 헌법재판소의 많은 결정 속에 국민의 건강권이 구체적으로 무엇을 의미하는지, 그리고 그 내용은 어떠하며 구체적인 사건에 있어서 건강권의 구체적인 내용 중 어떠한 부분이 제한되고 또 침해되는지를 상세하고 구체적으로 검토한 내용은 찾을 수 없다고 비판하면서, 헌법에서 건강권의 개념을 찾고 있다. 이에 따르면 헌법상 건강권의 간접적인 근거 조항 내지 기본권으로서, 헌법 제10조가 규정하는 인간의 존엄과 가치 및 생명권, 헌법 제35조 제1항이 규정하고 있는 건강한 환경에서 생활할 권리 등이 있고, 직접적인 근거 조항으로는 헌법 제34조 제1항이 규정하는 인간다운 생활을 할 권리 및 헌법 제36조 제3항이 정하고 있는 국가의 보건의무 등이 존재한다.

이 연구에 따르면 헌법상 건강권은 '자유권적 측면'으로서 국가 등에 대한 건강 침해 행위 배제권과 '사회권적 측면'으로서 국가를 향한 건강보장 청구권으로 설명될 수 있다. 위 두 가지 내용 중 오늘날 의미 있는 건강권의 내용은 건강권의 사회권적 측면이라고 할 수 있다. 사회적 기본권으로서 건강권의 내용을 규명하기 위해서는 사회적 기본권이 가지는 일반적 성격에서 더 나아가 '의료의 공공성'과 '건강의 인간생활에서의 중요성' 등이 동시에 고려되어야 한다. 사회적 기본권으로서의 헌법상 건강권은 '구속적 규범'에 근거한 '주관적 권리성'을 가진다고 할 것이며, 건강권의 개별 내용에 따라 '확정적 권리성' 내지는 '잠정적 권리성'을 가진다. 사회적 기본권으로서 건강권의 보장 수준은 특정한 사실적 급부의 간절성, 당해 급부의 제공으로 인한 다른 법익 침해 또는 국가의 재정적 부담 등을 고려하여 문제되는 영역마다 결정되어야 하는 것이며, '보장 내용의 최소화'나 '통제 기준의 최저화'라는 단순하거나 획일적인 기준에 의하여 판단될 수 없다.

또한 손정인, 김창엽(2016a)은 국내의 학술적 소통에서 학술 의제로서 건강권의 상황과 건강권에 대한 명명을 분석하기 위해 1990년에서 2014

년 사이 국내에서 발표된 건강권에 관한 386개의 석·박사학위 논문과 학술지 논문을 대상으로 학술논문의 특성과 추세, 건강권에 대한 명명을 검토하였다. 이에 따르면 지난 25년 동안 국내 건강권 논문은 전반적으로 증가 추세를 보였고 저자 소속 분야도 다양해졌다. 논문 제목에 건강권에 대한 명명이 언급된 논문은 그렇지 않은 논문에 비해 논문 수, 학위논문 비중, 증가 추세의 강도, 저자 소속 분야의 다양성, 학술적 엄밀성, 학술지의 KCI 등재(후보) 비율 측면에서 모두 저조하였다. 건강권 명명은 국문 총 39가지, 영문 총 18가지로 사용되었고 각기 '건강권', 'right to health'의 빈도가 높았다. 개별 논문에서 건강권 명명을 다중 사용했을 때 개념이나 관계 설명을 명시한 경우는 드물었다.

손정인, 김창엽(2016b)은 건강권에 대한 이해와 그 달성을 위해 인권의 불가분성·상호의존성·상호연관성 원칙을 인지할 필요가 있음을 강조하면서, 손정인, 김창엽(2016a)과 동일한 자료를 사용하여 건강권에 대한 이해 현황과 건강권과 여타 인권·권리 사이의 관계를 분석하였다. 인권의 불가분성·상호의존성·상호연관성 원칙 자체를 언급한 건강권 논문은 3.1%로 미미했던 반면, 건강권과 타 인권·권리 사이의 관계를 언급한 논문은 66.3%로 나타났다. 인권의 불가분성 측면에서 기존의 건강권 개념 이해는 사회권에 치우친 것으로 나타났고 인권의 상호의존성·상호연관성 측면에서 건강권과 타 인권·권리 사이의 관계는 다차원적이고 복잡한 관계로 나타났다. 이는 한국적 상황에서 건강권을 인권에 배태된 모습으로 본 것이다. 향후 한국 사회의 건강권 개념 발전을 위해 건강권 개념의 이해에 인권의 불가분성 원칙을 제대로 반영할 필요가 있고, 건강권 달성을 위해 인권에 배태된 건강권을 유념하면서 인권의 실현 과정, 시민참여, 귀납적 접근 방식, 인권 영향평가, 타 영역과의 협력과 거버넌스에 한층 더 주목할 필요가 있다.

2. 장애인 건강 관련 연구

　장애인의 건강에 대한 논의와 관심은 그 중요성에 비해 다소 미흡한 실정이다. 장애인 건강 관련 연구는 우선 장애인의 건강 실태를 양적 연구나 질적 연구를 통해 밝힌 연구들이 있다(김성희 등, 2014; 오화영, 2016; 유동철, 2016; 임종한 등, 2014; 황혜민, 이명선, 2009). 또한 장애인의 건강 문제에 영향을 미치는 요인을 찾는 연구도 존재한다. 하지만 아직 초기 연구이다 보니 주로 건강의 대리변수로 우울을 사용한 연구들이 주를 이루고 있다(권복순, 박현숙, 2005; 김계하 등, 2004; 김예순 등, 2014; 전지혜, 2010; 전해숙, 강상경, 2013; 정덕진, 2014; 황주희 등, 2014). 하지만 2010년 이후에는 장애인의 소득과 건강 종단연구(전해숙, 2014; 김현희 등, 2016), 임금근로 장애인의 사회경제적 지위와 건강 관계 연구(이계승, 2014), WHO DAS-II(Disability Assessment Schedule II)를 활용한 장애인 건강에 관한 연구(이한나 등, 2014; 탁순자, 신은경, 2013; 신은경 등, 2014), 장애인의 주관적 건강 영향 요인 연구(이웅, 김동기, 2015), 차별 경험과 건강 연구(손인서, 김승섭, 2015) 등이 나타나고 있다.
　보다 건강권과 직접적으로 관련된 연구들에는 국제법이나 국내법을 통해 장애인의 건강권 개념을 고찰하는 연구(이소영, 2013a, 2013b) 등이 있다.

가. 장애인의 건강 실태 연구

　장애인 건강 실태를 가장 포괄적으로 인구조사를 통해 살펴본 연구는 김성희 등(2014)의 '2014년 장애인실태조사'이다. 또한 임종한 등

(2014)는 국가인권위원회의 지원으로 1-3급 중증장애인 300명을 대상으로 건강 상태를 조사하였다. 이 외에 인구학적 특이성을 반영한 연구들이 존재하는데, 장애인의 나이 들어감에 따른 건강의 변화와 정책방향 연구(유동철, 2016), 여성 장애인의 건강권에 관한 연구(오화영, 2016; 황혜민, 이명선, 2009) 등이 있다.

2014년 장애인실태조사에서는 장애인 건강 실태를 파악하기 위해, 건강보험 가입 여부 및 형태, 장애 및 기타 질환에 대한 진료 현황, 평소 본인 건강 상태, 건강검진 현황, 입원 및 외래 진료 현황, 의료서비스 만족도, 만성질환 현황, 재활치료서비스 이용 현황, 건강관리 현황 등을 조사하였다. 이 중 건강 상태에 대한 주관적 응답 현황을 보면, 건강이 '나쁘다'라고 응답한 장애인이 전체의 53.4%로 '좋다'고 생각하는 경우(15.9%)보다 많았다. 장애 유형별로는 공통적으로 신체외부와 내부 장애유형의 장애인들이 자신의 건강이 '나쁘다'고 인식하고 있는 비율이 다른 장애 유형에 비해 더 높았는데, 특히 호흡기, 심장, 신장장애인과 함께 뇌병변장애인의 경우 70% 이상이 평소 건강이 나쁘다고 인식하고 있었다. 반면 평소 건강이 '매우 좋다'고 생각하는 장애인의 비율은 지적장애와 자폐성장애가 많았는데, 이러한 차이는 장애 유형별로 연령층이 다르기 때문으로 볼 수 있다(김성희 등, 2014, p. 213).[6]

임종한 등(2014)은 1-3급 중증장애인 300명을 대상으로 조사를 진행하였다. 장애인 건강 실태 및 욕구, 장애인 의료복지서비스 실태, 보조기구 이용 실태 및 전달 체계, 장애로 인한 추가 진료과목의 이용 실태 및 보험 적용 실태를 조사하였다. 이 연구는 주로 장애인의 의료서비스 접근성에 한정된 조사였다.

---

[6] 우리나라 일반 국민의 주관적 건강평가 결과(통계청, 2013)와 비교해 보면 '매우 좋음' 10.2%, '좋은 편' 35.3%, '보통' 38.6%, '나쁜 편' 13.4%, '매우 나쁜 편' 2.7%로 장애인이 건강 상태가 더 나쁜 것으로 평가하고 있음(김성희 등, 2014).

유동철(2016)은 장애인의 나이 들어감에 따른 건강의 변화 추이를 비장애인과 비교·분석하고 이에 따른 정책적 개입 방향을 제안하였다. 이 연구는 한국복지패널 2014년도 자료를 활용하였다. 분석 결과 장애인의 주관적 건강 상태, 만성질환 이환율, 평균 입원 횟수, 평균 입원 일수, 평균 지출 의료비 등 모든 지표에서 장애인의 건강 상태가 전 생애에 걸쳐 비장애인보다 더 나쁘게 나타났다. 다만 60대 70대 이상의 경우 오히려 그 건강 격차가 줄어드는 것으로 나타났다. 이와 같은 분석 결과를 볼 때 장애인의 나이 들어감에 대한 연구는 단순한 장애 노인만이 아니라 생애 관점에서 접근할 필요가 있음을 알 수 있었다. 이에 따라 장애인의 건강 정책으로서 주치의 제도의 도입, 보건의료 전달 체계의 정비, 중증장애인 가산수가제 도입 등을 제안하였다.

황혜민, 이명선(2009)은 여성 지체장애인의 건강 관련 경험을 총체적으로 탐구하기 위하여 페미니스트 질적 연구방법을 이용하여, 서울시에 거주하는 여성 지체장애인 8명을 대상으로 심층 면담을 시행하였다. 연구 결과, 한국의 여성 지체장애인들의 건강 관련 경험의 본질은 '세상으로부터의 고립과 소외', '몸에 대한 왜곡된 인식', '고정된 성 역할로 인한 어려움', '끊임없이 시달리는 만성 통증', '스스로 참고 감수해야 할 건강 문제', 그리고 '자립을 통한 승화'의 총 6가지 핵심 범주를 도출하였다(황혜민, 이명선, 2009, p. 370). 이러한 결과는 한국 여성지체장애인들이 장애와 여성이라는 사회적 이중 차별 위험에 노출되어 있으며, 지체장애로 인한 신체적 통증과 만성질환으로 고통받고 있음을 보여준다. 또한 '자립을 통한 승화'를 통해 고통과 억압된 삶 속에서도 자립하기 위해 전력투구하는 과정도 보여주고 있다(황혜민, 이명선, 2009, p. 377). 변화를 위해서는 남성 중심적인 가부장제도를 벗어나고자 하는 사회적인 변화가 필요하며 가정내에서도 성역할 태도의 고정관념에서 벗어난 융통성 있는 태도의 형성과 수용이 필요하다. 구체적으로 가족 구성원들의 변화를 촉진하기 위한 가족 중재와 자립심을 위해 노력하는 지체장애 여성들에게 힘을 더욱 북돋아 주기 위한 다양한 중재들이 이루어져야 할 것이다(황혜민, 이명선, 2009, p. 377).

비슷하게 오화영(2016)은 여성 장애인의 건강권 확보 방안을 모색하기 위하여 정책 대상에서 주변적 위치를 차지해 온 여성 장애인의 건강에 초점을 맞추고자 하였다. 특히 여성 장애인이 경험하는 건강의 의미 및 건강이 놓인 맥락 등을 젠더 관점에서 파악하기 위해 수도권에 거주하는 30~50대 여성 장애인 9명을 대상으로 심층면접을 실시하였다. 이를 통해 여성 장애인의 건강은 신체적 건강과 관련하여 만성질환이나 2차 장애가 반드시 논의되어야 하며 정신건강 역시 반드시 다루어져야 하고, 여성 장애인의 건강 관련 정책은 임신과 출산 지원에 국한하지 말고 전 생애적인 건강관리로 확대되어야 함을 제안하였다. 그리고 경제적 소득 및 의료비 등을 고려하여 지원방안이 모색되어야 하고, 장애인 건강권 교육 대상은 의료진 및 병원관계자들, 가족, 그리고 활동 보조인 등으로 확대되어야 하며 특히 여성 장애인 건강권 교육은 반드시 젠더와 장애에 대한 의식교육이 포함되어야 할 것을 제안하였다.

나. 장애인의 건강에 영향을 미치는 요인 분석 연구

장애인의 건강에 영향을 미치는 요인을 찾는 연구에는 장애인의 소득이 건강에 미치는 영향 요인 연구(전해숙, 2014; 김현희 등, 2016), 임금근로 장애인의 사회경제적 지위와 건강 관계 연구(이계승, 2014), WHODAS 2.0을 활용한 장애인 건강에 관한 연구(이한나 등, 2014; 탁순자, 신은경, 2013; 신은경 등, 2014), 장애인의 주관적 건강 영향 요인 연구(이웅, 김동기, 2015), 차별 경험과 건강 연구(손인서, 김승섭, 2015) 등이 있다.

　김현희 등(2016)은 우리나라 국민기초생활수급 장애인들을 대상으로 전반적인 의료서비스 및 미충족 의료 현황을 살펴보고, 미충족 의료에 미치는 결정 요인을 밝히고자 하였다. 이를 위해 「2011년 장애인실태조사」 조사 대상자 중 만 19세 이상의 기초생활수급 장애인 801명을 분석하였다. 분석 결과 의료 미충족률은 연령, 주관적 건강 상태, 일상생활 수행 정도, 장애 유형, 혼자 외출 가능 여부, 외부 활동 불편 그리고 교통수단 이용 불편 요인에 따라 통계적으로 유의한 차이를 보였다. 이를 종합하여 미충족 의료 결정 요인에 미치는 영향을 로지스틱 회귀분석을 활용하여 분석한 결과, 개인의 건강 상태, 장애 종류 및 외부 활동 가능 정도에 따라 미충족 의료가 결정될 확률이 달랐다. 이러한 결과를 바탕으로 장애 유형과 수준을 고려한 서비스의 제공, 저소득 장애인의 자립을 돕는 경제적 지원 노력의 강화, 만성질환 관리서비스 등 이들을 위한 보건정책 수립을 제안하였다.

　탁순자, 신은경(2013)은 WHO의 ICF를 기반으로 만들어진 WHO DAS 2.0을 활용하여 장애인의 건강 상태에 영향을 미치는 관련 요인을 규명하고자 하였다. 조사 대상은 전국에 거주하는 만 18세 이상 장애인 421명이고, 연구 방법은 주요 변수의 특성 파악을 위해 기술분석, pearson 상관관계분석을 실시하였고, 건강 상태에 영향을 미치는 요인 검증을 위하여 위계적 회귀분석을 실시하였다. 연구 결과 장애인의 건강 상태에 영향을 미치는 요인은 연령, 지각된 낙인감, 지역사회 환경과 사회적 지지 중 정서지지인 것으로 나타났다. 구체적으로 이해와 의사소통 기능에는 연령이, 지각된 낙인감과 사회적 지지 중에는 정서지지가, 돌아다니기 기능에는 연령, 지각된 낙인감, 지역사회 환경이, 자기 관리 기능에는 연령, 성별, 장애등급, 지각된 낙인감, 지역사회 환경이 영향을 미치는 요인이었다. 또한 타인과 어울리기 기능에는 연령, 지각된 낙인감과 사회적 지지 중 정서지지가, 일상생활 기능에는 연령, 장애등급, 지각된 낙인감, 지역사회 환경이, 사회활동 참여 기능에는 연령, 손상 기간, 지각된 낙인감, 지역사회 환경과 사회적 지지 중 정서지지와 정보지지가 영향 요인이었다. 이러한 결과를 볼 때 장애인의 건강 상태에 영향을 미치는 개인 요인과 환경 요인에 대한 정책적, 실천적 방안 모색이 필요함을 알 수 있었다.

신은경 등(2014)은 WHODAS 2.0을 통해 국내 장애인의 건강 상태를 평가하고, 사회 참여에 영향을 미치는 개인 요인과 환경 요인이라는 맥락에서 개인의 기능과 사회적 지지와의 상호작용을 고찰하였다. 이를 위해 장애인복지법상 15개 유형의 장애인 993명(미등록 장애인 포함)으로부터 자료를 수집하여 WHODAS 2.0의 매뉴얼에 입각한 기술통계분석과 조절회귀분석을 실시하였다. 분석 결과, 4개 집단으로 재범주화한 장애인의 건강 상태는 영역별로 차이가 있으나 전반적으로 지체-정신적-내부-감각장애의 순으로 건강 상태가 열악한 것으로 나타났다. 지체장애는 전 영역에서 고르게 건강 상태가 좋지 않았고, 정신적 장애 집단은 '이해와 의사소통', '주위 사람과 어울리기'에서, 내부 장애인은 '주위 돌아다니기'와 '사회참여'에서 건강 상태가 나빴다. 다음으로 '사회참여'에는 통제변인으로 성별과 연령, 학력, 직업과 지역사회 환경, 기능에 해당하는 '이해와 의사소통', '주위 돌아다니기', '자기 관리'가, 환경요인에서는 '사회적 지지'가 영향을 주는 것으로 나타났다. 마지막으로 사회참여에 영향을 미치는 사회적 지지의 조절효과 분석에서는 모든 상호작용 항이 모두 유의미하게 나타났다. 본 연구에서는 이를 바탕으로 '실제 일상생활에의 적용과 본인 주도'를 중심으로 하는 신체 기능에 대한 접근과 이동 지원, 신변 처리를 넘어서는, '사회적 영역의 다양한 활동'을 아우르는 사회적 지원의 확대를 제언하였다.

이웅, 김동기(2015)는 사회적 배제와 사회경제적 지위를 중심으로 장애인의 주관적 건강에 영향을 미치는 요인들을 검증하고자 하였다. 638명의 지체·뇌병변 장애인을 대상으로 분석하였으며 분석 결과, 일반적 특성으로는 연령, 장애 보유 기간, 장애 수용 수준이, 사회경제적 지위에서는 국민기초생활보장 수급 여부가, 그리고 사회적 배제 중에서는 사회적 권리에서의 배제와 참여 및 관계에서의 배제가 장애인의 주관적 건강에 통계적으로 유의미한 영향을 미치는 것으로 나타났다. 즉 연령이 낮을수록, 장애 보유 기간이 짧을수록, 장애 수용 수준이 높을수록, 국민기초생활보장 비수급의 경우, 그리고 사회적 권리와 참여 및 관계에서의 배제 수준이 낮을수록 장애인의 주관적 건강 수준은 높아질 수 있다는 것이다.

손인서, 김승섭(2015)은 2014년 8월 31일까지 출판된 한국에서 차별 경험과 건강의 관계에 대한 기존 연구들을 체계적으로 분석하고 향후 필요한 연구 방향을 제시하였다. 차별 경험과 건강과의 관계를 연구한 학술논문 52편에 대한 체계적인 문헌분석 결과, 관련 연구들은 2003년에 시작되어 2010년 이후 활발히 진행되었으며, 연구 방법에서 양적 연구(N=46)가 가장 많았고 질적 연구(N=5)는 상대적으로 적었으며 양적 연구 1편을 제외하고 모두 단면 연구(N=45)였다. 건강에 대해서는 정신건강(N=42)에 집중하고 있었으며, 인구집단별로는 이주민(N=21), 노인(N=12), 장애인(N=7), 그리고 노동자(N=7) 순으로 연구가 이루어졌다(손인서, 김승섭, 2015, p. 26). 이를 바탕으로 이 연구에서는 한국사회에 존재하는 학력, 계급, 고용 형태 등에 따른 차별에 대한 심층적인 연구, 차별 측정 도구의 정확성과 타당성에 대한 비판적 논의, 정신건강뿐만 아니라 다양한 건강 관련 변수 고려, 종단데이터를 이용한 양적 연구, 다중 차별에 대한 보다 많은 연구의 필요성을 제안하였다(손인서, 김승섭, 2015, pp. 38-42).

  차별을 경험한 이들의 건강에 대한 국외 연구는 2000년 이후에 본격적으로 시작되었는데, 2000년 이전에 체계적 문헌고찰 연구를 수행한 Krieger(1999)의 경험적 연구에 포함된 논문 편수는 총 15편에 불과했다. 그러나 2000년 이후 차별이 건강에 미치는 영향에 대한 관심은 급격히 증가하여 2005년부터 2007년까지 출판된 문헌검토 연구를 수행한 Williams & Mohammed(2009)의 논문에서는 총 115편의 논문이 검토되었고, 이후 2013년 중반을 기준으로 차별과 건강에 대해 출판된 연구의 총 숫자는 500편이 넘는 것으로 보고되고 있다(Krieger, 2014; 손인서, 김승섭, 2015, pp. 27-28, 재인용).

  지난 15년 동안 차별 경험과 건강에 대한 연구는 그 숫자가 급격히 증가했을 뿐 아니라, 질적으로도 중요한 성장을 이루어냈다. 기존 연구는 주로 미국과 서유럽 국가에 거주하는 이들을 대상으로 진행되었으나(Paradies, 2006), 점차적으로 아프리카(Moomal et al., 2009; Williams et al., 2008; Williams et al., 2012), 남미(Pavao et al., 2012; Perreira & Telles, 2014; Santana et al., 2007), 아시아(Asakura et al., 2008; Chou, 2012; Lin et al., 2009; Wang et al., 2010) 지역에서도 차별과 건강에 대한 연구가 진행되었고, 초기 연구들이 주로 인종차별에 초점을 맞추었던 반면(Paradies, 2006), 점차적으로 성(gender)(Sutin et al., 2014), 연령(Han & Richardson, 2014; Vogt Yuan, 2007), 성적 지향(Burgess et al., 2007; Chae et al., 2010; Feinstein et al., 2012; Mays & Cochran, 2001), 교육 수준(Kim & Williams, 2012) 등과 같은 다양한 원인에 기반을 둔 차별 경험이 건강에 미치는 영향에 대한 연구로 영역이 확장되었다(손인서, 김승섭, 2015, p. 28). 건강 변수 역시 초기에는 우울증이나 사회심리적 스트레스, 고혈압 등에 국한되었으나

(Krieger, 1999), 약물 남용(Borrell et al., 2007; Gibbons et al., 2012), 흡연(Wiehe et al., 2010) 음주(Chae et al., 2008) 등과 같은 건강 위해 행동(risky health behaviors)이나 심장병(Kivimaki et al., 2005; Wyatt et al., 2003), 대사증후군(De Vogli et al., 2007), 근골격계 질환(Kim et al., 2013) 등과 같은 만성질환으로 확장되었다. 관상동맥 석회화(coronary artery calcification)(Lewis et al., 2006)나 코티졸(cortisol)(Richman & Jonassaint, 2008; Zeiders et al., 2012) 등의 생체지표(biomarker)를 이용해 차별 경험의 건강 영향을 측정한 연구도 출판되었다(손인서, 김승섭, 2015, p. 28).

다. 장애인 건강권 및 건강 불평등 고찰 연구

일부 연구는 장애라는 범주 또는 특정 장애 유형별로 국제규약 등과 같은 국제법이나 국내법을 통해 장애인의 건강권 개념을 고찰하면서, 건강 불평등 문제를 논의하고 있다(이소영, 2013a, 2013b; WHO, 2016).

우선 이소영(2013a)은 지적장애인과 같이 발달상의 장애를 가진 사람들은 육체적 및 정신적 건강에 대한 커다란 욕구를 가지고 있으나 건강증진이나 의료보건 체계의 접근성 면에서 소외되고 있기 때문에 사망률, 기대수명, 이환율 및 비만, 간질, 구강보건, 다중투약 등의 영역에서 심각한 건강 격차를 보이고 있으며, 예방과 교육 등의 건강증진 활동 및 보건의료 전문가들과의 접촉에서도 많은 장벽에 직면하고 있는 상황임을 주장하며, 최근 유럽과 미국에서 지적장애인의 건강 격차 해소를 위한 개입의 토대로서 포모나(POMONA) 건강 지표 등 지적장애인 건강 지표를 개발한 사례를 소개하였다. 지표들에는 건강 격차의 다중성을 반영하여 건강 상태에 관한 항목과 건강행동, 활동, 보건의료의 질 등을 포함하는 건강

증진 및 건강관리 접근에 관한 항목이 모두 포함되어 있다. 지적장애인도 다른 사회구성원과 마찬가지로 건강할 권리가 있으며 건강상의 차이가 발생한다면 그와 관련된 요인의 탐구가 필요하고, 건강 감시 체계의 활용과 의료 체계의 접근성 확보를 통하여 지적장애인의 건강 형평성을 증진시키려는 노력이 필요하기 때문에, 건강 격차를 해소하기 위하여 서구의 포모나와 같은 건강 지표의 활용을 제안하였다.

또한 이소영(2013b)은 건강권이 여러 국제 인권법들을 통하여 기본적 인권의 하나로 규정되어 왔음에도 불구하고, 또한 지적장애인들이 건강 상태의 주요 지표에서 비장애인들과 많은 격차를 보이고 있음에도 불구하고, 건강권 논의에서 지적장애인이 주변인으로 머물러 왔음을 지적하면서, 지적장애인의 문제를 가시화하고 이들을 효과적으로 보호하고 지원하는 규범적 수단들이 필요하다고 주장하였다(이소영, 2013b, p. 219). 지적장애인의 건강권을 담보하기 위해서는 보편적인 건강권의 요소들이 충족되어야 할 뿐만 아니라 각 요소의 충족 과정에서 지적 장애로 인해 수반되는 불평등과 한계에 대한 인식이 수반되어야 한다고 하였다(이소영, 2013b, p. 219).

WHO(2016)는 장애인들이 건강서비스에 접근하려고 할 때 다양한 장벽에 부딪치게 된다고 밝히면서, 장애인 건강 불평등의 원인을 다음과 같은 네 가지로 설명하고 있다.

첫째, 장애인들이 필요한 건강서비스를 받지 못하는 주요한 이유는 보건서비스와 이동수단을 이용할 수 있는 비용이 부족하기 때문이다. 비장애인의 경우 32~33% 정도가 비용의 문제로 건강서비스에 접근하지 못하지만, 장애인의 경우 51~53% 정도가 비용 문제로 건강서비스에 접근하지 못하고 있다.

둘째, 서비스에 대한 제한된 이용 가능성도 건강 불평등을 심화시키고 있다. 장애인이 이용할 수 있는 적절한 서비스의 부족은 중요한 원인 중 하나이다. 인도에서의 조사 결과 비용 문제 다음으로 이용할 수 있는 서비스가 없는 것이 중요한 장벽이었다.

셋째, 물리적 장벽이 존재한다. 병원이나 건강센터 등과 같은 건물에의 불평등한 접근성, 접근할 수 없는 의료장비, 빈약한 알림 표지, 좁은 출입문, 내부 계단, 부적절한 화장실, 주차장의 부족 등으로 인해 건강서비스 시설에 접근할 수 없는 경우가 많다. 예를 들어 이동장애가 있는 여성의 경우 검사 테이블의 높이를 조절할 수 없기 때문에 유방암이나 자궁경부암 검사를 받을 수 없다. 또한 서 있을 수 있는 여성 장애인만 맘모그라피 장비를 활용하여 유방암 검사를 받을 수 있다.

넷째, 보건 인력의 지식 및 기술이 부적절하기 때문이다. 보건 인력들이 장애인들의 욕구를 충족시키기에 부적절한 지식이나 기술을 갖고 있다고 응답한 장애인들의 비율이 비장애인들에 비해 두 배 이상 많았다. 또한 나쁘게 취급받았다는 응답은 비장애인들에 비해 4배 이상이었고, 서비스를 거절당했다는 응답 비율도 거의 3배 정도 되었다.

3. 연구의 경향성 및 시사점

일반적인 건강권 연구는 주로 국제규약을 통해 그 개념을 분석하고, 이를 기반으로 국내 법률 속에서 근거와 내용을 파악하는 연구가 주를 이루고 있다. 이를 확장하여 장애인 건강권의 개념을 분석하고자 하는 연구도 일부 존재하고 있다. 하지만 아직도 장애인 건강권에 대한 개념 규정이 불명확한 상태에서 건강권 논의를 하고 있기 때문에 장애인 건강권 정립에 대한 연구가 필요할 것으로 보인다.

장애인의 건강은 매우 중요함에도 관련 연구는 다소 미흡하다. 또한 주요 연구도 장애인의 건강 실태와 관련되어 있다. 실태를 파악해야 추후 연구가 가능하기 때문에 실태와 관련된 연구도 중요하다. 하지만 이에 머무르기보다는 장애인의 건강 문제에 미치는 영향을 실증적으로 규명할 필요가 있다. 이와 관련하여 우리나라의 경우 아직 연구 초기이기 때문에 건강 변수로 우울증이 주로 사용되고 있다. 하지만 외국의 사례와 마찬가지로 약물 남용, 흡연, 음주 등과 같은 건강 위해 행동이나 심장병, 대사증후군, 근골격계 질환 등과 같은 만성질환으로 확장될 필요가 있다.

또한 건강에 영향을 미치는 요인으로 개인적 요인과 더불어 경제소득, 사회경제적 지위, 차별 경험 등 사회적 요인에 대한 규명이 더욱 필요하다. 2010년대 들어 장애인의 건강에 영향을 미치는 다양한 정치, 경제, 사회, 문화적 요인들에 대한 연구가 나오고 있지만 향후 더욱 많은 연구가 필요한 것으로 보인다. 특히 사회적 배제의 관점에서 장애인의 건강 불평등 요인을 찾는 연구가 필요하다.

장애인의 건강 실태 및 원인에 대한 분석이 이루어지면 이를 기반으로 한 관련 정책 개발 연구가 필요하다. 이때 건강권의 개념이 앞서 살펴보았듯이 의료서비스에 국한되는 것이 아니기 때문에 관련 제도는 의료서비스에 한정되어서는 안 된다. 현재 장애인 건강권법의 구체적인 조항을 살펴보면 장애인 주치의 등 보건의료에 대한 권리에 치중한 경향이 있다. 그러나 보건의료서비스에 대한 접근도만을 건강권으로 규정하는 것은 건강권을 지나치게 협소하게 해석하는 것이다. 보다 광범위한 사회 문화적 요소들을 포함한 장애인 건강권 정책 개발이 필요하다. 건강하기 위해서는 빈곤, 실업, 차별 등 사회적 문제 해소 정책이 필요하고, 또한 보건의료 체계 내에서 서비스를 구매하는 당사자로서 자신의 건강·신체를 통제할 권리와 간섭으로부터 자유로울 권리를 확보할 수 있는 제도적 장치가 필요하다.

제3장 장애인의 건강 격차 및 욕구

제1절 장애인과 비장애인의 건강 격차
제2절 장애인의 장애 특성별 건강 격차
제3절 장애인 건강권에 대한 욕구(FGI)
제4절 소결

# 장애인의 건강 격차 및 욕구

장애인의 건강 특성, 장애인과 비장애인의 건강 수준 격차를 파악하기 위하여 한국의료패널(2014년) 자료와 장애인실태조사(2014년) 자료를 활용하였다. 구체적으로 장애인과 비장애인 간의 건강 격차 파악을 위해 한국의료패널 자료를 활용하여 연령별 일반적인 건강 수준의 격차를 파악하고자 하였고, 장애인과 비장애인 간의 성별, 교육 수준별, 소득 수준별 건강 격차 파악을 위해서는 비장애인의 경우 한국의료패널 자료를, 그리고 장애인의 경우는 장애인실태조사 자료를 활용하여 심층 분석을 하였다. 그리고 장애인의 연령별, 장애 유형과 장애 정도 등 장애 특성에 따른 건강 격차 파악을 위해서는 장애인실태조사 자료를 활용하였다. 장애인과 비장애인 간의 건강 격차 분석을 함에 있어 한국의료패널 자료 이외에 장애인실태조사 자료를 같이 활용한 이유는 한국의료패널 자료의 경우 분석 대상 1만 1579명 중 장애인이 800여 명 수준으로 장애인과 비장애인 간의 비교 분석에는 유용하나 장애인의 장애 특성별 심층 분석에는 한계가 있었기 때문이다. 따라서 장애인의 장애 유형 이외 장애 정도, 장애 기간 등 장애 특성별 심층적 분석을 수행하기 위하여 장애인 6500여 명을 대상으로 한 장애인실태조사 자료를 활용하여 분석하였다. 분석 대상의 특성 파악을 위해 기술적 통계를 활용하였고, 장애인과 비장애인 간 소득 분위별 건강 격차 분석을 위해 집중지수를 산출하였으며, 장애인과 비장애인 집단 간 그리고 장애인 장애 특성별 건강 수준의 차이를 파악하기 위하여 분산분석을 실시하였다. 더불어 장애인 당사자의 입장에서 다양한 장애 특성 등을 고려한 건강권에 대한 욕구를 파악하기 위하여 FGI를 실시하였다. 대상은 장애 특성을 반영한 장애인 당사자, 장애인 단체 관리자였으며, 특히 장애인 당사자 중 여성이기 때문에 겪는 차별화된 건강상의 어려움과 욕구를 파악하기 위하여 여성 장애인만을 대상으로도 FGI를 실시하였다. 주요 논의 내용으로는 여성 장애인의 건강권, 장애인의 장애 유형별 건강권, 장애인 건강권법의 방향성, 장애인 건강권 보장을 위한 접근권 보장에 대한 내용이다. 위의 논의 과정을 통해 장애인의 건강권에 대한 다양한 욕구를 파악하고 건강권 증진 방안을 도출하였다.

제1절 장애인과 비장애인의 건강 격차

1. 장애인과 비장애인 연령별 건강 격차

가. 분석 대상[7]

장애인과 비장애인의 건강 격차 파악을 위한 분석 대상의 일반적 특성은 〈표 3-1〉과 같다. 상대적으로 남자의 비중이 높았고, 60대와 70대 이상 인구의 비중이 높았으며, 장애인의 경우 초등학교 이하의 비중이 높았다.

〈표 3-1〉 분석 대상자의 일반적 특성

(단위: %)

구분		한국의료패널[1]			장애인 실태조사[2]
		비장애인	장애인	전체	장애인
성별	남자	46.8	56.1	47.5	55.2
	여자	53.2	43.9	52.4	44.8
	계	100.0	100.0	100.0	100.0
연령	19~29세	15.3	3.4	14.4	3.3
	30대	14.2	4.0	13.4	6.4

7) 장애인과 비장애인, 그리고 장애인의 장애 특성별 건강 격차 분석을 위해 2014년 한국의료패널 원자료와 2014년 장애인실태조사 원자료를 활용함.

구분		한국의료패널[1]			장애인 실태조사[2]
		비장애인	장애인	전체	장애인
	40대	21.4	9.4	20.5	11.3
	50대	17.0	14.3	16.8	20.4
	60대	15.2	21.3	15.6	22.3
	70대 이상	16.9	47.6	19.2	36.4
	계	100.0	100.0	100.0	100.0
교육수준	초등학교 이하	18.7	46.9	20.9	45.5
	중학교	10.3	17.8	10.8	15.3
	고졸 이상	71.0	35.3	68.4	39.2
	계	100.0	100.0	100.0	100.0

자료: 1) 2014년 한국의료패널 원자료 재분석.(N=11,579)
     2) 2014년 장애인실태조사 원자료 재분석.(N= 6,583)

2014년 한국의료패널에서의 분석 대상 장애인의 장애 유형별 일반적 특성을 〈표 3-2〉에 제시하였다. 장애 유형은 신체외부장애, 감각장애, 정신적 장애, 내부장애를 포함하였다.[8] 전체적으로 남자의 비중이 높았다. 외부장애인의 경우 60대, 감각장애인의 경우 70대 이상의 비중이 높았다. 신체외부 및 감각장애인의 경우 초등학교 이하의 비중이 높았으며, 고졸 이상의 경우 내부장애인의 비중이 높았다. 분석 대상 장애인은 827명으로 장애인과 비장애인 비교 분석은 유용하나 장애 특성별 분석에는 한계가 있음을 알 수 있다.

---

8) 장애 유형 분류에서 신체외부장애에는 지체장애, 뇌병변장애, 안면장애가, 감각장애에는 시각장애, 청각장애, 언어장애가, 정신적장애에는 지적장애, 자폐성장애, 정신장애가, 그리고 내부장애에는 신장장애, 심장장애, 호흡기장애, 간장애, 장루·요루장애, 뇌전증장애가 포함됨.

<표 3-2> 장애인의 장애 유형별 일반적 특성(2014년 한국의료패널)

(단위: %)

구분		장애 유형				총계
		신체외부장애	감각장애	정신적장애	내부장애	
성별	남자	45.3	47.3	37.1	30.1	43.8
	여자	54.7	52.8	62.9	69.8	56.1
	계	100.0	100.0	100.0	100.0	100.0
연령	19~29세	0.8	1.7	5.7	26.9	3.4
	30대	1.9	3.9	10.0	14.3	3.9
	40대	8.8	7.1	4.3	26.9	9.4
	50대	14.1	8.8	24.3	20.6	14.3
	60대	24.0	18.7	21.4	6.4	21.3
	70이상	50.4	59.9	34.3	4.8	47.6
	계	100.0	100.0	100.0	100.0	100.0
교육 수준	초등학교 이하	50.4	50.6	32.9	23.8	46.9
	중학교	14.8	21.9	24.3	22.2	17.8
	고졸 이상	34.8	27.5	42.9	53.9	35.3
	계	100.0	100.0	100.0	100.0	100.0

자료: 2014년 한국의료패널 원자료 재분석.(N= 827)

한국의료패널의 경우 분석 대상 장애인의 사례 수가 800여 개 수준으로 적어 장애 특성별 분석에 한계가 있다. 그래서 장애인의 장애 특성별 분석을 심층적으로 수행하기 위하여 2014년 장애인실태조사 자료를 활용하였다. 2014년 장애인실태조사에서의 분석 대상 장애인의 장애 유형별 일반적 특성을 <표 3-3>에 제시하였다. 장애 유형은 신체외부장애(감각장애 제외한 지체장애, 뇌병변장애, 안면장애), 감각장애(시각장애, 청각장애, 언어장애), 내부장애(신장장애, 심장장애, 호흡기장애, 간장애, 장루·요루장애, 뇌전증장애), 발달장애(지적장애, 자폐성장애), 정신장애로 구분하였다. 전체적으로 남자의 비중이 높았다. 연령을 보면, 60대 이상 비중은 감각장애(67.7%)가 가장 높았으며, 감각장애를 제외한 신체외부장애(62.1%), 내부장애(56.1%)의 순이었다. 발달장애인의 60대 이상 비중은 9.5%로 가장 낮았다. 장애 정도에서 중증의 비율은 발달장애와 정신장애는 100.0%, 내부장애 65.1%, 감각장애 32.9%, 감각장애를 제외한 신체외부장애가 27.2%였다. 장애 발생 시기를 보면 발달기의 경우 발달장애인 92.7%, 감각장애 29.9%, 정신장애 26.8%, 감각장애를 제외한 신체외부장애 14.9%, 내부장애 6.2%였다. 장애 기간이 20년 이상의 경우 발달장애인 74.8%, 정신장애 54.4%, 감각장애 47.7%, 감각장애를 제외한 신체외부장애 31.5%, 내부장애 17.9%였다.

〈표 3-3〉 장애인의 장애 유형별 일반적 특성(2014년 장애인실태조사)

(단위: %)

구분		장애 유형					총계
		신체외부장애 (감각장애 제외)	감각장애	내부장애	발달장애	정신장애	
성별	남자	54.4	56.4	59.2	58.2	51.7	55.3
	여자	45.5	43.6	40.8	41.8	48.3	44.8
	계	100.0	100.0	100.0	100.0	100.0	100.0
연령	19~29세	1.4	2.1	0.8	38.2	4.6	3.3
	30대	4.9	5.5	5.2	24.2	16.9	6.4
	40대	10.3	9.3	11.4	15.0	32.6	11.3
	50대	21.4	15.4	26.5	13.1	31.4	20.4
	60대	24.7	20.2	25.7	6.9	9.2	22.3
	70대 이상	37.4	47.5	30.4	2.6	5.4	36.4
	계	100.0	100.0	100.0	100.0	100.0	100.0
교육수준	초등학교 이하	46.8	51.4	38.2	34.1	15.3	45.5
	중학교	15.9	14.4	15.6	8.9	17.6	15.3
	고졸 이상	37.3	34.2	46.2	57.0	67.0	39.2
	계	100.0	100.0	100.0	100.0	100.0	100.0
장애정도	중증(1~3급)	27.2	32.9	65.1	100.0	100.0	36.8
	경증(4~6급)	72.8	67.1	34.9	-	-	63.2
	계	100.0	100.0	100.0	100.0	100.0	100.0
장애발생시기	발달기	14.9	29.9	6.2	92.7	26.8	21.7
	성인기	85.1	70.2	93.8	7.3	73.2	78.3
	계	100.0	100.0	100.0	100.0	100.0	100.0
장애기간	20년 미만	68.5	52.3	82.1	25.3	45.6	62.8
	20년 이상	31.5	47.7	17.9	74.8	54.4	37.2
	계	100.0	100.0	100.0	100.0	100.0	100.0

자료: 2014년 장애인실태조사 원자료 재분석.(N = 6,583)

나. 장애인과 비장애인의 건강 수준

장애인과 비장애인의 건강 수준을 양호한 건강 인지율과 만성질환 이환율로 구성하여 아래의 〈표 3-4〉에 제시하였다. 양호한 건강 인지율의 경우 비장애인이 장애인에 비해 11.6%포인트 높았으며, 비장애인의 양호한 건강 인지율은 장애인에 비해 1.4배 높았다. 만성질환 이환율의 경우 장애인이 비장애인보다 8.2%포인트 높았으며, 장애인은 비장애인에 비해 1.1배 높은 만성질환 이환율을 보였다.

〈표 3-4〉 장애인과 비장애인의 건강 수준

(단위 : %)

구분	비장애인	장애인	절대격차 (a-b)	상대격차 (a/b)	F
양호한 건강 인지율	42.2(a)	30.6(b)	11.6	1.4	37.59***
만성질환 이환율	62.8(b)	71.0(a)	8.2	1.1	30.73***

주: 1) 연령 통제 비교 결과임(Adjusted Mean test).
2) 양호한 건강 인지율은 주관적 건강 수준 '매우 좋음+좋음' 응답 비율로 정의함.
3) 만성질환 이환율은 3개월 이상 만성질환 '있음' 비율로 정의함.
4) *** p〈.001
자료: 2014년 한국의료패널 원자료 재분석.

장애인과 비장애인의 연령에 따른 건강 수준 격차 분석 결과는 아래의 〈표 3-5〉에 제시하였다. 장애인과 비장애인의 양호한 건강 인지율 격차는 19~29세가 가장 컸으며, 만성질환 이환율 격차는 30대가 가장 컸다.

〈표 3-5〉 장애인과 비장애인의 연령별 건강 수준

(단위 : %)

		19~29세	30대	40대	50대	60대	70대
양호한 건강 인지율	비장애인(a)	62.3	52.1	45.9	41.6	35.0	26.5
	장애인(b)	28.5	33.3	31.8	20.4	24.4	19.7
	절대격차(a-b)	33.8	18.8	14.1	21.2	10.6	6.8
	상대격차(a/b)	2.2	1.6	1.4	2.0	1.4	1.3
만성질환 유병률	비장애인(b)	25.5	30.6	49.8	72.1	90.3	96.8
	장애인(a)	0.5	57.6	68.0	89.0	95.5	98.7
	절대격차(a-b)	-25.0	27.0	18.2	16.9	5.2	1.9
	상대격차(a/b)	0.0	1.9	1.4	1.2	1.1	1.0

주: 의료패널 자료의 '19~29세', '30대' 장애 사례 수가 30명 안팎으로 변이가 클 수 있음.
자료: 2014년 한국의료패널 원자료 재분석.

장애인과 비장애인의 연령에 따른 건강 수준 분석 결과를 [그림 3-1]에 제시하였다. 연령이 높을수록 양호한 건강 인지율이 감소하는 경향을 보였으나, 연령에 따른 감소 경향은 비장애인이 더욱 뚜렷했다. 즉 장애인의 경우 연령에 따른 변화도 중요하겠지만, 장애 특성별 분석을 통한 세부적 분석이 필요함을 알 수 있다. 만성질환 이환율의 경우 장애인과 비장애인 모두 연령이 높을수록 높아지는 경향을 보였다.

[그림 3-1] 장애인과 비장애인의 연령별 건강 수준

(단위: %)

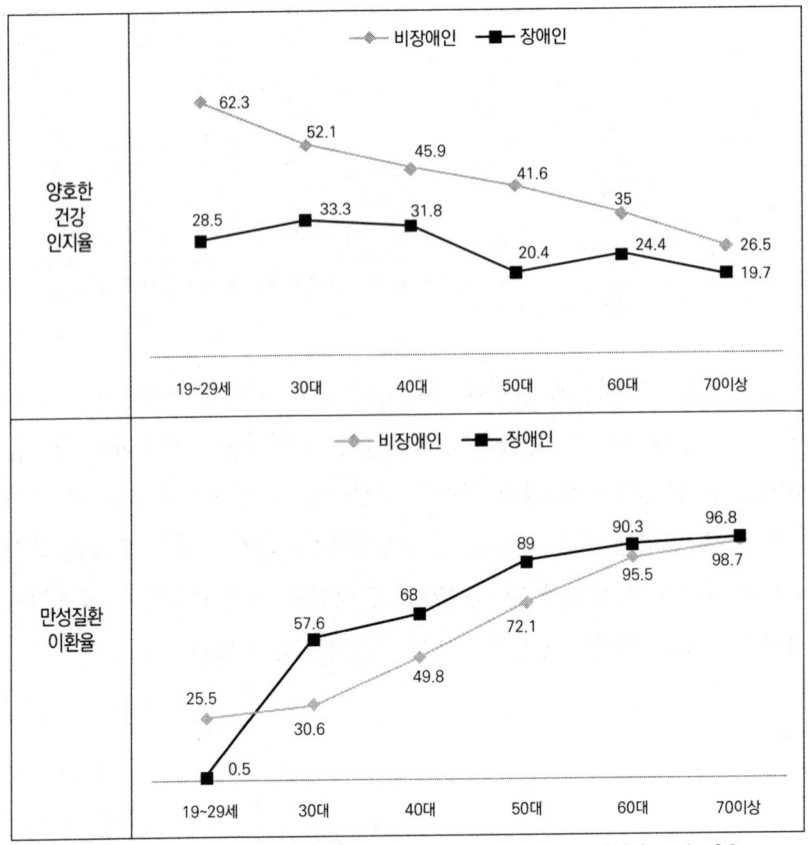

주: 의료패널 자료의 '19~29세', '30대' 장애 사례 수가 30명 안팎으로 변이가 클 수 있음.
자료: 2014년 한국의료패널 원자료 재분석.

다. 장애인과 비장애인의 정신건강

장애인과 비장애인의 정신건강 격차를 〈표 3-6〉에 제시하였다. 정신건강 관련 지표는 2013년 한국의료패널 원자료를 활용하였다. 2014년 조사의 경우 관련 부가조사를 실시하지 않았기 때문이다. 장애인의 우울증상 경험률은 비장애인에 비해 6.1%포인트 높았으며, 1.8배 높았다. 자살 생각률의 경우 장애인은 비장애인보다 4.4%포인트 높았으며, 1.8배 높은 결과를 보였다. 장애인 중 정신건강 문제로 인한 약물 복용률은 비장애인에 비해 4.1%포인트, 2.0배 높은 결과를 보였다. 즉 장애인은 비장애인에 비해 정신건강 위험 수준이 높음을 알 수 있다.

〈표 3-6〉 장애인과 비장애인의 정신건강

(단위: %)

구분	비장애인(b)	장애인(a)	절대격차 (a-b)	상대격차 (a/b)	F
우울증상 경험률	7.6	13.7	6.1	1.8	32.90***
자살 생각률	5.7	10.1	4.4	1.8	23.28***
약물 복용률	4.3	8.4	4.1	2.0	26.39***

주: 연령 통제 비교 결과임(Adjusted Mean test).
*** $p < .001$
자료: 2013년 한국의료패널 원자료 재분석.

장애인과 비장애인의 연령에 따른 정신건강 격차 분석 결과를 아래의 〈표 3-7〉에 제시하였다. 장애인과 비장애인의 정신건강 격차는 전체적으로 40대까지 증가하다가 50대 이후 감소하는 경향을 보였다. 즉 장애인과 비장애인의 우울증상 경험률, 자살 생각률, 약물 복용률 격차는 40대가 가장 큰 것으로 나타나, 40대 장애인의 정신건강 증진 전략이 시급한 과제임을 알 수 있다.

〈표 3-7〉 장애인과 비장애인의 연령별 정신건강

(단위: %)

		19~29세	30대	40대	50대	60대	70대
우울증상 경험률	비장애인(b)	6.9	6.4	5.3	7.9	8.7	8.8
	장애인(a)	6.7	7.1	25.7	17.9	14.7	11.5
	절대격차(a-b)	-0.2	0.7	20.4	10.0	6.0	2.7
	상대격차(a/b)	1.0	1.1	4.8	2.3	1.7	1.3
자살 생각률	비장애인(b)	4.3	4.2	4.5	5.7	6.8	7.9
	장애인(a)	1.1	10.7	13.5	13.4	12.1	9.3
	절대격차(a-b)	-3.2	6.5	9.0	7.7	5.3	1.4
	상대격차(a/b)	0.3	2.5	3.0	2.4	1.8	1.2
약물 복용률	비장애인(b)	1.3	1.3	1.7	3.7	6.2	10.1
	장애인(a)	1.4	7.1	12.2	11.6	8.4	11.8
	절대격차(a-b)	0.1	5.8	10.5	7.9	2.2	1.7
	상대격차(a/b)	1.1	5.5	7.2	3.1	1.4	1.2

주: 의료패널 자료의 '19~29세', '30대' 장애 사례 수가 30명 안팎으로 변이가 클 수 있음.
자료: 2014년 한국의료패널 원자료 재분석.

장애인과 비장애인의 연령에 따른 정신건강 분석 결과를 아래의 [그림 3-2]에 제시하였다. 장애인의 경우 40대에서 우울증상 경험률, 자살 생각률, 정신적 문제로 인한 약물 복용률이 매우 높게 나타나는 경향을 보였다. 즉 40대까지 높아지다가 이후 완만하게 감소하는 경향을 보였다. 단 약물 복용률의 경우 70대에서 다시 높은 경향을 보였다. 40대 장애인의 정신건강에 주목할 필요가 있다. 비장애인의 경우 우울증상 경험률, 자살 생각률, 정신적 문제로 인한 약물 복용률이 연령이 높을수록 완만하게 증가하는 경향을 보였다.

제3장 장애인의 건강 격차 및 욕구 83

[그림 3-2] 장애인과 비장애인의 연령별 정신건강 수준

(단위 : %)

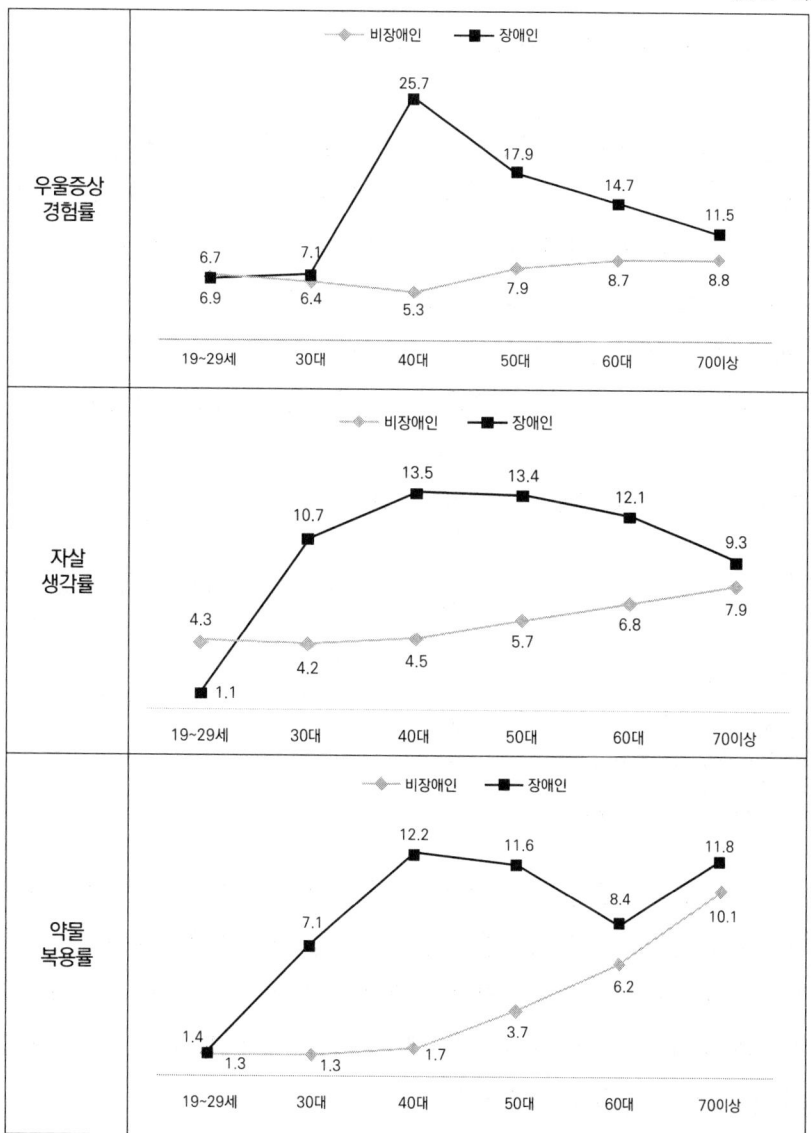

주: 의료패널 자료의 '19~29세', '30대' 장애 사례 수가 30명 안팎으로 변이가 클 수 있음.
자료: 2014년 한국의료패널 원자료 재분석.

라. 장애인과 비장애인의 의료서비스 이용

1) 장애인과 비장애인의 의료서비스 이용

장애인과 비장애인의 의료서비스 이용 제한 경험에 대한 분석 결과를 〈표 3-8〉에 제시하였다. 장애인과 비장애인의 경우 외래 이용률의 차이는 통계적으로 유의하지 않았으며, 입원율과 응급의료 이용률에서 차이가 관찰되었다. 먼저 입원율을 보면 장애인이 비장애인보다 6.1%포인트 높았으며, 1.5배 높은 수준이었다. 응급의료 이용률의 경우에도 장애인이 비장애인보다 6.6%포인트 높았으며, 1.8배 높은 것으로 나타났다.

〈표 3-8〉 장애인과 비장애인의 의료서비스 이용

(단위 : %)

구분	비장애인(b)	장애인(a)	절대격차 (a-b)	상대격차 (a/b)	F
외래 이용률	84.9	84.7	-0.2	1.0	0.05
입원율	12.5	18.6	6.1	1.5	24.83***
응급의료 이용률	7.8	14.4	6.6	1.8	42.58***

주: 연령 통제 비교 결과임(Adjusted Mean test).
  *** $p < .001$
자료: 2014년 한국의료패널 원자료 재분석.

장애인과 비장애인의 연령에 따른 의료서비스 이용 격차 분석 결과를 〈표 3-9〉에 제시하였다. 장애인과 비장애인의 외래 이용률 격차는 19~29세에서 가장 크게 나타났다. 입원율의 경우 장애인과 비장애인의 격차는 50대에서 가장 크게 관찰되었다. 응급의료 이용률 격차는 40대에서 가장 크게 나타났으며, 다음은 30대였다.

〈표 3-9〉 장애인과 비장애인의 연령별 의료서비스 이용

(단위: %)

		19~29세	30대	40대	50대	60대	70대 이상
외래 이용률	비장애인(b)	63.1	75.4	81.5	89.5	96.8	98.0
	장애인(a)	85.7	87.9	78.2	89.8	97.2	96.2
	절대격차(a-b)	22.6	12.5	-3.3	0.3	0.4	-1.8
	상대격차(a/b)	1.4	1.2	1.0	1.0	1.0	1.0
입원율	비장애인(b)	5.1	10.2	7.7	11.5	14.8	24.3
	장애인(a)	14.3	12.1	16.7	24.6	23.9	24.9
	절대격차(a-b)	9.2	1.9	9.0	13.1	9.1	0.6
	상대격차(a/b)	2.8	1.2	2.2	2.1	1.6	1.0
응급 의료 이용률	비장애인(b)	5.3	6.0	5.7	8.5	8.7	11.9
	장애인(a)	10.7	15.2	15.4	11.9	15.4	18.6
	절대격차(a-b)	5.4	9.2	9.7	3.4	6.7	6.7
	상대격차(a/b)	2.0	2.5	2.7	1.4	1.8	1.6

주: 의료패널 자료의 '19~29세', '30대' 장애 사례 수가 30명 안팎으로 변이가 클 수 있음.
자료: 2014년 한국의료패널 원자료 재분석.

장애인과 비장애인의 연령에 따른 의료서비스 이용 분석 결과를 [그림 3-3]에 제시하였다. 외래 이용률의 경우 장애인과 비장애인 모두 연령이 증가할수록 완만하게 증가하는 경향을 보였으나, 19~29세와 30대에서 장애인의 외래 이용률이 높은 경향을 발견할 수 있다. 입원율은 장애인의 경우 50대까지 급격히 증가하다가 이후 유지되는 경향을 보였으나, 비장애인의 경우 연령에 따라 증가하는 경향을 보였다. 응급의료 이용률은 장애인의 경우 30대, 40대, 70대에서 높은 경향을 보였으나, 비장애인의 경우 연령에 따른 증가 경향을 보였다.

[그림 3-3] 장애인과 비장애인의 연령별 의료서비스 이용

(단위 : %)

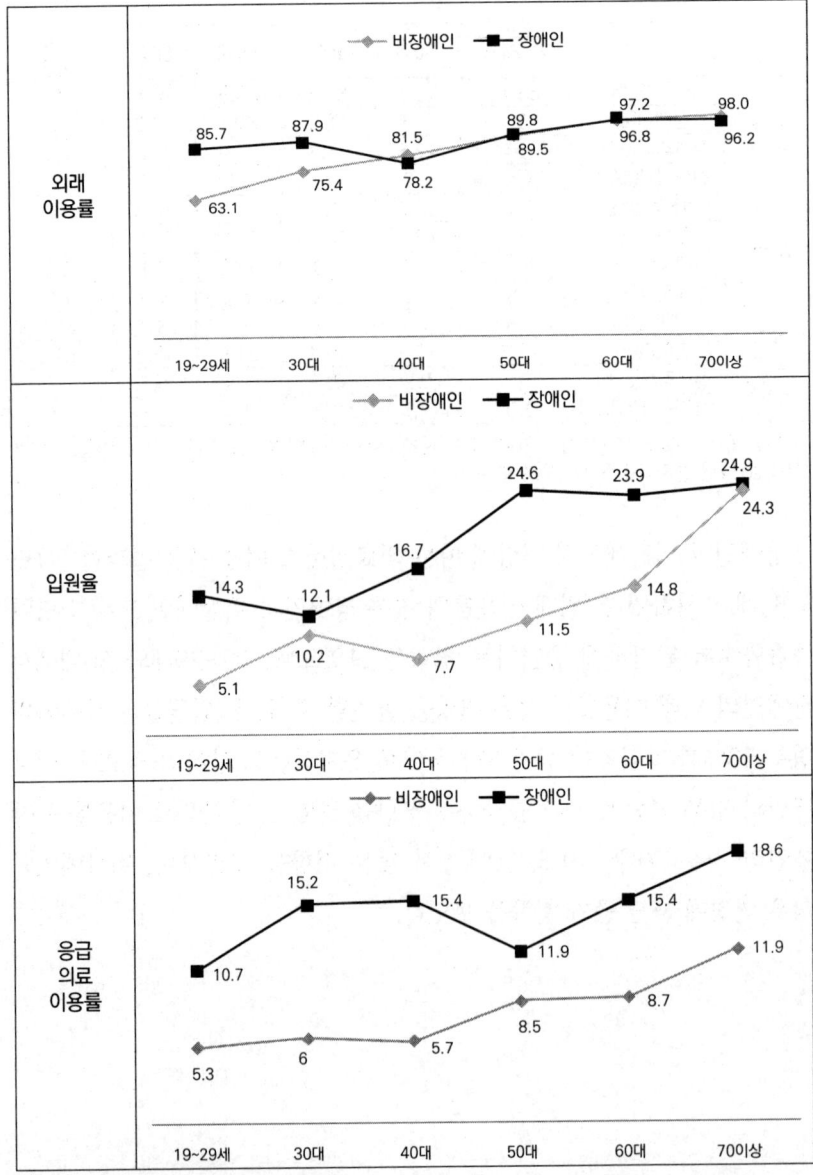

주: 의료패널 자료의 '19~29세', '30대' 장애 사례 수가 30명 안팎으로 변이가 클 수 있음.
자료: 2014년 한국의료패널 원자료 재분석.

2) 장애인과 비장애인의 개인 지출 의료비

장애인과 비장애인의 연 개인 지출 의료비 분석 결과를 〈표 3-10〉에 제시하였다. 장애인의 경우 79만 3001원이었으며, 비장애인의 경우 62만 4017원으로 나타나 장애인의 개인 지출 의료비 수준이 더 높았다. 장애인은 비장애인보다 16만 8984원, 1.27배 많은 의료비를 지출하는 것으로 나타났다.

〈표 3-10〉 장애인과 비장애인의 개인 지출 의료비

(단위: 원)

구분	비장애인 (b)	장애인 (a)	절대격차 (a-b)	상대격차 (a/b)	F
개인 지출 의료비	624,017	793,001	168,984	1.27	11.34***

주: 연령 통제 비교 결과임(Adjusted Mean test).
*** $p < .001$
자료: 2014년 한국의료패널 원자료 재분석.

장애인과 비장애인의 연령에 따른 개인 지출 의료비 분석 결과를 〈표 3-11〉에 제시하였다. 장애인과 비장애인 모두 연령이 높을수록 개인 지출 의료비가 증가하는 경향을 보였다. 장애인과 비장애인의 연령에 따른 개인 지출 의료비 차이는 19~29세가 가장 컸으며, 다음은 60대였다.

〈표 3-11〉 장애인과 비장애인의 연령에 따른 개인 지출 의료비

(단위: 원)

구분	비장애인(b)	장애인(a)	절대격차 (a-b)	상대격차 (a/b)
19~29세	286,933	723,321	436,388	2.5
30대	395,856	434,216	38,360	1.1
40대	412,375	552,937	140,562	1.3
50대	619,204	818,269	199,065	1.3
60대	940,982	1,216,571	275,589	1.3
70대 이상	1,015,717	1,089,867	74,150	1.1

주: 의료패널 자료의 '19~29세', '30대' 장애 사례 수가 30명 안팎으로 변이가 클 수 있음.
자료: 2014년 한국의료패널 원자료 재분석.

장애인과 비장애인의 개인 지출 의료비를 [그림 3-4]에 제시하였다. 비장애인은 연령이 증가할수록 개인 지출 의료비가 증가하였으나, 장애인의 경우 19~29세의 의료비가 상대적으로 높았으며, 30대에서 다소 낮아졌으나 이후 지속적으로 높아지는 경향을 보였으며, 70대 이상에서 다소 낮아지는 경향을 보였다.

[그림 3-4] 장애인과 비장애인의 연령별 개인 지출 의료비

(단위 : %)

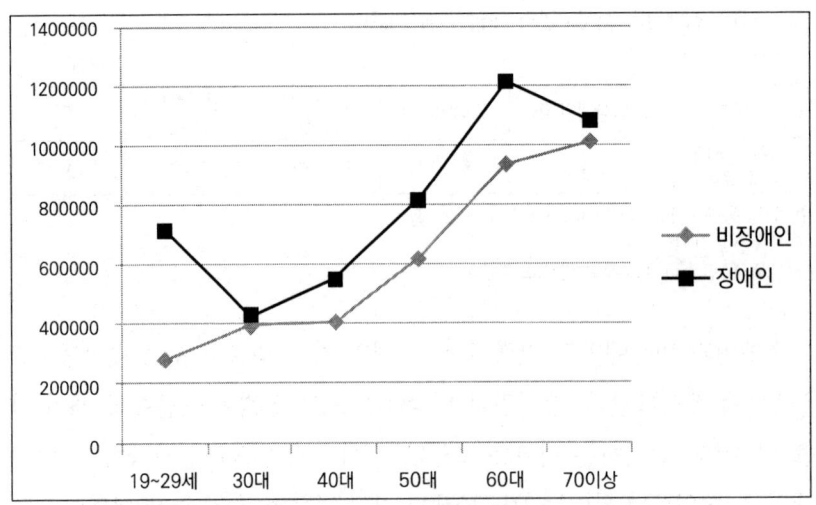

주: 의료패널 자료의 '19~29세', '30대' 장애 사례 수가 30명 안팎으로 변이가 클 수 있음.
자료: 2014년 한국의료패널 원자료 재분석.

3) 장애인과 비장애인의 의료서비스 이용 제한 경험

장애인과 비장애인의 의료서비스 이용 제한 경험 분석 결과를 〈표 3-12〉에 제시하였다. 장애인의 미충족 치료율은 비장애인에 비해 3.2%포인트 높았으며, 1.2배 높았다. 치과 치료 제한율의 경우 장애인은 비장애인에 비해 5.1%포인트 높았으며, 1.3배 높은 결과를 보였다.

〈표 3-12〉 장애인과 비장애인의 의료서비스 이용 제한 경험

(단위 : %)

구분	비장애인(b)	장애인(a)	절대격차 (a-b)	상대격차 (a/b)	F
미충족 치료율	17.3	20.5	3.2	1.2	35.67***
치과 치료 제한율	20.4	25.5	5.1	1.3	40.01***

주: 연령 통제 비교 결과임(Adjusted Mean test).
   *** $p < .001$
자료: 2014년 한국의료패널 원자료 재분석.

장애인과 비장애인의 연령에 따른 의료서비스 이용 제한 경험 격차를 〈표 3-13〉에 제시하였다. 미충족 치료율을 보면 장애인과 비장애인의 격차는 50대와 40대에서 높았다. 미충족 치과 치료 제한율의 경우에도 50대와 40대에서 장애인과 비장애인의 격차가 컸다.

〈표 3-13〉 장애인과 비장애인의 연령별 의료서비스 이용 제한 경험

(단위 : %)

		19~29세	30대	40대	50대	60대	70대 이상
미충족 치료율	비장애인(b)	7.0	10.5	12.0	12.6	13.3	18.5
	장애인(a)	12.5	12.1	27.6	28.9	23.6	20.8
	절대격차(a-b)	5.5	1.6	15.6	16.3	10.3	2.3
	상대격차(a/b)	1.8	1.2	2.3	2.3	1.8	1.1
치과 치료 제한율	비장애인(b)	9.1	12.6	12.5	16.9	17.9	25.7
	장애인(a)	12.5	15.2	25.0	30.7	30.5	30.3
	절대격차(a-b)	3.4	2.6	12.5	13.8	12.6	4.6
	상대격차(a/b)	1.4	1.2	2.0	1.8	1.7	1.2

주: 의료패널 자료의 '19~29세', '30대' 장애 사례 수가 30명 안팎으로 변이가 클 수 있음.
자료: 2014년 한국의료패널 원자료 재분석.

장애인과 비장애인의 연령에 따른 의료서비스 이용 제한 경험을 [그림 3-5]에 제시하였다. 미충족 치료율을 보면 장애인은 40대와 50대가 가장 높았으나 이후 다소 감소하는 경향을 보였다. 비장애인은 연령이 높을

수록 완만하게 미충족 치료율이 높아지는 경향을 보였다. 치과 치료 제한율의 경우 장애인은 50대까지 큰 폭으로 증가하였으나 이후 유지하는 경향을 보였다. 비장애인의 경우 연령이 높을수록 치과 치료 제한율이 증가하는 경향을 보였다.

[그림 3-5] 장애인과 비장애인의 연령별 의료서비스 이용 제한 경험

(단위: %)

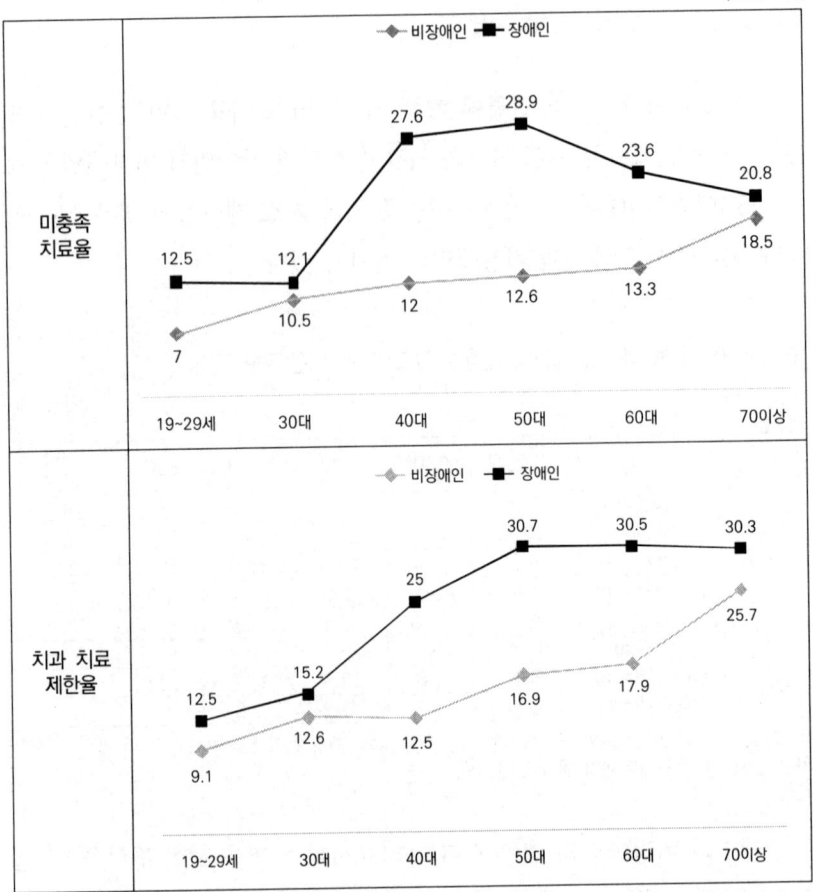

주: 의료패널 자료의 '19~29세', '30대' 장애 사례 수가 30명 안팎으로 변이가 클 수 있음.
자료: 2014년 한국의료패널 원자료 재분석.

마. 장애인과 비장애인의 건강 행태

장애인과 비장애인의 건강 행태 분석 결과를 〈표 3-14〉에 제시하였다. 흡연율, 위험 음주율, 격렬한 신체활동 실천율, 중등도 신체활동 실천율, 비만율의 경우 통계적으로 유의한 차이가 나타나지 않았다. 비장애인과 장애인 간에 유의한 차이가 나타난 영역은 걷기 실천율이었다. 걷기 실천율의 경우 비장애인이 장애인보다 4.3%포인트, 1.1배 높았다.

〈표 3-14〉 장애인과 비장애인의 건강 행태

(단위 : %)

구분	비장애인	장애인	절대격차 (a-b)	상대격차 (a/b)	F
현재 흡연율	20.7(b)	19.8(a)	-0.9	0.9	0.34
위험 음주율	15.9(b)	14.8(a)	-1.1	0.9	0.42
격렬한 신체활동 실천율	15.3(a)	13.6(b)	1.7	1.1	1.64
중등도 신체활동 실천율	11.8(a)	11.1(b)	0.7	1.1	0.33
걷기 실천율	34.4(a)	30.1(b)	4.3	1.1	6.09*
비만율	24.5(b)	27.0(a)	2.5	1.1	2.26

주: 1) 연령 통제 비교 결과임(Adjusted Mean test).
  2) 현재 흡연율: 매일 흡연+가끔 흡연자 비율.
  3) 위험 음주율: 1회 음주량 7잔 이상(여자 : 5잔 이상), 주 2회 이상 음주자 비율.
  4) 격렬한 신체활동 실천율: 격렬 신체활동 1일 20분 이상, 주 3일 이상 실천자 비율.
  5) 중등도 신체활동 실천율: 중등도 신체활동 1일 총 30분 이상, 주 5일 이상 실천자 비율.
  6) 걷기 실천율: 걷기활동 1일 총 30분 이상 주 5일 이상 실천자 비율.
  7) 비만율: BMI 25 이상 비율.
  8) * $p < .05$
자료: 2014년 한국의료패널 원자료 재분석.

장애인과 비장애인의 연령에 따른 건강 행태 격차 분석 결과를 〈표 3-15〉에 제시하였다. 현재 흡연율의 경우 19~29세와 40대의 격차가 가장 크게 나타났다. 즉 20대는 비장애인의 현재 흡연율이 높았으며, 40대의 경우 장애인의 현재 흡연율이 비장애인에 비해 높았다. 위험 음주율의 경우 19~29세에서 비장애인이 장애인보다 11.6%포인트 높은 결과를 보였다. 격렬한 신체활동 실천율의 경우 19~29세에서 가장 큰 격차를 보였는데, 비장애인이 장애인에 비해 10.1%포인트, 1.5배 높았다. 중등도 운동 실천율의 경우 40대에서 장애인이 비장애인보다 6.9%포인트 높은 비율을 보였다. 걷기 실천율의 경우 70대, 60대에서 비장애인이 장애인보다 높았다. 즉 70대 비장애인의 경우 장애인보다 9.2%포인트, 1.3배 높은 걷기 실천율을 보였다. 비만율의 경우 장애인이 비장애인보다 19~29세, 30대, 40대에서 더 높게 나타났다. 즉 19~29세 장애인의 경우 비장애인에 비해 14.6%포인트, 2.4배 높은 비만율을 보였다.

〈표 3-15〉 장애인과 비장애인의 연령별 건강 행태

(단위 : %)

		19~29세	30대	40대	50대	60대	70대 이상
현재 흡연율	비장애인(b)	17.1	25.6	28.2	22.4	14.6	11.9
	장애인(a)	3.2	27.2	40.8	27.0	20.7	13.5
	절대격차(a-b)	-13.9	1.6	12.6	4.6	6.1	1.6
	상대격차(a/b)	0.2	1.1	1.4	1.2	1.4	1.1
위험 음주율	비장애인(b)	25.9	16.1	19.6	16.6	10.8	8.0
	장애인(a)	14.3	18.2	20.5	10.2	9.1	9.1
	절대격차(a-b)	-11.6	2.1	0.9	-6.4	-1.7	1.1
	상대격차(a/b)	0.5	1.1	1.0	0.6	0.8	1.1
격렬한 신체활동 실천율	비장애인(a)	31.5	14.2	14.0	15.7	11.6	7.8
	장애인(b)	21.4	6.1	10.2	13.6	6.8	8.4
	절대격차(a-b)	10.1	8.1	3.8	2.1	4.8	-0.6
	상대격차(a/b)	1.5	2.3	1.4	1.2	1.7	0.9
중등도 신체활동 실천율	비장애인(a)	7.6	9.3	12.3	14.2	17.2	9.3
	장애인(b)	14.2	15.2	19.2	11.0	15.9	8.3
	절대격차(a-b)	-6.6	-5.9	-6.9	3.2	1.3	1.0
	상대격차(a/b)	0.5	0.6	0.6	1.3	1.1	1.1
걷기 실천율	비장애인(a)	40.9	24.4	27.8	33.8	42.3	38.1
	장애인(b)	39.2	30.3	30.8	33.9	33.5	28.9
	절대격차(a-b)	1.7	-5.9	-3.0	-0.1	8.8	9.2
	상대격차(a/b)	1.0	0.8	0.9	1.0	1.3	1.3
비만율	비장애인(b)	10.4	25.6	26.7	29.4	28.9	21.6
	장애인(a)	25.0	33.3	36.8	27.0	29.9	26.4
	절대격차(a-b)	14.6	7.7	10.1	-2.4	1.0	4.8
	상대격차(a/b)	2.4	1.3	1.4	0.9	1.0	1.2

주: 의료패널 자료의 '19~29세', '30대' 장애 사례 수가 30명 안팎으로 변이가 클 수 있음.
자료: 2014년 한국의료패널 원자료 재분석.

장애인과 비장애인의 연령에 따른 현재 흡연율과 위험 음주율 분석 결과를 〔그림 3-6〕에 제시하였다. 현재 흡연율은 장애인의 경우 40대가 가장 높았으며, 이후 감소하였다. 비장애인의 경우에도 40대까지 높았으나 이후 감소하는 경향을 보였다. 위험 음주율은 비장애인이 상대적으로 높았으며 19~29세가 가장 높았고 이후 감소하는 경향을 보였다. 장애인의 위험 음주율은 40대까지 증가하다가 이후 감소하는 경향을 보였다.

〔그림 3-6〕 장애인과 비장애인의 연령별 현재 흡연율 및 위험 음주율

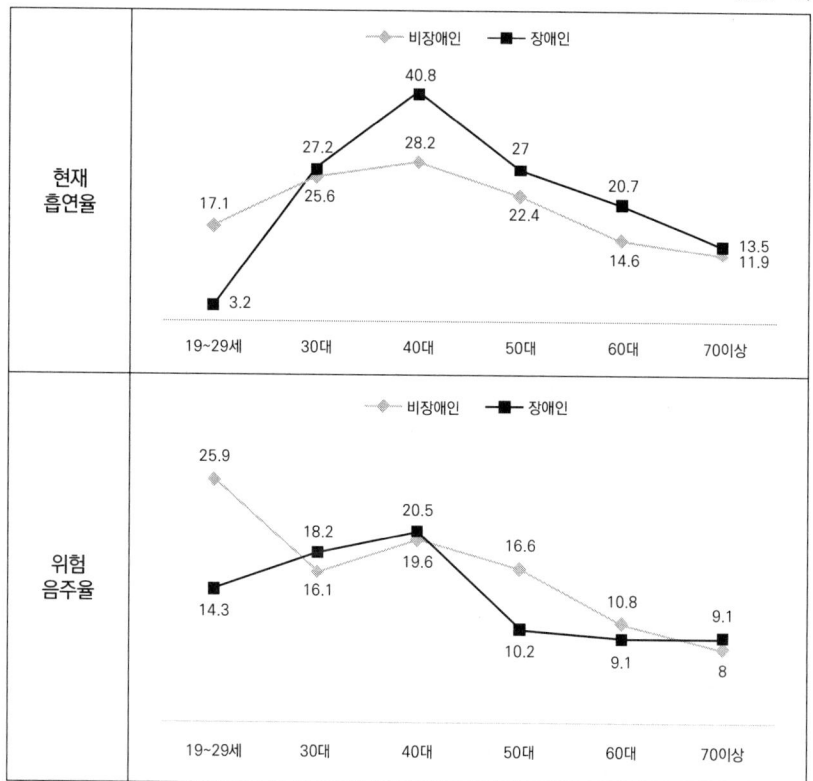

주: 의료패널 자료의 '19~29세', '30대' 장애 사례 수가 30명 안팎으로 변이가 클 수 있음.
자료: 2014년 한국의료패널 원자료 재분석.

장애인과 비장애인의 운동 실천율 및 비만율 분석 결과를 〔그림 3-7〕에 제시하였다. 격렬한 신체활동 실천율은 장애인과 비장애인 모두 19~29세가 가장 높았으며 30대에서 급격히 감소하다가 50대까지 증가하였으나 이후 다시 감소하는 경향을 보였다. 중등도 신체활동 실천율의 경우 40대까지는 장애인이 비장애인에 비해 더 높았으나 50대 이후 비장애인이 더 높아지는 경향을 보였다. 걷기 실천율의 경우에도 50대 이전에는 장애인이 더 높았으나 고령에 진입할수록 비장애인이 더 높은 경향을 보였다. 비만율의 경우 40대까지 장애인이 비장애인보다 더 높았으나 50대 이후 장애인과 비장애인의 차이가 크지 않은 결과를 보였다.

제3장 장애인의 건강 격차 및 욕구 95

[그림 3-7] 장애인과 비장애인의 연령별 운동 실천율 및 비만율

(단위 : %)

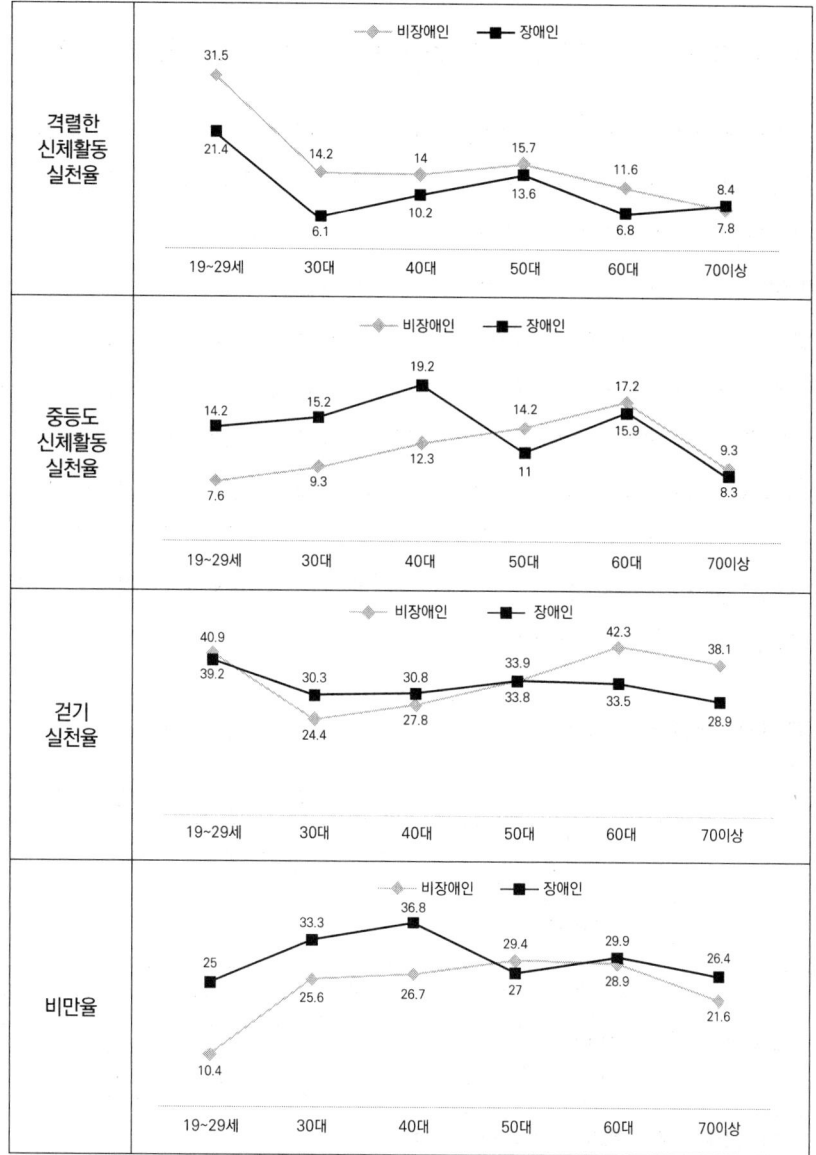

주: 의료패널 자료의 '19~29세', '30대' 장애 사례 수가 30명 안팎으로 변이가 클 수 있음.
자료: 2014년 한국의료패널 원자료 재분석.

2. 장애인과 비장애인의 성별 및 교육 수준별 건강 격차

가. 장애인과 비장애인의 성별 및 교육 수준별 양호한 건강 인지율

장애인과 비장애인의 성별 및 교육 수준에 따른 건강 인지율 분석 결과를 〈표 3-16〉에 제시하였다. 장애인과 비장애인 모두 남자가 양호한 건강 인지율이 높았으며, 고등학교 이상에서 양호한 건강 인지율이 높았다. 비장애인의 경우 남자가 여자보다 양호한 건강 인지율이 5.6%포인트 높았으며, 1.14배 높았다. 장애인의 경우 남자가 여자보다 양호한 건강 인지율이 4.9%포인트, 1.46배 높았다. 교육 수준을 보면, 비장애인의 경우 고등학교 이상이 중학교 이하보다 양호한 건강 인지율이 8.7%포인트 높았으며, 1.24배 높았다. 장애인의 경우 고등학교 이상이 중학교 이하보다 양호한 건강 인지율이 4.4%포인트 높았으며, 1.38배 높았다. 상대적 격차를 기준으로 보면 장애인의 경우 성별과 교육 수준에 따른 격차가 비장애인보다 큰 것으로 나타났다.

〈표 3-16〉 장애인과 비장애인의 성별 및 교육 수준별 양호한 건강 인지율

(단위: %)

구분		비장애인[1]	장애인[2]
성별	남자(a)	45.9	15.6
	여자(b)	40.3	10.7
	절대격차(a-b)	5.6	4.9
	상대격차(a/b)	1.14	1.46
	F	31.78***	35.35***
교육 수준	중학교 이하(b)	36.7	11.7
	고등학교 이상(a)	45.4	16.1
	절대격차(a-b)	8.7	4.4
	상대격차(a/b)	1.24	1.38
	F	39.61***	21.43***

주: 연령 통제 비교 결과임(Adjusted Mean test).
   *** $p < .001$
자료: 1) 2014년 한국의료패널 원자료 재분석.
     2) 2014년 장애인실태조사 원자료 재분석.

나. 장애인과 비장애인의 성별 및 교육 수준별 만성질환 이환율

장애인과 비장애인의 성별 및 교육 수준별 만성질환 이환율을 〈표 3-17〉에 제시하였다. 장애인과 비장애인 모두 남자보다 여자가 만성질환 이환율이 높았다. 즉 비장애인의 경우 여자가 남자보다 만성질환 이환율이 7.3%포인트 높았으며, 1.23배 높은 것으로 나타났다. 장애인의 경우 여자가 남자보다 만성질환 이환율이 7.1%포인트, 1.09배 높은 것으로 나타났다. 교육 수준에 따른 격차의 경우 비장애인은 중학교 이하가 고등학교 이상보다 9.6%포인트, 1.16배 높았다. 장애인의 경우 교육 수준에 따른 만성질환 이환율은 유의한 차이가 나타나지 않았다. 성별과 교육 수준에 따른 만성질환 이환율 격차는 비장애인이 더 큰 것으로 나타났다.

〈표 3-17〉 장애인과 비장애인의 성별 및 교육 수준별 만성질환 이환율

(단위 : %)

구분		비장애인[1]	장애인[2]
성별	남자(b)	57.4	75.7
	여자(a)	64.7	82.8
	절대격차(a-b)	7.3	7.1
	상대격차(a/b)	1.23	1.09
	F	81.52***	56.80***
교육 수준	중학교 이하(a)	68.1	79.6
	고등학교 이상(b)	58.5	77.8
	절대격차(a-b)	9.6	1.8
	상대격차(a/b)	1.16	1.02
	F	71.26***	2.75

주: 연령 통제 비교 결과임(Adjusted Mean test).
  *** $p < .001$
자료: 1) 2014년 한국의료패널 원자료 재분석.
  2) 2014년 장애인실태조사 원자료 재분석.

다. 장애인과 비장애인의 성별 및 교육 수준별 우울증상 경험률

장애인과 비장애인의 성별 및 교육 수준별 우울증상 경험률을 〈표 3-18〉에 제시하였다. 우선 성별로 볼 때 장애인과 비장애인 모두 여자가 남자보다 우울증상 경험률이 높은 결과를 보였다. 즉 비장애인의 경우 여자가 남자보다 우울증상 경험률이 4.2%포인트 높았으며, 1.8배 높은 것으로 나타났다. 장애인의 경우 여자가 6.7%포인트, 1.3배 높은 것으로 나타났다.

교육 수준별로 보면, 비장애인은 중학교 이하가 고등학교 이상보다 우울증상 경험률이 2.4%포인트 높았으며, 1.4배 높았다. 장애인의 경우 교육 수준에 따라 통계적으로 유의한 차이가 관찰되지 않았다. 따라서 성별에 따른 우울증상 경험률 격차는 장애인이 더 컸으나, 교육 수준에 따른 우울증상 경험률 격차는 비장애인이 더 컸다.

〈표 3-18〉 장애인과 비장애인의 성별 및 교육 수준별 우울증상 경험률

(단위: %)

구분		비장애인[1]	장애인[2]
성별	남자(b)	5.2	20.1
	여자(a)	9.4	26.8
	절대격차(a-b)	4.2	6.7
	상대격차(a/b)	1.80	1.33
	F	60.25***	40.55***
교육 수준	중학교 이하(a)	8.4	23.6
	고등학교 이상(b)	6.0	22.3
	절대격차(a-b)	2.4	1.3
	상대격차(a/b)	1.40	1.06
	F	12.99***	1.24

주: 연령 통제 비교 결과임(Adjusted Mean test).
  *** $p < .001$
자료: 1) 2014년 한국의료패널 원자료 재분석.
  2) 2014년 장애인실태조사 원자료 재분석.

라. 장애인과 비장애인의 성별 및 교육 수준별 자살 생각률

장애인과 비장애인의 성별 및 교육 수준별 자살 생각률을 〈표 3-19〉에 제시하였다. 비장애인의 경우 성별에 따른 자살 생각률의 차이는 통계적으로 유의하지 않았다. 장애인의 경우 여자가 남자 보다 자살 생각률이 5.5%포인트, 1.34배 높았다. 교육 수준을 보면, 비장애인의 경우 중학교 이하의 자살 생각률이 고등학교 이상보다 2.3%포인트, 1.56배 높았다. 장애인의 경우 교육 수준에 따른 자살 생각률의 차이는 통계적으로 유의하지 않았다. 성별에 따른 격차는 장애인이 더 컸으나, 교육 수준에 따른 격차는 비장애인이 더 컸다.

〈표 3-19〉 장애인과 비장애인의 성별 및 교육 수준별 자살 생각률

(단위 : %)

구분		비장애인[1]	장애인[2]
성별	남자(b)	5.1	16.3
	여자(a)	6.0	21.8
	절대격차(a-b)	0.9	5.5
	상대격차(a/b)	1.18	1.34
	F	3.39	31.02***
교육 수준	중학교 이하(a)	6.4	19.1
	고등학교 이상(b)	4.1	18.1
	절대격차(a-b)	2.3	1.0
	상대격차(a/b)	1.56	1.09
	F	15.74***	0.86

주: 연령 통제 비교 결과임(Adjusted Mean test).
   *** p 〈 .001
자료: 1) 2013년 한국의료패널 원자료 재분석.
     2) 2014년 장애인실태조사 원자료 재분석.

마. 장애인과 비장애인의 성별 및 교육 수준별 미충족 치료율

장애인과 비장애인의 성별 및 교육 수준별 미충족 치료율을 〈표 3-20〉에 제시하였다. 장애인과 비장애인 모두 여자가 남자에 비해 미충족 치료율이 높았다. 즉 비장애인의 경우 여자가 남자보다 2.8%포인트, 1.25배 높았다. 장애인의 경우 여자가 남자보다 3.9%포인트, 1.23배 높았다. 교육 수준의 경우, 장애인과 비장애인 모두 중학교 이하가 고등학교 이상보다 미충족 치료율이 높았다. 비장애인의 경우 중학교 이하가 고등학교 이상보다 5.7%포인트 높았으며, 1.52배 높았다. 장애인의 경우 중학교 이하가 고등학교 이상보다 5.5%포인트, 1.36배 높은 것으로 나타났다. 장애인과 비장애인 모두 성별, 교육 수준별 미충족 치료율의 차이가 통계적으로 유의하였다. 성별과 교육 수준에 따른 미충족 치료율의 격차는 비장애인이 더 컸다.

〈표 3-20〉 장애인과 비장애인의 성별 및 교육 수준별 미충족 치료율

(단위: %)

		비장애인[1]	장애인[2]
성별	남자(b)	11.1	16.8
	여자(a)	13.9	20.7
	절대격차(a-b)	2.8	3.9
	상대격차(a/b)	1.25	1.23
	F	17.72***	15.93***
교육 수준	중학교 이하(a)	16.6	20.7
	고등학교 이상(b)	10.9	15.2
	절대격차(a-b)	5.7	5.5
	상대격차(a/b)	1.52	1.36
	F	37.39***	23.69***

주: 연령 통제 비교 결과임(Adjusted Mean test).
*** $p < .001$
자료: 1) 2014년 한국의료패널 원자료 재분석.
2) 2014년 장애인실태조사 원자료 재분석.

바. 장애인과 비장애인의 성별 및 교육 수준별 치과 치료 제한율

장애인과 비장애인의 성별 및 교육 수준별 치과 치료 제한율을 〈표 3-21〉에 제시하였다. 성별에 따른 치과 치료 제한율의 차이는 통계적으로 유의하지 않았다. 교육 수준의 경우 장애인과 비장애인 모두 중학교 이하의 치과 치료 제한율이 높았다. 비장애인의 경우 중학교 이하의 치과 치료 제한율이 7.3%포인트 높았으며, 1.53배 높았다. 장애인의 경우 중학교 이하가 치과 치료 제한율이 7%포인트 높았으며, 1.32배 높은 것으로 나타났다. 교육 수준에 따른 격차는 비장애인이 더 컸으나, 큰 차이는 아니었다.

〈표 3-21〉 장애인과 비장애인의 성별 및 교육 수준별 치과 치료 제한율

(단위: %)

		비장애인(B)[1]	장애인(A)[2]
성별	남자(b)	15.3	26.1
	여자(a)	16.6	26.6
	절대격차(a-b)	1.3	0.5
	상대격차(a/b)	1.08	1.02
	F	2.96	0.20
교육 수준	중학교 이하(a)	21.1	29.1
	고등학교 이상(b)	13.8	22.1
	절대격차(a-b)	7.3	7.0
	상대격차(a/b)	1.53	1.32
	F	51.02***	29.57***

주: 연령 통제 비교 결과임(Adjusted Mean test).
　　*** $p < .001$
자료: 1) 2014년 한국의료패널 원자료 재분석.
　　 2) 2014년 장애인실태조사 원자료 재분석.

사. 장애인과 비장애인의 성별 및 교육 수준별 현재 흡연율

장애인과 비장애인의 현재 흡연율을 〈표 3-22〉에 제시하였다. 장애인과 비장애인의 현재 흡연율을 보면, 모두 남자의 현재 흡연율이 높았다. 비장애인의 경우 남자가 여자보다 39.1%포인트 높았으며, 18.77배 높은 수준이었다. 장애인의 경우 남자가 25.5%포인트 높았으며, 6.43배 높았다. 교육 수준별로는 비장애인의 경우 고등학교 이상이 7.5%포인트 높았으며, 1.5배 높았다. 장애인의 경우 고등학교 이상이 5.3%포인트, 1.32배 높았다. 성별과 교육 수준에 따른 현재 흡연율 격차는 비장애인이 더 컸다.

〈표 3-22〉 장애인과 비장애인의 성별 및 교육 수준별 현재 흡연율

(단위 : %)

구분		비장애인[1]	장애인[2]
성별	남자(a)	41.3	30.2
	여자(b)	2.2	4.7
	절대격차(a-b)	39.1	25.5
	상대격차(a/b)	18.77	6.43
	F	2139.48***	785.73***
교육 수준	중학교 이하(b)	14.9	16.7
	고등학교 이상(a)	22.4	22.0
	절대격차(a-b)	7.5	5.3
	상대격차(a/b)	1.50	1.32
	F	33.22***	22.57***

주: 연령 통제 비교 결과임(Adjusted Mean test).
　　*** $p < .001$
자료: 1) 2014년 한국의료패널 원자료 재분석.
　　　2) 2014년 장애인실태조사 원자료 재분석.

아. 장애인과 비장애인의 성별 및 교육 수준별 위험 음주율

장애인과 비장애인의 위험 음주율을 〈표 3-23〉에 제시하였다. 장애인과 비장애인 모두 남자가 여자보다 위험 음주율이 높았다. 비장애인은 남자가 21.5%포인트 높은 위험 음주율을 보였으며, 여자보다 4.5배 높은 수준이었다. 장애인은 남자가 9%포인트 높았으며, 여자보다 2.5배 높았다. 비장애인의 경우 고학력의 위험 음주율이 높은 결과를 보였다. 즉 고등학교 이상이 3.1%포인트 높았으며, 1.2배 높았다. 장애인의 경우 교육 수준에 따른 차이가 통계적으로 유의하지 않았다. 성별과 교육 수준에 따른 위험 음주율 격차는 비장애인이 더 컸다.

〈표 3-23〉 장애인과 비장애인의 성별 및 교육 수준별 위험 음주율

(단위 : %)

구분		비장애인[1]	장애인[2]
성별	남자(a)	27.7	14.8
	여자(b)	6.2	5.8
	절대격차(a-b)	21.5	9.0
	상대격차(a/b)	4.5	2.5
	F	973.31***	16.87***
교육 수준	중학교 이하(b)	14.1	9.9
	고등학교 이상(a)	17.2	12.6
	절대격차(a-b)	3.1	2.7
	상대격차(a/b)	1.2	1.3
	F	9.34**	1.12

주: 연령 통제 비교 결과임(Adjusted Mean test).
 ** $p < .01$, *** $p < .001$
자료: 1) 2014년 한국의료패널 원자료 재분석.
   2) 2014년 장애인실태조사 원자료 재분석.

자. 장애인과 비장애인의 성별 및 교육 수준별 중등도 신체활동 실천율

장애인과 비장애인의 중등도 신체활동 실천율을 〈표 3-24〉에 제시하였다. 한국의료패널과 장애인실태조사의 운동 실천율 지표의 차이가 있어 장애인실태조사 자료는 활용하지 않았다. 장애인과 비장애인 모두 남자가 여자보다 중등도 신체활동 실천율이 높았다. 비장애인의 경우 남자가 4.2%포인트, 1.4배 높았으며, 장애인은 남자가 8.9%포인트, 2.2배 높았다. 비장애인의 경우 고등학교 이상의 중등도 신체활동 실천율이 1.9%포인트, 1.18배 높았다. 장애인의 교육 수준에 따른 차이는 통계적으로 유의하지 않았다. 전체적으로 성별에 따른 격차는 장애인이 더 컸으나, 교육 수준에 따른 격차는 비장애인이 더 컸다.

〈표 3-24〉 장애인과 비장애인의 성별 및 교육 수준별 중등도 신체활동 실천율

(단위 : %)

구분		비장애인(A)	장애인(B)
성별	남자(a)	13.9	16.3
	여자(b)	9.7	7.4
	절대격차(a-b)	4.2	8.9
	상대격차(a/b)	1.4	2.2
	F	44.19***	12.14***
교육 수준	중학교 이하(b)	10.4	10.7
	고등학교 이상(a)	12.3	13.8
	절대격차(a-b)	1.9	3.1
	상대격차(a/b)	1.18	1.29
	F	4.17*	1.43

주: 연령 통제 비교 결과임(Adjusted Mean test).
  * $p < .05$, *** $p < .001$
자료: 2014년 한국의료패널 원자료(비장애인, 비장애인) 재분석.

차. 장애인과 비장애인의 성별 및 교육 수준별 걷기 실천율

장애인과 비장애인의 걷기 실천율을 〈표 3-25〉에 제시하였다. 장애인 실태조사에서는 걷기 실천율 지표를 제시하지 않아 한국의료패널 자료를 이용하여 분석하였다. 장애인과 비장애인 모두 남자가 여자보다 걷기 실천율이 높았다. 비장애인의 경우 남자가 4.7%포인트, 1.2배 높았으며, 장애인의 경우 통계적으로 유의한 차이가 나타나지 않았다. 비장애인의 경우 고등학교 이상의 걷기 실천율이 3.4%포인트 낮았으며, 장애인의 경우 통계적으로 유의한 차이가 나타나지 않았다.

〈표 3-25〉 장애인과 비장애인의 성별 및 교육 수준별 걷기 실천율

(단위: %)

구분		비장애인(A)	장애인(B)
성별	남자(a)	36.8	32.4
	여자(b)	32.1	29.6
	절대격차(a-b)	4.7	2.8
	상대격차(a/b)	1.2	1.1
	F	25.60***	0.73
교육 수준	중학교 이하(b)	36.7	32.9
	고등학교 이상(a)	33.3	28.1
	절대격차(a-b)	-3.4	-4.8
	상대격차(a/b)	0.9	0.85
	F	6.40*	1.58

주: 연령 통제 비교 결과임(Adjusted Mean test).
  * $p < .05$, *** $p < .001$
자료: 2014년 한국의료패널 원자료(비장애인, 비장애인) 재분석.

카. 장애인과 비장애인의 성별 및 교육 수준별 비만율

장애인과 비장애인의 비만율을 〈표 3-26〉에 제시하였다. 장애인실태조사의 경우 비만율 지표를 제시하지 않아 한국의료패널 자료를 이용하여 분석하였다. 먼저 성별에 따른 차이를 보면, 비장애인은 남자의 비만율이 7.5%포인트 더 높았으며, 장애인의 경우 여자의 비만율이 11.3%, 1.48배 더 높았다. 교육 수준에 따른 비만율의 차이는 장애인과 비장애인 모두 통계적으로 유의하지 않았다. 성별에 따른 비만율 격차는 장애인이 더 컸다.

〈표 3-26〉 장애인과 비장애인의 성별 및 교육 수준별 비만율

(단위 : %)

구분		비장애인(A)	장애인(B)
성별	남자(b)	28.4	23.4
	여자(a)	20.9	34.7
	절대격차(a-b)	-7.5	11.3
	상대격차(a/b)	0.74	1.48
	F	76.6***	11.53***
교육 수준	중학교 이하(a)	25.0	28.0
	고등학교 이상(b)	24.1	29.4
	절대격차(a-b)	0.9	1.4
	상대격차(a/b)	1.04	1.05
	F	0.52	0.14

주: 연령 통제 비교 결과임(Adjusted Mean test).
　　*** p 〈 .001
자료: 2014년 한국의료패널 원자료(비장애인, 장애인) 재분석.

3. 장애인과 비장애인 소득 수준별 건강 격차

가. 장애인과 비장애인의 소득 분위별 건강 수준

장애인과 비장애인의 소득 분위별 건강 인지율 및 만성질환 환자율을 〈표 3-27〉에 제시하였다. 집중지수[9]를 보면, 장애인과 비장애인 모두 고소득층으로 갈수록 양호한 건강 인지율이 증가하는 경향을 보였고, 만성질환 이환율은 감소하는 경향을 보였다. 장애인과 비장애인을 비교하면 집중지수의 절댓값의 크기가 건강 인지율은 장애인이, 만성질환 환자율은 비장애인이 더 큰 결과를 보였다. 즉 소득 수준에 따른 건강 불평등은 주관적 인지율의 경우 장애인의 차이가 더 크고, 만성질환 이환율은 비장애인의 차이가 더 큰 것으로 해석할 수 있다.

〈표 3-27〉 장애인과 비장애인의 소득 분위별 건강 인지율 및 만성질환 환자율

소득 분위	건강 인지율		만성질환 환자율	
	장애인[2]	비장애인[1]	장애인[2]	비장애인[1]
1분위	0.054	0.281	0.907	0.869
2분위	0.085	0.423	0.850	0.623
3분위	0.127	0.472	0.774	0.531
4분위	0.195	0.478	0.710	0.527
5분위	0.214	0.495	0.700	0.513
집중지수	0.302	0.090	-0.065	-0.097

자료: 1) 2014년 한국의료패널 원자료 재분석.
2) 2014년 장애인실태조사 원자료 재분석.

---

9) 집중지수(Concentration Index)는 로렌츠 곡선과 지니계수의 산출방법을 건강연구에 적용한 것으로 그래프의 x축에 집단 내에서 소득 수준으로 차지하는 백분위를, y축에는 개체의 집단 내 건강 수준 누적백분위를 표시하는 집중곡선을 그려, 완전평등선인 대각선과 집중곡선 간의 면적을 2배하여 산출한다. 집중지수는 $-1 \leq C \leq 1$의 값을 가지며, 절대값의 크기가 클수록 불평등도가 커짐을 의미함(한국건강형평성학회, 2009; O'Donnel et al., 2008).

나. 장애인과 비장애인의 소득 분위별 정신건강

장애인과 비장애인의 소득 분위별 우울증상 경험 및 자살 생각률을 〈표 3-28〉에 제시하였다. 장애인과 비장애인 모두 고소득층으로 갈수록 우울증상 경험률이 낮아지고, 자살 생각률이 감소하는 경향을 보였다. 장애인과 비장애인을 비교하면 집중지수의 절댓값의 크기가 비장애인이 더 큰 결과를 보였다. 즉 소득 수준에 따른 정신건강 불평등은 비장애인이 더 심한 것으로 해석할 수 있다.

〈표 3-28〉 장애인과 비장애인의 소득 분위별 우울증상 경험률 및 자살 생각률

소득 분위	우울증상 경험률		자살 생각률	
	장애인[2]	비장애인[1]	장애인[2]	비장애인[1]
1분위	0.299	0.118	0.270	0.089
2분위	0.283	0.086	0.228	0.064
3분위	0.221	0.072	0.172	0.051
4분위	0.194	0.053	0.138	0.042
5분위	0.156	0.045	0.128	0.030
집중지수	-0.163	-0.209	-0.194	-0.224

자료: 1) 2013년 한국의료패널 원자료 재분석.
2) 2014년 장애인실태조사 원자료 재분석.

다. 장애인과 비장애인의 소득 분위별 미충족 치료율 및 치과 치료 제한율

장애인과 비장애인의 소득 분위별 미충족 치료율을 〈표 3-29〉에 제시하였다. 집중지수를 검토하면, 장애인과 비장애인 모두 저소득층으로 갈수록 미충족 치료율과 치과 치료 제한율이 높아지는 경향을 보였다. 집중지수 절댓값의 크기를 보면 장애인의 불평등 수준이 비장애인에 비해 더 큰 것으로 나타났다.

〈표 3-29〉 장애인과 비장애인의 소득 분위별 미충족 치료율 및 치과 치료 제한율

소득 분위	미충족 치료율		치과 치료 제한율	
	장애인[2]	비장애인[1]	장애인[2]	비장애인[1]
1분위	0.253	0.237	0.375	0.313
2분위	0.220	0.178	0.315	0.206
3분위	0.175	0.163	0.239	0.181
4분위	0.156	0.147	0.239	0.161
5분위	0.121	0.129	0.143	0.146
집중지수	-0.173	-0.141	-0.200	-0.164

자료: 1) 2014년 한국의료패널 원자료 재분석.
2) 2014년 장애인실태조사 원자료 재분석.

라. 장애인과 비장애인의 소득 분위별 현재 흡연율과 위험 음주율

장애인과 비장애인의 소득 분위별 현재 흡연율 및 위험 음주율을 〈표 3-30〉에 제시하였다. 집중지수를 검토하면, 장애인은 소득이 높은 경우 흡연율이 높은 결과를 보였으며, 비장애인은 소득이 높을수록 흡연율이 낮은 경향을 보였다. 장애인의 경우 구체적으로 4분위까지는 흡연율이 높아지다가 5분위에서 낮아지는 경향을 보였다. 장애인의 소득과 흡연율의 관계에 대한 연구가 매우 제한적이어서 향후 후속 연구가 필요하다. 집중지수의 절댓값은 장애인이 상대적으로 더 컸다.

위험 음주율의 경우, 장애인과 비장애인 모두 집중지수가 양의 값을 보여 소득이 높을수록 높아지는 경향을 보였다. 이는 국민건강통계(2015)의 저소득일수록 위험 음주율이 높은 것과는 차이가 있다. 구체적으로 비장애인의 경우 소득 4분위까지는 위험 음주율이 증가하였으나 5분위에서 낮아지는 결과를 보였다. 위험 음주율과 관련하여 지속적이고 보다 심층적인 연구를 통해 추이를 파악하는 것이 필요하다.

〈표 3-30〉 장애인과 비장애인의 소득 분위별 현재 흡연율 및 위험 음주율

소득 분위	현재 흡연율		위험 음주율	
	장애인[2]	비장애인[1]	장애인[2]	비장애인[1]
1분위	0.158	0.160	0.044	0.098
2분위	0.168	0.239	0.076	0.141
3분위	0.202	0.220	0.103	0.176
4분위	0.215	0.212	0.121	0.185
5분위	0.197	0.176	0.137	0.177
집중지수	0.050	-0.000	0.106	0.079

자료: 1) 2014년 한국의료패널 원자료 재분석.
2) 2014년 장애인실태조사 원자료 재분석.

마. 장애인과 비장애인의 소득 분위별 운동 실천율 및 비만율

소득 분위별 운동 실천율 및 비만율을 〈표 3-31〉에 제시하였다. 운동 실천율 및 비만율에 대한 지표는 장애인실태조사에서 제공되지 않아 한국의료패널 자료를 활용하여 분석하였다. 집중지수를 보면, 장애인과 비장애인 모두 고소득층으로 갈수록 격렬한 신체활동실천율과 중등도 신체활동 실천율이 높은 경향을 보였다. 격렬한 신체활동 실천율의 경우 절댓값의 크기는 큰 차이를 보이지 않았다. 중등도 신체활동 실천율의 경우 절댓값의 크기가 장애인이 더 컸다. 즉 소득 수준에 따른 중등도 신체활동 실천율의 불평등은 장애인이 더 심한 것으로 해석할 수 있다. 걷기 신체활동 실천율의 경우 장애인은 소득 수준이 높을수록 실천율이 높아지는 경향을 보였으나, 장애인의 경우 소득이 높을수록 걷기 실천율이 낮아지는 경향을 보였다. 절댓값의 크기는 장애인이 더 컸다. 비만율 집중지수의 경우 장애인은 소득이 높을수록 비만율이 높은 경향을 보였으나, 비장애인의 경우 소득이 높을수록 비만율이 낮은 경향을 보였다.

〈표 3-31〉 장애인과 비장애인의 소득 분위별 운동 실천율 및 비만율

소득 분위	중등도 신체활동 실천율		걷기 신체활동 실천율		비만율	
	장애인	비장애인	장애인	비장애인	장애인	비장애인
1분위	0.054	0.098	0.253	0.392	0.261	0.239
2분위	0.103	0.126	0.333	0.345	0.215	0.263
3분위	0.138	0.126	0.299	0.333	0.325	0.268
4분위	0.134	0.120	0.348	0.324	0.335	0.225
5분위	0.164	0.116	0.327	0.321	0.288	0.221
집중지수	0.214	0.021	0.054	-0.041	0.029	-0.024

자료: 2014년 한국의료패널 원자료(비장애인, 장애인) 재분석.

제2절 장애인의 장애 특성별 건강 격차

1. 장애인의 장애 특성별 건강 수준

장애인의 장애 특성별 건강 수준을 〈표 3-32〉에 제시하였다. 양호한 건강 인지율의 경우 감각장애인(19.5%)이 가장 높았으며, 내부장애 (6.6%)가 가장 낮았다. 만성질환 이환율의 경우 내부장애(96.6%)가 가장 높았으며, 감각장애(72.0%)가 가장 낮았다. 장애 정도[10]에 따른 양호한 건강 인지율을 보면, 경증장애인이 중증장애인에 비해 5.7%포인트 높았으며, 1.6배 높은 결과를 보였다. 만성질환 이환율의 경우 중증이 경증장애인보다 7.1%포인트, 1.1배 높았다. 장애 기간에 따른 양호한 건강 인지율은 20년 이상이 20년 미만에 비해 5.1%포인트, 1.4배 높았으며, 만성질환 이환율은 20년 미만이 9.1%포인트, 1.1배 높았다.

---

[10] 장애 정도는 장애등급을 기준으로 하였으며 중증은 1-3급, 경증은 4-6급으로 구분함.

<표 3-32> 장애인의 장애 특성별 건강 수준

(단위 : %)

구분		건강 인지율	만성질환 이환율
장애 유형	신체외부장애 (감각장애 제외)	12.0	78.2
	감각장애	19.5	72.0
	내부장애	6.6	96.6
	발달장애	14.9	74.3
	정신장애	9.6	100.0
	연령보정 차이검증(F)	19.57***	78.29***
장애 정도	중증(1-3급)	9.8(b)	83.4(a)
	경증(4-6급)	15.5(a)	76.3(b)
	연령보정 차이검증(F)	40.82***	50.62***
	절대격차(a-b)	5.7	7.1
	상대격차(a/b)	1.6	1.1
장애 기간	20년 미만	11.5(b)	82.3(a)
	20년 이상	16.6(a)	73.2(b)
	연령보정 차이검증(F)	37.68***	88.64***
	절대격차(a-b)	5.1	9.1
	상대격차(a/b)	1.4	1.1

주: 연령 통제 비교 결과임(Adjusted Mean test).
  *** p < .001
자료: 2014년 장애인실태조사 원자료 재분석.

장애인의 연령에 따른 건강 수준 분석 결과를 <표 3-33>에 제시하였다. 양호한 건강 인지율이 낮은 장애 유형은 19~29세는 발달장애였으며, 30, 40대는 내부장애, 50대는 정신장애, 60대와 70대 이상은 내부장애였다. 만성질환 이환율이 높은 장애 유형의 경우 전체적으로 정신장애와 내부장애였으며, 연령별로 보면 내부장애가 높았고 40대에는 정신장애의 이환율이 높았다.

〈표 3-33〉 장애인의 장애 유형별 연령에 따른 건강 수준

(단위: %)

구분		19~29세	30대	40대	50대	60대	70대 이상
양호한 건강 인지율	신체외부장애 (감각장애제외)	34.9	34.0	21.3	13.3	8.9	5.3
	감각장애	60.2	50.5	26.0	21.0	17.0	9.1
	내부장애	51.6	10.4	8.8	6.9	7.1	3.2
	발달장애	31.9	36.2	24.3	24.9	16.0	15.6
	정신장애	33.8	27.3	21.1	6.5	12.9	23.9
만성 질환 이환율	신체외부장애 (감각장애제외)	39.1	34.5	50.1	73.8	88.6	92.7
	감각장애	21.8	29.9	46.8	67.5	80.4	90.3
	내부장애	98.8	90.2	90.9	95.6	97.4	98.3
	발달장애	36.0	44.8	54.0	59.4	58.2	75.6
	정신장애	73.8	89.1	98.4	93.5	96.5	85.7

주: 성별, 장애등급, 장애 기간 통제 분석 결과임(Adjusted Mean test).
자료: 2014년 장애인실태조사 원자료 재분석.

장애인의 연령에 따른 건강 수준 분석 결과를 [그림 3-8]에 제시하였다. 전체적으로 연령이 높을수록 양호한 건강 인지율이 감소하는 경향을 보였으나, 내부장애인의 경우 30대 이후 지속적으로 낮은 경향을 보였다. 정신장애인은 50대 이후 양호한 건강 인지율이 다소 증가하는 경향을 보였다. 만성질환 이환율의 경우 내부장애인과 정신장애인은 지속적으로 높았으나, 타 장애 유형은 연령이 증가할수록 지속적으로 증가하는 경향을 보였다. 발달장애인의 경우 상대적으로 연령 증가에 따른 변화가 완만한 경향을 보였다.

[그림 3-8] 장애인의 장애 유형에 따른 연령별 건강 수준

(단위 : %)

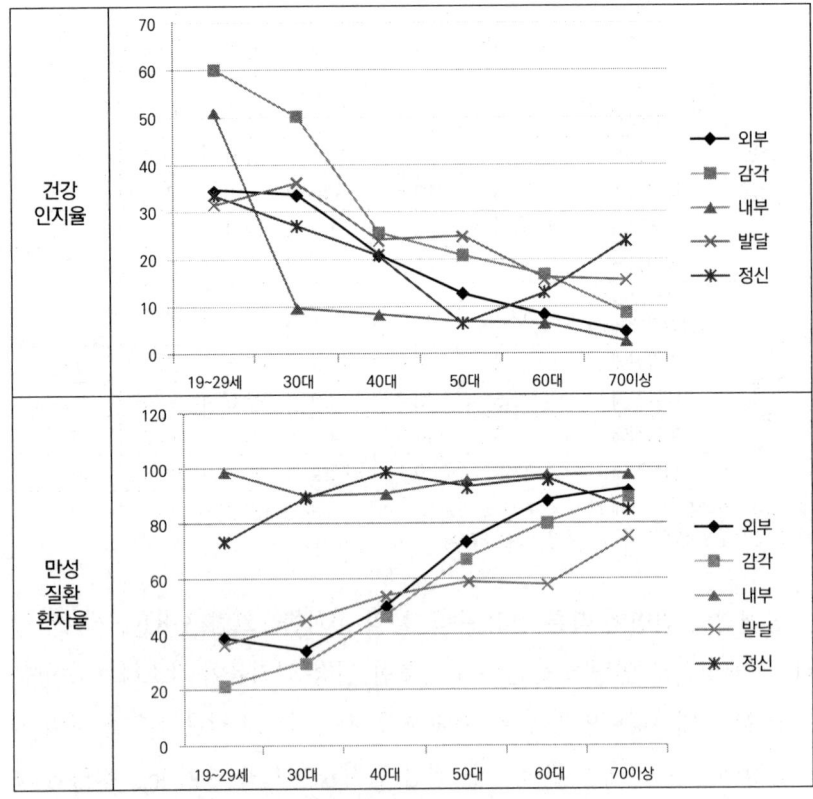

주: 성별, 장애등급, 장애 기간 통제 분석 결과임(Adjusted Mean test).
자료: 2014년 장애인실태조사 원자료 재분석.

장애인의 장애 정도별 연령에 따른 건강 수준 분석 결과를 〈표 3-34〉에 제시하였다. 양호한 건강 인지율의 경우 중증과 경증의 절대격차가 19~29세에서 가장 컸으며, 다음은 30대였다. 연령이 높을수록 절대격차는 상대적으로 감소하는 경향을 보였다. 양호한 건강 인지율 상대격차는 70대 이상과 40대에서 컸다. 만성질환 이환율의 경우 40대와 30대의 격차가 상대적으로 컸다.

〈표 3-34〉 장애인의 장애 정도별 연령에 따른 건강 수준

(단위: %)

		19~29세	30대	40대	50대	60대	70대 이상
양호한 건강 인지율	중증(a)	31.4	29.2	15.7	11.3	8.6	4.1
	경증(b)	44.2	40.5	26.2	16.4	12.1	7.2
	절대격차(a-b)	12.8	11.3	10.5	5.1	3.5	3.1
	상대격차(a/b)	1.4	1.4	1.7	1.5	1.4	1.8
만성질환 유병률	중증(a)	44.9	53.0	66.6	77.8	88.1	95.7
	경증(b)	38.9	34.4	47.2	71.6	86.5	91.6
	절대격차(a-b)	6.0	18.6	19.4	6.2	1.6	4.1
	상대격차(a/b)	1.2	1.5	1.4	1.1	1.0	1.0

주: 성별, 장애 유형, 장애 기간 통제 분석 결과임(Adjusted Mean test).
자료: 2014년 장애인실태조사 원자료 재분석.

장애인의 장애 정도별 연령에 따른 건강 수준 분석 결과를 [그림 3-9]에 제시하였다. 전체적으로 연령이 높을수록 양호한 건강 인지율은 감소하고, 만성질환 이환율은 높아지는 경향을 보였다. 중증과 경증의 경향이 크게 다르지 않았으나 연령이 증가할수록 장애 정도에 따른 절대격차는 감소하는 경향을 발견할 수 있다.

[그림 3-9] 장애인의 장애 정도별 연령에 따른 건강 수준

(단위: %)

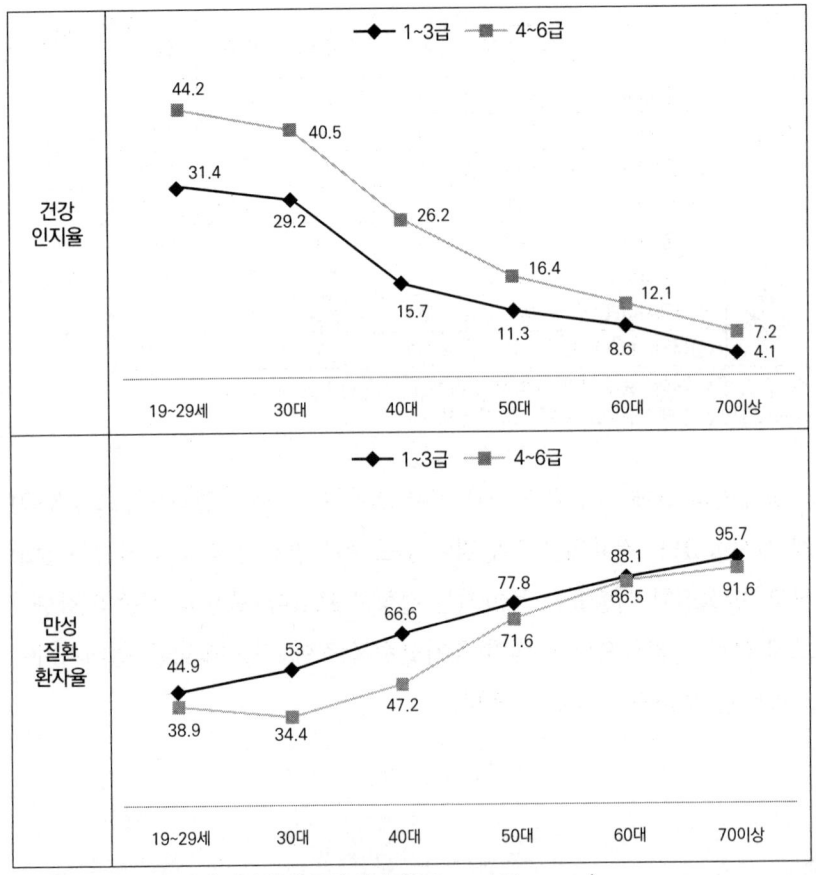

주: 성별, 장애 유형, 장애 기간 통제 분석 결과임(Adjusted Mean test).
자료: 2014년 장애인실태조사 원자료 재분석.

　　장애인의 장애 기간별 연령에 따른 건강 수준 분석 결과를 〈표 3-35〉에 제시하였다. 양호한 건강 인지율의 경우 20년 이상과 20년 미만의 절대격차와 상대격차는 50대에서 가장 컸다. 만성질환 이환율의 경우 절대격차는 50대에서 가장 컸으며, 다음은 60대에서 크게 나타났다. 상대격차는 19~29세, 50대에서 컸다.

〈표 3-35〉 장애인의 장애 기간별 연령에 따른 건강 수준

(단위: %)

		19~29세	30대	40대	50대	60대	70대 이상
건강 인지율	20년 미만(b)	34.2	32.5	18.1	10.2	9.2	5.4
	20년 이상(a)	39.7	39.4	26.0	20.9	13.8	6.1
	절대격차(a-b)	5.5	6.9	7.9	10.7	4.6	0.7
	상대격차(a/b)	1.2	1.2	1.4	2.0	1.5	1.1
만성 질환율	20년 미만(a)	43.9	45.3	57.6	80.0	91.7	95.0
	20년 이상(b)	35.0	38.9	51.4	65.2	79.9	91.6
	절대격차(a-b)	8.9	6.4	6.2	14.8	11.8	3.4
	상대격차(a/b)	1.3	1.16	1.1	1.22	1.1	1.0

주: 성별, 장애 유형, 장애등급 통제하였음(Adjusted Mean test).
자료: 2014년 장애인실태조사 원자료 재분석.

장애인의 장애 기간별 연령에 따른 건강 수준 분석 결과를 [그림 3-10]에 제시하였다. 전체적으로 연령이 높을수록 양호한 건강 인지율은 감소하고, 만성질환 이환율은 높아지는 경향을 보였다.

[그림 3-10] 장애인의 장애 기간별 연령에 따른 건강 수준

(단위 : %)

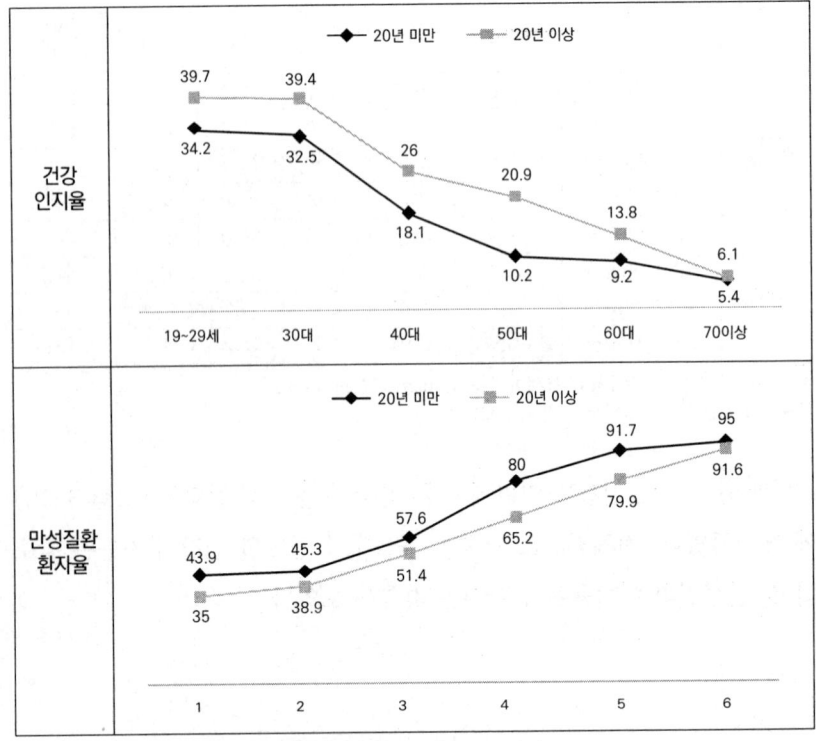

주: 성별, 장애 유형, 장애등급 통제하였음(Adjusted Mean test).
자료: 2014년 장애인실태조사 원자료 재분석.

2. 장애인의 장애 특성별 정신건강

장애인의 장애 특성별 정신건강 수준 분석 결과를 〈표 3-36〉에 제시하였다. 장애 유형에 따른 정신건강 수준을 보면, 정신장애인과 내부장애인의 우울증상 경험률, 자살 생각률, 자살 시도율이 상대적으로 높았다. 장애 정도에 따라서는 중증인 경우 우울증상 경험률, 자살 생각률, 자살 시도율이 높았다.

중증장애인은 경증장애인에 비해 우울증상 경험률이 8.4%포인트, 1.4배 높았으며, 자살 생각률은 7.3%p, 1.5배 높았고, 자살 시도율은 0.6%포인트, 1.5배 높은 것으로 나타났다. 장애 기간의 경우 20년 미만의 우울증상 경험률과 자살 생각률이 높았으며 자살 시도율은 통계적으로 유의한 차이를 보이지 않았다. 장애 기간 20년 미만의 경우 20년 이상보다 우울증상 경험률이 3.4%포인트, 1.2배 높았으며, 자살 생각률은 3.5%포인트, 1.2배 높았다.

〈표 3-36〉 장애인의 장애 특성별 정신건강

(단위 : %)

구분		우울증상	자살 생각	자살 시도
장애 유형	신체외부장애 (감각장애 제외)	22.8	18.9	1.3
	감각장애	19.8	15.5	1.5
	내부장애	29.3	27.3	2.8
	발달장애	15.5	0.6	0.0
	정신장애	45.5	34.5	4.8
	연령보정 차이검증(F)	25.25**	22.88**	9.35**
장애 정도	중증(a)	27.9	23.1	1.8
	경증(b)	19.5	15.8	1.2
	연령보정 차이검증(F)	56.92**	50.15**	4.16*
	절대격차(a-b)	8.4	7.3	0.6
	상대격차(a/b)	1.4	1.5	1.5
장애 기간	20년 미만(a)	24.4	19.7	1.7
	20년 이상(b)	21.0	17.2	1.1
	연령보정 차이검증(F)	9.42**	7.09*	3.43
	절대격차(a-b)	3.4	3.5	0.1
	상대격차(a/b)	1.2	1.2	1.5

주: 연령 통제 분석 결과임(Adjusted Mean test).
 * $p < .05$, ** $p < .01$
자료: 2014년 장애인실태조사 원자료 재분석.

장애인과 비장애인의 연령에 따른 정신건강 분석 결과를 〈표 3-37〉에 제시하였다. 우울증상 경험률의 경우 19~29세, 30대, 70대 이상의 경우 내부장애인과 정신장애인의 경험률이 높았다. 그러나 40대와 50대의 경

우 정신장애인과 발달장애인의 우울증상 경험률이 높은 것으로 나타났
다. 자살 생각률의 경우 내부장애인과 정신장애인의 비중이 상대적으로
높았다.

〈표 3-37〉 장애인의 장애 특성별 연령에 따른 정신건강

(단위 : %)

		19~29세	30대	40대	50대	60대	70대 이상
우울 증상경 험률	신체외부장애 (감각장애 제외)	17.3	20.4	21.9	24.2	23.4	23.1
	감각장애	15.4	19.1	18.0	23.5	20.9	20.8
	내부장애	50.4	26.6	23.8	30.5	21.8	35.4
	발달장애	-5.9	16.5	29.5	32.9	81.2	34.9
	정신장애	41.8	41.7	39.1	42.2	70.8	28.4
자살 생각률	신체외부장애 (감각장애 제외)	10.7	13.3	16.1	17.3	19.9	20.5
	감각장애	8.5	17.1	16.4	14.7	14.7	16.5
	내부장애	46.1	21.6	30.1	25.9	24.7	28.4
	발달장애	-0.2	5.7	8.3	7.8	18.5	4.5
	정신장애	22.1	34.9	28.0	27.5	51.5	28.3

주: 성별, 장애등급, 장애 기간 통제 분석 결과임(Adjusted Mean test).
자료: 2014년 장애인실태조사 원자료 재분석.

장애인의 장애 유형에 따른 연령별 정신건강 분석 결과를 [그림 3-11]
에 제시하였다. 우울증상 경험률의 경우 감각장애인과 신체외부장애인은
연령이 증가할수록 완만한 증가 경향을 보였다. 발달장애인과 정신장애
인의 경우 50대, 60대에서 매우 높았으나 70대에서 다소 낮아지는 경향
을 보였다. 내부장애인은 19~29세, 70대에서 다소 높았다. 자살 생각률
의 경우 정신장애인과 내부장애인은 60대에서 매우 높은 경향을 보였으
며, 내부장애인은 19~29세가 높았다. 감각장애인과 신체외부장애인의
경우 연령에 따른 큰 차이는 보이지 않았다.

제3장 장애인의 건강 격차 및 욕구 121

[그림 3-11] 장애인의 장애 유형에 따른 연령별 정신건강

(단위 : %)

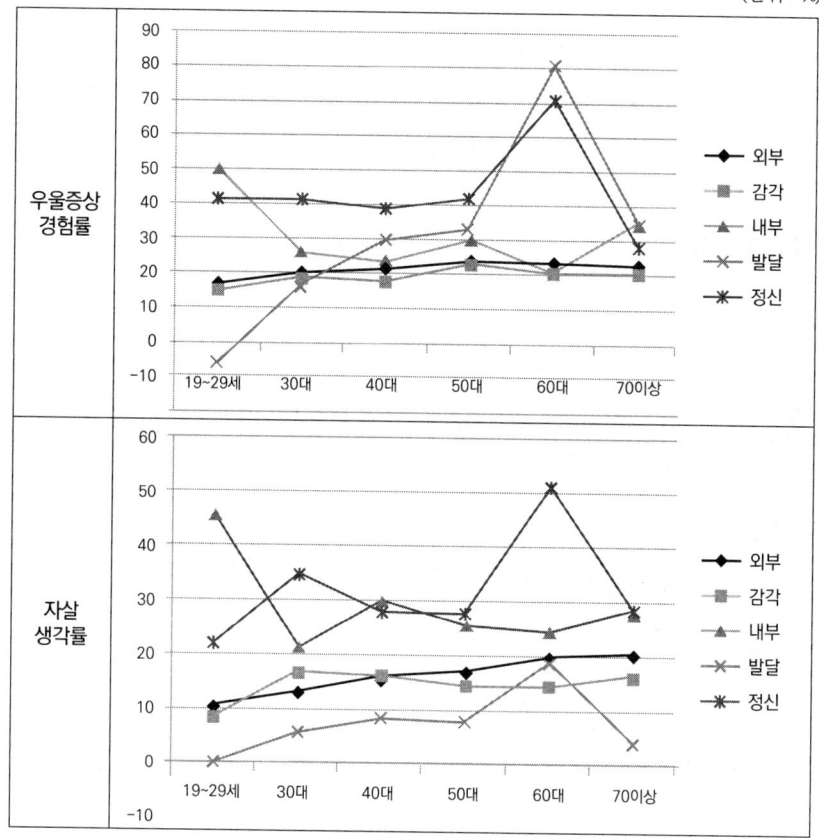

주: 성별, 장애등급, 장애 기간 통제 분석 결과임(Adjusted Mean test).
자료: 2014년 장애인실태조사 원자료 재분석.

　　장애 정도별 연령에 따른 정신건강 분석 결과를 〈표 3-38〉에 제시하였다. 장애 정도에 따른 격차는 60대와 30대에서 가장 크게 나타났다. 즉 60대의 경우 중증장애인은 경증장애인 보다 우울증상 경험률이 12.3%포인트, 1.6배 높았다. 30대의 경우 중증장애인이 9.6%포인트, 1.5배 높은 결과를 보였다. 자살 생각률의 경우 30대와 40대에서 중증장애인과 경증

장애인의 격차가 가장 컸다. 30대의 경우 중증장애인의 자살 생각률은 12%포인트, 2.1배 높았으며, 40대는 9.4%포인트, 1.7배 높은 경향을 보였다. 자살 시도율의 경우에도 30대, 40대의 격차가 가장 크게 나타났다. 30대의 경우 중증장애인의 자살 시도율이 1.9%포인트, 2.5배 높았으며, 40대의 경우 1.3%포인트, 2.2배 높았다.

〈표 3-38〉 장애인의 장애 정도별 연령에 따른 정신건강

(단위 : %)

		19~29세	30대	40대	50대	60대	70대 이상
우울증상 경험률	중증(a)	19.8	27.2	26.8	27.8	32.4	28.7
	경증(b)	14.4	17.6	18.6	22.9	20.1	20.8
	절대격차(a-b)	5.4	9.6	8.2	4.9	12.3	7.9
	상대격차(a/b)	1.4	1.5	1.4	1.2	1.6	1.4
자살 생각률	중증(a)	14.8	23.0	22.6	19.3	25.5	23.5
	경증(b)	10.6	11.0	13.2	15.7	16.2	17.9
	절대격차(a-b)	4.2	12.0	9.4	3.6	9.3	5.6
	상대격차(a/b)	1.4	2.1	1.7	1.2	1.6	1.3
자살 시도율	중증(a)	3.3	3.2	2.4	2.3	2.3	0.3
	경증(b)	2.1	1.3	1.1	2.0	1.2	0.6
	절대격차(a-b)	1.2	1.9	1.3	0.3	1.1	-0.3
	상대격차(a/b)	1.6	2.5	2.2	1.2	1.9	0.5

주: 성별, 장애 유형, 장애등급 통제 분석 결과임(Adjusted Mean test).
자료: 2014년 장애인실태조사 원자료 재분석.

장애 정도별 연령에 따른 정신건강 분석 결과를 [그림 3-12]에 제시하였다. 중증장애인은 연령이 높을수록 우울증상 경험률이 높은 경향을 보였으며 특히 30대와 60대에서 다소 높은 경향을 보였다. 경증장애인은 50대까지 높아지다가 이후 다소 감소하는 경향을 보였다. 자살 생각률도 중증장애인은 30대와 60대에서 높은 경향을 보였으며, 경증장애인은 연령이 높을수록 지속적으로 높은 경향을 보였다. 자살 시도율의 경우 중증장애인은 19~29세가 가장 높았으며 연령이 높을수록 낮아지는 경향을 보였다. 경증장애인의 경우 19~29세와 50대가 상대적으로 높았다.

[그림 3-12] 장애인의 장애 정도별 연령에 따른 정신건강

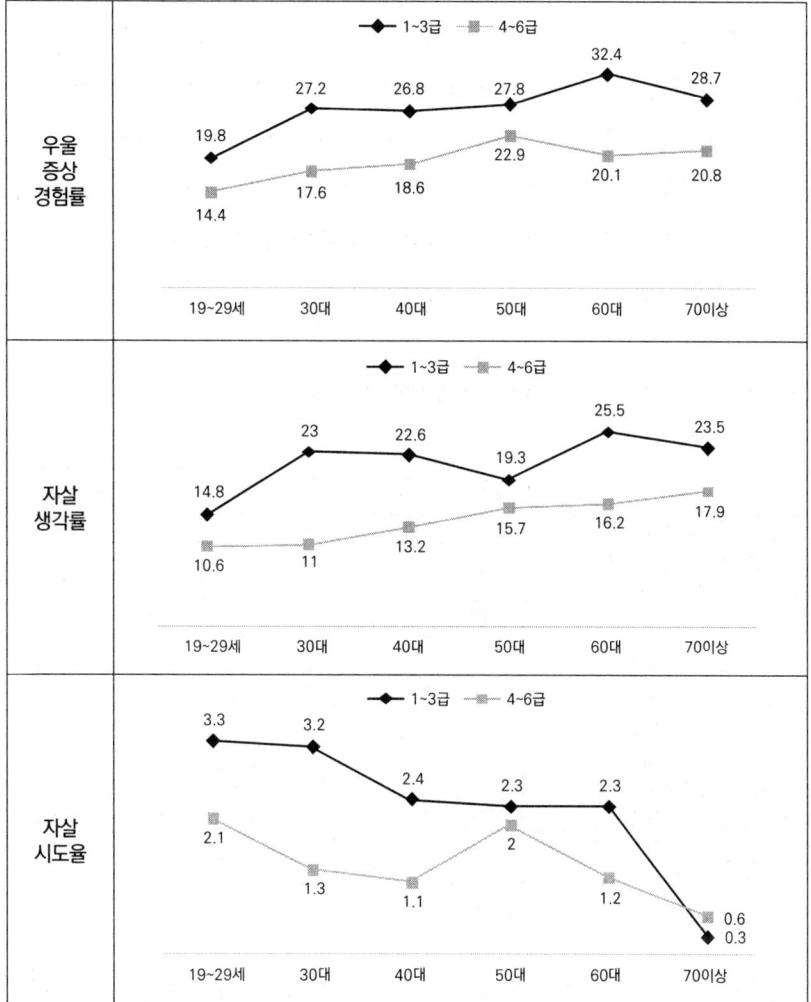

주: 성별, 장애 유형, 장애 기간 통제 분석 결과임(Adjusted Mean test).
자료: 2014년 장애인실태조사 원자료 재분석.

　　장애 기간에 따른 연령별 정신건강 분석 결과를 〈표 3-39〉에 제시하였다. 우울증상 경험률의 경우 19~29세, 50대에서 장애 기간에 따른 격차가 가장 컸다. 즉 19~29세의 경우 20년 미만이 20년 이상에 비해 우울증

상 경험률이 8.8%포인트, 1.8배 높았으며, 50대의 경우 6.9%포인트, 1.3배 높았다. 자살 생각 경험률의 경우 19~29세, 40대의 격차가 가장 컸다. 19~29세의 경우 20년 미만이 20년 이상보다 자살 생각률이 7.6%포인트, 2.0배 높았으며, 40대의 경우 3.8%포인트, 1.3배 높았다. 자살 시도율의 경우에도 19~29세, 40대의 격차가 가장 컸다. 19~29세의 경우 20년 미만이 20년 이상보다 자살 시도율이 3.7%포인트, 6.3배 높았으며, 40대의 경우 1.5%포인트, 2.7배 높았다.

〈표 3-39〉 장애인의 장애 기간에 따른 연령별 정신건강

(단위 :%)

		19~29세	30대	40대	50대	60대	70대 이상
우울 증상 경험률	20년 미만(a)	20.2	23.0	22.9	27.3	24.0	24.8
	20년 이상(b)	11.4	18.9	19.8	20.4	24.9	22.9
	절대격차(a-b)	8.8	4.1	3.1	6.9	-0.9	1.9
	상대격차(a/b)	1.8	1.2	1.2	1.3	1.0	1.1
자살 생각률	20년 미만(a)	14.9	16.7	18.5	17.7	19.7	20.9
	20년 이상(b)	7.3	14.2	14.7	15.4	19.1	18.9
	절대격차(a-b)	7.6	2.5	3.8	2.3	0.6	2.0
	상대격차(a/b)	2.0	1.2	1.3	1.1	1.0	1.1
자살 시도율	20년 미만(a)	4.4	1.9	2.4	2.7	1.4	0.5
	20년 이상(b)	0.7	1.3	0.9	1.3	2.0	1.1
	절대격차(a-b)	3.7	0.6	1.5	1.4	-0.6	-0.6
	상대격차(a/b)	6.3	1.5	2.7	2.1	0.7	0.5

주: 성별, 장애 유형, 장애등급 통제하였음(Adjusted Mean test).
자료: 2014년 장애인실태조사 원자료 재분석.

장애 기간에 따른 연령별 정신건강 분석 결과를 [그림 3-13]에 제시하였다. 장애 기간 20년 미만의 경우 50대까지는 연령이 증가할수록 높아지다가 이후 낮아지는 경향을 보였으며, 20년 이상의 경우 60대까지 높아졌으나 이후 낮아지는 경향을 보였다. 자살 생각률의 경우 연령이 높을수록 지속적으로 증가하는 경향을 보였다. 자살 시도율의 경우 19~29세, 50대가 높았으며 50대 이후 감소하는 경향을 보였다. 20년 이상의 경우

연령이 높을수록 자살 시도율이 증가하다가 70대 이상에서 감소하는 경향을 보였다.

[그림 3-13] 장애인의 장애 기간별 연령에 따른 정신건강

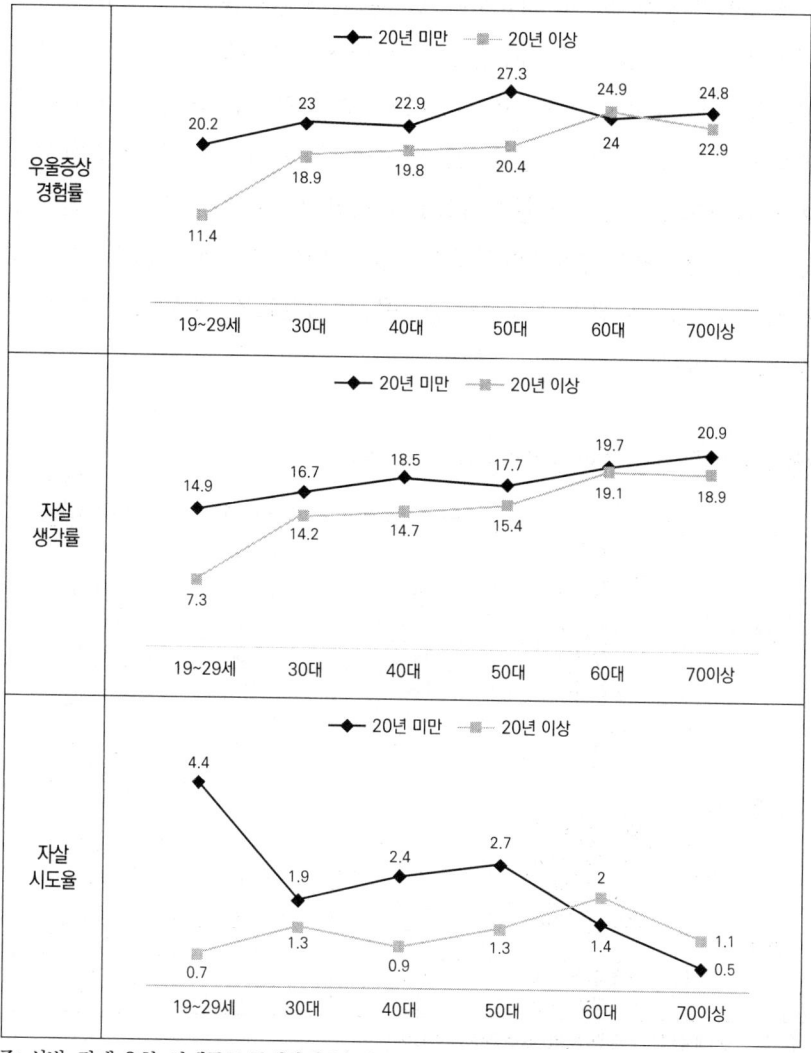

주: 성별, 장애 유형, 장애등급 통제하였음(Adjusted Mean test).
자료: 2014년 장애인실태조사 원자료 재분석.

3. 장애인의 장애 특성별 의료서비스

가. 의료서비스 이용

장애인의 장애 특성별 의료서비스 이용 분석 결과를 〈표 3-40〉에 제시하였다. 장애인 유형 중 내부장애, 정신장애의 지속적 진료율, 외래진료율, 입원치료율이 상대적으로 높았다. 중증장애인이 경증장애인에 비해 지속적 진료율이 5.6%포인트, 1.1배 높았다. 외래진료율은 경증장애인이 상대적으로 높았으나 통계적으로 유의한 차이는 아니었다. 입원치료율은 중증장애인이 경증장애인보다 7.5%포인트, 1.4배 높았다. 장애 기간의 경우 20년 미만에서 지속적 진료율, 외래진료율, 입원치료율이 상대적으로 높았다.

〈표 3-40〉 장애인의 장애 특성별 의료서비스 이용

(단위 : %)

구 분		지속적 진료율	외래진료율	입원치료율
장애 유형	신체외부장애 (감각장애 제외)	79.6	55.0	22.6
	감각장애	72.1	51.3	18.9
	내부장애	99.6	70.8	43.1
	발달장애	74.2	49.6	19.0
	정신장애	10.7	60.4	39.1
	F	80.15***	13.95***	35.80***
장애 정도	중증(a)	83.5	54.6	27.6
	경증(b)	77.9	55.1	20.1
	F	29.98***	0.12	46.16***
	절대격차(a-b)	5.6	-0.5	7.5
	상대격차(a/b)	1.1	1.0	1.4
장애 기간	20년 미만(a)	84.1	57.9	24.9
	20년 이상(b)	73.2	50.2	21.0
	F	122.86***	37.58***	12.49***
	절대격차(a-b)	10.9	7.7	3.9
	상대격차(a/b)	1.1	1.2	1.2

주: 연령 통제 분석 결과임(Adjusted Mean test).
    *** $p < .001$
자료: 2014년 장애인실태조사 원자료 재분석.

장애인의 연령에 따른 의료서비스 이용 분석 결과를 〈표 3-41〉에 제시하였다. 지속적 진료율은 전 연령에서 내부장애, 정신장애가 높았다. 외래진료율의 경우 30대, 40대, 50대, 60대는 내부장애, 정신장애가 높았으나, 19~29세는 내부장애와 발달장애가 높았으며, 70대 이상은 내부장애와 함께 신체외부장애, 감각장애가 높은 결과를 보였다. 입원율은 60대를 제외한 전 연령에서 내부장애와 정신장애가 높았으나, 60대는 내부장애와 함께 발달장애가 높은 결과를 보였다.

〈표 3-41〉 장애인의 장애 유형에 따른 연령별 의료서비스 이용

(단위 : %)

		19~29세	30대	40대	50대	60대	70대 이상
지속적 진료	신체외부장애 (감각장애 제외)	63.5	43.9	59.6	74.7	87.4	90.7
	감각장애	51.3	42.3	59.3	66.8	79.6	84.1
	내부장애	100.0	94.7	99.8	99.1	100.0	99.9
	발달장애	49.9	54.3	53.1	50.7	70.1	71.1
	정신장애	90.1	91.1	99.1	97.8	99.9	90.9
외래 진료율	신체외부장애 (감각장애 제외)	32.9	30.9	42.3	51.0	60.4	62.5
	감각장애	24.2	31.5	40.2	44.8	56.5	62.1
	내부장애	49.8	59.0	73.7	71.7	69.9	72.7
	발달장애	37.4	34.8	28.2	36.9	39.1	25.8
	정신장애	22.4	35.6	50.5	60.3	76.0	30.0
입원 치료율	신체외부장애 (감각장애 제외)	22.6	16.3	17.8	21.2	21.4	25.7
	감각장애	13.8	13.8	12.7	15.4	15.9	24.7
	내부장애	47.8	40.2	28.9	47.5	36.7	42.8
	발달장애	8.4	11.9	14.5	13.4	34.8	0.8
	정신장애	23.9	38.1	31.8	38.2	30.8	44.1

주: 성별, 장애등급, 장애 기간 통제하였음(Adjusted Mean test).
자료: 2014년 장애인실태조사 원자료 재분석.

장애 유형에 따른 연령별 의료서비스 경험 분석 결과를 아래의 [그림 3-14]에 제시하였다. 지속적 진료율은 내부장애, 정신장애의 경우 연령

에 관계없이 지속적으로 높았으나, 감각장애, 신체외부장애의 경우 연령이 증가할수록 증가하는 경향을 보였다. 발달장애의 경우 50대까지는 유지되었으나 60대 이후 급격히 증가하는 경향을 보였다. 외래진료율은 내부장애의 경우 40대까지 증가하다가 이후 유지되는 경향을 보였다. 정신장애의 경우 60대까지 큰 폭으로 증가하였으나 70대 이후 큰 폭으로 낮아졌다. 감각장애 및 신체외부장애의 경우 연령이 증가할수록 증가하였으며, 발달장애는 연령에 따른 증가 폭이 크지 않았다. 입원치료율을 보면, 내부장애, 정신장애의 경우 연령에 따른 변화 경향을 보이기보다 지속적으로 높은 경향을 보였다. 신체외부장애 및 감각장애의 경우 연령이 증가할수록 완만하게 증가하였다. 발달장애의 경우 60대에서 급격히 높아지는 결과를 보였다.

[그림 3-14] 장애인의 장애 유형에 따른 연령별 의료서비스 경험

(단위 : %)

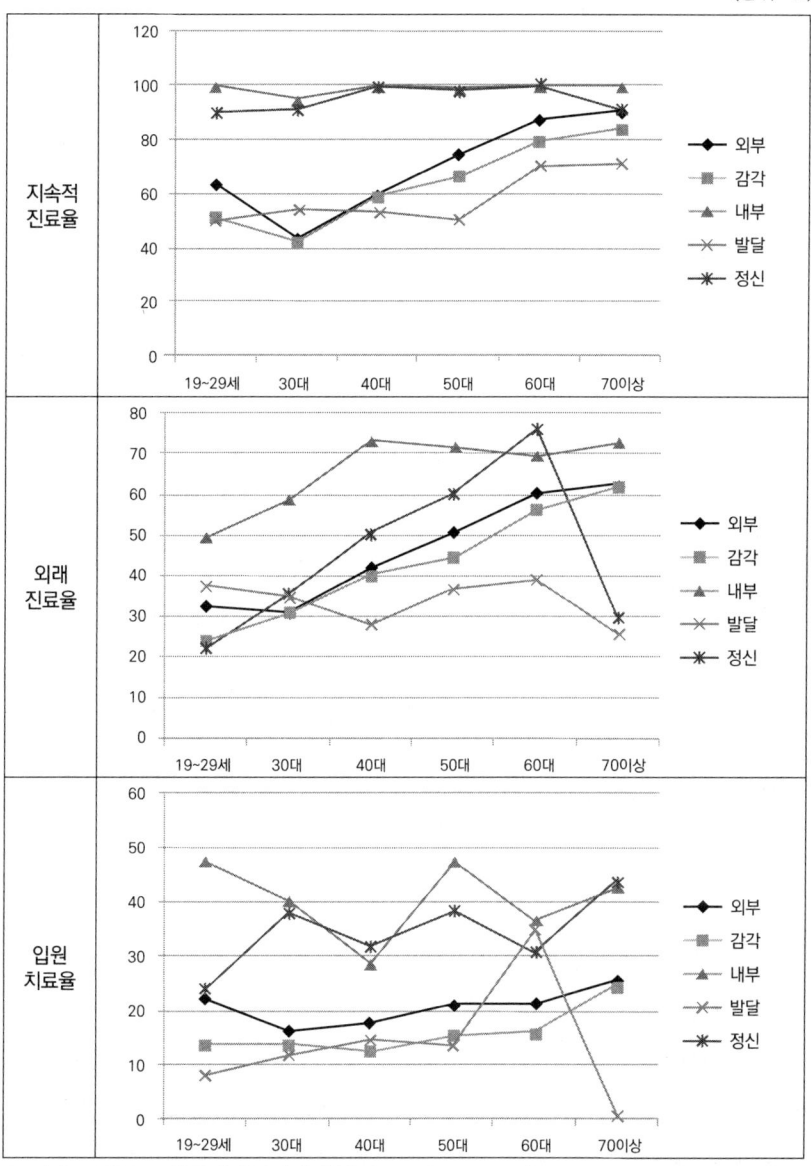

주: 성별, 장애등급, 장애 기간 통제하였음(Adjusted Mean test).
자료: 2014년 장애인실태조사 원자료 재분석.

장애 정도에 따른 연령별 의료서비스 이용 분석 결과를 〈표 3-42〉에 제시하였다. 중증장애인과 경증장애인의 지속적 진료율 격차는 40대와 30대에서 큰 것으로 나타났다. 외래진료율은 19~29세와 30대에서 격차가 컸으나 이후 연령이 증가할수록 격차가 감소하는 것으로 나타났다. 입원치료율은 19~29세의 경우 경증장애인의 입원율이 더 높았으나 연령이 증가할수록 중증장애인의 입원율이 증가하여 60대에서 중증장애인과 경증장애인의 격차가 가장 컸다.

〈표 3-42〉 장애인의 장애 정도에 따른 연령별 의료서비스 이용

(단위 :%)

		19~29세	30대	40대	50대	60대	70대 이상
지속적 진료율	중증(a)	63.1	60.4	72.2	75.9	87.4	92.8
	경증(b)	61.2	45.5	57.8	73.8	85.9	88.8
	절대격차(a-b)	1.9	14.9	14.4	2.1	1.5	4.0
	상대격차(a/b)	1.0	1.3	1.2	1.0	1.0	1.0
외래 진료율	중증(a)	40.7	38.8	45.4	51.2	60.2	58.1
	경증(b)	30.2	31.6	41.7	50.6	59.6	64.7
	절대격차(a-b)	10.5	7.2	3.7	0.6	0.6	-6.6
	상대격차(a/b)	1.3	1.2	1.1	1.0	1.0	0.9
입원 치료율	중증(a)	16.2	19.9	21.8	26.4	27.6	32.6
	경증(b)	21.7	17.9	15.8	19.6	18.6	23.9
	절대격차(a-b)	-5.5	2.0	6.0	6.8	9.0	8.7
	상대격차(a/b)	0.7	1.1	1.4	1.3	1.5	1.4

주: 성별, 장애 유형, 장애 기간 통제하였음(Adjusted Mean test).
자료: 2014년 장애인실태조사 원자료 재분석.

장애 정도에 따른 연령별 의료서비스 이용 분석 결과를 [그림 3-15]에 제시하였다. 중증장애인과 경증장애인 모두 연령이 증가할수록 지속진료율이 증가하는 경향을 보였다. 외래진료율의 경우에도 유사한 경향을 보였다. 그러나 입원율의 경우 중증장애인의 증가 폭이 경증장애인에 비해 큰 경향을 보였다.

[그림 3-15] 장애인의 장애 정도에 따른 연령별 의료서비스 이용 경험

(단위 : %)

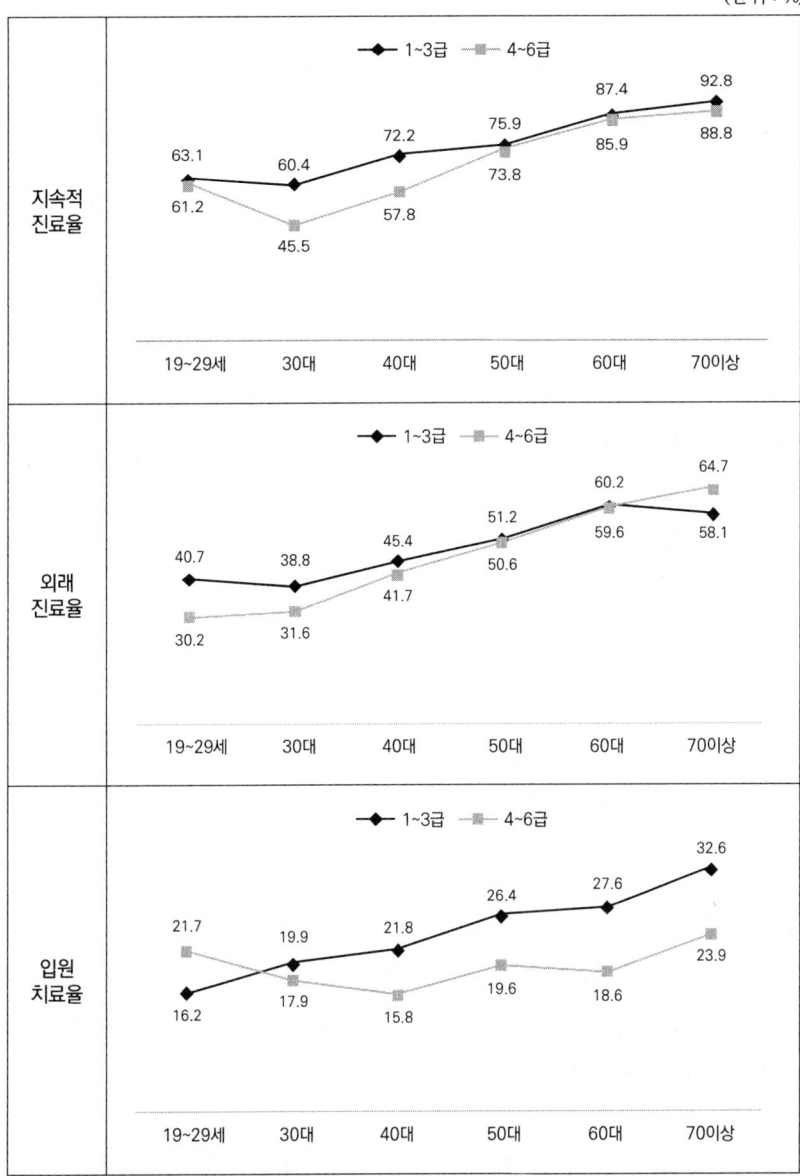

주: 성별, 장애 유형, 장애 기간 통제하였음(Adjusted Mean test).
자료: 2014년 장애인실태조사 원자료 재분석.

장애 정도에 따른 연령별 의료서비스 이용 분석 결과를 아래의 〈표 3-43〉에 제시하였다. 장애 기간 20년 이상과 20년 미만의 지속진료율 격차는 19~29세와 50대에서 가장 컸다. 외래진료율의 경우 40대와 50대의 격차가 크게 나타났으며, 입원치료율의 경우 19~29세와 30대의 격차가 컸다.

〈표 3-43〉 장애인의 장애 기간에 따른 연령별 의료서비스 이용

(단위 :%)

		19~29세	30대	40대	50대	60대	70대 이상
지속 진료율	20년 미만(a)	67.7	54.5	68.5	79.9	90.7	92.8
	20년 이상(b)	52.6	46.8	56.5	66.0	80.2	87.3
	절대격차(a-b)	15.1	7.7	12.0	13.9	10.5	5.5
	상대격차(a/b)	1.3	1.2	1.2	1.2	1.1	1.1
외래 진료율	20년 미만(a)	32.7	34.7	49.1	55.1	63.0	64.9
	20년 이상(b)	37.7	32.4	35.7	44.5	55.2	60.3
	절대격차(a-b)	-5.0	2.3	13.4	10.6	7.8	4.6
	상대격차(a/b)	0.9	1.1	1.4	1.2	1.1	1.1
입원 치료율	20년 미만(a)	20.7	21.1	20.0	25.2	22.5	26.8
	20년 이상(b)	13.2	14.5	14.9	19.3	20.2	27.8
	절대격차(a-b)	7.5	6.6	5.1	5.9	2.3	-1.0
	상대격차(a/b)	1.6	1.5	1.3	1.3	1.1	1.0

주: 성별, 장애 유형, 장애등급 통제하였음(Adjusted Mean test).
자료: 2014년 장애인실태조사 원자료 재분석.

장애 정도에 따른 연령별 의료서비스 이용 분석 결과를 [그림 3-16]에 제시하였다. 장애 기간 20년 이상과 20년 미만 모두 연령이 증가할수록 지속진료율, 외래진료율, 입원치료율이 증가하는 경향을 보였다. 입원치료율의 경우 연령이 증가할수록 20년 이상과 20년 미만 간의 차이가 감소하는 경향을 보였다.

[그림 3-16] 장애인의 장애 기간에 따른 연령별 의료서비스 이용

(단위: %)

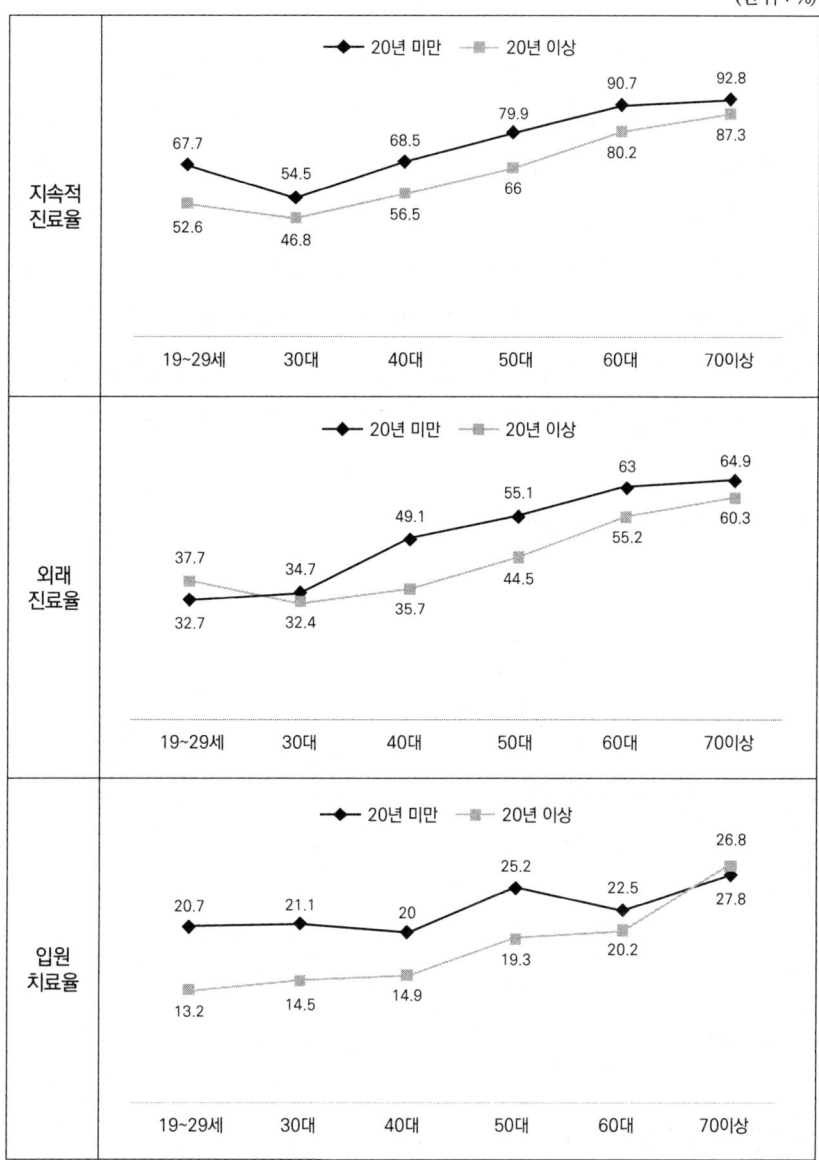

주: 성별, 장애 유형, 장애등급 통제하였음(Adjusted Mean test).
자료: 2014년 장애인실태조사 원자료 재분석.

나. 장애인의 건강검진 수검률

장애인의 건강검진 수검률 및 의료서비스 평가 분석 결과를 〈표 3-44〉에 제시하였다. 장애 유형 중 신체외부장애인(감각장애 제외)의 건강검진 수검률이 가장 높았으며, 정신장애인의 건강검진 수검률이 가장 낮았고 발달장애인이 다음으로 낮게 나타났다. 구강검진율의 경우 신체외부장애인이 가장 높았으며, 정신장애인이 가장 낮고 발달장애인이 다음으로 낮게 나타났다. 장애 정도에 따른 차이를 보면, 경증장애인의 건강검진 수검률이 중증장애인보다 17%포인트, 1.3배 높았다. 구강검진율의 경우에도 경증장애인이 중증장애인보다 8.1%포인트, 1.3배 높았다.

〈표 3-44〉 장애인의 건강검진율과 구강검진율

(단위: %)

구분		건강검진율	구강검진율
장애 유형	신체외부장애 (감각장애 제외)	76.4	33.5
	감각장애	71.9	31.6
	내부장애	72.0	32.4
	발달장애	53.0	23.1
	정신장애	44.0	17.7
	F	33.07***	8.91***
장애 정도	중증(a)	62.6	26.9
	경증(b)	79.6	35.0
	F	194.97***	42.06***
	절대격차(a-b)	17.0	8.1
	상대격차(a/b)	1.3	1.3
장애 기간	20년 미만(a)	74.3	32.7
	20년 이상(b)	72.0	30.5
	F	3.70	3.21
	절대격차(a-b)	2.3	2.2
	상대격차(a/b)	1.0	1.1

주: 연령 통제 분석 결과임(Adjusted Mean test).
 *** $p < .001$
자료: 2014년 장애인실태조사 원자료 재분석.

장애인의 건강검진율 및 구강검진율을 〈표 3-45〉에 제시하였다. 건강검진율의 경우 40~60대까지 발달장애인과 정신장애인의 수검률이 낮았다. 70대 이상의 경우 정신장애와 내부장애의 수검률이 낮은 결과를 보였다. 구강검진율의 경우 19~29세는 내부장애와 정신장애인의 수검률이 낮았으며, 30대에서 50대까지는 발달장애인과 정신장애인, 60대는 발달장애인, 70대 이상은 발달장애인의 수검률이 낮았고 내부장애, 감각장애, 신체외부장애도 타 연령대에 비해 상대적으로 수검률이 낮았다.

〈표 3-45〉 장애인의 장애 유형에 따른 연령별 건강검진율 및 구강검진율

(단위 : %)

		19~29세	30대	40대	50대	60대	70대 이상
건강 검진율	신체외부장애 (감각장애 제외)	-	-	71.7	78.4	83.4	72.5
	감각장애	-	-	67.1	73.8	80.1	68.0
	내부장애	-	-	76.7	72.2	76.6	64.6
	발달장애	-	-	42.3	54.8	65.7	73.7
	정신장애	-	-	44.4	43.7	53.6	63.7
구강 검진율	신체외부장애 (감각장애 제외)	22.7	26.9	38.6	37.4	38.3	27.7
	감각장애	18.1	32.9	34.7	35.6	32.9	27.5
	내부장애	5.0	37.6	31.1	34.5	38.4	26.7
	발달장애	41.5	19.7	23.1	23.1	14.5	13.3
	정신장애	9.7	22.8	22.2	14.1	34.2	32.1

주: 성별, 장애등급, 장애 기간 통제하였음(Adjusted Mean test).
　건강검진 여부 질문 문항은 만 40세 이상의 경우 응답함.
자료: 2014년 장애인실태조사 원자료 재분석.

장애 특성에 따른 연령별 건강검진율과 구강검진율을 [그림 3-17]에 제시하였다. 건강검진율을 보면, 신체외부장애, 감각장애, 내부장애인의 경우 60대까지 수검률이 높아졌으나 70대 이후 감소하였다. 발달장애 및 정신장애인의 경우 연령이 증가할수록 수검률이 증가하는 경향을 보였다. 특히 발달장애인과 정신장애인은 40대 및 50대의 건강검진율이 매우

낮은 경향을 보여 대안 모색이 필요하다.

구강검진율은 신체외부장애, 감각장애, 내부장애인의 경우 연령이 증가할수록 증가하는 경향을 보였다. 발달장애인과 정신장애인의 경우 타 장애 유형에 비해 구강검진율이 낮은 경향을 볼 수 있다. 정신장애인의 경우 연령이 증가하면서 구강검진율이 증가하였으나, 발달장애인은 반대로 연령이 증가하면서 감소하는 경향을 보였다. 즉 고령 발달장애인의 구강검진율이 매우 낮은 결과를 보여준다.

[그림 3-17] 장애인의 장애 유형에 따른 연령별 건강검진율 및 구강검진율

(단위 : %)

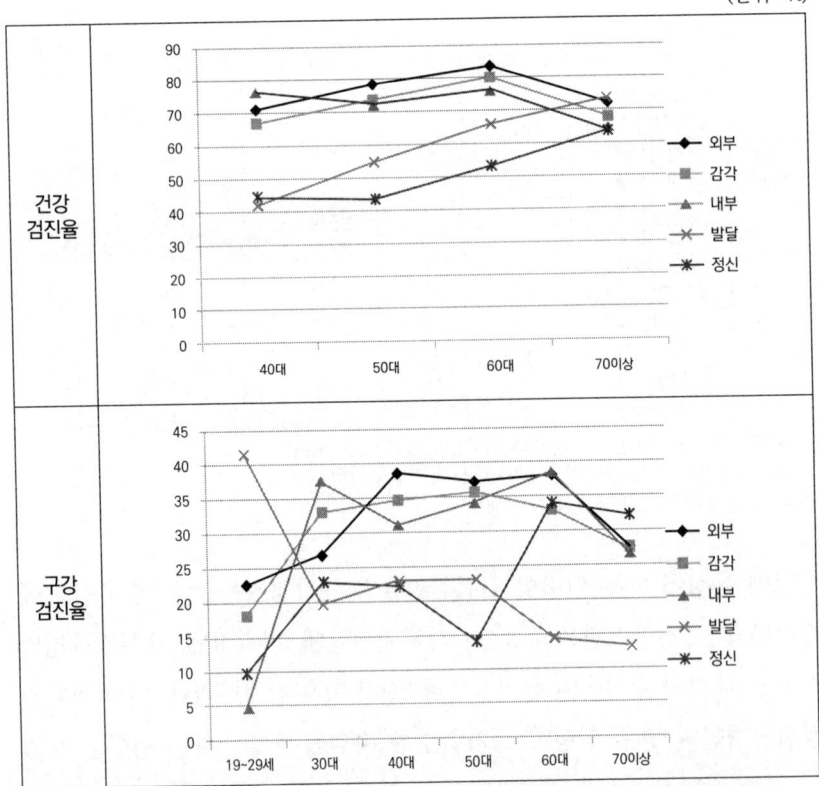

주: 성별, 장애등급, 장애 기간 통제하였음(Adjusted Mean test).
자료: 2014년 장애인실태조사 원자료 재분석.

장애 정도에 따른 연령별 검진율 결과를 〈표 3-46〉에 제시하였다. 중증과 경증의 건강검진율 격차는 연령이 증가할수록 심화되는 것으로 나타나 70대 이상의 격차가 가장 컸다. 구강검진율의 경우 19~29세는 중증장애인의 검진율이 더 높았으나, 30대 이후 경증장애인의 검진율이 더 높은 경향을 보였다.

〈표 3-46〉 장애인의 장애 정도에 따른 연령별 건강검진율과 구강검진율

(단위 : %)

		19~29세	30대	40대	50대	60대	70대 이상
건강 검진율	중증(a)	-	-	59.8	65.4	69.8	58.1
	경증(b)	-	-	74.2	80.1	86.5	76.0
	절대격차(a-b)	-	-	14.4	14.7	16.7	17.9
	상대격차(a/b)	-	-	1.2	1.2	1.2	1.3
구강 검진율	중증(a)	36.7	21.9	31.1	29.5	28.8	23.6
	경증(b)	18.4	33.3	38.4	38.4	40.1	29.1
	절대격차(a-b)	-18.3	11.4	7.3	8.9	11.3	5.5
	상대격차(a/b)	0.5	1.5	1.2	1.3	1.4	1.2

주: 성별, 장애 유형, 장애 기간 통제하였음(Adjusted Mean test).
　건강검진 여부 질문 문항은 만 40세 이상의 경우 응답함.
자료: 2014년 장애인실태조사 원자료 재분석.

장애 정도에 따른 연령별 검진율을 [그림 3-18]에 제시하였다. 건강검진율과 구강검진율은 60대까지는 연령이 높을수록 증가하였으나 70대 이상에서 다소 감소하는 경향을 보였다. 특히 구강검진율은 19~29세의 경우 중증장애인의 검진율이 높았는데, 이는 동일 연령에서 발달장애인의 구강검진율이 매우 높은 것과 관계가 있는 것으로 보인다.

[그림 3-18] 장애인의 장애 정도에 따른 연령별 의료서비스 경험

(단위 : %)

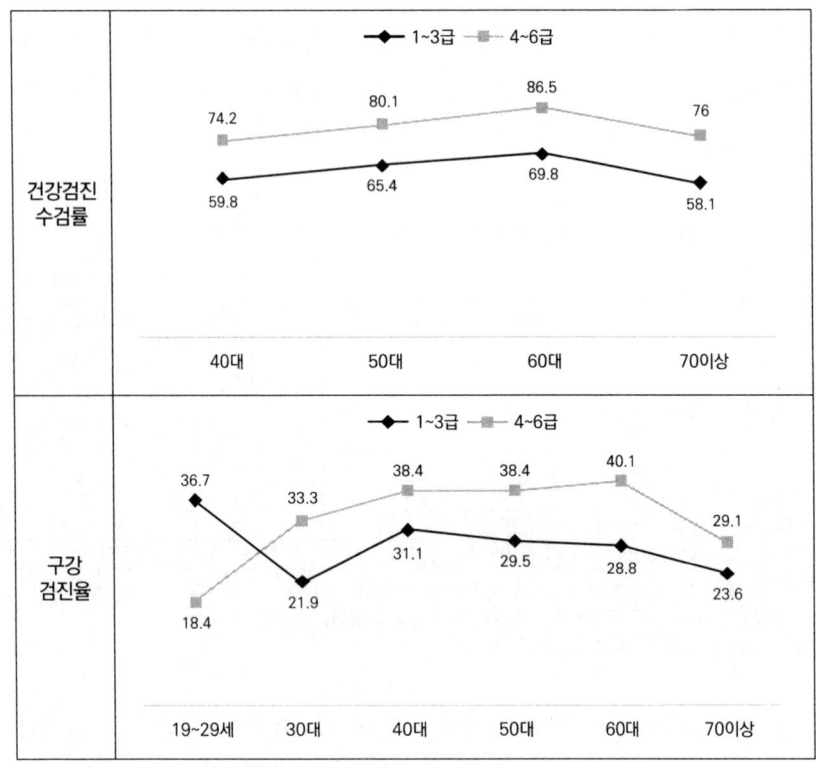

주: 성별, 장애 유형, 장애 기간 통제하였음(Adjusted Mean test).
　 건강검진 여부 질문 문항은 만 40세 이상의 경우 응답함.
자료: 2014년 장애인실태조사 원자료 재분석.

다. 장애인의 의료서비스 평가

　장애인의 의료서비스 평가 분석 결과를 〈표 3-47〉에 제시하였다. 의료서비스 만족률은 내부장애인이 가장 높았으며, 정신장애인과 감각장애인이 낮았다. 장애인의 의료진 장애 이해도에 대한 평가는 내부장애인이 가장 높았으며, 감각장애인과 신체외부장애인(감각장애 제외)이 낮았다. 장

애 정도에 따른 차이를 보면, 의료서비스 만족률의 경우 장애 정도에 따른 차이가 유의하지 않았다. 장애인의 의료진 장애 이해도에 대한 평가는 중증장애인이 경증장애인보다 8.5%포인트 높았다. 장애 기간에 따른 의료서비스 만족률의 차이는 통계적으로 유의하지 않았다. 장애인의 의료진 장애 이해도에 대한 평가는 장애 기간 20년 이상이 20년 미만 보다 높았으나 차이가 크지는 않았다.

〈표 3-47〉 장애인의 장애 특성별 의료서비스 평가

(단위 : %)

구분		의료서비스 만족률	의료진 장애 이해도 평가
장애 유형	신체외부장애 (감각장애 제외)	70.5	67.3
	감각장애	69.4	65.0
	내부장애	79.9	85.7
	발달장애	71.7	74.9
	정신장애	68.9	74.5
	F	4.48**	17.86***
장애 정도	중증(a)	69.9	73.9
	경증(b)	71.2	65.4
	F	0.98	46.01***
	절대격차(a-b)	1.3	-8.5
	상대격차(a/b)	1.0	0.9
장애 기간	20년 미만(a)	71.2	69.4
	20년 이상(b)	70.3	70.0
	F	0.54	3.99*
	절대격차(a-b)	0.9	-0.6
	상대격차(a/b)	1.0	1.0

주: 1) 연령 통제 분석 결과임(Adjusted Mean test).
　　2) 의료서비스 만족률은 '매우만족+만족'에 응답한 비율임.
　　3) 의료진의 장애이해도 평가는 '매우그렇다+그렇다' 응답 비율임.
　　4) * $p < .05$, ** $p < .01$, *** $p < .001$
자료: 2014년 장애인실태조사 원자료 재분석.

장애 유형에 따른 연령별 의료서비스 만족률 및 의료진 장애 이해도에 대한 평가를 아래의 〈표 3-48〉에 제시하였다. 의료서비스 만족률이 낮은 장애 유형은 19~29세의 경우 신체외부장애, 30대는 정신장애, 40대와

50대는 발달장애인이었으며, 60대와 70대는 정신장애인이 낮은 경향을 보였다. 장애인의 의료진 장애 이해도에 대한 평가는 19~29세의 경우 내부장애, 30대는 신체외부장애, 40대는 감각장애, 50대는 신체외부장애, 60대는 발달장애, 70대 이상은 감각장애인이 낮았다.

〈표 3-48〉 장애인의 장애 유형에 따른 연령별 의료서비스 평가

(단위 : %)

		19~29세	30대	40대	50대	60대	70대 이상
의료 서비스 만족률	신체외부장애 (감각장애 제외)	54.6	61.3	64.2	66.5	73.2	74.9
	감각장애	63.3	71.8	60.8	62.6	70.3	74.8
	내부장애	100.0	88.9	74.4	73.0	80.2	83.4
	발달장애	73.0	61.1	55.9	57.9	69.6	54.3
	정신장애	66.5	60.1	67.5	68.5	64.2	46.1
의료진 장애 이해도 평가	신체외부장애 (감각장애 제외)	71.5	54.8	57.1	62.4	69.6	73.6
	감각장애	56.6	65.6	53.8	63.9	67.6	68.7
	내부장애	51.1	85.3	85.2	79.3	88.3	89.1
	발달장애	67.5	69.0	62.1	74.4	46.4	82.8
	정신장애	60.3	66.2	64.6	76.4	72.8	94.6

주: 성별, 장애등급, 장애 기간 통제하였음(Adjusted Mean test).
자료: 2014년 장애인실태조사 원자료 재분석.

장애 유형에 따른 연령별 의료서비스 평가를 [그림 3-19]에 제시하였다. 의료서비스 만족률의 경우 내부장애인은 40대까지 낮아지는 경향을 보이다가 60대 이후 다소 높아지는 경향을 보였다. 발달장애인과 정신장애인은 70대 이상에서 만족률이 낮아지는 경향을 보였다. 타 장애 유형은 연령에 따른 큰 변화를 보이지 않았다. 장애인의 의료진 장애 이해도에 대한 평가의 경우 전체적으로 연령이 높을수록 완만하게 높은 경향을 보였으나 발달장애인의 경우 60대에서 만족률이 낮은 경향을 보였다.

[그림 3-19] 장애인의 장애 유형에 따른 연령별 의료서비스 평가

(단위: %)

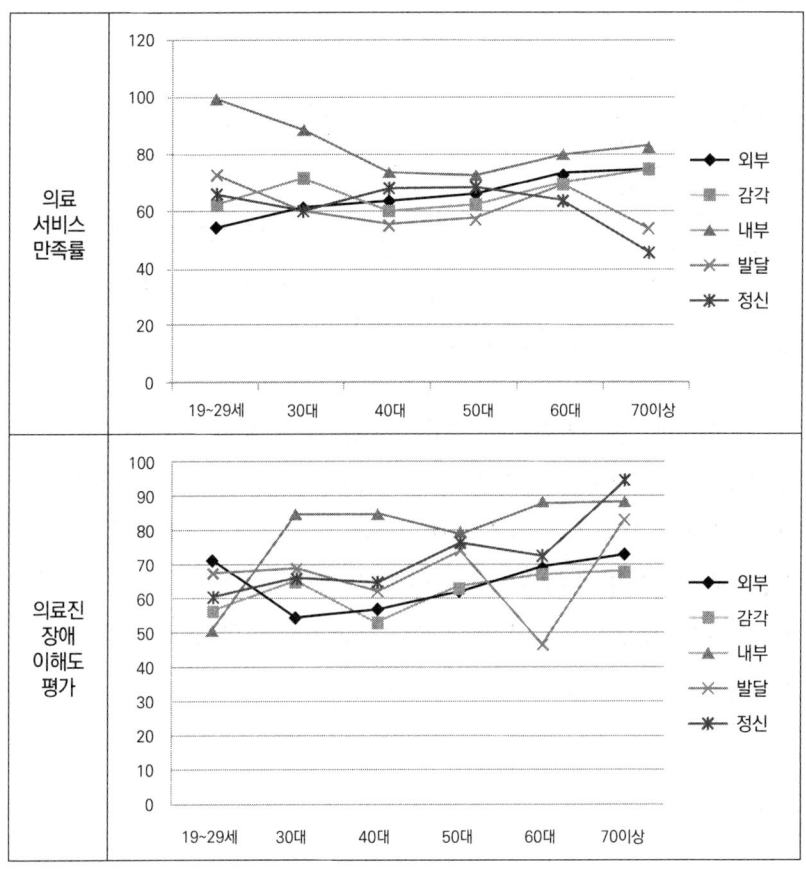

주: 성별, 장애등급, 장애 기간 통제하였음(Adjusted Mean test).
자료: 2014년 장애인실태조사 원자료 재분석.

장애 정도에 따른 연령별 의료서비스 평가를 〈표 3-49〉에 제시하였다. 중증장애인의 의료서비스 만족률은 19~29세에서 중증장애인이 경증장애인보다 높았다. 장애인의 의료진 장애이해도에 대한 평가의 경우 전체적으로 중증장애인의 경우 높았으며, 중증과 경증의 격차가 40대와 30대에서 큰 것으로 나타났다.

〈표 3-49〉 장애인의 장애 정도에 따른 연령별 의료서비스 평가

(단위 : %)

		19~29세	30대	40대	50대	60대	70대 이상
의료 서비스 만족률	중증(a)	70.1	64.4	64.7	64.9	71.1	73.3
	경증(b)	58.0	66.8	63.9	66.7	73.4	75.9
	절대격차(a-b)	-12.1	2.4	-0.8	1.8	2.3	2.6
	상대격차(a/b)	0.8	1.0	1.0	1.0	1.0	1.0
의료진 장애 이해도 평가	중증(a)	70.2	68.5	66.9	70.8	73.9	77.1
	경증(b)	60.6	56.9	53.5	60.8	68.0	71.6
	절대격차(a-b)	-9.6	-11.6	-13.4	-10.0	-5.9	-5.5
	상대격차(a/b)	0.9	0.8	0.8	0.9	0.9	0.9

주: 성별, 장애 유형, 장애 기간 통제하였음(Adjusted Mean test).
자료: 2014년 장애인실태조사 원자료 재분석.

장애 정도에 따른 연령별 의료서비스 평가를 [그림 3-20]에 제시하였다. 의료서비스 만족률에 대한 평가는 중증장애인의 경우 19~29세에서 높았으나 이후 50대까지 다소 낮아지다가 다시 높아지는 경향을 보였다. 경증장애인은 연령이 높을수록 완만하게 증가하는 경향을 보였다. 장애인의 의료진 장애 이해도에 대한 평가는 중증 및 경증 모두 40대까지 다소 낮아지다가 다시 높아지는 경향을 보였다.

[그림 3-20] 장애인의 장애 정도에 따른 연령별 의료서비스 평가

(단위 : %)

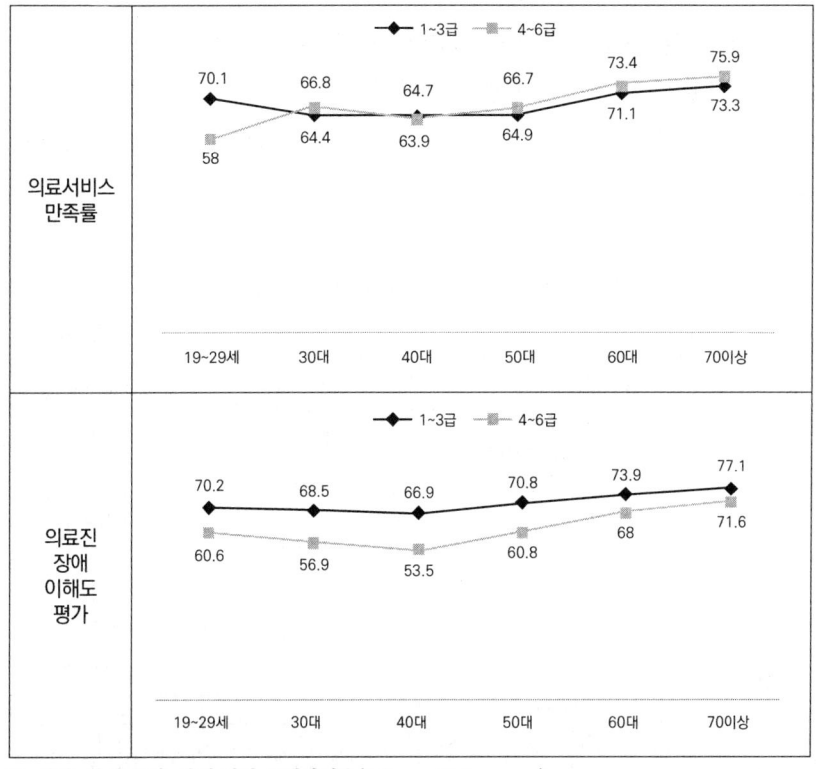

주: 성별, 장애 유형, 장애 기간 통제하였음(Adjusted Mean test).
자료: 2014년 장애인실태조사 원자료 재분석.

라. 의료서비스 이용 제한 경험

장애인의 장애 특성별 의료서비스 이용 제한 경험을 〈표 3-50〉에 제시하였다. 장애 유형에 따른 미충족 치료율[11])의 경우 신체외부장애인(감각장애 제외)이 가장 높았으며, 다음은 감각장애인이었다. 치과 치료 제한

---

11) 미충족 치료율은 '의료서비스가 필요하나 의료서비스 이용이나 치료를 받지 못한 경험 비율'을 의미함.

율은 통계적으로 유의한 차이를 보이지 않았다. 장애 정도의 경우 중증장애인의 미충족 치료율이 경증장애인보다 2.3%포인트 높았으며 1.1배 높았다. 치과 치료 제한율의 경우 중증장애인이 3.5%포인트, 1.1배 높은 결과를 보였다. 장애 기간에 따른 미충족 치료율은 통계적으로 유의한 차이를 보이지 않았으나, 치과 치료 제한율의 경우 20년 이상이 20년 미만보다 3.5%포인트, 1.1배 높았다.

〈표 3-50〉 장애인의 장애 특성별 의료서비스 이용 제한 경험

(단위: %)

구분		미충족 치료율	치과 치료 제한율
장애 유형	신체외부장애 (감각장애 제외)	19.9	26.3
	감각장애	17.3	26.6
	내부장애	12.2	26.0
	발달장애	16.0	27.6
	정신장애	16.4	25.4
	F	4.58**	0.11
장애 정도	중증(a)	19.7	28.4
	경증(b)	17.4	24.9
	F	4.90*	8.63**
	절대격차(a-b)	2.3	3.5
	상대격차(a/b)	1.1	1.1
장애 기간	20년 미만(b)	18.1	25.1
	20년 이상(a)	19.1	28.6
	F	0.95	9.73**
	절대격차(a-b)	1.0	3.5
	상대격차(a/b)	1.1	1.1

주: 연령 통제 분석 결과임(Adjusted Mean test).
 * $p < .05$, ** $p < .01$
자료: 2014년 장애인실태조사 원자료 재분석.

장애인의 장애 특성에 따른 연령별 의료서비스 이용 제한 경험을 〈표 3-51〉에 제시하였다. 미충족 치료율의 경우 19~29세는 내부장애, 30대는 정신장애, 40대는 감각장애, 신체외부장애(감각장애 제외, 이하 동일),

50대는 발달장애, 신체외부장애, 60대 이상은 신체외부장애와 감각장애가 높은 결과를 보였다. 치과 치료 제한율의 경우 19~29세는 내부장애, 30대는 정신장애와 발달장애, 40대는 발달장애, 50대는 내부장애, 60대는 감각장애와 발달장애, 70대 이상은 내부장애가 높았다.

〈표 3-51〉 장애인의 장애 유형에 따른 연령별 의료서비스 이용 제한 경험

(단위 : %)

		19~29세	30대	40대	50대	60대	70대 이상
미충족 치료율	신체외부장애 (감각장애 제외)	19.4	14.1	16.4	20.9	19.1	21.1
	감각장애	14.1	11.3	17.3	17.5	18.4	17.4
	내부장애	50.3	13.4	9.0	15.5	14.5	8.7
	발달장애	10.7	11.7	15.8	22.0	3.5	11.9
	정신장애	18.0	22.2	6.4	20.7	8.2	6.2
치과 치료 제한율	신체외부장애 (감각장애 제외)	8.8	14.9	17.4	28.0	28.7	28.7
	감각장애	21.0	14.5	20.3	29.3	31.5	27.8
	내부장애	53.8	6.8	19.8	35.1	20.9	38.9
	발달장애	12.5	21.8	36.0	27.4	30.1	27.6
	정신장애	8.4	24.5	18.6	28.4	26.3	7.2

주: 성별, 장애등급, 장애 기간 통제하였음(Adjusted Mean test).
자료: 2014년 장애인실태조사 원자료 재분석.

장애 유형에 따른 연령별 의료서비스 제한 경험을 [그림 3-21]에 제시하였다. 미충족 치료율을 보면, 내부장애인은 19~29세에 높았으나 이후 낮아지는 경향을 보였다. 발달장애인은 50대가 가장 높았으며, 정신장애인은 30대와 50대가 높은 경향을 보였다. 치과 치료 제한율의 경우 내부장애인은 19~29세, 50대, 70이상이 높았다. 발달장애인의 경우 40대가 가장 높았다.

[그림 3-21] 장애인의 장애 유형에 따른 연령별 의료서비스 평가

(단위 : %)

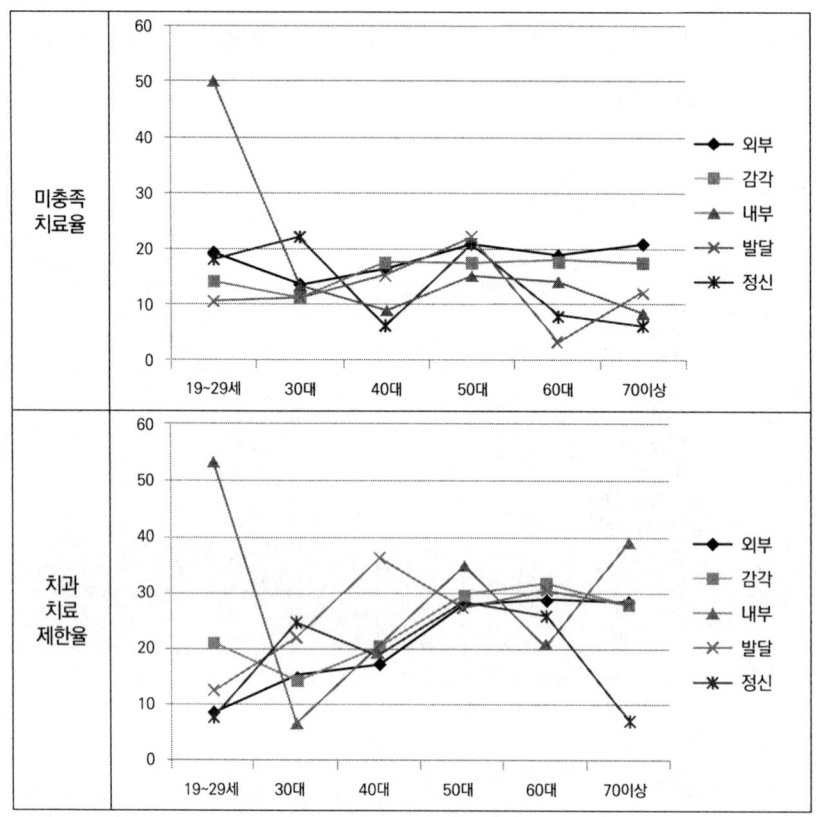

주: 성별, 장애등급, 장애 기간 통제하였음(Adjusted Mean test).
자료: 2014년 장애인실태조사 원자료 재분석.

장애 정도에 따른 연령별 의료서비스 제한 경험을 〈표 3-52〉에 제시하였다. 미충족 치료율의 경우 장애 정도에 따른 격차는 30대와 19~29세에 큰 것으로 나타났다. 치과 치료 제한율의 경우 30대와 70대 이상에서 중증과 경증의 격차가 컸다.

〈표 3-52〉 장애인의 장애 정도에 따른 연령별 의료서비스 이용 제한 경험

(단위: %)

		19~29세	30대	40대	50대	60대	70대 이상
미충족 치료율	중증(a)	19.7	20.9	14.6	21.0	17.4	20.3
	경증(b)	12.2	9.2	16.2	19.4	18.0	18.2
	절대격차(a-b)	7.5	11.7	-1.6	1.6	-0.6	2.1
	상대격차(a/b)	1.6	2.3	0.9	1.1	1.0	1.1
치과 치료 제한율	중증(a)	14.5	21.8	22.1	30.0	29.6	31.5
	경증(b)	10.4	11.9	17.9	28.4	28.1	26.4
	절대격차(a-b)	4.1	9.9	4.2	1.6	1.5	5.1
	상대격차(a/b)	1.4	1.8	1.2	1.1	1.1	1.2

주: 성별, 장애 유형, 장애 기간 통제하였음(Adjusted Mean test).
자료: 2014년 장애인실태조사 원자료 재분석.

장애 정도에 따른 연령별 의료서비스 이용 제한 경험을 [그림 3-22]에 제시하였다. 미충족 치료율은 경증장애인의 경우 30대 이후 연령이 높을수록 증가하는 경향을 보였으며, 중증장애인은 연령에 따라 지속되는 경향을 보였다. 중증과 경증의 미충족 치료율 격차가 19~29세, 30대, 70대 이상에서 발생하였다. 치과 치료 제한율은 중증과 경증 모두 연령이 증가할수록 증가하는 경향을 보였으나 경증의 경우 60대 이상에서 다시 감소하는 경향을 보였다.

[그림 3-22] 장애인의 장애 정도에 따른 연령별 의료서비스 제한 경험

(단위: %)

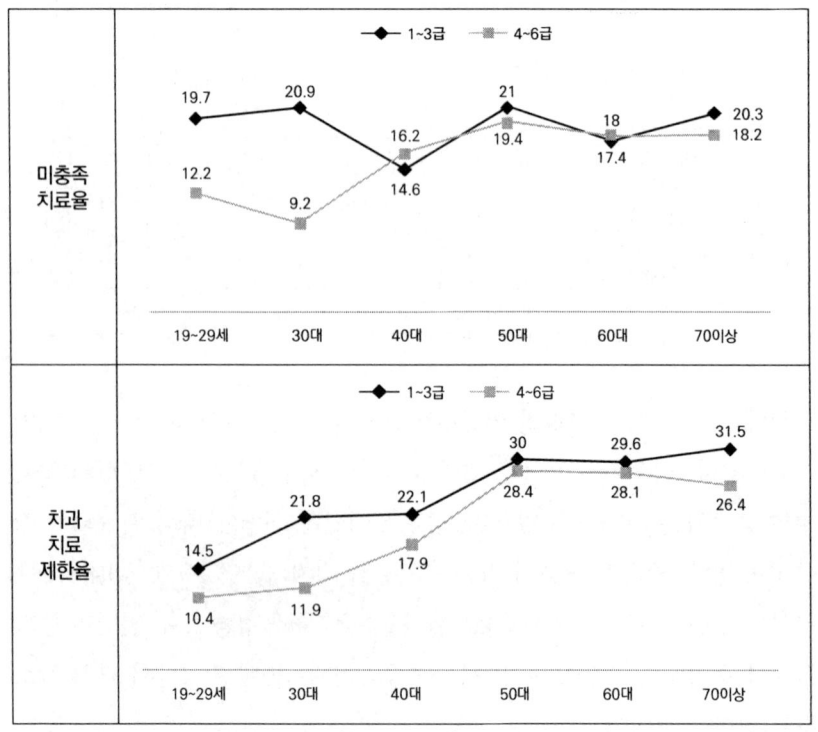

주: 성별, 장애 유형, 장애 기간 통제하였음(Adjusted Mean test).
자료: 2014년 장애인실태조사 원자료 재분석.

장애 기간에 따른 연령별 치과 치료 제한 경험을 〈표 3-53〉에 제시하였다. 장애 기간 20년 이상과 20년 미만의 격차는 50대와 30대에서 컸다. 30대는 20년 이상의 이용 제한율이 컸으며, 50대는 20년 미만의 이용 제한율이 큰 것으로 나타났다.

〈표 3-53〉 장애인의 장애 기간에 따른 연령별 치과 치료 제한 경험

(단위: %)

		19~29세	30대	40대	50대	60대	70대 이상
치과 치료 제한율	20년 미만(b)	11.9	13.2	18.0	27.8	27.3	27.1
	20년 이상(a)	13.2	18.7	18.7	21.2	30.8	30.2
	절대격차(a-b)	1.3	5.5	0.7	-6.6	3.5	3.1
	상대격차(a/b)	1.1	1.4	1.0	0.8	1.1	1.1

주: 성별, 장애 유형, 장애등급 통제하였음(Adjusted Mean test).
자료: 2014년 장애인실태조사 원자료 재분석.

마. 장애인의 장애 특성별 건강 행태

장애인의 장애 특성별 건강 행태 분석 결과를 〈표 3-54〉에 제시하였다. 장애 유형을 보면, 흡연율은 정신장애인이 가장 높았으며, 다음은 신체외부장애, 감각장애의 순이었다. 위험 음주율의 경우 신체외부장애인이 가장 높았으며, 다음은 감각장애인이 높았다. 운동 실천율은 통계적으로 유의한 차이를 보이지 않았다. 장애 정도를 보면, 경증장애인이 중증장애인에 비해 흡연율이 7%포인트, 1.5배 높았으며, 위험 음주율은 3.1%포인트, 2.7배 높았고, 운동 실천율은 6.2%포인트, 1.2배 높았다. 장애 기간에 따른 흡연율과 위험 음주율의 차이는 통계적으로 유의하지 않았으며, 운동 실천율은 20년 미만이 20년 이상보다 5.8%포인트, 1.2배 높은 결과를 보였다.

〈표 3-54〉 장애인의 장애 특성별 건강 행태

(단위: %)

구분		현재 흡연율	위험 음주율	운동 실천율
장애 유형	신체외부장애 (감각장애 제외)	20.4	4.7	40.8
	감각장애	20.0	4.0	42.9
	내부장애	9.2	1.0	46.0
	발달장애	-1.8	-3.2	40.3
	정신장애	24.3	-0.8	41.2
	F	29.92***	16.68***	1.28
장애 정도	중증(a)	14.3	1.8	37.6
	경증(b)	21.3	4.9	43.8
	F	47.26***	38.00***	21.99***
	절대격차(a-b)	7.0	3.1	6.2
	상대격차(a/b)	1.5	2.7	1.2
장애 기간	20년 미만(a)	18.6	3.9	43.6
	20년 이상(b)	19.1	3.5	37.8
	F	0.30	0.62	21.49***
	절대격차(a-b)	-0.5	0.4	5.8
	상대격차(a/b)	1.0	1.1	1.2

주: 1) 연령 통제 분석 결과임. 성별, 장애 유형, 장애등급 통제하였음(Adjusted Mean test).
 2) 현재 흡연율은 매일흡연+가끔 흡연자 비율임.
 3) 위험 음주율은 1회 평균 음주량이 7잔(여자 : 5잔) 이상이며 주 2회 이상 음주자 비율임.
 4) 운동 실천율은 건강관리 운동 1일 30분 이상, 주 3일 이상 실천율임.
 5) *** p < .001
자료: 2014년 장애인실태조사 원자료 재분석.

장애 유형에 따른 연령별 건강 행태 분석 결과를 〈표 3-55〉에 제시하였다. 현재 흡연율의 경우 19~29세는 정신장애인과 감각장애인이 높았으며, 30대는 감각장애인과 신체외부장애인, 40대는 감각장애인과 정신장애인이 높았다. 50대 이상에서는 정신장애인과 발달장애인의 현재 흡연율이 높은 것으로 나타났다. 위험 음주율의 경우 19~29세는 감각장애인, 30대는 신체외부장애인, 40대는 감각장애인, 신체외부장애인, 50대는 신체외부장애인, 60대는 정신장애인, 70대는 정신장애인과 발달장애인이 높았다. 운동 실천율이 낮은 장애 유형을 보면, 19~29세는 내부장애인, 30대 신체외부장애인, 40대 감각장애인, 50대 이상의 경우 발달장애인에서 두드러지게 나타났다.

〈표 3-55〉 장애인의 장애 유형에 따른 연령별 건강 행태

(단위: %)

		19~29세	30대	40대	50대	60대	70대 이상
현재 흡연율	신체외부장애 (감각장애 제외)	9.8	31.2	30.8	28.0	16.7	11.9
	감각장애	15.0	32.9	34.2	27.8	16.8	10.4
	내부장애	-2.7	13.9	15.9	15.8	13.1	10.6
	발달장애	0.9	12.5	23.5	37.0	20.0	33.7
	정신장애	16.9	26.8	33.0	43.1	22.6	22.0
위험 음주율	신체외부장애 (감각장애 제외)	2.7	15.3	8.9	7.1	2.7	1.4
	감각장애	3.3	4.4	9.1	5.6	3.3	1.3
	내부장애	-0.6	5.0	0.3	2.0	1.1	0.8
	발달장애	1.3	0.8	6.3	-1.7	-1.7	5.5
	정신장애	-0.4	0.09	1.2	0.05	8.9	7.1
운동 실천율	신체외부장애 (감각장애 제외)	26.2	25.4	35.0	40.8	50.0	38.9
	감각장애	33.5	29.9	33.3	43.2	49.0	43.3
	내부장애	-0.1	40.5	36.0	46.9	62.4	35.7
	발달장애	39.1	47.8	36.6	36.2	41.8	31.4
	정신장애	53.3	39.3	42.7	41.2	41.9	38.0

주: 성별, 장애등급, 장애 기간 통제 분석 결과임(Adjusted Mean test).
자료: 2014년 장애인실태조사 원자료 재분석.

장애 유형에 따른 연령별 건강 행태를 [그림 3-23]에 제시하였다. 현재 흡연율의 경우 정신장애인은 50대까지 큰 폭으로 증가하다 이후 감소하였으며, 발달장애인의 경우 50대까지 큰 폭으로 증가하였으나 60대에서 낮아지고 다시 70대 이상에서 높아지는 경향을 보였다. 감각 및 신체외부장애의 경우 40대 이후 감소하였으며, 내부장애인은 40대 이후 유지되는 경향을 보였다. 위험 음주율의 경우 신체외부장애인은 30대까지 높아졌으나 이후 감소하였고, 감각장애인은 40대 이후 감소하였다. 정신장애인은 60대 이후 큰 폭으로 증가하였으며, 발달장애인은 40대와 70대 이상에서 높은 경향을 보였다. 내부장애인은 40대 이후 지속적으로 낮은 경향을 보였다. 운동 실천율을 보면 내부장애인의 경우 연령이 증가할수

록 큰 폭으로 증가하였으나 70대 이후 감소하였다. 다른 장애 유형의 경우 연령에 따른 특이한 경향의 차이를 보이지는 않았다.

〔그림 3-23〕 장애인의 장애 유형에 따른 연령별 건강 행태

(단위 : %)

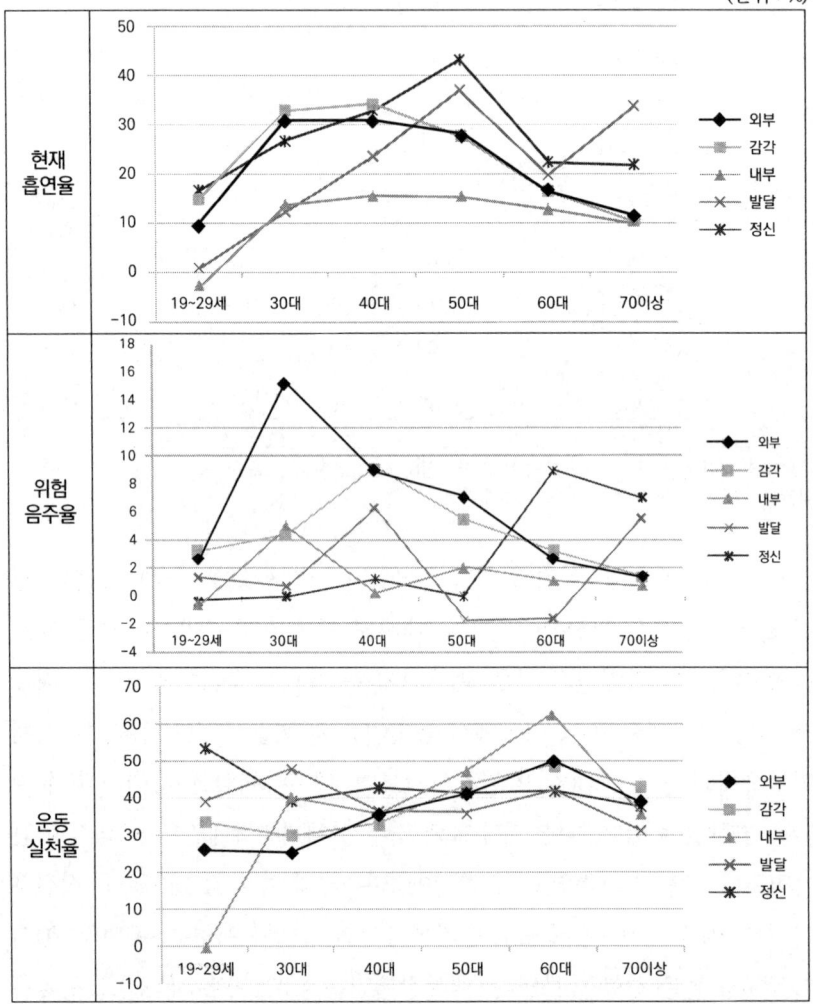

주: 성별, 장애등급, 장애 기간 통제 분석 결과임(Adjusted Mean test).
자료: 2014년 장애인실태조사 원자료 재분석.

장애 정도에 따른 연령별 건강 행태를 〈표 3-56〉에 제시하였다. 중증 장애인과 경증장애인의 현재 흡연율과 위험 음주율의 격차는 30대가 가장 컸다. 운동 실천율의 경우 중증과 경증의 격차는 70대 이상에서 가장 컸다.

〈표 3-56〉 장애인의 장애 정도에 따른 연령별 건강 행태

(단위 : %)

		19~29세	30대	40대	50대	60대	70대 이상
현재 흡연율	중증(a)	9.3	16.7	24.2	25.3	14.9	9.2
	경증(b)	9.0	37.6	34.4	29.3	17.2	12.1
	절대격차(a-b)	-0.3	20.9	10.2	4.0	2.3	2.9
	상대격차(a/b)	1.0	2.3	1.4	1.2	1.2	1.3
위험 음주율	중증(a)	0.8	4.8	5.4	2.9	1.9	0.7
	경증(b)	4.4	13.1	9.6	7.7	3.1	1.5
	절대격차(a-b)	3.6	8.3	4.2	4.8	1.2	0.8
	상대격차(a/b)	5.5	2.7	1.8	2.7	1.6	2.1
운동 실천율	중증(a)	32.3	34.7	34.0	42.1	47.8	31.6
	경증(b)	32.0	27.6	36.3	41.1	52.1	44.1
	절대격차(a-b)	-0.3	-7.1	2.3	-1.0	4.3	12.5
	상대격차(a/b)	1.0	0.8	1.1	1.0	1.1	1.4

주: 성별, 장애 유형, 장애 기간 통제 분석 결과임(Adjusted Mean test).
자료: 2014년 장애인실태조사 원자료 재분석.

장애 정도에 따른 연령별 건강 행태를 [그림 3-24]에 제시하였다. 현재 흡연율을 보면, 중증장애인은 30대가 가장 높았으며 이후 감소하였다. 중증장애인의 경우 50대까지 지속적으로 높아지다가 60대 이후 감소하는 경향을 보였다. 위험 음주율의 경우 경증장애인은 30대가 높았으며, 이후 감소하였으나, 중증장애인은 40대까지 증가한 후 이후 감소하는 경향을 보였다. 운동 실천율의 경우 중증 및 경증 모두 연령이 높을수록 증가하다가 70대 이상에서 감소하였다.

[그림 3-24] 장애인의 장애 정도에 따른 연령별 건강 행태

(단위 : %)

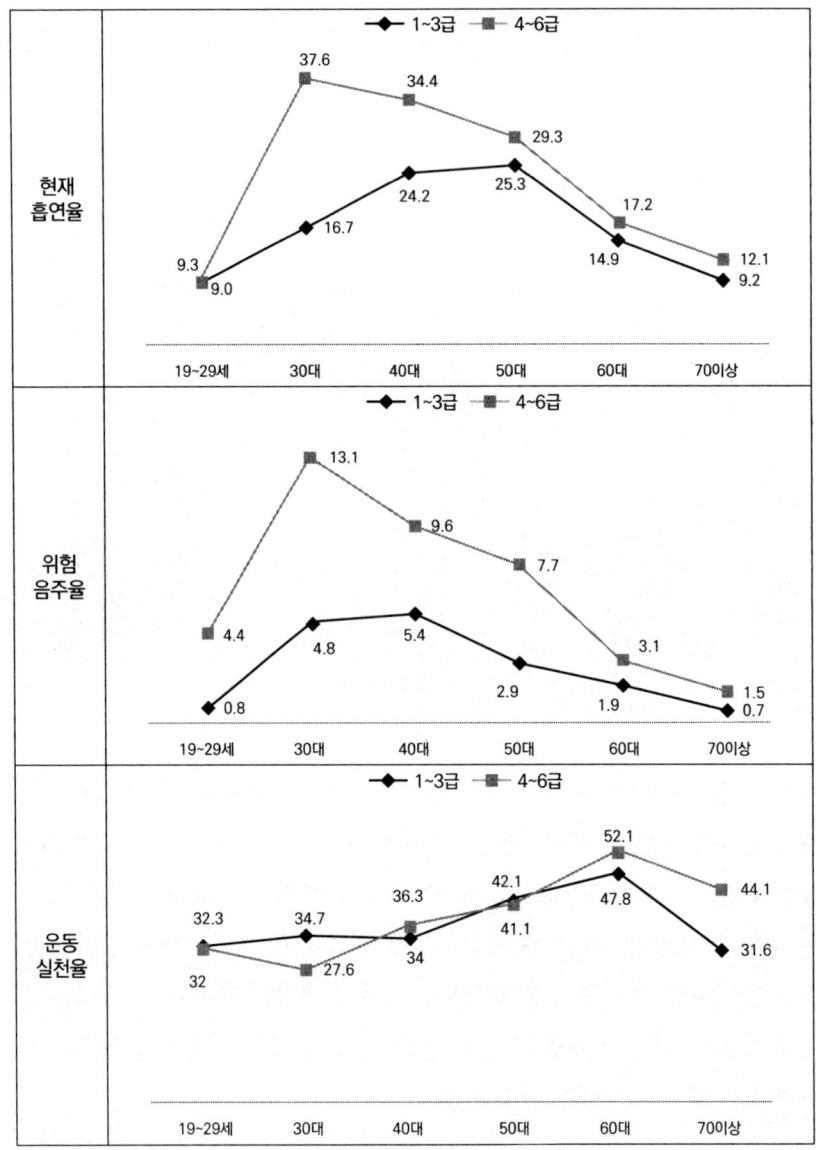

주: 성별, 장애 유형, 장애 기간 통제 분석 결과임(Adjusted Mean test).
자료: 2014년 장애인실태조사 원자료 재분석.

제3절 장애인 건강권에 대한 욕구(FGI)

1. FGI 개요

장애인의 건강권에 대한 욕구의 파악과 건강권 증진 방안 모색을 주제로 총 4회의 FGI를 진행하였으며 장애 유형별 장애인 단체의 관리자 및 실무자, 장애인 당사자 등 12명이 참여하였다. 각 차수별 FGI의 주요 논의 내용과 참여자는 다음과 같다.

〈표 3-57〉 FGI 개요

	일시 및 장소	주요 논의
1차	2017년 7월 14일	여성 장애인의 건강권
2차	2017년 7월 21일	장애인 건강권 -장애 유형별로 경험하는 건강 보장의 어려움
3차	2017년 7월 24일	장애인 건강권 - 장애인 건강권법 방향성
4차	2017년 8월 3일	장애인 건강권 - 장애인 건강권 보장을 위한 지역사회의 접근

〈표 3-58〉 FGI 참여자

		FGI 참여자
1차	A	장애인 당사자 / 여성 장애인 단체 관리자
	B	장애인 당사자 / 여성 장애인 단체 관리자
	C	장애인 당사자 / 여성 장애인 단체 실무자
2차	D	장애인 단체 관리자
	E	장애인 단체 실무자
	F	장애인 단체 실무자
3차	G	장애인 당사자 / 장애인 단체 관리자
	H	장애인 당사자 / 장애인 단체 관리자
	I	장애인 당사자 / 장애인 단체 관리자
4차	J	장애인 당사자 / 장애인 관련 단체 관리자
	K	장애인 관련 단체 관리자
	L	장애인 관련 단체 관리자 / 시범 사업 실무자

2. 주요 내용

가. 장애인의 건강권 보장

논의의 시작점은 장애인의 건강권 보장에 대한 논의가 병의원 등 의료서비스 이용에 한정되기보다 장애인이 처한 지역사회 환경, 보조기기 등을 포함하여 통합적으로 이루어져야 한다는 것이었다. 이를테면 국외 사례 보고 중 영국의 경우 장애인의 건강에 의료기관이 개입할 수 있는 비율을 약 30% 선이라고 한다면, 지역사회가 개입할 수 있는 부분은 약 70% 정도로 훨씬 더 많은 비중을 차지하는 것으로 인식하고 있었다. 이는 장애인이 지역사회 안에서 다양한 연계점을 통해 신체와 정신을 건강하게 관리할 수 있는 기회를 가지도록 환경을 조성하는 것이 장애인 건강권의 기반을 이루어야 한다는 의견으로 볼 수 있다.

「장애인 건강권법」의 시행령이 논의되는 현 시점에서 장애인의 건강을 지원하는 법과 제도의 설계에 의료계와 장애계의 의견을 균형적으로 반영한 후 진행이 필요하다는 의견이 많았다. 충분한 의견수렴이 필요한 내용은 '장애인의 건강을 어느 범위까지로 볼 것인가', 혹은 '장애인과 환자의 구분에 대한 내용' 등 일정 부분 원론적 논의와 공유가 선행될 필요가 있다고 하였다. 의료적 지원 과정과 내용에서 장애 민감성을 보완하고 구체화하는 노력뿐 아니라 의료적 지원이 필요하지 않은 영역(아직 필요하지 않은 시기 혹은 대상)에 대한 시민사회적(비의료적) 접근 방식의 모색과 실현이 동반되어야 한다고 장애계는 주장하였다.

이러한 논의의 배경에는 현재 시행령을 논의 중인「장애인 건강권법」이 장애계 등이 기대하는 바와 달리 의료서비스 이용에서의 장애물 제거, 미충족 의료를 낮추는 방향을 중심으로 논의되고 있으며 접근 방식도 공급자 중심이라는 의견이 있기 때문이다. 비용 효과 측면이 강조되는 의료 시스템에서 중증장애인에 대한 의료는 소외될 우려가 있으며 이를 위해 장애인에 대한 진료 및 검진 수가를 올리는 등 공급자에게 인센티브를 제공하는 내용은 일면 필요한 조치이지만 다른 접근과 동반되어야 할 필요가 있다는 입장인 것이다. 이를테면 장애인에 대한 예방사업인 건강관리 사업은 구체적 지원 내용이 필요하고, 지정 병의원에 배치되는 이동·편의 인력의 기준을 구체적으로 제시하여 장애인을 이해하고 지원할 수 있는 인력으로 확보해야 하며, 병의원에 오기까지의 이동 지원을 특장차로 명시하고 있는데 이러한 특장차의 확대에 대한 논의가 더해져야 현실적으로 실현 가능할 수 있다는 것이다. 장애인이 체감할 수 있는 밀착형 지원의 확대를 통해 '장애인의 건강권 보장'이 의료서비스 이용 중심, 공급자 중심의 접근을 하고 있다는 비판을 벗어나려는 노력이 필요하다는 것이다.

한 지자체에서 실시하고 있는 장애인 건강 지원을 위한 시범 사업의 경우, 지역사회에서 장애인의 건강을 위해 코디네이터를 두고 건강관리 프로그램을 운영하고 있는데, 운동이 필요하면 지역사회에 체육 관련 시설의 안내와 체육 관련 프로그램의 안내와 지도를 하고, 병의원의 이용이 필요한 경우 접근 가능한 의료서비스를 안내하는 등 개별 맞춤형 코디 서비스를 제공하고 있다. 이는 지역사회에서 건강을 지킬 수 있는 환경을 지원(조성)하여 병의원 이용 가능성을 낮추는 프레임으로 접근하는 것으로 보다 포괄적인 접근이라는 의견이었다.

나. 장애인의 보건의료서비스 이용에서의 '장애' 경험

장애인의 건강권 보장은 의료서비스 이용에서 경험하는 다양한 장애물을 제거하는 데에서 시작하며, 의료서비스 소외(차별) 집단 혹은 의료서비스 이용 과정에서 만나는 장애물을 제거하는 데에 적극 개입하고 지원하는 활동을 포함해야 한다. 장애인이 병의원 등 의료서비스를 이용하는 과정에서 경험하는 '장애 사례'는 다음과 같다. 첫째는 병의원에서 의료행위, 검사 등을 하는 과정에서 장애를 고려하지 않은 시설, 의료장비 등으로 인해 접근성이 낮아지는 경우이다.

병원에 몸이 안 좋아서 갔었는데, 소변을 받아오라고 해요. 제가 목발을 짚고 있어서, 소변을 받아서 들고 갈 수가 없어요. 당시에 종이컵에 받아 오라고 해서, '제가 들지를 못하는데요.' 라고 말을 했는데도 그냥 받아 오라고 하더라고요. 그래서 결국 소변을 받은 그 종이컵을 입에 물고 가져다 줬어요. (여성 장애인 B)

CT를 찍는데 옷을 갈아입어야 했는데, 옷 갈아입는 공간이 정말 협소한 공간이어서 목발을 짚고 있는 제가 옷을 갈아입기에는 비좁은 공간이었어요. 그런데 척수장애를 가지고 계신 분들은 휠체어가 들어가지를 못해요. 이런 것에 대한 인식이 안 되어 있더라구요. (여성 장애인 B)

둘째는, 의료기관 종사자들의 장애에 대한 인식의 문제로 물리적인 것과 다른 심리적 접근성의 문제로 볼 수 있다. 장애인을 불완전한 존재로 인식하는 태도 등이 그 예라 할 수 있다.

제가 아파서 병원에 가면, 그게 동네 병원이든 대학병원이든 저를 봐야 하잖아요. 간호사가 됐던, 의사가 됐던, '보호자 분이랑 같이 안 오셨어요?'하고 물으세요. 제가 병원에 가기가 싫은 거예요. (여성 장애인 C)

세 번째는 의료서비스 이용 시 의사소통의 어려움으로 인한 낮은 접근성 문제로, 시·청각 및 언어장애, 지적 및 자폐성 장애의 발달장애인, 고령장애인의 경우 의료서비스 이용에서 의료시설 종사자와의 의사소통에 어려움을 경험하였다.

중증청각장애인이자 수화를 사용하는 분에게 안 들린다는 제스처를 하거나 말소리를 더 크게 하라고 한다든지.
처음부터 이러이러하게 치료가 진행이 될 거라고 고지를 하고 치료를 진행하면 좋은데 그런 소통과 노력을 하는 곳이 적었습니다. (장애인 단체 실무자 E)

청각장애인 분들이 직접 통화하기 어려워서 통역사를 통해서 예약을 하거나 변경을 하는데, 예약 변경을 하려면 또 어려움이 있구요. (장애인 단체 실무자 E)

청각장애인이 수화통역사와 함께 동행을 했는데, 통역사에게 잠깐 밖에서 기다리라고 요구하는 경우도 있고, 통역사를 보호자처럼 생각하시는 경우도 있고요. (장애인 단체 실무자 E)

예방 교육이나 다양한 질병에 대한 관리, 예방 교육에 청각장애인 등에게 적합한 의사소통 지원이 잘 되지 않는 경우가 있습니다. (장애인 단체 실무자 E)

일반내시경 검사에서 수화통역사의 입회를 거부하는 사례가 있는가 하면, 수면내시경 검사에서 청각장애인이기 때문에 거부당하는 사례들이

있고....

　엑스레이 촬영할 때는 호흡조절 이런 안내에서 많이 불편하지요. 숨쉬어라 뱉어라 하는 소통을 하지 못하니까요. 이럴 경우 시각적인 신호기를 설치한다던지, 아니면 기본적인 수신호를... 사전에 의료인들이 인식하고 있으면 좋을 텐데. (장애인 단체 실무자 E)

　약물이나 주사 투입할 때도, 소통이 어렵다는 이유로 설명 자체를 안 하고 주사를 놓는다던지. 사실은 이게 소통과 관련해서 부당하다고 느끼는 사례가 굉장히 많은 거죠. (장애인 단체 실무자 E)

　시각장애인의 경우 약 처방을 받아서 약국에서 약을 타 오는 과정에서 어려움이 있어 약 배달 서비스가 있으면 좋겠습니다. (장애인단체 관리자 A)

　의료서비스의 내용과 과정이 사적인 영역임을 고려하지 못한 지원은 오히려 거부감을 높인다는 지적도 있었다.

　청각장애인의 경우 여성 수화통역사가 아니라, 남성이 들어오셔서 수화통역을 하는 경우가 있는데 이런 부분을 싫어하는 경우가 많아요. (여성 장애인 B)

　병의원 이용을 위한 이동 지원에서 지체, 뇌병변 등 이동장애 이외에 신장장애인의 경우도 투석 후 이동 지원이 필요함을 제기하였다.

　신장장애의 경우 투석 전후의 이동하는 과정에서 이동 지원이 필요한 경우가 많더라구요. (장애인 단체 실무자 F)

병의원 등 의료서비스 이용에서 비단 장애뿐 아니라 직장생활, 육아 등 개인의 상황이 장애와 복합적으로 작용하여 심리·물리적으로 의료서비스 이용을 저해하는 요인이 됨을 지적하였다.

직장생활하는 중증장애인의 경우 병원에 가기가 너무 힘듭니다. 눈치도 보이고… 병의원에 가려면 교통 등 바로 갈 수 있는 것도 아니고… 가서 기다리는 시간은 오래지만 진료 보는 시간은 몇 분에 불과하니….
의료서비스 이용을 안 하게 되는 이유가 됩니다.
방문(혹은 이동) 물리치료라든지… 이런 효율적인 접근이 고려되면 좋겠습니다. (장애인 단체 관리자 G)

다. 장애인의 보건의료서비스에서의 소외 집단

건강 및 의료서비스 이용에서 '장애'를 경험하는 것과는 다른 차원으로 의료서비스 내에서 소외되는 집단, 혹은 인권을 침해당하는 집단에 대한 구체적인 논의가 있었다. 우선 발달장애인의 경우 의료서비스 이용의 소외 집단으로 논의되었는데, 그들의 사망 연령이 지적장애인 50세, 자폐성장애인 28세로 비장애인이나 타 장애 유형에 비해 짧은 수명이 연구되기도 하였다. 발달장애인의 경우 자신의 건강을 관리하는 방식을 인식하고 실천하는 것, 의료서비스 이용에서 자신의 의사를 표현하거나 타인의 설명을 이해하고 판단하는 것 등에서 어려움이 있으며 이에 대한 적극적 개입이 필요하다고 하였다. 특히 성인 발달장애인의 경우 보호자가 고령화되면서 건강관리를 더 해야 하나 더 어려운 환경에 접어드는 경우가 많아 건강관리를 포함하는 포괄적 접근이 필요하다고 하였다. 발달장애인의 의료서비스 미충족 경험의 사유로 의사소통 문제가 가장 높게 나타나는 만큼 발달장애인의 경우 의료서비스 이용 시 소통에 대한 지원이 필요하다고 하였다. 병의원에서 사용하는 기본적인 문진표를 장애인, 고령자 등이 쉽게 이해할 수 있는 version(그림 등 사용)으로 만들면 발달장애인뿐 아니라 다문화 가족에게도 상당히 유용하게 사용될 수 있다고 제안하였다.

> 주위에서도 보면 성인 발달장애인들 중에, 갑자기 사망하는… 너무 늦게 발견한거죠. 암 말기나… 발달장애가 있어서 의사 표현을 못하고, 주변에서 돌보던 사람들도 의사소통도 안 되고 하니까. 그런 건강검진 문제를 제일 먼저 점검해 볼 필요가 있습니다. (장애인단체 관리자 D)

의료서비스 소외 집단으로서의 정신장애인은 사회적 편견에 직면해 있을 뿐만 아니라 자신들에 대한 의료서비스 접근 초점이 정신질환 증상의 소거에 집중되면서 강압적으로, 타의에 의해 사회에서 격리되는 경험을 하게 되며, 이러한 방식의 치료가 당연시되는 의료 시스템은 정신장애인(정신질환자)의 건강권 논의에 앞서 문제점으로 지적되어야 한다고 하였다.

라. 「장애인 건강권 및 의료접근성 보장에 관한 법률」에 대한 논의

「장애인 건강권법」이 제시하고 있는 장애인 건강권 및 의료접근성을 보장하고자 하는 제도에 대한 논의가 있었다. 우선 장애인 건강 주치의에 대해서는 장애인의 의료서비스 및 의료기관 선택권을 보장하는 방향의 제도인지에 대한 의문이 있다는 의견이 있었다. 주치의가 필요할 경우 타 과로의 의뢰 등을 하지만 그보다는 의료정보의 네트워킹 등 의료 시스템의 전환을 통한 방법이 필요하다는 의견을 제시하였다.

장애인들은 지역사회에 한 군데씩은 본인이 편하게 다니고 있는 의료기관이 있어요. 그것을 건강권법 안에서는 어떠한 체계를 통해서, 지역 각각에 심어서, 모든 것을 데이터베이스화하겠다? 이것을 장애 유형별로 접근을 하겠다? 이런 교육프로그램을 하겠다? 데이터를 모아서 컨트롤타워를 해서 관리를 하겠다? 저는 그것은 아니라고 생각해요.

의료기관들끼리 네트워킹을 하지 않으려는 부분들이 오히려 문제라고 생각합니다. 네트워킹이 된다면 내가 어느 병원에 가더라도, 나에 대한 기록들이 남아서, 통용이 되는 거잖아요. 반드시 장애인 주치의에게 가서 관리를 받아라 라는 방식은 상당히 편협한 접근 방식이라고 생각합니다. (여성 장애인 단체 관리자 B)

주치의를 정하고, 1년 동안은 주치의를 바꿀 수 없고...
진료수가를 높인다는데 그러면 본인 부담금이 높아지는 게 아닌가.... (여성 장애인 단체 실무자 C)

저희는 주치의 제도가 들어오기 시작한다고 하면... 수가에 얼마의 금액이 더해진다고 하니까... (환자를) 돈으로 생각할 수도 있겠다고 생각이 들어요. 환자가 돈이 되면 안 되잖아요. 그걸 할려고 주치의 제도를 만든 건 아닌데, 그런 분위기로 가고 있는 게 아닌가라는 생각이 듭니다. (여성 장애인 단체 관리자 B)

장애인 검진기관 지정에 대해서는 '장애인과의 소통과 이동 편의 지원을 위해 필요한 인력을 지정함'을 조건으로 명시하고 있으나 인력의 자격 기준은 제시하고 있지 않아, 병의원의 편의에 따라 다양한 인력이 활용될 것을 우려하는 의견이 있었다.

검진기관을 정하는 기준이 장애인의 의사소통과 이동 편의에 필요한 인력을 1명 이상 상근하는 직원이 있을 경우인데요.
지금 하위법령을 만드는 과정에서 필요한 인력에 대한 구체적 기준을 제시하고 있지 않아요. 그거는 병의원 경비 인력을 해당 인력으로 지정하면 될 수도 있다는 거예요. (장애인단체 관리자 E)

병의원에서 장애인과 의사소통을 하기 위해 적극적인 지원과 편의 지원을 할 필요가 있는데 이는 장애인뿐 아니라 고령자, 다문화가족에게도 도움이 될 수 있는 부분이라고 하였다. 구체적으로 장애인이 병의원 이용 시 경험하는 의사소통 문제를 해결하는 방법으로 의료기관 내에 상근 수화통역사를 배치할 수도 있지만 보다 쉬운 방법으로 인터넷 등 정보통신을 이용한 원거리 수화통역, 병의원에 의사소통 보조기기(그림 카드, 관련 앱 등)의 상시 비치를 제안하기도 하였다.

그런 분들을 위해서는 다른 유형에서 요구하는 것처럼 쉬운 표기, 쉬운 그림, 안내하는 데스크에 그런 내용이 배치가 되면 훨씬 더 좋겠죠. (장애인단체 관리자 E)

발달장애인 분들이 이해하실 정도의 쉬운 문진표면 노인분들도 충분히 하실 수 있으니까요. 발달 장애인만을 위한 것이 아니라 치매노인분들을 위해서도 필요하다고 생각합니다. (장애인단체 실무자 D)

기초적인 문진표라던가 병원 이용에 대한 일반적인 정보를 알기 쉬운 책자 형태로 만들어서 보건소, 국공립 의료기관에 비치해서 활용할 수 있으면 좋겠습니다. 의료인들도 그런 걸 활용해서 발달장애인들하고 의사

소통을 하기 위한 기본적인 교육도 좀 받고 그래야 발달장애인이 병의원을 이용할 때 차별의 경험을 줄일 수 있다고 생각합니다. (장애인단체 실무자 D)

병의원 이용을 위한 이동 지원에 대해서 「장애인 건강권법」은 장애인 특별차량의 우선 배치를 제시하고 있으나 이는 현 지원과 큰 변화가 없는 것일 뿐 아니라 예산 확대에 대한 구체적 계획이 없는 법률 명시는 실효성이 떨어질 수 있다는 우려가 있었다. 아울러 장애인 이동 특별차량을 이용하지 못하는 경우 와상 장애인이 병의원 이동을 위해 구급차를 이용할 때 이용 편의를 지원한다든가 비용을 지원하는 내용, 산간어촌의 장애인에 대한 의료서비스 이용을 위해 장애인 검진차량을 운행하거나 증차하는 내용이 포함되는 것을 제안하기도 하였다.

시행령을 보면 병의원 이용 시 장애인 특별차량을 우선 배정해 주는 것으로 되어 있는데, 이런 부분은 지금도 이루어지고 있지 않은가. 특별한 변화가 없다고 느껴진다.
이를테면 장애인 특별차량의 대수를 증가를 위한 예산을 확보한다든가.
비싼 구급차를 이용해야 하는 와상환자를 위한 지원을 마련한다던가의 내용은 없다. (장애인단체 관리자 G)

산간어촌 등 교통이 어려운 지역에서 운영할 수 있는, 장애인 편의시설이 장착된 건강검진 차량 운영의 내용도 없다. (장애인 단체 관리자 G)

이동 중증장애인 등에 대한 방문 진료의 경우 법률에는 포함되어 있으나 시행령과 규칙에는 구체적으로 제시된 바가 없어서 이에 대한 논의가 필요하다고 하였다. 그러나 환자에 대한 검사(엑스레이검사, CT, MRI 등)가 선행된 이후 의료행위가 이루어지는 의료 시스템에서 방문 진료는 큰 의미를 가지기 어려우며 만성질환자 관리를 위한 접근 방안으로 가능할 수 있다는 의견이 있었다.

방문 진료의 경우 문제가 되는 부분은 의료 행위의 수가인 거 같다. 현재 장애인에 대한 의료 행위 수가를 1.5배 높이는 이야기가 되고 있으며, 방문 진료는 이보다 더 올려 달라는 얘기가 있어서 논의가 진전되지 않는 것으로 알고 있다. (장애인단체 관리자 H)

의사들 입장에서는 방문 진료가 의미가 없다는 의견이 있다.
CT, MRI를 찍고 나야 제대로 된 진료가 되는 의료 시스템에서 방문 진료는 실효성이 떨어진다는 거다. (장애인단체 관리자 H)

「장애인 건강권법」에서 논의된 재활체육과 운동에 대해서도 비판의 의견이 있었는데 이는 생활체육, 엘리트체육 이외 재활체육 영역에서 '의사의 처방' 절차를 둠으로써 전체적인 운영에서 경직성이 우려된다는 점이었다. 또한 재활체육의 논의가 주로 신체장애인을 중심으로 이루어지고 있어 내부장애인, 발달장애인에 대한 고려가 필요하다는 의견을 제시하기도 하였다. 그리고 재활의 영역과 체육의 영역이 만나는 지점인 재활체육에 대한 별도의 교육과정과 자격증 시스템을 만들어서 관련 인력을 양성할 것을 제안하며 이를 통해 장애인이 질 높은 서비스를 이용할 수 있다는 의견이 있었다.

재활운동하고 체육이 있잖아요. 그런데 여기에 포커스가 신체장애인

위주로 맞춰서 있더라고요....

내부장애인들도 체육이 필요하거든요.

일본 같은 경우에는 투석하면서 운동을 같이 시키는 경우가 있어요. 그러면 훨씬 더 활력도 있어지고, 건강도 좋아지고, 저희도 생활에 운동도 필요하다고 이야기하는데, 장애인 체육이나 운동에 대해서는 내부장애인들은 완전히 배제되어 있어요. (장애인단체 실무자 F)

생활체육과 전문체육과 다르게 '의사의 처방에 의한'이 들어가게 되어 있어서 상당히 제한적인 문제가 있다고 봅니다.

이 부분은 이후에 법 개정을 하든지 아니면 시행령에서 이거에 대해서 훨씬 더 꼼꼼하게 많이 집어넣지 않으면, 사실상 체육 활동이 지원될 것을 기대하는 것은 어렵지 않을까 생각합니다.

의료기관의 처방에 의한 것이 전달 체계 안에서 체육이 얼마나 실효성이 있을지... 오히려 지역사회의 체육시설 등 이용을 지원할 수 있는 내용이 포함되어야 하는데, 이런 부분은 논의되지 않는 거 같습니다. (장애인단체 관리자 D)

장애인의 재활체육과 운동에 대해 국가 자격증 체계로 만들자는 이야기가 논의되는거 같습니다. 그 교육을 이수해서 자격증을 소지해야 서비스를 제공할 수 있게 끔이요.

그러면 장애인 입장에서도 높은 수준의 서비스를 이용할 수 있지 않을까요. (장애인단체 실무자 F)

「장애인 건강권법」과 시행령(안)에 명시하고 있는 의료진에 대한 장애인식 교육에 대해서는 일단 환영하는 입장이었지만, 교육 매뉴얼(교재)에 대한 우려가 있었는데 일부 장애인에 대한 편견을 가지게 할 수 있는 내용에 대한 우려였으며, 보다 효율적인 교육은 대학 등 정규교육과정에 커리큘럼으로 포함시키는 것이라고 제안하기도 하였다.

주치의들과 1차병원 의사들에게 교육을 시키는 매뉴얼 작업을 하고 있는데, 그 매뉴얼이 명확하게 장애 유형별로 나오지 않고, 한쪽에 치우쳐서 작업이 되고 있는 거 같고…
발달장애에 대해서도 잘못된 인식을 가질 수 있는 내용도 있지 않은가 하는 우려되는 부분도 있다.
내용에 대한 전체적인 검토가 필요하다고 생각한다. (장애인단체 관리자 H)

의대 안에 적은 학점이라도 정규 교육 과정에 장애 민감성 교육을 포함시키는 게 좋다고 생각한다.
의사 자격증을 따고 나서 시간 때우기용으로 교육하는 것보다 훨씬 나은 방법이라고 생각한다. 학교 안에서 커리큘럼으로 배우면 차이가 있고 효과가 있을 거라고 생각한다. (장애인단체 관리자 I)

이 외에 장애인에 대한 의료비 지원은 「장애인 복지법」에서 옮겨온 것으로 기존의 지원과 큰 변화가 없다고 하였으며 중앙장애인보건의료센터, 지역장애인보건의료센터 등의 지정은 병의원 이외에 장애인단체, 복지기관 등 심리적·물리적 접근성이 높은 기관을 포함하여 논의하는 것을 제안하였다.

마. 개선을 위한 제안

「장애인 건강권법」의 개선을 위한 제안 내용으로 첫째, 병의원 등 시설에 대한 접근성이 주로 논의되었으나 병의원 내 의료기기(의료장비) 접근성에 대한 논의가 추가되어야 한다고 제안하였다. 둘째, 추진 내용은 제안되었으나 재원을 어떻게 마련할 것인가의 논의는 부재하다며 이에 대한 구체적 계획이 제시되어야 한다고 하였다. 셋째, 의료서비스 이용에 대한 지원뿐 아니라 예방적 차원에서의 건강권 보장에 대한 논의와 내용이 추가되어야 한다고 제안하였다. 넷째, 장애인의 치과 진료에 대한 접근 지원 논의가 추가로 필요하다고 하였다. 다섯째, 장애인의 정신건강 문제에 대한 사회적 관심과 지원이 필요하다는 의견이었다. 발달장애인 등의 경우 성인기가 될수록 주된 장애 이외 정신과 약을 복용하는 사례가 많으며 이는 장애인의 정신건강 문제에 대해 공개적으로 논의하고 해결방안을 모색하는 노력이 필요함을 보여준다고 하였다.

영양에 대한 논의가 이루어지지 않는다. 장애인들이 못 먹어서 아사되어 죽는 경우는 없지만, 과잉의 경우가 많다.
장애인의 운동의 부족과도 관련이 되겠지만.
자신이 얼마를 먹어야 하는지를 모르고 있고.
비장애인과 달리 운동량이 다른데...
장애인의 비만 문제가 다루어져야 한다. (장애인단체 관리자 G)

건강법에 대한 전달 체계에 치과가 하나의 틀에 들어갈 수 있도록 하면 좋겠다. 발달장애인의 경우 치과 문제는 섭식과 연결되는 중요한 문제이다. (장애인 단체 관리자 D)

지적발달장애인들 정신과 문제도 상당히 많거든요. 30,40대만 넘어가면… 장애인 건강권법이 대단히 재활의학과적 관점에서 자꾸 몰고가는 경향이 있거든요.
    아직 우리 사회에서 정신과적 문제가 있다고 하면, 장애자체 안에서도 정신과적 문제는 약간 거리를 두거든요. 장애인의 정신건강 문제를 장애인 문제로 받아들여야 하는 상황이 오지 않았나 생각합니다. (장애인 단체 관리자 D)

  이외에 법으로 인하여 생기는 반사이익이라고 할 수 있는 장애인 일자리 창출의 관점에서 장애인 건강권법은 그 효과가 미미하다는 의견이 있었다. 장애인에게 직업의 기회를 줄 수 있는 방안의 마련이 필요하다고 하였다.

    모든 법으로 인하여 생기는 반사이익, 반사효과를 고려해야 하는데 장애인 건강권법으로 인한 장애인의 직업 창출은 부족하다는 생각입니다.
    콜 센터, 안내 같은 부분은 장애인들에게 직업의 기회를 넓히는 기회가 될 수 있으며 이런 부분에 대한 검토가 이루어지면 좋겠습니다. (장애인 단체 관리자 G)

  마지막으로, 장애인의 의료서비스 이용 보장에 대한 사회 통합적 접근 방식이 필요하다고 하였다.

    …장애인은 별개의 사람으로 장애인에게는 예산이 많이 투입되어야 한다. 그러면서 장애인에 대한 인식을 개선시켜야 한다는 것은 (장애인을) 보물섬의 애꾸눈 선장처럼 이상한 사람으로 만들어 놓으면서 인식을 개

선해야 한다고 이야기하는 것과 같아요. (여성 장애인단체 관리자 A)

각각의 지역사회에서 내가 가고 싶은 병원에 내가 살고 있는 동네에서 이 병원을 가고 싶은데, 갈 수가 없어. 왜냐하면, 내가 가지고 있는 장애에 대해서 이해를 못하고 있는 의료진들이 너무나 많고, 내가 병원에 가서 진료를 받는다고 하더라도, 목발을 짚고 있거나, 시각장애를 가지고 있거나, 농아인이거나, 휠체어를 타거나에 맞는 시스템이 만들어져 있지 않기 때문에.

큰 컨트롤 타워를 통해서 중앙에서 모든 걸 모아서 하겠다는 생각은 진정한 사회 통합이 아니라고 생각해요. (여성 장애인단체 관리자 B)

제4절 소결

1. 장애인과 비장애인 건강 격차

가. 장애인과 비장애인의 건강 수준

장애 인구의 경우 비장애인에 비해 양호한 건강 인지율은 낮고 만성질환 이환율은 높았다. 연령이 증가할수록 장애인과 비장애인의 양호한 건강 인지율 수준은 낮아졌으며, 만성질환 이환율은 높아지는 경향을 보였다.

나. 장애인과 비장애인의 정신건강

장애인은 비장애인에 비해 우울증상 경험률, 자살 생각률, 약물 복용률이 높았다. 장애인의 경우 40대에서 정신건강 위험 수준이 가장 높았으며, 비장애 인구는 연령이 증가할수록 정신건강 위험 수준이 완만하게 높아지는 경향을 보였다. 40대 장애 인구의 차별적 정신건강 증진 전략이 요구된다.

다. 장애인과 비장애인의 의료서비스 이용

1) 장애인과 비장애인의 의료서비스 이용

장애인의 경우 비장애인에 비해 입원율과 응급의료율이 높았으나 외래이용율의 차이는 통계적으로 유의하지 않았다. 장애인의 입원율은 50대까지 증가하다가 이후 유지되는 경향을 보였다.
장애인은 비장애인보다 높은 개인 지출 의료비를 부담하는 것으로 나타났다. 장애인은 비장애인에 비해 미충족 치료율과 치과 치료 제한율이 높았는데, 장애인의 미충족 치료율은 40대와 50대에서 가장 높았고, 장애인의 치과 치료 제한율은 50대까지 큰 폭으로 증가하였으나 이후 유지하는 경향을 보였다.

2) 장애인과 비장애인의 건강 행태

장애인과 비장애인의 현재 흡연율, 위험 음주율, 격렬한 신체활동 실천율, 중등도 신체활동 실천율, 비만율의 차이는 통계적으로 유의하지 않았다. 비장애인과 장애인 간에 유의한 차이가 나타난 영역은 걷기 실천율이었다. 즉 장애인의 경우 비장애인에 비해 걷기 실천율이 낮은 결과를 보였다.

이상에서 장애인과 비장애인의 건강 격차를 분석한 결과를 〈표 3-59〉에 요약하였다. 구체적으로 결과 요약, 격차 수준, 연령에 따른 경향, 격차가 큰 연령대로 내용을 구성하여 제시하였다.

〈표 3-59〉 장애인과 비장애인의 연령에 따른 건강 격차 분석 결과

건강 지표	결과 요약	절대격차 (a-b)	상대격차 (a/b)	연령 경향 장애	연령 경향 비장애	격차 큰 연령
양호한 건강 인지율	비장애인+	11.6	1.4	↘	↘	19~29세
만성질환	장애인+	8.2	1.1	↗	↗	30대
우울증상	장애인+	6.1	1.8	∩	↗	40대, 50대
자살 생각	장애인+	4.4	1.8	∩	↗	40대, 50대
약물복용	장애인+	4.0	2.0	∧∨	↗	40대, 50대
외래이용	차이 없음	-	-	U	↗	19~29(장애인↑)
입원율	장애인+	6.1	1.5	↗→	↗	50대
응급의료	장애인+	6.6	1.8	∧∨	↗	40대, 30대
의료비	장애인+		1.27	∨∧	↗	19~29세, 60대
미충족 치료	장애인+	3.2	1.2	∩	↗	50대, 40대
치과 치료 제한	장애인+	5.1	1.3	↗→	↗	50대, 40대
현재 흡연	차이 없음	-	-	∩	∩	40대(장애인↑)
위험 음주	차이 없음	-	-	↘	∩	19~29 (비장애인↑)
격렬 신체활동	차이 없음	-	-	∨∧	∨∧	19~29 (비장애인↑)
중등 신체활동	차이 없음	-	-	∧∧	∩	40대(장애인↑)
걷기 실천율	비장애인+	4.3	1.1		∨∧	60, 70대
비만율	차이 없음	-	-	∩	∩	19~29, 40대 (장애인↑)

주: 1) 결과 요약 - A의 건강 지표가 B에 비해 통계적으로 유의미하게 높은 경우 (A+)로 표시.
　　2) 연령 경향 - ↗ 나이 들수록 높아짐, ↘ 나이 들수록 낮아짐, ∩ 연령이 어릴 때 낮다가 중장년일 때 높아져서 고령일 때 다시 낮아짐.

2. 장애인과 비장애인의 성별, 교육 수준별, 소득 수준별 건강 격차

가. 장애인과 비장애인의 성별, 교육 수준별, 소득 수준별 건강 수준

장애인과 비장애인 모두 남자인 경우, 고학력인 경우 양호한 건강 인지율이 높았다. 성별과 교육 수준에 따른 격차는 장애인이 비장애인보다 더 컸다. 만성질환 이환율의 경우 장애인과 비장애인 모두 여자가 높았으며, 저학력인 경우 높았다. 그러나 장애인의 경우 교육 수준에 따른 차이는 유의하지 않았다. 성별 및 교육 수준에 따른 만성질환 이환율 격차는 비장애인이 더 컸다.

장애인과 비장애인 모두 고소득층일수록 양호한 건강 인지율은 증가하고, 만성질환 이환율은 감소하는 경향을 보였다. 양호한 건강 인지율은 장애인의 경우 소득 수준에 따른 격차가 더 컸으며, 만성질환 이환율은 비장애인의 경우 더 크게 나타났다.

결과적으로 여성 장애인, 저학력 장애인, 저소득층 장애인의 건강증진 정책이 요구된다.

나. 장애인과 비장애인의 성별, 교육 수준별, 소득 수준별 정신건강

장애인과 비장애인 모두 여자가 남자보다 우울증상 경험률이 높았다. 비장애인은 저학력의 우울증상 경험률이 더 높았으나 장애인의 경우 통계적으로 유의한 차이가 관찰되지 않았다. 성별에 따른 격차는 장애인이 더 컸으며, 교육 수준에 따른 격차는 비장애인이 더 컸다.

장애인의 경우 여자의 자살 생각률이 더 높았다. 비장애인의 성별에 따른 자살 생각률 차이는 통계적으로 유의하지 않았다. 교육 수준의 경우 비장애인은 중학교 이하가 자살 생각률이 높았으나, 장애인의 자살 생각률의 차이는 통계적으로 유의하지 않았다. 즉 장애인의 경우 성별에 따른 정신건강 격차가 컸으며, 비장애인의 경우 교육 수준에 따른 정신건강 격차가 더 컸다.

장애인과 비장애인 모두 고소득층으로 갈수록 우울증상 경험률이 낮아지고, 자살 생각률이 감소하는 경향을 보였다. 즉 소득 수준에 따른 정신건강 격차는 비장애인에게서 더 크게 컸다.

이상의 결과를 고려할 때, 여성 장애인과 저소득층 장애인을 위한 차별적 정신건강 증진전략이 필요함을 알 수 있다.

다. 장애인과 비장애인의 성별, 교육 수준별, 소득 수준별 의료서비스

장애인과 비장애인 모두 여자가 남자에 비해 미충족 치료율이 높았다. 장애인과 비장애인 모두 저학력인 경우 미충족 치료율이 높았다. 성별에 따른 미충족 치료율 격차는 장애인이 더 컸으며, 교육 수준에 따른 격차는 비장애인이 더 컸다.

성별에 따른 치과 치료 제한율의 차이는 통계적으로 유의하지 않았다. 교육 수준의 경우 장애인과 비장애인 모두 저학력인 경우 치과 치료 제한율이 높았다.

장애인과 비장애인 모두 저소득층일수록 미충족 치료율과 치과 치료 제한율이 높아지는 경향을 보였다. 미충족 치료율과 치과 치료 제한율의 경우 장애인의 소득 수준에 따른 격차가 상대적으로 컸다.

즉 장애인 건강 정책의 경우 여성 장애인의 미충족 치료율 증진 방안, 저학력 장애인 치과 치료 제한율 개선 방안, 저소득 장애인을 위한 의료비 지원 방안에 대한 고려가 필요하다.

라. 장애인과 비장애인의 성별, 교육 수준별, 소득 수준별 현재 흡연율 및 위험 음주율

장애인과 비장애인의 현재 흡연율을 보면, 장애인과 비장애인 모두 남자인 경우, 고학력인 경우 현재 흡연율이 높았다. 성별 및 교육 수준에 따른 현재 흡연율 격차는 비장애인이 더 컸다.

장애인과 비장애인 모두 남자인 경우, 고학력인 경우 위험 음주율이 높았다. 성별 및 교육 수준에 따른 위험 음주율 격차는 비장애인이 더 컸다.

장애인의 경우 소득이 높을수록 흡연율이 높았으나, 비장애인의 경우 소득이 높을수록 흡연율이 낮은 경향을 보였다. 장애인의 경우 일반적인 연구 경향과 차이가 있다. 특히 국민건강통계(2015)와 상이한 결과를 보였다. 장애인 흡연율 관련 연구가 제한적이어서 구체적 고찰에 한계가 있으며 향후 후속 연구를 통한 검토가 필요하다.

위험 음주율의 경우, 장애인과 비장애인 모두 소득이 높을수록 높아지는 경향을 보였다. 국민건강통계(2015)에 의하면 소득이 높을수록 위험 음주율이 감소하는 것으로 나타난 것을 감안하면 상이한 결과이다. 비장애인의 경우 4분위까지는 위험 음주율이 높아졌으나 5분위에서 낮아지는 결과를 보였다. 향후 장애인 건강 행태 관련 지속적인 데이터 구축을 통한 심층적인 분석 및 검토가 필요하다.

이상에서 제시한 장애인과 비장애인의 성별, 교육 수준, 소득에 따른 건강 격차 분석 결과를 〈표 3-60〉에 요약·제시하였다.

〈표 3-60〉 장애인과 비장애인의 성별, 교육 수준, 소득에 따른 건강 격차 분석 결과

건강 지표	성별 격차			교육 수준			소득	
	비장애	장애	격차 큰 집단	비장애	장애	격차 큰 집단	결과	격차 큰 집단
양호한 건강 인지율	남자+	남자+	장애	고학력+	고학력+	장애	고소득+	장애
만성 질환	여자+	여자+	비장애	저학력+	×	비장애	저소득+	비장애
우울 증상	여자+	여자+	장애	저학력+	×	비장애	저소득+	비장애
자살 생각	여자+	×	장애	저학력+	×	비장애	저소득+	비장애
미충족 치료	여자+	여자+	장애	저학력+	저학력+	비장애	저소득+	장애
치과 치료제한	×	×	-	저학력+	저학력+	비장애	저소득+	장애
현재 흡연	남자+	남자+	비장애	고학력+	고학력+	비장애	고소득+(장애) 저소득+(비장애)	장애
위험 음주	남자+	남자+	비장애	고학력+	고학력+	비장애	고소득+	장애
중등 신체 활동	남자+	남자+	장애	고학력+	×	비장애	고소득+	장애
걷기	남자+	×	비장애	저학력+	×	비장애	고소득+(장애) 저소득+(비장애)	장애
비만율	남자+	여자+	장애	×	×	-	고소득+(장애) 저소득+(비장애)	장애

주: 1) 건강 지표에서 A가 B에 비해 통계적으로 유의미하게 높거나, A일수록 높은 경우 (A+)로 표시.
2) 건강 지표에서 A, B,(C) 간에 통계적으로 유의미한 차이가 없는 경우 (×)로 표시.

3. 장애인의 장애 특성별 건강 격차

가. 장애인의 장애 특성별 건강 수준

  양호한 건강 인지율이 낮은 장애 유형은 내부장애인, 정신장애인이었다. 만성질환 이환율의 경우 정신장애와 내부장애가 상대적으로 높았다. 장애 정도를 고려할 때, 중증장애인의 만성질환 이환율이 높았다. 즉 내부장애인과 정신장애인, 중증장애인의 건강 위험에 주목할 필요가 있다.

나. 장애인의 장애 특성별 정신건강

  장애인의 정신건강을 보면, 우울증상 경험률과 자살 생각률 모두 정신장애와 내부장애, 중증장애인의 위험 수준이 높은 것으로 나타났다. 즉 정신장애인과 내부장애인의 정신건강에 주목할 필요가 있다. 또한 중증장애인 중에서도 30대와 40대 장애인의 정신건강에 주목할 필요가 있다.

다. 장애인의 장애 특성별 의료서비스 이용

  지속적 진료율, 외래진료율, 입원치료율의 경우 정신장애인과 내부장애인이 상대적으로 높았으며, 중증장애인이 상대적으로 높은 결과를 보였다. 건강검진율과 구강검진율의 경우 정신장애와 발달장애, 중증장애인의 수검률이 낮은 결과를 보였다.
  의료서비스 만족률이 낮은 장애 유형은 정신장애와 감각장애였다. 의료진의 장애 이해도 평가는 감각장애와 신체외부장애가 낮았다. 즉 정신장애인과 감각장애인의 의료서비스 만족도 증진 노력과 함께 감각장애인과 신체외부장애인을 고려한 의료진 장애 이해 노력이 필요하다.

미충족 치료율의 경우 신체외부장애와 감각장애가 높았으며, 중증장애인의 미충족 치료율이 상대적으로 높았다. 치과 치료 제한율의 경우 장애 유형에 따른 차이가 통계적으로 유의하지 않았다.

라. 장애인의 장애 특성별 건강 행태

현재 흡연율의 경우 정신장애가 가장 높았으며, 경증장애인의 현재 흡연율이 상대적으로 높았다. 위험 음주율은 신체외부장애와 감각장애가 높았으며, 경증장애인이 중증장애인보다 위험 음주율이 높았다. 운동 실천율의 장애 유형에 따른 차이는 통계적으로 유의하지 않았으나, 중증장애인의 운동 실천율이 경증장애인에 비해 상대적으로 낮은 결과를 보였다. 즉 정신장애인 금연 정책 및 신체외부장애인과 감각장애인의 위험 음주율 경감 정책이 요구된다.

이상에서 제시한 장애 특성별(장애 유형, 장애 정도) 건강 격차 분석 결과를 〈표 3-61〉에 요약·제시하였다.

〈표 3-61〉 장애인의 장애 특성에 따른 건강 격차 분석 결과

건강 지표	장애 유형		장애 정도	
	위험 집단	연령별 위험 집단	위험 집단	격차 큰 집단
양호한 건강 인지율	내부, 정신-	19~29세(발달), 30대, 40대, 60대 이상(내부장애), 50대(정신), 60대 이상(내부)	중증-	19~29세 70이상
만성질환	정신, 내부+	19~30대(내부), 40대(정신) 50대 이상(내부)	중증+	40, 30대
우울증상	정신, 내부+	19~29세, 30대(내부, 정신), 40~50대(정신, 발달), 60대(발달, 정신), 70대 이상(내부, 발달)	중증+	60, 30대
자살 생각	정신, 내부+	전 연령(내부, 정신)	중증+	30, 40대

건강 지표	장애 유형		장애 정도	
	위험 집단	연령별 위험 집단	위험 집단	격차 큰 집단
자살 시도	정신, 내부+	-	중증+	30, 40대
지속적 진료	정신, 내부+	전 연령(내부, 정신)	중증+	30, 40대
외래진료율	내부, 정신+	19~29세(내부, 발달), 30~60대(내부, 정신), 70대 이상(내부, 외부, 감각)	×	19~29세 30대
입원치료율	내부, 정신+	19~50대(내부, 정신), 60대(내부, 발달), 70대 이상(정신, 내부)	중증+	50, 60대
건강검진율	정신, 발달-	40대(발달, 정신), 50~60대(정신, 발달), 70대 이상(정신, 내부)	중증-	70대
구강검진율	정신, 발달-	19~29세(내부, 정신), 30대(발달, 정신), 40~50대(정신, 발달), 60~70대(발달)	중증-	19~29(경증-) 30대(중증-)
의료만족	정신, 감각-	19~29세(외부), 30대(정신), 40~50대(발달), 60대(정신)	×	19~29 (경증-)
의료진 장애 이해	감각, 외부-	19~29세(내부), 30대(외부), 40대(감각), 50대(외부), 60대(발달), 70대 이상(감각)	경증-	40대, 30대
미충족 치료	외부, 감각+	19~29세(내부), 30대(정신), 40대(감각, 외부), 50대(발달, 외부), 60대(외부, 감각), 70대 이상(외부, 감각)	중증+	30대 19~29세
치과 치료 제한	×	19~29세(내부), 30대(정신, 발달), 40대(발달), 50대(내부), 60대(감각, 발달), 70대 이상(내부)	중증+	30대, 70이상
현재 흡연	정신+	19~29세(정신, 감각), 30대(감각, 외부), 40대(감각, 정신), 50~60대(정신, 발달), 70대 이상(발달, 정신)	경증+	30대
위험 음주	외부, 감각+	19~29세(감각), 30대(외부), 40대(감각, 외부), 50대(외부), 60대(정신), 70대 이상(정신, 발달)	경증+	30대
운동 실천율	×	19~29세(내부), 30대(외부), 40대(감각), 50대, 60대, 70대 이상(발달)	중증-	70이상

주: 1) 건강 지표가 A,B 장애 유형이 특히 높은 경우 (A,B+), A,B 장애 유형이 특히 낮은 경우 (A,B-)로 표시.
2) 중증장애인의 건강 지표가 경증장애인에 비해 높으면 (중증+), 중증장애인의 건강 지표가 경증장애인에 비해 낮으면 (중증-)로 표시.

4. 장애인의 건강권에 대한 욕구(FGI)

가. 장애인의 건강권 보장

장애인의 건강권 보장에 대한 논의는 의료서비스 이용에 한정하여 이루어지기보다 장애인이 처한 지역사회 환경, 보조기기의 활용 등을 포함하여 통합적으로 이루어져야 한다. 이는 장애인이 지역사회 안에서 다양한 연계점을 통해 신체와 정신을 건강하게 관리할 수 있는 기회를 가지도록 환경을 조성하는 것이 장애인 건강권 논의의 기반이라는 의견과 상통한다. 이를 위해서는 의료서비스 이용을 지원하고 우수한 공급자를 유인할 수 있는 인센티브의 제공(장애인 진료 및 검진에 대한 수가 상향 조정)과 함께 장애인이 체감할 수 있는 밀착형 지원의 확대가 필요하다.

한 지자체에서 실시하고 있는 장애인 건강 지원 시범 사업의 경우 지역사회에서 건강을 지킬 수 있는 환경을 조성(장애인 건강을 위한 코디네이터를 통해 영양 섭식 지도, 건강관리 운동 지원, 병의원 이용이 필요할 경우 적절한 정보 제공 등)하여 병의원 이용 가능성을 낮추는 프레임으로 접근하고 있어 포괄적인 접근이라는 의견이 있었다.

나. 보건의료서비스 이용에서의 '장애' 경험

장애인이 의료서비스 이용 시 겪는 '장애' 경험은 다음과 같다. 첫째, 병의원에서 의료 행위, 검사 등을 하는 과정에서 장애를 고려하지 않은 시설, 의료장비 등을 사용하여 접근성이 낮아지는 경우이다. 둘째, 의료기관 종사자들의 장애 인식에 대한 것으로 심리적 접근성의 문제이다. 장애인을 불완전한 존재로 인식하는 태도, 유형별 장애에 대한 이해가 부족한 경우 등이다. 셋째, 의사소통의 문제로 인한 낮은 접근성의 문제이다. 시각, 청각, 언어장애, 발달장애, 고령 장애인의 경우 의료서비스 이용에서 의료진과의 의사소통에 어려움을 경험한다. 넷째, 타인의 지원이 불가피할 경우 의료서비스 이용 내용 및 과정이 사적인 영역임을 고려하지 않고 지원된다면 오히려 거부감이 높아진다는 의견이 있었다. 다섯째, 의료기관시설 이용을 위한 이동 편의 지원이 이동장애가 있는 경우를 중심으로 논의되고 있지만 신장장애도 투석 전후 병의원 이용을 위한 이동 지원을 필요로 하는 만큼 내부신체장애인을 포함한 논의가 필요하다고 하였다. 마지막으로 직장생활을 하는 중증장애인 등 장애뿐 아니라 개인이 처한 상황이 장애와 복합적으로 작용하여 건강관리와 의료서비스 이용에 장해물이 된다는 의견이 있었다.

다. 「장애인 건강권법」에 대한 논의

「장애인 건강권법」에서 제시하고 있는 제도 등에 대한 의견을 제시하였다. 첫째, 장애인 주치의 제도에 대해서는 장애인의 선택권을 보장하는 방향에 반하는 것이 아닌가라는 의견, 의료서비스 이용 시스템이 유럽 등과 다른데 실효성 있는 제도로 정착할 수 있을 것인가에 대한 의문을 제시하였다. 둘째, 장애인 검진기관 지정에서, '장애인과의 소통과 이동 편의 지원을 위해 필요한 인력'을 지정하도록 하고 있는데 이 인력의 자격조건을 제시하고 있지 않아 적절한 장애 지원 인력이 병의원에 배치될 수 있는가에 대한 우려가 있었다. 셋째, 실효성 있는 의사소통 지원 방법으로 인터넷 등 정보통신을 이용한 수화통역 지원서비스, 병의원에 의사소통 보조기기(그림카드, 관련 앱 등)의 상시 비치와 이용 교육 지원을 제안하였다. 넷째, 병의원 이용을 위한 이동 지원에 대해서 장애인 이동 특별차량을 이용하도록 되어 있으나, 증차를 위한 예산 확대 등 논의가 같이 이루어져야 한다고 하였다. 아울러 와상 장애인을 위한 구급차 이용 지원, 산간어촌 지역 장애인을 위한 이동 검진차량 운행 확대 등을 제안하였다. 다섯째, 재활체육과 운동에 대해서는 이용 절차 중 '의사 처방에 의한' 과정이 있음으로 인한 운영의 경직성을 우려하였고, 장애인 재활체육 영역에서의 인력 양성을 위한 별도의 교육 과정, 자격증 시스템의 제도화를 제안하였다. 아울러 발달장애, 신체내부장애인의 욕구를 포함한 논의가 필요하다고 하였다. 여섯째, 의료진에 대한 장애 인식 교육에 대해서는 환영하였으며 교육 교재(매뉴얼) 제작 및 교육 방식에 대한 지속적인 모니터링이 필요하다는 의견이 있었다.

라. 개선을 위한 제안

「장애인 건강권법」의 개선을 위한 제언으로 첫째, 의료시설에서는 의료장비(의료기기)의 편의 증진에 대한 논의가 포함되어야 하며, 의료서비스에서는 치과 진료, 정신건강에 대한 지원 논의가 포함되어야 한다. 둘째, 예방적 차원에서의 건강권 보장에 대한 내용이 추가되어야 하며, 셋째 예산 확대 등 추진 과정에 대한 논의가 필요하다. 마지막으로 사회 통합적 접근 방식으로 장애인의 의료서비스 보장에 대한 논의가 이루어져야 한다. 장애인을 분리하여 지원할 대상으로만 보는 시각에서 벗어나 의료 취약 집단에 대한 보편적 지원과 장애 특성에 맞는 개별화, 맞춤 지원 방식의 적절한 조합이 필요함을 제안하였다.

# 제4장 장애인 건강 관련 법·제도

제1절 장애인 건강 관련 법·제도
제2절 장애인 건강권법의 의미 및 추진 방향
제3절 공공보건의료 분야의 장애인 건강 관련 사업

4 장애인 건강 관련 법·제도

　장애인을 대상으로 하는 보건과 복지 영역에서의 건강 관련 법·제도 현황을 파악하고 현 제도가 장애인의 건강증진을 위한 사업들을 시행함에 있어 가지고 있는 문제점을 파악하여 개선 방안을 도출하고자 하였다. 관련 법으로 보건의료기본법, 장애인복지법, 장애인 차별 금지 및 권리구제 등에 관한 법률, 장애인 건강권 및 의료접근성 보장에 관한 법률을 검토하였고, 장애인 대상 건강 관련 제도로는 국민건강증진종합계획, 장애인정책종합계획, 장애인 인권증진 중장기 계획을 검토하였으며 관련 법·제도의 검토를 통해 문제점 및 개선 방안을 제시하였다. 그리고 2015년 제정된 장애인 건강권법의 발전적 시행을 위해 그 의미와 주요 사업, 장애인 건강권법 도입에 따른 쟁점을 파악하고 향후 추진 방향을 제시하였다. 더불어 건강 취약계층인 장애인의 건강증진을 위해 현재 시행 중에 있는 공공보건의료 분야에서의 장애인 건강 관련 법·제도 및 사업 현황을 검토하고 개선 방안도 제시하였다.

제1절 장애인 건강 관련 법·제도

1. 장애인 건강 관련 법·제도 현황

가. 장애인 건강 관련 법

1) 보건의료기본법

「보건의료기본법」은 2000년 1월 12일 제정되어, 동년 7월 13일부터 시행된 기본법이다. 이 법은 보건의료 수요의 변화에 대응하여 국민의 건강권을 보장하고, 보건의료법령 간의 체계성·연계성을 더하여 여러 보건의료법을 아우르는 모법으로서의 기능을 수행하고 있다. 또한 각 부처의 보건의료 기능에 대한 종합·조정 기능을 강화하여 종합적이고 체계적인 보건의료 정책의 수립·시행 체계를 마련함으로써 보건의료제도의 효율적인 운영과 국민보건의 향상을 도모하기 위해 제정되었다.

「보건의료기본법」에서는 보건의료에 관한 국민의 권리를 규정하고 보건의료 발전 계획의 수립 및 보건의료정책심의위원회의 설치에 관하여 규정하고 있으며, 공공보건의료기관과 민간의료기관의 역할 분담과 이를 위한 국가의 지원을 규정하고 있다. 또한 국민의 생애주기별 건강상 특성과 주요 건강 위험 요인을 고려한 평생국민건강관리 체계 구축을 규정하고 건강을 위해 원인 제공자에 대한 비용부담을 규정하고 있다. 「보건의료기본법」의 제34조(장애인의 건강증진), 제45조(취약계층 등에 대한 보건의료서비스 제공)의 정의에 장애인의 건강 관련 주요 사항이 다음과 같이 규정되어 있다(〈표 4-1〉 참조).

〈표 4-1〉「보건의료기본법」에서의 장애인 건강 관련 주요 조항

> 제34조(장애인의 건강 증진)
> 　국가와 지방자치단체는 선천적·후천적 장애가 발생하는 것을 예방하고 장애인의 치료와 재활이 이루어질 수 있도록 하는 등 장애인의 건강을 보호·증진하기 위하여 필요한 시책을 강구하여야 한다.

제45조(취약계층 등에 대한 보건의료서비스 제공)
　① 국가와 지방자치단체는 노인·장애인 등 보건의료 취약계층에 대하여 적절한 보건의료서비스를 제공하기 위하여 필요한 시책을 수립·시행하여야 한다.

　2) 장애인복지법

　「장애인복지법」은 1981년 심신장애인복지법으로 제정된 이래 1989년 12월 30일 명칭을 「장애인복지법」으로 변경하면서 동시에 전면 개정을 실시하였다. 「장애인복지법」은 장애인의 대상 즉 장애 범주를 확대하면서 장애인의 실질적 권리보장에 대한 내용을 보완하였으며, 장애인의 인권 보장과 재활·복지에 대한 기본법이자 일반법으로서의 의미를 갖고 있다. 따라서 「장애인복지법」 제1조에서는 '국가와 지방자치단체 등의 책임과 장애인복지대책의 종합적인 추진 및 장애인의 생활안정 등을 통하여 장애인의 복지 증진 및 사회활동 참여를 증진함'을 목적으로 하고 있다. 「장애인복지법」상 건강 관련 내용은 제17조(장애발생 예방)와 제18조(의료와 재활치료)로 그 내용은 매우 한정적이다. 제17조와 제18조의 주요 내용은 다음과 같다(〈표 4-2〉 참조).

〈표 4-2〉「장애인복지법」에서의 장애인 건강 관련 주요 조항

제17조(장애발생 예방) ① 국가와 지방자치단체는 장애의 발생 원인과 예방에 관한 조사 연구를 촉진하여야 하며, 모자보건사업의 강화, 장애의 원인이 되는 질병의 조기 발견과 조기치료, 그 밖에 필요한 정책을 강구하여야 한다. ② 국가와 지방자치단체는 교통사고·산업재해·약물중독 및 환경오염 등에 의한 장애발생을 예방하기 위하여 필요한 조치를 강구하여야 한다. 제18조(의료와 재활치료) 국가와 지방자치단체는 장애인이 생활기능을 익히거나 되찾을 수 있도록 필요한 기능치료와 심리치료 등 재활의료를 제공하고 장애인의 장애를 보완할 수 있는 장애인보조기구를 제공하는 등 필요한 정책을 강구하여야 한다.

3) 장애인 차별금지 및 권리구제 등에 관한 법률

「장애인 차별금지 및 권리구제 등에 관한 법률」은 2007년 4월 10일에 제정되었으며, 2008년 4월 11일부터 시행되었다. 이 법은 모든 생활 영역에서 장애를 이유로 한 차별을 금지하고 장애를 이유로 차별받은 사람의 권익을 효과적으로 구제함으로써 장애인의 완전한 사회 참여와 평등권 실현을 통하여 인간으로서의 존엄과 가치를 구현함을 목적으로 하고 있다.「장애인 차별금지 및 권리구제 등에 관한 법률」의 제3조(건강권 정의)와 제31조(건강권에서의 차별 금지) 정의에 장애인 건강 관련 내용이 제시되어 있는데, 그 주요 내용은 〈표 4-3〉에 다음과 같이 규정되어 있다.

〈표 4-3〉「장애인 차별금지 및 권리구제 등에 관한 법률」에서의 장애인 건강 관련 주요 조항

제3조(건강권 정의)
 18호. "건강권"이라 함은 보건교육, 장애로 인한 후유장애와 질병 예방 및 치료, 영양개선 및 건강생활의 실천 등에 관한 제반 여건의 조성을 통하여 건강한 생활을 할 권리를 말하며, 의료 받을 권리를 포함한다.

제31조(건강권에서의 차별금지)
 ① 의료기관 등 및 의료인 등은 장애인에 대한 의료행위에 있어서 장애인을 제한·배제·분리·거부하여서는 아니 된다.
 ② 의료기관 등 및 의료인 등은 장애인의 의료행위와 의학연구 등에 있어 장애인의 성별, 장애의 유형 및 정도, 특성 등을 적극적으로 고려하여야 하며, 의료행위에 있어서는 장애인의 성별 등에 적합한 의료정보 등의 필요한 사항을 장애인 등에게 제공하여야 한다.
 ③ 공공기관은 건강과 관련한 교육 과정을 시행함에 있어서 필요하다고 판단될 경우 장애인의 성별 등을 반영하는 내용을 포함하여야 한다.
 ④ 국가 및 지방자치단체는 선천적·후천적 장애 발생의 예방 및 치료 등을 위하여 필요한 시책을 추진하여야 하며, 보건·의료 시책의 결정과 집행과정에서 장애인의 성별 등을 고려하여야 한다.

4) 장애인 건강권 및 의료접근성 보장에 관한 법률

「장애인 건강권 및 의료접근성 보장에 관한 법률」(이하 장애인 건강권법)은 2015년 12월에 제정되었고 2017년 12월 시행예정이다. 「장애인 건강권법」에서는 장애인의 건강권 보장을 위한 지원, 장애인 보건관리 체계 확립 및 의료접근성 보장에 관한 사항을 규정하여 장애인의 건강증진에 이바지하고자 함을 목적으로 하고 있다.

「장애인 건강권법」은 총 6장 28조로 구성되어 있는데, 구체적으로 장

애인 건강보건관리 종합계획의 수립, 장애인 건강보건관리사업(건강검진, 건강관리, 방문 진료, 연구, 통계, 정보, 교육, 재활운동 및 체육, 건강주치의), 장애인 건강보건관리 전달 체계(재활의료기관 지정, 중앙장애인보건의료센터, 지역장애인보건의료센터) 등으로 구성되어 있다.

나. 장애인 건강 관련 제도

1) 국민건강증진종합계획(Health Plan 2020)

장애인의 건강에 대한 관심과 요구가 반영되어 정부는 「국민건강증진법」을 근거로 제3차 국민건강증진종합계획(2011~2020)에, 6개 영역 중 '인구집단 건강관리' 분야에, 32개 중점과제 중 '장애인 건강'이 처음으로 포함되었다. 장애인의 건강을 증진하고, 장애로 인한 2차적인 질환이나 장애를 예방하며, 장애인의 의료 이용의 불평등을 해소하여 장애인의 삶의 질 향상을 도모하는 데 주요 목표를 두고 있다. 장애인 건강증진 및 삶의 질 향상을 위한 기반 마련으로 장애인 건강검진 수검률, 장애인 비만 유병률, 1차 의료기관 의료비 보장률, 보장구 건강보험 급여율, 거점 보건소 비율, 재가장애인 서비스 수혜율, 장애인 삶의 만족도에 대한 7가지 목표를 제시하고 있다(보건복지부, 2011).

2) 장애인정책종합계획

장애인정책종합계획은 장애인복지법 제10조2의 '보건복지부장관은 장애인의 권익과 복지 증진을 위하여 관계 중앙행정기관의 장과 협의하여 5년마다 장애인정책종합계획을 수립·시행함'을 법적 근거로 한 범정부 차원의 정책으로 정부 각 부처별로 시행 중이던 장애인복지사업을 총 망라하여 수립·추진하였다. 제1차 장애인정책종합계획('98~'02)을 시작으로, 제2차('03~'07), 제3차('08~'12) 장애인정책종합계획이 진행되었으며 현재는 제4차 장애인정책종합계획('13~'17)을 수행 중이다.

현재 제4차 장애인정책종합계획은 '장애인과 비장애인이 더불어 행복한 사회'를 비전으로 하여 4대 분야 19대 중점 과제와 71개의 세부 정책 과제로 구성되어 있다. 4대 분야는 1. 장애인 복지·건강서비스 확대, 2. 장애인 생애주기별 교육 강화 및 문화·체육 향유 확대, 3. 장애인 경제 자립기반 강화, 4. 장애인의 사회참여 및 권익증진으로 구성되어 있다. 특히, 장애인 복지·건강서비스 확대 분야는 장애인 건강증진을 위한 과제로 '장애발생 예방 및 의료재활 강화'가 중점과제로 선정되어 있으며, '장애인 건강향상을 위한 기반 마련'을 위한 추진 과제가 수립되어 있다. 이에 대한 성과 목표 및 세부 계획으로 장애인 건강기능 지표개발 및 적용, 장애인 건강 모니터링 체계 구축, 국가 단위의 장애인 보건통계 생산, 장애인 건강증진 프로그램 개발, 건강관리 서비스 접근성 강화 등이 포함되어 있다(보건복지부, 2012).

3) 장애인 인권증진 중장기 계획

2012년 11월 국가인권위원회는 장애인의 기본적 인권을 보장하고 새롭게 제기되는 장애인의 인권적 요구에 부응하기 위하여 '2013~2017 장애인 인권증진 중장기 계획'을 수립하고, 이를 기초로 장애인 인권증진 정책을 마련해 시행할 것을 권고하고 있다. 또한 이 계획은 종합적이고 체계적인 국가 장애인 인권정책의 청사진으로 법령·제도·정책의 개선 등 범정부 차원에서 시행되어야 할 내용들을 제시하고 있다. '평등한 사회

참여를 통한 장애인의 기본적 인권보장'이라는 비전 아래, 평등한 참여를 위한 기반구축, 적절한 삶의 향유를 위한 기본권 보장, 차별 시정 및 예방 강화, 다중적 차별을 겪고 있는 장애인을 위한 사회적 기반 구축 등 4대 전략 목표를 수립하였으며, 이러한 전략 목표를 중심으로 21개의 추진 목표와 57개의 주요 추진 과제를 마련하였다.

'적절한 삶의 향유를 위한 기본권 보장'이라는 전략 목표 아래, 적절한 생활수준의 보장, 일할 수 있는 기회 및 권리 보장, 기본적인 교육권 및 교육 기회의 보장, 차별 없이 건강을 향유할 권리 보장, 개인의 이동권 보장, 자기결정권 보장 등 7개의 추진 목표가 수립되었으며, 장애인의 건강권도 하나의 추진 목표로 포함하고 있다. 장애인의 건강권을 다룬 '차별 없이 건강을 향유할 권리 보장'이라는 추진 목표에는 장애인 건강통계 구축, 의료보장성 강화, 장애인 진료를 위한 거점 공공의료기관 설립 확대, 장애인 보조기구 지원 확대 및 관리 체계 구축 등의 내용이 포함되어 있다(국가인권위원회, 2012).

2. 장애인 건강 관련 법·제도의 문제점 및 개선 방안

첫째, 장애인 건강권법 제정 이전의 장애인 건강 관련법으로는 「보건의료기본법」, 「장애인복지법」, 「장애인 차별금지 및 권리구제 등에 관한 법률」이 있으며, 이러한 개별법들은 각각의 입법 목적이나 중점 규정 대상이 달라 각 기관과 주체 간의 협조와 공조가 어려우며, 법적 시행이 어렵거나 관련법들 간의 중복 등의 한계를 지니고 있었다. 이러한 문제점을 해결하기 위한 방안으로 개별 법과는 별도로 장애인 건강과 관련된 독립적인 통합법 제정에 대한 필요성이 있으나, 장애인의 건강 문제는 여러 요인들이 복합적이고 다층적으로 결합하여 나타나는 것이므로 통합법을 제안하기보다는 통합법 역할을 수행할 수 있는 「장애인 건강권법」을 보강하여 장애인의 건강에 대한 통합법으로서의 역할을 수행할 수 있도록 해야 할 것이다.

둘째, 현재까지 국민의 건강증진을 위한 다양한 법률이 존재하고 있고 이에 근거하여 많은 국가적 사업이 수행되고 있으며, 여기에는 국민건강증진기금을 포함한 국가 예산 지원도 포함되어 있다. 그러나 현재까지의 법률에는 예산 지원 방안이 권고 수준에 불과하며, 특히 국민의 건강증진을 목적으로 하는 국민건강증진기금에 지역사회 장애인의 건강증진을 위한 사업 및 예산이 포함되어 있지 않은 실정이다. 따라서 장애인 대상 사업 및 예산에 대한 지원 근거 조항을 법률로써 규정하고 이를 근거로 장애인 건강증진 사업에 소요되는 비용의 지원 근거 조항 규정을 강화하여야 할 것이다. 그러나 모든 사업 및 예산을 반드시 법률에 근거를 두도록 한다면 사업의 융통성과 시의 적절한 대응성이 떨어질 수 있으므로 법률로서 규정되지 않은 영역은 정부 해당 부처가 자율로서 예산 편성한 후 사후 국회 승인을 얻는 방안도 고려될 수 있을 것이다.

셋째, 장애인 건강 관련 서비스와 관련한 법적 규정에서 국가 및 사회가 제공하는 부분 중 임의규정 부분을 의무규정으로 전환하여 법적용에 대한 실효성을 높여야 할 것이다. 또한 지역사회에서 장애인의 건강 문제를 해결하기 위하여 가정을 포함한 포괄적인 접근방안과 자원이 필요하며, 지역사회 관련 시스템 부족을 해결하기 위한 관련 법 규정을 개선해야 할 것이다.

장애인 건강권 문제의 사회적 심각성에 비추었을 때 장애인 대부분이 장애로 인한 다양한 질환을 앓고 있다는 보고에 비하여 법·제도적 현황은 추상적이고 구속력이 없으며, 실질적인 지원 체계가 구비되지 못한 채 주변부에 머물러 있다. 이런 측면에서 장애인의 건강과 관련된 법·제도를 정비하는 노력은 매우 중요하다.

제2절 장애인 건강권법의 의미 및 추진 방향

1. 도입 배경 및 의미

가. 장애인 건강보건 증진의 필요성

　장애인은 2차 장애의 발생 위험과 노화와 관련된 건강 문제에 대한 높은 취약성, 건강을 위협하는 행동의 증가, 의도치 않은 부상을 입게 될 위험 등 다양한 건강 위험 요인을 가지고 있다(호승희 등, 2013, p. 1). Healthy People 2010에서도 장애인들은 건강보험 적용, 암 진단 등의 건강관리 체계가 취약하기 때문에 비장애인에 비해 조기 사망할 가능성이 크며, 만성질환 및 2차질환 가능성이 높다고 보고하고 있으며(HHS, 2012), 우리나라 2014년 장애인실태조사에서도 장애인의 75.8%가 장애와 관련이 있거나 장애 외에 만성질환이 있음을 보고하고 있다(김성희 등, 2014, p. 221).
　2011년 WHO에서 발표한 World Report on Disability에서도 장애인은 보건의료서비스 이용에 대한 욕구가 높지만 여러 제한으로 인해 미충족 욕구도 높음을 보고하고 있다(WHO, 2011). 이는 시행되고 있는 대부분의 건강증진 활동이 장애인들을 주요 대상으로 하지 않거나 장애 특성을 고려하지 않은 경우가 많으며, 건강관리서비스를 이용하기까지 이동의 어려움, 비장애인에게 맞춰진 검진장비의 불편함 등의 신체적 차원, 의료 시스템 차원, 접근성 차원 등 여러 측면의 장벽으로 인해 건강 증진 접근성이 제한되기 때문이다. 또한 장애인은 장애 유형과 정도 등 장애 특성에 따라 2차 장애 및 동반질환 등 각기 다른 건강 문제를 가질 수 있으므로 장애인이 필요로 하는 건강 관련 서비스 또한 다르게 나타날 수 있으며, 미충족 욕구도 장애 상태, 장애 인구 집단 내의 지역, 소득계층 등에 따라 다르게 나타날 수 있다(호승희 등, 2013, p. 1).

나. 장애인의 건강 상태와 진료비 등 의료서비스 이용 현황[12]

1) 장애인 건강검진 수검률

건강검진 수검률(국민건강보험공단 2014년 건강검진 자료)을 분석한 결과, 장애인의 건강검진 수검률은 65.6%로 전체 인구 평균 수검률 74.4%에 비해 낮은 수준이었다(호승희 등, 2017, p. 211). 장애 유형별로는 신장 장애의 경우 건강검진 수검률이 42.1%, 뇌병변 장애는 46.7%, 정신 장애는 48.6%로 다른 장애 유형에 비해 검진률이 낮았으며, 장애 정도별에서는 제약이 큰 중증장애인 1급의 건강검진 수검률이 43.7%, 2급이 51.4%로 장애 정도가 심할수록 검진 수검률이 낮아지는 것으로 나타났다(호승희 등, 2017, p. 214). 이는 중증장애인이 경증장애인보다 이동상의 편의성, 의료기관 및 서비스 이용에 대한 접근성, 장애인 당사자 및 공급자 인식·정보 등에 취약하기 때문으로 추정된다.

---

12) 장애인의 건강 상태와 의료서비스 이용 현황은 국민건강보험공단의 2014년 건강검진 자료를 분석한 결과임.

[그림 4-1] 장애인과 전체 인구의 일반 건강검진 수검률(2014년)

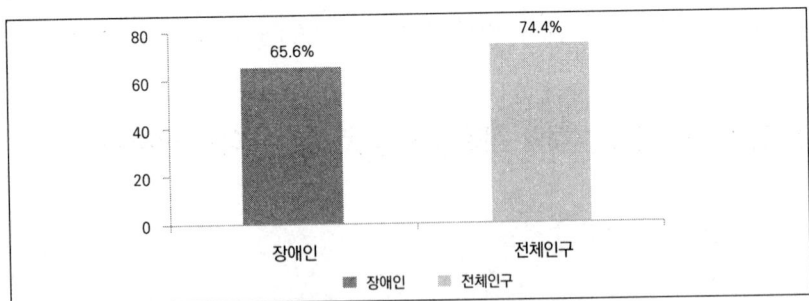

자료: 호승희 등. (2017). 2016 장애인건강관리사업. 국립재활원. p. 211.

[그림 4-2] 장애인의 장애 유형별 일반 건강검진 수검률(2014년)

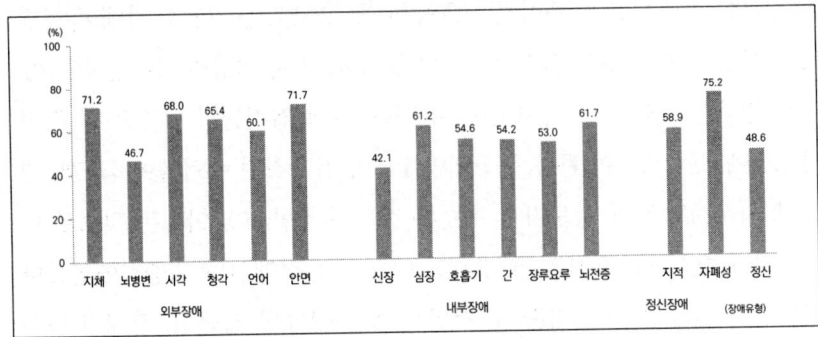

자료: 호승희 등. (2017). 2016 장애인건강관리사업. 국립재활원. p. 219.

[그림 4-3] 장애인의 장애등급별 일반 건강검진 수검률(2014년)

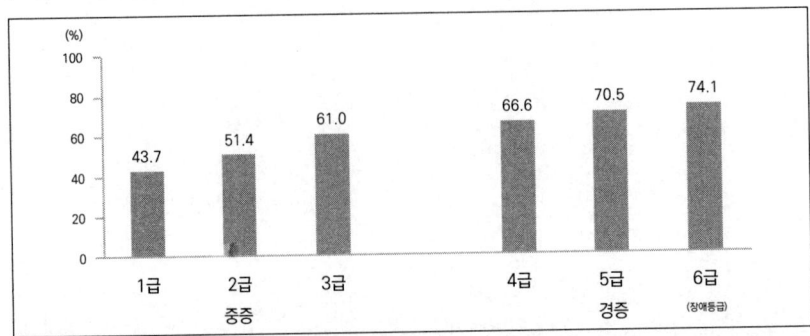

자료: 호승희 등. (2017). 2016 장애인건강관리사업. 국립재활원. p. 220.

2) 장애인 질병 양상

장애인의 질병 양상으로 대표적 만성질환인 고혈압과 당뇨의 유병률을 전체 인구과 비교했을 때(2014년 국민건강보험공단 건강검진 자료), 장애인의 고혈압 유병률이 43.6%로 같은 해 전체 인구의 고혈압 유병률 28.9%보다 높게 나타났으며(호승희 등, 2017, p. 326), 장애인의 당뇨병 유병률은 19.5%로 전체 인구 11.1%에 비해 높게 나타나 장애인이 만성질환에 취약한 계층임을 알 수 있다(호승희 등, 2017, p. 334).

[그림 4-4] 장애인과 전체 인구 고혈압 및 당뇨병 유병률(2014년)

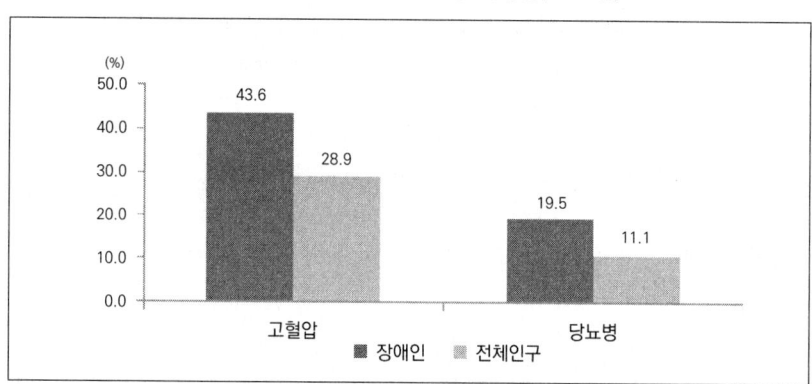

자료: 호승희 등. (2017). 2016 장애인건강관리사업. 국립재활원. pp. 326, 334.

3) 장애인 의료서비스 이용

장애인의 의료서비스 이용 현황을 살펴보면, 2014년 장애인 1인당 연평균 의료기관 외래 방문 일수는 36.1일(국민건강보험공단 적용인구 18.8일)이었고, 입원 일수는 75.3일(국민건강보험공단 적용인구 24.5일)로 외래 대비 입원 진료의 비중 역시 전체 인구에 비해 높게 나타났다. 이는 외래에서 적절한 치료를 받지 못하여 상태가 악화되었거나 외래 의료서비스의 제한으로 불가피하게 입원진료를 택하였기 때문으로 생각된다. 한편 장애 유형별로 살펴본 결과, 신장 장애의 경우 1인당 연평균 의료기관 내원일수는 149.2일, 정신 장애 138.4일, 뇌병변 장애 110.2일로 다른 장애에 비해 내원일수가 높게 나타났다(호승희 등, 2017, p. 383).

[그림 4-5] 입내원별 장애인과 전체 인구 1인당 연평균 내원일수(2014년)

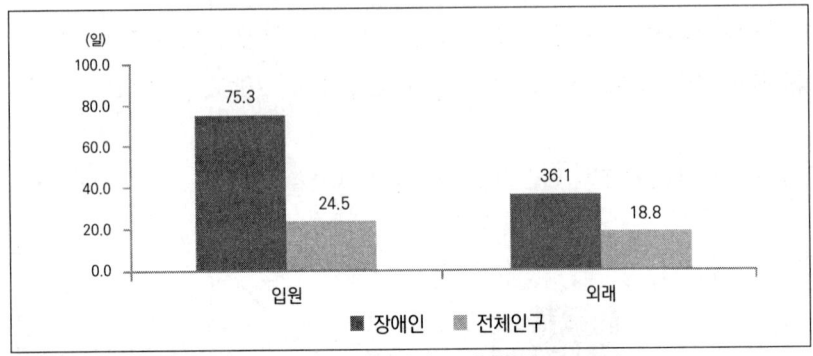

자료: 호승희 등. (2017). 2016 장애인건강관리사업. 국립재활원. p. 372.

[그림 4-6] 장애 유형별 장애인 1인당 연평균 내원일수(2014년)

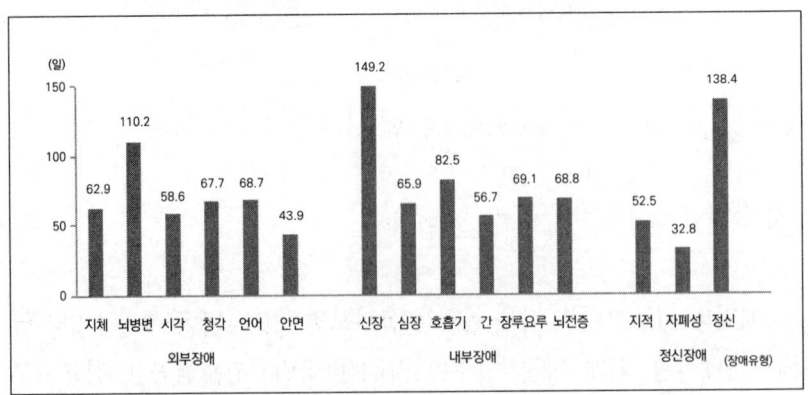

자료: 호승희 등. (2017). 2016 장애인건강관리사업. 국립재활원. p. 381.

4) 장애인 진료비

2014년 등록장애인 242만명의 총 진료비는 약 10조 6000억 원으로 2013년 9조 8000억 원에 비해 8000억 원 증가하였으며, 이는 전체 국민 진료비 60조 6000억 원의 19%를 차지하는 것으로 나타났다. 장애인 1인당 연평균 진료비는 약 438만 원으로 국민 1인당 진료비 약 125만 원에 비해 3.5배 높은 것으로 나타났다(호승희 등, 2017, p. 385). 한편 장애 유형에서 신장 장애는 1인당 연평균 진료비가 약 2528만 원, 간 장애는 약 1925만 원으로 다른 장애에 비해 진료비가 높게 나타났으며, 장애 정도별에서는 장애 정도가 심할수록 진료비가 높게 나타났다(호승희 등, 2017, p. 393).

[그림 4-7] 전체 인구 대비 장애인의 연간 총 진료비(2014년)

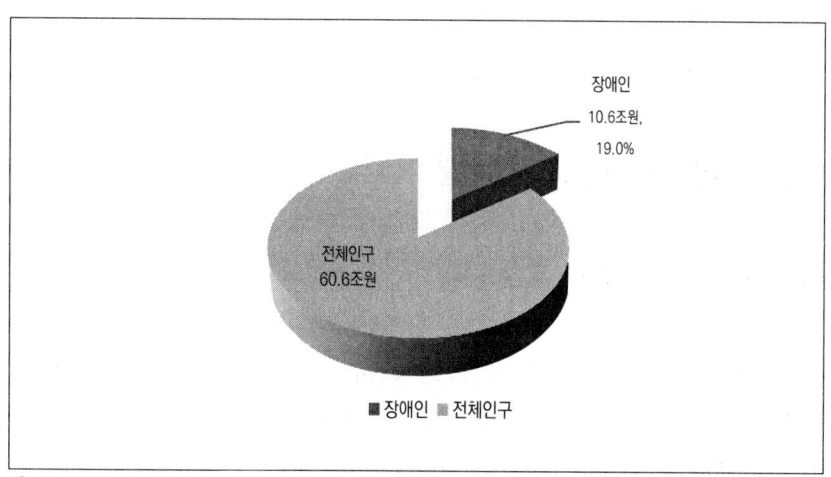

자료: 호승희 등. (2017). 2016 장애인건강관리사업. 국립재활원. p. 385.

〈표 4-4〉 장애인과 전체 인구 진료비 비교(2014년)

구분	연간 진료비(10억 원)	1인당 연평균 진료비(만 원)
장애인	10,604	438.5
전체 인구	60,604	125.1

주: 진료비는 심사결정진료비를 말하며, 약국을 제외한 입원 및 외래만 포함함.
자료: 호승희 등. (2017). 2016 장애인건강관리사업. 국립재활원. p. 385.

[그림 4-8] 장애 유형별 장애인 1인당 연평균 진료비(2014년)

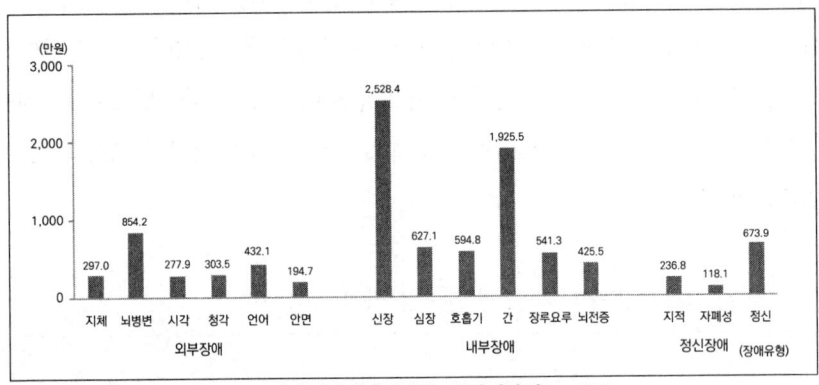

자료: 호승희 등. (2017). 2016 장애인건강관리사업. 국립재활원. p. 391.

2. 장애인 건강권법의 주요내용

가. 장애인 건강권법의 제정 경과

2013년 11월 8일 보건복지위원회 소속 문정림 국회의원이 '장애보건법안'을 발의하였으며, 2015년 9월 7일 김용익 의원이 '장애인 건강권 보장에 관한 법률안'을 발의하였다. 해당 법안은 보건복지상임위원회 양 법안을 병합하여 위원회 대안으로 '장애인 건강권 및 의료접근성 보장에 관한 법률'이 심의·의결되었으며, 이는 장애인의 건강권 보장을 위한 지원, 장애인 보건관리 체계 확립 및 의료접근성 보장에 관한 사항을 담고 있다. 법안은 2015년 12월 9일에 국회 본회의를 통과하고, 2015년 12월 29일에 공포되었으며 2년 후인 2017년 12월 30일에 시행될 예정이다.

나. 장애인 건강권법의 주요 내용

장애인 건강권법은 총 6장(제1장 총칙, 제2장 장애인 건강보건관리종합계획의 수립, 제3장 장애인 건강관리사업, 제4장 중앙장애인보건의료센터, 제5장 보칙, 제6장 벌칙) 28조로 구성되어 있다.

1) 목적

장애인 건강권 보장을 위한 지원, 장애인 보건관리 체계 확립 및 의료접근성 보장에 관한 사항을 규정하여 장애인의 건강 증진에 이바지하고자 한다(제1조).

2) 법 적용대상자

장애인 건강권법 적용대상자는 장애인복지법 제2조에 따른 장애인으로 재활의료, 재활운동의 경우 손상이나 질병 발생 후 완전한 회복이 어려워 일정기간 내에 장애인이 될 것으로 예상되는 사람을 포함한다(제3조 제1호 및 제4호, 제15조).

3) 장애인 건강보건관리종합계획 수립·시행(제6조)

장애인 건강권법에 의한 종합계획은 장애인복지법에 따른 장애인정책조정위원회의 심의를 거쳐 장애인 건강보건관리종합계획을 5년마다 수립하고, 국민건강증진법에 따라 국민건강증진종합계획 및 실행계획을 수립·시행함에 있어서 종합계획이 포함되도록 한다.

4) 재원

사업 비용 지원에 대해서 국가와 지방자치단체는 장애인보건의료센터의 업무수행에 소요되는 비용 및 장애인 건강보건관리사업에 소요되는 비용 등에 대하여 그 전부 또는 일부를 지원할 수 있도록 한다(제22조).

5) 시행일

법안 공포 후 2년인 2017년 12월 30일에 시행한다.

3. 장애인 건강권법 도입에 따른 쟁점 및 추진 방향

가. 장애인 건강 증진을 위한 건강보건관리사업

1) 장애인 건강검진

장애인은 비장애인 대비 검진 수검률이 낮으며, 중증장애인일수록 수검률 격차가 더 커진다. 2014년 기준 장애인 검진 수검률은 전체가 65.6%였으며, 중증장애인의 경우 54.8%로 전체 인구의 수검률 74.8%보다 매우 낮은 실정이다(호승희 등, 2017, p. 212). 이러한 장애인의 낮은 건강검진 수검률을 향상시킬 수 있는 방안으로 첫째, 장애인의 건강권 확보와 삶의 질 향상을 위해 장애인 건강검진 제도화 방안을 마련해야 할 것이다(박종혁 등, 2016, p. 16). 둘째, 건강검진기관의 적절한 검진 수행을 위하여 의료기관종별 장애인 검진 시설, 인력, 장비 인프라 구축의 적용 가능성 및 기준의 개발과 의료이용 건강검진 매뉴얼을 개발하기 위한 제도적 방안이 마련되어야 할 것이다(박종혁 등, 2016, p. 16). 셋째, 장애인 건강검진에 영향이 큰 부분을 단계적으로 평가할 수 있는 장애인 건강검진 기관의 인증기준을 마련함으로써 의료서비스 질 향상을 위한 방안이 마련되어야 할 것이며(보건복지부 보도자료, 2016, p. 3). 넷째, 법조항에 명시된 바와 같이 장애인에게 맞춤형 건강검진이 이루어질 수 있도록 장애인의 장애 유형 및 정도, 연령, 모성보호, 성별 등의 특성 및 생애 주기에 맞는 건강검진 항목을 설계해야 할 것이다(보건복지부 보도자료, 2016, p. 3). 마지막으로, 무엇보다도 건강검진 결과에 따른 사후관리가 이루어져서 건강검진 본연의 목표를 달성할 수 있어야 한다.

2) 재활운동 및 체육

장애인복지법에서는 '재활체육'이라는 용어를 사용하고 있고, 장애인건강법에서는 '재활운동 및 체육'이라는 용어를 사용하고 있다. 이를 다른 개념으로 보는 시각이 있을 수 있지만, 법의 제정 취지 면에서 볼 때 모두 장애인의 건강한 삶을 위한 것으로, 기존 장애인복지법에서 다루었던 재활체육의 중요성을 보다 강조하고자 하는 측면에서 재활운동과 체육이라는 용어를 사용한 것으로 해석할 수 있다.

기존에는 병원 기반의 물리치료와 작업치료와 같은 치료적 운동과 일상생활에서의 여가를 위한 생활체육, 그리고 전문스포츠 활동을 위한 전문체육만 존재했으며, 치료사 주도의 치료적 운동과 체육지도자 주도의 생활체육 사이에 재활체육이 분명 존재하기는 했지만, 실제 장애인들이 체감할 수 있는 활동은 거의 없었고 제공인력 및 체계가 명확하지 않았다. 그동안 재활체육이 문화체육관광부에서 주관하는 다른 체육 활동이나 보건복지부에서 주관하는 운동치료 활동에 비해 소극적일 수밖에 없었던 이유는 과연 누가, 누구를 대상으로, 무슨 내용을, 어떻게 제공할 것인가에 대한 명확한 해답이 없었기 때문이다(호승희, 2016). 이에 첫째로 재활운동 및 체육 서비스의 수혜 대상자 및 제공 시기에 대한 명확한 설명이 법에 명시되어야 하며, 둘째 서비스를 수행하는 기관, 인력 등이 포함된 재활운동 및 체육 서비스 제공 체계 또한 구체화되어야 한다. 그리고 무엇보다도 재활운동, 재활체육, 생활체육 등 관련된 개념의 정의가 선행되어야 할 것이다.

3) 장애인 건강관리

장애인 건강권법의 가장 핵심이 되는 부분이 장애인 대상의 건강관리사업이라고 볼 수 있는데, '제8조 장애인 건강관리사업'에 "장애인의 생애주기별, 성별 질환관리를 위한 사업(장애인 건강관리사업)을 시행할 수 있다"라고 명시되어 있는 수준에 불과하다. 즉 장애 유형, 개인의 건강 수준 및 욕구에 따른 사업계획과 대상별 차별화된 서비스 제공이 요구되나, 이에 대한 계획은 포함되어 있지 않고 "장애인 건강관리사업의 내용·방법 등에 필요한 사항은 대통령령으로 정한다"라고만 명시되어 있다. 이러한 규정만으로는 장애인 건강권법의 건강관리사업에 어떤 내용이 구체적으로 포함되어 있는지를 파악하기가 쉽지 않다.
장애 인구 증가와 함께 장애로 인한 2차 장애와 만성질환 등으로 의료비 지출이 증가하고 있는 현실을 생각할 때, 건강관리서비스는 가장 적극적인 장애인 건강관리사업이라고 할 수 있다. 건강관리서비스는 건강 상태를 파악하기 위한 건강위험평가, 건강위험평가 결과에 관한 건강상담, 행동 변화를 통한 건강생활 실천을 독려하기 위한 보건교육, 건강정보 이해 및 활용능력을 높이기 위한 다양한 건강정보의 제공, 지속적인 건강관리 체계를 수립하기 위한 모니터링 등이 서비스 기본 과정으로 구성되어 있다(김영복, 2016, p. 93).

따라서 장애인 건강권법에 이러한 건강관리서비스 내용을 포함하기 위해서는 첫째, 장애 등록 시부터 개인의 건강 수준 및 건강관리 필요도를 전반적으로 측정할 수 있는 건강평가기준과 건강관리서비스의 개발, 건강관리서비스를 제공하기 위한 전달 체계 개편이 필요하며, 이를 위한 내용이 법, 시행령, 시행규칙에 포함될 수 있는 제도적 방안이 마련되어야 할 것이다. 둘째, 장애인 건강 문제를 해결하기 위한 많은 노력이 있었지만 지금까지의 장애인 건강 정책은 공급자 중심으로 추진되어 왔다고 할 수 있다. 이러한 공급자 중심의 정책은 장애인의 미충족 필요를 증가시킬 수 있으며, 다양한 장애인 건강 문제에 대해 효율적으로 대처하기 어렵기 때문에 공급자 중심에서 수요자 중심의 보건사업관리 체계의 개선이 필요할 것이다.

나. 보건의료서비스 접근성 보장을 위한 지원 사업

1) 장애인 건강 주치의

증가하고 있는 의료비와 장애인의 만성질환 유병률 증가 등 장애인 보건의료 문제의 변화에 대응하기 위한 방안으로 장애인 대상 일차 의료 제공 시스템 강화가 필요한 상황이다. 그러나 과거 주치의 제도 시범 사업 실시 계획이 발표된 바 있지만 시행되지 않고 있으며, 만성질환 관리 등을 목적으로 한 일차 의료 시범 사업은 실시 중에 있으나 장애인을 대상으로 한 별도의 사업은 없는 실정이다. 이를 위한 개선 방안을 제시하면 다음과 같다.

첫째, 장애인에게 현재 제공되고 있는 진료서비스를 기본적으로 제공하면서 주치의 제도를 통해 건강 문제를 지속적, 포괄적으로 관리하고, 필요시 다른 의료서비스와의 조화와 연계를 할 수 있는 제도적 방안을 마련해야 할 것이다(김승희 등, 2016, p. 39).

둘째, 주치의 제도를 통한 서비스 항목으로 평생 병력 관리, 전화 상담, 방문 진료, 시간외 진료, 중점 질환 관리, 건강검진, 진료의료회송 등이 제공되어야 할 것이다(정현진 등, 2007, p. 155).

셋째, 장애인 건강권법 제16조에 의하면 장애인 건강 주치의는 중증장애인(장애 정도가 심하여 건강에 대한 특별한 보호가 필요한 장애인)을 대상으로 하고 있으며, 그 범위는 하위 법령에서 규정하고 있기 때문에 장애인 건강 주치의 제도의 대상에 대한 검토와 논의가 지속적으로 필요하다(보건복지부, 2016, p. 41).

넷째, 지역별로 주치의 모집·교육·등록·환자 관리, 건강 교육 등 지원 및 관리 기능을 수행하는 전담 조직을 구성하여 운영되어야 할 것이며, 주치의 제도를 활성화하기 위한 의료공급자·장애인 측면의 인센티브 방안도 마련되어야 할 것이다(보건복지부, 2016, p. 41).

다섯째, 의원급 의료기관의 경우 모든 진료과의 전문의가 실제 진료 현장에서 일차 의료를 제공해 왔으므로 주치의는 진료과목에 제한 없이 장애인이 원하는 모든 개원의에게 개방하는 것에 대한 검토와 논의가 필요하다. 또한 주치의 자격을 부여하기 위해서는 주치의로서의 역할을 수행할 수 있는 충분한 교육이 필요할 것이며, 주치의 교육에 대한 내용, 교육 이수 조건 및 보수교육 등에 대한 프로그램이 마련되어야 할 것이다.

2) 의료기관 이동 및 이용 편의 제공

현재 장애인 활동지원, 장애인 콜택시, 수화통역센터 등 편의 제공 서비스가 실시 중에 있으나, 콜택시는 대기 시간이 길고 예약이 어려우며, 와상 장애인의 경우 고가의 사설 구급차를 이용해야 병원 방문이 가능한 문제점을 가지고 있다. 이를 개선하기 위해 첫째, 의료기관 이용 시 장애인 콜택시 우선 이용이 가능하도록 편의를 제공하는 방안이 관련 부처 간의 협의를 통해 마련되어야 할 것이다. 둘째, 장애인 건강검진기관, 지역장애인보건의료센터 등 장애인 건강권법에 따른 보건의료서비스 기관에 교통수단, 이용보조·수화통역 등을 제공하는 보조인력 등에 대한 운영 방안이 검토되어야 할 것이다(보건복지부, 2016, p. 42).

3) 방문 진료

중증장애인의 경우 보건소 방문건강관리사업, 가정간호서비스 등을 이용할 수는 있지만 의사 방문에 의한 진료는 불가한 실정이다. 이를 위한 개선 방안으로 첫째, 현재 시범 사업 중인 '재가·시설거주 장애인 대상의 의료기관-방문간호사 원격 협진을 통한 중증 후유증 또는 합병증 관리, 복지관 이용 장애인 대상의 만성질환 원격 건강관리'의 결과와 경험을 토대로, 방문 간호 등과 연계하되 방문 간호의 지역별 활성화 편차를 감안하여 지역 수요에 맞는 방문 진료를 계획·구상하고, 방문 간호 등과 연계한 장애인 대상 원격의료 서비스 모델의 확대 도입 방안을 검토할 수 있을 것이다. 둘째, 거동이 불편한 중증장애인 방문 진료에 대해 건강보험 수가를 도입하고 인센티브를 부여하는 방법 등을 검토하여 활성화 방안을 마련해야 할 것이다(보건복지부, 2016, p. 42).

4. 장애인 건강권법 추진 방향

　장애인 건강권법 제정으로 장애인 건강증진 체계를 제도화할 수 있는 근거가 마련되었지만 구체적인 역할과 수행이 규정되어 있지 않다. ICF의 개념에 맞추어 보았을 때, 현재의 장애인 건강권법의 내용이 신체기능, 신체구조, 활동과 참여의 일부에 한정되어 있으므로 진정한 장애인 건강권을 위해서는 포괄적 건강의 개념에 해당하는 방향 설정과 보완이 필요하다. 지금까지 검토된 장애인 건강권법의 쟁점 사항을 토대로 추진 방향을 제시하면 다음과 같다.

　첫째, 현재의 장애인 건강권법은 반드시 실행해야 하는 장애인 건강 관련 사업 수행이 선언적 형식에 불과하며, 단순 목표 제시나 자발적 이행을 요구하는 것에 머물고 있다. 또한, 사업에 대한 모니터링과 평가에 대한 법적 규정이 없어 사업의 운영 현황과 결과의 평가, 개선 방안 수립이 제대로 이루어지기 어려운 한계가 있다. 따라서 장애인 건강권법에 장애인건강보건사업에 대한 모니터링과 평가제도, 평가 후 결과에 따른 조치 방안 및 개입과 조치에 대해 명확히 기술하여 장애인 건강증진 관련 사업의 모니터링과 평가 환류체계가 실제적으로 구속력을 가지고 실행될 수 있도록 법제화하는 것이 필요하다.

　둘째, 현재의 장애인 건강권법은 장애 유형 및 중증도, 개인별 특성, 욕구 및 환경 요인에 따른 보건의료서비스 제공에 대해서 고려하고 있지 않으며, 장애인의 포괄적 건강 상태를 포함하지 못하는 문제점이 있다. 따라서, 장애인 건강권법에 장애인 특성을 고려한 정책 목표와 지원 체계를 구체화하여 명문화해야 할 것이며, 장애 특성별 맞춤형 법 규정에 대한 개선이 필요할 것이다.

　셋째, 이와 더불어 전체 국민을 대상으로 하는 암관리법, 심뇌혈관질환

법, 만성질환의 예방 및 관리에 관한 법 등의 다양한 건강 관련 법들과의 비교를 통하여, 전체 국민을 대상으로 하는 다양한 서비스와 혜택이 장애인들에게도 결과적으로 동일하게 적용될 수 있는지에 대한 검토가 이루어져야 하고 이에 따른 보완이 이루어져야 할 것이다.

장애인 건강 관련 법령 및 제도를 제정하는 것도 의미가 있지만 법령의 입법 취지대로 집행하고 준수하는 것이 더욱 중요하다. 또한 법령과 같은 규범의 과잉과 제약을 모두 방지하기 위해서는 그 법령이 시행된 이후에 정비하기보다는 나타날 수 있는 현상의 원인을 규명하고 예방하는 노력이 필요할 것이다.

제3절 공공보건의료 분야의 장애인 건강 관련 사업

1. 취약계층 건강 관련 사업의 현황과 문제점

가. 공공의료복지 연계서비스의 전달 체계, 제도, 법률 부재

송파 세 모녀와 같은 취약계층은 '질병'에 따른 경제적 부담이 가중되고 있고, 복지 및 보건의료에 대한 복합적 수요를 가진 경우가 대부분이나 정보 부족으로 혜택을 제대로 받지 못하고 있다. 건강 문제는 가장 큰 사회 계층적 하락 요인인데 기존 보건서비스, 복지서비스, 의료서비스, 장기요양서비스가 각각 별도의 전달 체계를 가지고 있다 보니 체계 간 연계되지 못해 비효율이 발생하고, 이에 따라 장애인, 노인 등 취약계층에게 필요한 의료서비스가 제대로 제공되기 어려울 수 있다.

2015년 전국 시도별 취약계층(의료급여환자, 차상위, 장애인) 현황(국민건강보험공단, 2015)에 따르면, 60% 이상이 광역시, 경기도에 집중되어 있음에도 보건복지부의 공공의료 지원은 취약지역에만 한정되어 있는 경우가 많다. 취약계층에 대한 공공의료서비스 및 연계 체계에 대한 지원이 부족하다. 기존의 일선 보건·복지 현장에는 독거노인 생활관리사, 의료급여 사례관리사, 지역복지협의체 사례관리요원, 희망복지지원단 사례관리요원, 보건소 방문보건사업 요원, 정신건강증진센터 요원, 사회복지관 복지요원, 중독관리통합지원센터 요원 등 다양한 인력들이 활동하고 있다. 이들의 주요 서비스 제공 대상자는 취약계층으로서 의료 및 생계 지원 욕구를 가지고 있을 가능성이 높다는 공통점이 있음에도 의료서비스(병원)와의 연계가 부족하다. 또한 시·군·구청에서 협의체 형태의 조직을 운영하는 경우도 있으나, 대부분의 지방자치단체의 경우 네트워크가 구축되어 있지 않으며, 구축되어 있어도 운영상의 실효성이 부족한 경우가 많다. 장애인, 노인, 저소득층 등 취약계층 대상으로 미충족 의료서비스 등 자원을 연계할 수 있도록 권역 공공의료복지 연계센터(가칭)를 중심으로 지역 자원을 효율적으로 활용할 수 있는 네트워크를 구축하고 지원해야 한다. 이를 위해 장애인 등 대상의 특수성을 감안한 중앙, 권역, 지역의 네트워크 및 거점 의료기관의 운영 모델(지침) 등을 개발할 필요가 있다.

〈표 4-5〉 전국 시·도별 취약계층의 인구 비중

(단위: 명, %)

시·도	인구수	의료급여환자		차상위인구수		장애인수	
		N	%	N	%	N	%
서울	10,117,923	222,002	15.46	1,666,579	17.70	399,129	15.89
부산	3,508,210	134,020	9.33	681,807	7.24	173,062	6.89
대구	2,491,257	99,742	6.95	528,260	5.61	119,020	4.74
인천	2,915,636	76,556	5.33	506,399	5.38	134,670	5.36
광주	1,476,367	67,780	4.72	327,695	3.48	70,139	2.79
대전	1,530,521	46,506	3.24	301,416	3.20	72,804	2.90
울산	1,176,553	16,906	1.18	140,560	1.49	49,926	1.99

시·도	인구수	의료급여환자		차상위인구수		장애인수	
		N	%	N	%	N	%
경기도	12,499,751	209,858	14.61	2,112,911	22.44	511,896	20.38
강원도	1,539,596	60,323	4.20	379,249	4.03	99,979	3.98
충청북도	1,592,718	49,278	3.43	303,870	3.23	94,324	3.75
충청남도	2,086,762	57,512	4.00	376,220	3.99	125,190	4.98
전라북도	1,874,718	93,053	6.48	430,312	4.57	132,502	5.27
전라남도	1,909,709	84,317	5.87	403,268	4.28	144,070	5.73
경상북도	2,714,662	102,402	7.13	523,867	5.56	171,100	6.81
경상남도	3,381,966	94,543	6.58	600,748	6.38	181,327	7.22
제주도	606,884	21,276	1.48	134,333	1.43	33,147	1.32
합계	51,423,233	1,436,074	100.0	9,417,494	100.0	2,512,285	100.0

자료: 국민건강보험공단. (2015). 건강보험청구자료.

거점 의료기관(공공의료복지 연계센터)에서 치료 종결 후 지역사회로 복귀한 취약계층에 대해 보건소와 연계하여 통합 건강증진서비스를 제공함에 있어 환자의 질병 정보, 치료 내용, 건강 상태, 건강관리 상의 주의사항 등에 대한 정보를 제공해야 한다. 이를 위한 연계망 및 정보 교류 체계가 필요하다. 현재는 지역의 보건복지시설과 거점 의료기관 간의 의료서비스 연계를 목적으로 행복e음과 연결되어 있는 '공공의료복지 연계망'을 통해 의뢰 가능하나, 단순 의뢰 정보만 교류 가능하고 세부적인 질환 정보는 개발되어 있지 않고 거점 의료기관에만 저장되어 있다.

보건소는 퇴원 환자에게 통합 건강증진서비스를 제공함에 있어 환자의 건강 상태, 흡연·음주·영양·신체활동 등 건강 행태에 맞는 맞춤형 서비스를 개발·제공하고, 방문보건사업 등을 통해 취약계층 퇴원환자에 대해 퇴원 후의 건강 상태 관찰, 건강관리 관련 상담 및 지도 등을 실시한다. 보건소 방문보건사업팀은 퇴원 환자가 건강 상태를 관찰하여 문제가 있다고 판단될 경우 치료받은 병원으로 환자를 재이송하도록 지원해야 한다. 이를 위해 거점 공공의료복지 연계센터와 통합 건강증진사업단과 효율적 연계 체계를 구축해야 한다.

현재 보건복지부는 행정자치부와 공동으로 주민 맞춤형 복지 제공이라는 목표 하에 읍·면·동 주민센터의 복지 허브화를 추진하고 있다. 복지 허브 주민센터에는 복지 전담팀이 구성되어 주민에 대한 방문 상담, 복지서비스 제공 안내 등의 서비스를 제공하는데, 2018년까지 전체 읍·면·동을 복지 허브화할 계획이다. 지역별 거점 의료기관의 공공의료복지 연계센터(장애인의 경우 법적으로 지역장애인보건의료센터 기능)는 이러한 복지 허브화와 연계하여, 의료 욕구가 있는 취약계층에 대해서는 거점 공공의료복지 연계센터와 연계하도록 해야 한다. 예로 지방의료원 등에 구축되어 있는 기존의 공공의료복지 연계센터를 활용하여 장애인 등 대상별 특화된 역할 및 기능을 부여할 필요가 있다. 그 외 대상에 대해서도 의료급여, 긴급의료비, 외국인 근로자, 북한이탈 주민, 출산 관련 의료비 지원사업 등으로 대상자를 연계하되, 지원 기준에서 누락되는 한계계층에 대한 지역의료복지사업을 개발해야 한다. 이를 위해서 지방의료원 등 공공병원 관련 법률인 '공공보건의료에 관한 법률' 중 취약계층에 대한 미충족 의료서비스 제공(공공의료복지 연계 등을 통해)에 대한 시행령 및 시행규칙 개정 등이 필요하다.

> [장애인 건강권 및 의료접근성 보장에 관한 법률]
>
> 제9조(장애인의 의료기관등 접근 및 이용 보장 등)
>
> ① 국가와 지방자치단체는 장애인이 진료, 재활 등을 위하여 「의료법」제3조에 따른 의료기관, 「지역보건법」에 따른 보건소, 「농어촌 등 보건의료를 위한 특별조치법」에 따른 보건진료소, 「지방의료원의 설립 및 운영에 관한 법률」에 따른 지방의료원(이하 "의료기관등"이라 한다)을 이용하는 경우 그 접근을 보장하기 위한 이동 편의 및 의료기관등 이용 시 장애인의 장애 유형 및 정도, 모성보호, 성별 등의 특성에 따른 적절한 편의를 제공할 수 있다.
>
> 제20조(지역장애인보건의료센터)
>
> ① 특별시장·광역시장·도지사·특별자치시장·특별자치도지사(이하 "시·도지사"라 한다)는 장애인 건강보건관리에 관한 다음 각 호의 업무를 수행하게 하기 위하여 「의료법」제3조에 따른 의료기관(이하 "의료기관"이라 한다) 중 보건복지부령으로 정하는 시설·인력·장비 등의 기준을 충족하는 의료기관을 지역장애인보건의료센터로 지정할 수 있다.
> 1. 장애인에 대한 건강검진, 진료 및 재활 등의 의료서비스 제공
> 2. 해당 지역의 장애인 건강 보건의료 및 재활의료 사업에 대한 지원
> 3. 해당 지역의 장애인 관련 의료 종사자에 대한 교육·훈련
> 4. 여성장애인의 임신과 출산 시 장애 유형에 맞는 전문의료서비스 제공
> 5. 그 밖에 보건복지부장관이 필요하다고 인정하는 사업
> ② 제1항에 따른 지역장애인보건의료센터의 지정 기준·절차 및 운영 등에 필요한 사항은 보건복지부령으로 정한다.

2. 장애인 등 취약계층 공공의료복지 연계 허브 구축 사업

'취약계층' 의료 사각지대 해소를 위한 공공의료복지 연계 사업을 추진하여 공공·의료·복지 통합 지원, 지역 내 자원 연결 네트워크 구축, 연계 구심센터 구축, 재원 지원 등을 원활히 할 필요가 있다. 이를 통해, 계층 하락을 예방하여 사회적 양극화를 해소할 수 있다. 공공의 의미는 소유 주체가 정부 및 지자체로 보건소 등이 이에 해당되며, 의료 및 복지는 민간 기관도 포괄한다.

민간을 포함한 권역 및 지역 거점 의료기관 중심으로 유관기관(보건소·복지관·주민센터, 의료기관 등) 간 연계 체계를 구축하여 의료 사각지대 발굴·연계·지원·사후관리 등 포괄적 서비스를 제공할 수 있다. 권역 및

지역 내 '(가칭)공공의료복지 연계센터' 구축을 통해 취약계층의 발견과 치료, 치료 후 사회 복귀를 지원하는 원스톱 창구로서 지역 내 보건·의료·복지 연계 중심 역할 수행이 가능하다. 현재 일부 지방의료원 중심의 취약계층 연계 체계를 민간병원까지 확대하고, 이를 통해 의료복지 통합 지원 체계를 구축하는 것이 필요하다. 기존 민간병원 내 '사회사업실'의 인력 부족 및 산발적인 사업관리 체계로 연계서비스 제공이 미흡한 상황이므로 이를 시군구별 '공공의료복지 연계센터'로 확대하고, 이를 통해 보건·의료·복지기관이 협력하여 취약계층에게 통합적인 보편적 의료 이용을 보장할 필요가 있다.

2015년부터 보건복지부 공공의료과는 '공공보건프로그램사업비' 지원을 통해 지역 거점 공공병원 6곳을 시범 대상 기관으로 선정하고 공공의료·복지 통합지원센터를 설치하여 운영 중이다. 이는 제1회 공공의료 기본계획 중 취약계층 공공의료복지 통합지원 체계 구축 계획의 일환으로 지원하고 있다. 보건복지부, 국립중앙의료원(공공보건의료지원센터)이 수행 중인 공공의료복지 연계 사업은 공공병원 대상으로 보건, 의료, 복지를 하나로 통합하여 의료 사각지대에 놓인 취약계층 시민들이 병원을 쉽게 이용할 수 있도록 병원 치료, 치료 후 사회 복귀를 지원하는 원스톱 창구로서 지역사회 내 보건·의료·복지 연계서비스를 제공한다. 취약계층 대상자는 기초생활수급권자, 차상위계층, 소득 수준 최저생계비 200% 이하인 저소득층, 독거노인, 한부모 가정, 장애인 등 사회적 취약계층 대상자, 외국인 노동자, 난민, 북한이탈 주민, 다문화가정 등이 포함된다.

[그림 4-9] 공공의료복지 연계 흐름도

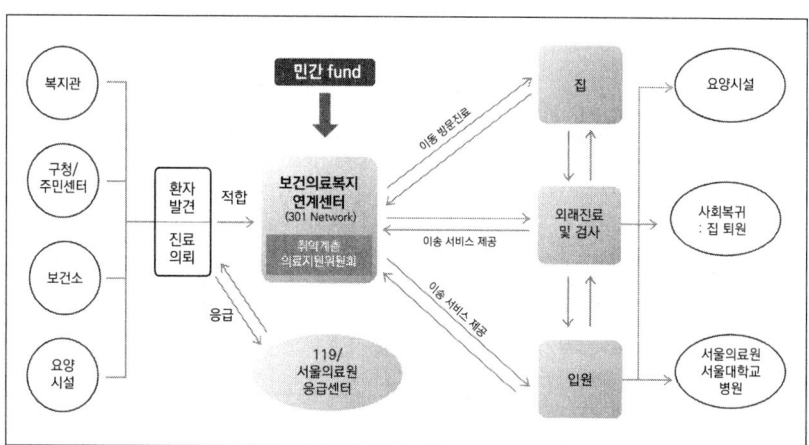

자료: 보건복지부(2017), 2016년 공공보건프로그램 사업 지침 내 발췌.

또한 업무 효율화를 위한 사회보장정보원 행복e음 연계 공공의료복지 연계망을 운영하고 있고, 현재 지방의료원 7개 병원이 이용 중이다. 단기적으로 20여개 병원(국립의료원, 서울시 공공병원, 강원도 지방의료원 등)에 사용을 확대할 계획이고 중장기적으로 전체 공공병원 및 민간병원에도 확대할 계획이다.13)

---

13) 2016년에 지방의료원 ↔ NMC ↔ 행복e음 간 연계 시스템이 구축됨.

[그림 4-10] 공공의료복지 연계망 정보시스템 개념도

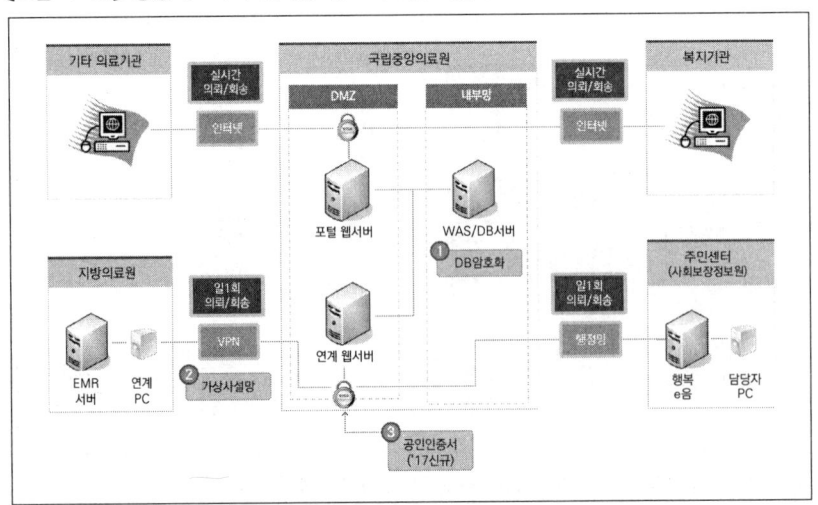

자료: 2017년 국립중앙의료원 내부 자료.

    2015~2016년 6개 지방의료원 시범 운영 성과를 살펴보면, 의뢰 대상자는 꾸준히 증가하여 2015년 대비 2016년에 약 3배 증가하였다. 저소득 58%, 장애인 11%, 미혼모 및 소년가장 3%, 독거노인 26%, 다문화 3%, 북한이탈 0.3%가 대상으로 지원되었고, 실인원 1511명(평균 252명), 연인원 3670명(평균 612명)을 통합 지원하였다. 의료 지원으로 입원 30%, 외래 68%, 방문 진료 2%가 지원되었고, 보건복지 지원으로는 긴급 생계비 지원 39%, 주거환경 및 의식주 지원 7%, 장애인 지원 2%, 우울증 등 사례 관리 18%, 자활간병 연계 등 기타 13%, 후원 물품 12%, 장기요양 등 보건 지원 0.2%, 수급자 등록 지원 9%가 이루어졌다. 지역 연계 실적으로는 공공기관 210개(평균 35개), 민간기관 105개(평균 18개)가 연계되었는데, 주민센터 등 지자체(57%), 보건소 및 지소(3%), 민간 복지, 정신, 아동 및 북한하나센터(40%)가 이에 해당된다.

〈표 4-6〉 지역 거점 공공병원 공공의료복지 연계센터 지역 네트워크(시범 병원 6곳)

거점 의료기관 공공의료복지 연계센터	연계 협약 기관명	
경기도의료원 수원병원	수원시시설관리공단 장안구민회관	고운뜰
	수원시 장안구 건소	수원시니어클럽
	세이브더칠드런코리아	꿈을키우는집
	영통종합사회복지관	수원다시서기종합지원센터
	마음샘정신재활센터	수원시다문화가족지원센터
	연구사회복지관	SK청솔노인복지관
	수원시노인정신건강센터	향기로운집
	수원시정신건강증진센터	새봄사회복귀시설
	수원시통합정신건강센터	홀로서기
	수원지역자활센터	수원시여성근로자복지센터
	수원희망지역자활센터	수원권선기초푸드뱅크
	수원우만지역자활센터	경기리스타트 주거지원센터
	수원시건강가정지원센터	해뜨는 집
	버드내노인복지관	무봉종합사회복지관
	수원장안푸드뱅크	원천교회
	우만종합사회복지관	율전중앙교회
	경동원	더사랑의교회
	동광원	서둔교회
	수원시자살예방센터	오목천교회
	수원시중독관리통합지원센터	집으로
	경기지역자활센터협회	중앙교회
	서호노인복지관	제일좋은교회
안동의료원	안동보호관찰소	안동시지역 아동센터협의회
	희망샘지역아동센터	안동진명학교
	안기꿈터지역아동센터	안동영명학교
	안동라이온스클럽	경북대학교병원
	다솜마루센터	안동시니어스클럽
	안동시장애인종합복지관	
공주의료원	공주기독교종합사회복지관	굴렁쇠지역아동센터
	공주시노인종합사회복지관	꿈이있는도덕지역아동센터
	공주시다문화가족지원센터	제일좋은지역아동센터
	금강종합사회복지관	푸른학교지역아동센터

거점 의료기관 공공의료복지 연계센터	연계 협약 기관명	
	충남남부장애인복지관	신관지역아동센터
	하나센터	백제지역아동센터
	공주시사회복지협의회	한울지역아동센터
	공주지역아동센터	여울지역아동센터
마산의료원	마산보건소	경상남도한부모가족지원센터
	함안군보건소	내서종합사회복지관
	창원보훈지청	마산금강노인종합복지관
	마산동부경찰서	마산노인종합복지관
	경남가정위탁지원센터	마산장애인복지관
	경남아동보호전문기관	마산종합사회복지관
	경남종합사회복지관	마산중독관리통합지원센터
	경남하나센터	월드비전경남지부
	경상남도건강가정지원센터	창원성산종합사회복지관
	경상남도노인보호전문기관	창원시마산다문화가족지원센터
	경상남도장애인종합복지관	창원시진해종합사회복지관
	경상남도청소년종합지원본부청소 년지원센터꿈드림	경상대학교병원
	창원시 드림스타트센터	한국의료지원재단
	창원시장애인부모회	지역사회관리 협의체
	마산청소년상담복지센터	경남노인복지센터 (재가노인지원 사업)
	창원교육지원청Wee센터	
부산의료원	부산광역시의사회 (사업참여기관 110개)	부산광역시약사회
	부산광역시치과의사회 (사업참여기관 919개)	부산광역시간호사회
	부산광역시한의사회 (사업 참여기관 946개)	부산광역시사회복지협의회
속초의료원	속초소방서	속초시다문화가족지원센터
	속초청소년상담복지센터	속초시지역사회복지협의체

자료: 2016년 보건복지부 공공보건프로그램 사업 실적 내부 자료.

3. 개선 방안

가. 공공보건의료 관련 법

1) 공공보건의료에 관한 법률의 '지원 체계' 관련

「공공보건의료에 관한 법률」제2조에서는 '공공보건의료', '공공보건의료기관', '공공보건의료 수행기관', '공공보건의료 전달 체계'에 대하여 정의하고 있지만 '공공보건의료 지원 체계'에 대한 언급은 없다. 공공보건의료 지원 조직에 대한 인식이 부족하고, 지원 체계가 정립되지 않은 현 상황에서 법률에 지원 체계를 정의하고 지원 필요성을 적시하는 것은 지원 조직에 대한 인식 제고를 위해 필요하다.

「공공보건의료에 관한 법률」에서 '공공보건의료 전달 체계'에 대한 규정은 정의와 재원 확보 부분이 있고, 특히, 제7조 제1항의 내용에서 취약계층의 미충족 의료서비스 제공에 대한 전달 체계 구축에 대한 내용이 포함된다. 그러나 취약계층 의료서비스에 대한 구체적인 시행령 및 시행규칙은 부재하다. 또한 취약계층에 장애인 등 대상의 범위 및 특성별 서비스 내용도 없는 상황이다.

[공공보건의료에 관한 법률]

제2조(정의)

5. "공공보건의료 전달체계"란 국가 또는 지방자치단체가 제7조제1항 각 호의 사항을 제공하기 위하여 다음 각 목의 보건의료기관 간의 역할 수행 체계를 구축하는 것을 말한다.
  가. 「국립중앙의료원의 설립 및 운영에 관한 법률」에 따른 국립중앙의료원
  나. 「서울대학교병원 설치법」에 따른 서울대학교병원 및 「국립대학병원 설치법」에 따른 국립대학병원
  다. 권역별로 설치·운영되며, 보건복지부장관이 지정하는 보건의료기관
  라. 「지방의료원의 설립 및 운영에 관한 법률」에 따른 지방의료원

> 제3조(국가와 지방자치단체의 의무)
> ③ 국가와 지방자치단체는 공공보건의료사업 및 공공보건의료 전달체계 구축·운영을 추진하기 위한 재원을 확보하여야 하며, 공공보건의료 수행기관에 대하여 필요한 재정적·행정적 지원을 할 수 있다. 〈개정 2016.2.3.〉
>
> 제7조 (공공보건의료기관의 의무)
> ① 공공보건의료기관은 다음 각 호에 해당하는 보건의료를 우선적으로 제공하여야 한다.
>   1. 의료급여환자 등 취약계층에 대한 보건의료
>   2. 아동과 모성, 장애인, 정신질환, 응급진료 등 수익성이 낮아 공급이 부족한 보건의료
>   3. 재난 및 감염병 등 신속한 대응이 필요한 공공보건의료
>   4. 질병 예방과 건강 증진에 관련된 보건의료
>   5. 교육·훈련 및 인력 지원을 통한 지역적 균형을 확보하기 위한 보건의료

2) 공공보건의료에 관한 법률의 '취약계층' 관련

「공공보건의료에 관한 법률」 제2조 '정의'에 '공공보건의료 전달 체계' 부분에서 장애인 건강권 및 의료접근성 보장에 관한 법률을 근거로 장애인에 대한 중앙 및 지역장애인보건의료센터와의 전달 체계를 포함할 수 있다. 또한 제3조 '국가와 지방자치단체의 의무'에 장애인 등 취약계층 공공보건의료사업 및 공공의료복지 연계 전달 체계 구축·운영'뿐만 아니라 '공공보건의료 지원 체계 구축·운영'에도 국가와 지자체가 재원을 확보하도록 해야 한다.

장애인 등 분야별 공공의료복지협의체를 구성하여 각 기관 간의 협조 및 연계 모델 등을 개발하는 것이 필요하다. 중앙장애인보건의료센터, 지역장애인보건의료센터와 공공의료복지 연계센터 간의 협력 및 정보 공유 방안에 대한 명시적 규정이 필요하다.

먼저, 현재 구축되어 있는 서울, 인천, 부산, 경기의 시·도 공공보건의료 지원단에 장애인 대상 지역사회중심재활사업의 활성화를 위한 '재활조정협의체(가칭)'를 운영하여 지역의 병원(거점 의료기관 지역장애인보건의료센터/또는 공공의료복지 연계센터), 보건소, 지자체, 복지시설 간

의 의사소통과 상호 교류를 수행할 수 있다. 이를 통해 장애인 관련 자원 간의 의사소통 연결을 강조하고 지역별로 편차가 심하게 나타난 자원의 양과 장애인의 서비스 요구를 조정할 수 있는 방안을 마련할 수 있어야 한다. 중앙장애인보건의료센터에서 장애인 관련 보건의료의 큰 틀을 마련하고 방향성을 제시하는 기획 조정 역할을 수행하면서, 중앙 공공보건의료지원센터, 시도 공공보건의료지원단과 함께 공공병원이 지역 내 자원을 수평적, 수직적 연계 할 수 있도록 상호 협력 및 인프라 등을 지원해야 한다.

이를 위해서 「공공보건의료에 관한 법률」(시행령 제17조)의 공공보건의료 지원단의 업무 또는 각 시·도 지원단 운영 조례에 시·도 공공보건의료 지원단에 각종 사업지원단의 협의체를 두도록 명문화 하는 것을 검토할 필요가 있다. 또한 시·군·구별로 '취약계층' 의료 사각지대 해소를 위한 의료·보건·복지 통합 지원, 지역 내 자원 연결 네트워크 구축, 연계 구심 센터 구축, 재원 지원 등이 필요하다. 시·군·구별 공공 및 민간 의료기관에 '(가칭)지역의료복지 연계센터'를 지정하고, 이를 통해 보건·의료·복지기관이 협력하여 취약계층에게 통합적인 보편적 의료 이용을 보장할 필요가 있다. 이를 위해서는 시·도, 중앙의 연계망 구축을 위한 기술 지원 체계 마련이 필요한데 중앙(복지부 및 공공보건의료지원센터)에서 전반적인 분야별 연계 모델 개발의 지침과 공공의료복지 연계망 운영 및 취약계층 모니터링 등을 수행하고, 시·도 공공보건의료 지원단에서는 지역 통합지원 운영계획 수립 역할을 수행해야 한다. 이를 기반으로 장애인, 노인, 어린이 등 취약계층별 별도 사업 수행 기관인 중앙장애인보건의료센터, 중앙치매센터 등과 긴밀한 협조체계를 마련해야 한다. 특히 각각의 계획, 사업 지원, 모니터링, 평가틀 내용에서 연계에 대한 내용을 담아야 한다. 관련하여 공공의료복지 연계 관련법 개정이 필요한데, 「사회보장기본법」, 「사회복지사업법」, 「사회복지공동모금회법」의 사업 정의에 지역공공의료복지 연계 사업을 포함하고, 「공공보건의료에 관한 법률」의 공공보건의료사업 정의에 공공의료복지 연계 체계를 포함해야 하며, 공공보건의료 수행기관의 정의에 권역공공의료복지 연계센터 신설이 필요하다. 특히, 기구축된 공공의료복지 연계망 즉 「사회보장급여법」의 사회보장정보시스템, 국립중앙의료원 '공공의료복지 연계 포털' 및 권역 및 지역공공의료복지 연계센터 등 간의 정보 교류망 구축 및 운영에 대한 법적 근거도 필요하다.

[공공보건의료에 관한 법률 일부 개정 법률안]

공공보건의료에 관한 법률 일부를 다음과 같이 개정한다.

제1장 제2조 2호를 다음과 같이 개정한다.
2. "공공보건의료사업"이란 다음 각 목의 사업을 말한다.
가. 보건의료 공급이 원활하지 못한 지역 및 분야에 대한 의료 공급에 관한 사업
나. 보건의료 보장이 취약한 계층에 대한 의료 공급 및 공공의료복지연계 체계 구축에 관한 사업
다. 발생 규모, 심각성 등의 사유로 국가와 지방자치단체의 대응이 필요한 감염병과 비감염병의 예방 및 관리, 재난으로 인한 환자의 진료 등 관리, 건강 증진, 보건교육에 관한 사업
라. 그 밖에 국가가 관리할 필요가 있는 보건의료로서 보건복지부령으로 정하는 사업

제1장 제2조의 4호를 다음과 같이 개정한다.
4. "공공보건의료 수행기관"이란 다음 각 목의 보건의료기관을 말한다.
가. 공공보건의료기관
나. 제13조에 따른 의료취약지 거점의료기관
다. 제14조에 따른 공공전문진료센터
라. 제13조의2에 따른 공공의료복지연계센터
마. 제16조제2항에 따라 보건복지부장관, 특별시장·광역시장·도지사·특별자치도지사(이하 "시·도지사"라 한다) 또는 시장·군수·구청장(자치구의 구청장을 말한다. 이하 같다)과 협약을 체결한 의료기관

제3장 제7조 1항을 다음과 같이 개정한다.

제7조 (공공보건의료기관의 의무)
① 공공보건의료기관은 다음 각 호에 해당하는 보건의료를 우선적으로 제공하여야 한다.
 1. 의료급여환자 등 취약계층에 대한 보건의료 및 공공의료복지연계
 2. 아동과 모성, 장애인, 정신질환, 응급진료 등 수익성이 낮아 공급이 부족한 보건의료
 3. 재난 및 감염병 등 신속한 대응이 필요한 공공보건의료
 4. 질병 예방과 건강 증진에 관련된 보건의료
 5. 교육·훈련 및 인력 지원을 통한 지역적 균형을 확보하기 위한 보건의료
 6. 그 밖에 「보건의료기본법」 제15조에 따른 보건의료발전계획에 따라 보건복지부장관이 정하는 보건의료

제3장에 제12조의2를 다음과 같이 신설한다.

제12조의2(의료취약계층 관련 실태조사)
① 국가는 모든 국민의 보편적인 의료 이용을 보장하기 위하여 매년 계층별 의료이용 실태조사를 실시하여야 한다.
② 보건복지부장관은 제1항에 따른 조사 결과 의료서비스의 이용이 부족한 계층을 이 법에 따라 지원할 수 있다.
③ 제1항에 따른 실태조사의 내용·방법 등에 필요한 사항은 보건복지부령으로 정한다.

제3장에 제13조의2를 다음과 같이 신설한다.

제13조의2(공공의료복지연계센터의 지정)
① 보건복지부장관은 취약계층에 대한 미충족 의료를 제공하기 위하여 시·도 단위에서는 권역공공의료복지연계센터, 시·군단위에서는 지역공공의료복지연계센터를 지원할 수 있다.
② 공공의료복지연계센터로 지정받으려는 의료기관은 보건복지부장관에게 신청하여야 하며, 보건복지부장관은 공공보건의료기관의 신청을 우선적으로 고려할 수 있다.
③ 공공의료복지연계센터로 지정받은 의료기관에서는 보건복지부령으로 정하는 바에 따라 보건의료복지서비스 제공, 인력에 대한 교육 및 의료복지연계 효율성 향상을 위하여 사회보장정보원의「사회보장급여의 이용제공 및 수급권자 발굴에 관한 법률」에 근거하여 구축된 공공의료복지연계망을 사용하고 그 성과 및 모니터링을 수행하여 결과를 보건복지부장관에게 보고하여야 한다.
④ 보건복지부장관은 공공의료복지연계센터 운영에 필요한 비용의 전부 또는 일부를 지원할 수 있다.
⑤ 공공의료복지연계센터 지정의 기준, 방법 및 절차 등에 관하여 필요한 사항은 보건복지부령으로 정한다.

3) 사회보장기본법 일부개정법률 등 관련

장애인 등 취약계층 공공의료복지 연계를 위해서는 공공보건의료에 관

한 법률 등의 거점 의료기관의 지정 법안 포함뿐 아니라 사회보장기본법, 사회복지공동모금회법(펀드 구성), 사회복지사업법 등의 관련법 개정이 필요하다.

〈표 4-7〉 사회보장기본법 개선(안)

사회보장기본법	사회보장기본법 일부개정법률(안)
[시행 2016. 1. 25.] [법률 제13426호, 2015. 7. 24., 타법개정]	
제3조(정의) 이 법에서 사용하는 용어의 뜻은 다음과 같다.	제3조(정의) 동일
4. "사회서비스"란 국가·지방자치단체 및 민간부문의 도움이 필요한 모든 국민에게 복지, 보건의료, 교육, 고용, 주거, 문화, 환경 등의 분야에서 인간다운 생활을 보장하고 상담, 재활, 돌봄, 정보의 제공, 관련 시설의 이용, 역량 개발, 사회참여 지원 등을 통하여 국민의 삶의 질이 향상되도록 지원하는 제도를 말한다.	4. "사회서비스란" ~ 상담, 재활, 돌봄, 정보의 제공, 관련 시설의 이용, 역량 개발, 사회참여 지원, 공공의료복지연계협력체계구축 등 ~ 삶의 질이 향상되도록 지원하는 제도를 말한다.
5. (생략)	5. (동일)

〈표 4-8〉 사회복지공동모금회법 개정(안)

사회복지공동모금회법	사회복지공동모금회법 일부개정법률(안)
[시행 2012. 10. 22.] [법률 제11518호, 2012. 10. 22., 일부개정]	
제5조(사업) 모금회는 다음 각 호의 사업을 수행한다.	제5조(사업) 동일.
1.2.3.4.5.6.7. (생략)	1.2.3.4.5.6.7. (동일)
8. 그 밖에 모금회의 목적 달성에 필요한 사업	8. 공공의료복지연계 등 지역자원협력에 필요한 기금 조성
〈신설〉	9. 그 밖에 모금회의 목적 달성에 필요한 사업

〈표 4-9〉 사회복지사업법 개선(안)

사회복지사업법	사회복지사업법 개정(안)
[시행2016.8.4.] [법률 제13996호, 2016. 2. 3., 일부개정]	
제2조(정의) 이 법에서 사용하는 용어의 뜻은 다음과 같다.	제2조(정의) 동일.
1."사회복지사업"이란 다음 각 목의 법률에 따른 보호·선도(善道) 또는 복지에 관한 사업과 사회복지상담, 직업지원, 무료 숙박, 지역사회복지, 의료복지, 재가복지(在家福祉), 사회복지관 운영, 정신질환자 및 한센병력자의 사회복귀에 관한 사업 등 각종 복지사업과 이와 관련된 자원봉사활동 및 복지시설의 운영 또는 지원을 목적으로 하는 사업을 말한다.	1."사회복지사업"이란 다음 ~ 또는 복지에 관한 사업과 사회복지상담, 직업지원, 무료 숙박, 지역사회복지, 의료복지, 재가복지(在家福祉), 사회복지관 운영, 정신질환자 및 한센병력자의 사회복귀에 관한 사업, <u>공공의료사업</u>등 각종 복지사업과 ~ 목적으로 하는 사업을 말한다.
가. ~ 퍼. (생 략)	가. ~ 퍼. (동일)
〈 신설 〉	허. 「공공보건의료에 관한 법률」
2.3.4.5.6.7. (생략)	2.3.4.5.6.7. (동일)

나. 공공보건의료 관련 사업

1) 단계적 지역장애인의료지원센터 중심 공공의료복지 연계센터 확대

지역사회에서 장애인 재활 관련 기관과 서비스 내용에 대해 의료, 복지, 고용, 교육 등 포괄적인 측면에서 파악한 후 가능한 한 다양하고 많은 자원들과 연계 관계를 가지도록 노력하는 것이 중요하다(장숙랑, 2004, p. 112). 2017년 8월 문재인 정부 보건의료분야 추진 계획 발표에서 위기 상황에서 필요한 환자에게 다양한 의료비 지원 사업이 적절히 이루어질 수 있도록 ①국공립병원에 사회복지팀을 설치하고, ② 퇴원 시에도 지역사회의 복지 자원과 연계할 필요성을 제시하였다(2017년 8월 9일 발표, 건강보험 보장성 강화대책 중). '공공의료복지 연계 사업'을 전체 국공립병원에 확대하고, 거점 의료기관 중심의 '지역의료복지 연계센터',

상급종합병원 등을 중심으로 '권역의료복지 연계센터' 설치·운영 및 기술 지원 체계가 필요하다. 특히, 대학병원, 지방의료원, 보훈, 노인, 재활, 정신병원 등 대상 및 질환 특성을 감안한 공공의료복지 연계 모델의 개발·확대가 필요하다.

[그림 4-11] 분야별 공공의료복지 연계 전달체계 확충

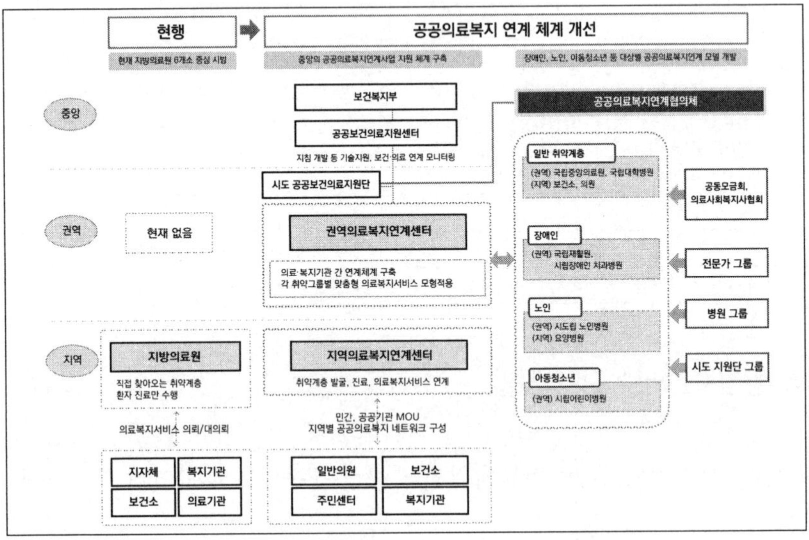

자료: 2016년 국립중앙의료원 내부 자료.

예로 지역의 미충족 의료서비스를 제공할 수 있는 일반 급성기 병원 중심의 권역·거점 의료기관 내 공공의료복지 연계센터를 설치하거나, 미충족 장애인 치료를 위한 지역장애인의료지원센터 내 공공의료복지 연계센터의 구축 확대가 필요하다.

2) 지방의료원 활용 지역장애인의료지원센터 확대 방안

「장애인 건강권 및 의료접근성 보장에 관한 법률」을 살펴보면, 지자체

별 장애인 건강·재활 서비스 구축, 장애인 건강 주치의제, 장애인 보건의료센터 도입 등이 포함되어 있다. 이를 위해 지역장애인의료 지원센터를 보건소, 지방의료원 및 재활병원 등에 설치할 것을 권고하고 있다. 지방의료원은 2차 급성기 지역 거점 공공병원으로 매년 정부에서 시설, 장비 및 운영비 등을 지원받고 있다. 이를 위해 「공공보건의료에 관한 법률」, 「지방의료원에 관한 법률」에 따라 공공성 기능(미충족 의료, 연계 등)을 평가한다. 지방의료원 기능에 장애인 대상 미충족 의료서비스 제공 기능과 연계센터 설치에 대한 내용을 추가할 필요가 있다.

이를 위해서는 공공보건의료에 관한 법률에 장애인 등 취약계층 공공의료복지 연계 및 미충족 의료 제공 기능을 수행할 시 공공의료수행기관의 역할로 규정할 필요가 있다. 또한 지자체 조례안에 이러한 역할을 명시적으로 규정하여 추진해야 한다. 서울시 조례안에는 장애인의 건강권 보호와 실현을 위한 시장의 책무, 장애인 건강권 보장과 건강 격차 해소 및 보건의료 접근성 제고를 위한 시민의 의무, 장애인 건강보건관리 시행계획 수립·시행, 장애인의 건강권 및 의료접근성을 위한 사업에 대한 행정적·재정적 지원, 서울시 장애인보건의료센터 지정 등에 대한 내용이 담겨 있다.

장애인 건강권 및 의료접근성 보장에 관한 법률

제3장 장애인 건강관리사업 등

제9조(장애인의 의료기관등 접근 및 이용 보장 등)

① 국가와 지방자치단체는 장애인이 진료, 재활 등을 위하여 「의료법」 제3조에 따른 의료기관, 「지역보건법」에 따른 보건소, 「농어촌 등 보건의료를 위한 특별조치법」에 따른 보건진료소, 「지방의료원의 설립 및 운영에 관한 법률」에 따른 지방의료원(이하 "의료기관등"이라 한다)을 이용하는 경우 그 접근을 보장하기 위한 이동 편의 및 의료기관등 이용 시 장애인의 장애 유형 및 정도, 모성보호, 성별 등의 특성에 따른 적절한 편의를 제공할 수 있다.

제20조(지역장애인보건의료센터)
① 특별시장·광역시장·도지사·특별자치시장·특별자치도지사(이하 "시·도지사"라 한다)는 장애인 건강보건관리에 관한 다음 각 호의 업무를 수행하게 하기 위하여 「의료법」 제3조에 따른 의료기관(이하 "의료기관"이라 한다) 중 보건복지부령으로 정하는 시설·인력·장비 등의 기준을 충족하는 의료기관을 지역장애인보건의료센터로 지정할 수 있다.
1. 장애인에 대한 건강검진, 진료 및 재활 등의 의료서비스 제공
2. 해당 지역의 장애인 건강 보건의료 및 재활의료 사업에 대한 지원
3. 해당 지역의 장애인 관련 의료 종사자에 대한 교육·훈련
4. 여성장애인의 임신과 출산 시 장애 유형에 맞는 전문의료서비스 제공
5. 그 밖에 보건복지부장관이 필요하다고 인정하는 사업
② 제1항에 따른 지역장애인보건의료센터의 지정 기준·절차 및 운영 등에 필요한 사항은 보건복지부령으로 정한다.

3) 장애인 등 분야별 공공의료복지 연계 모델·지침 개발과 시범 사업 실시

장애인 등 취약계층을 위한 지역별 공공의료복지 연계 허브 구축 및 거점 의료기관(지역장애인의료지원센터) 사회복지사 및 장애인 지원 인프라 구축을 위해 분야별 특성을 감안한 표준 모델 및 지침 개발이 필요하다. 장애인, 노인, 여성 등 취약계층별 고유한 연계 및 통합의료서비스 모델, 사례관리 방법을 검토하고, 공공의료복지 연계 사업 지침 및 장애인 의료서비스 제공을 위한 사업의 지침에도 반영해야 한다. 장애인 대상 교육 등 콘텐츠 개발, 거점 의료기관 장애인 표준 경로(pathway), 특성화 교육자료 활용, 장애인에 대한 미충족 의료서비스 제공, 발굴, 사례관리 등이 포함되어야 한다. 지방의료원 등을 대상으로 장애인 지역 연계를 위한 시범 사업을 수행할 필요가 있다.

4) 지역의 장애인 공공의료복지 연계를 위한 정보교류 체계 확보

사회보장정보원의 행복e음과 병원 간 양방향 연계를 위해 2016년 기 구축된 공공의료복지 연계망(http://www.301nss.or.kr)의 기능을 확대

하여 장애인을 대상으로 한 의뢰에 활용할 수 있다.

5) 장애인 공공의료복지 연계 거버넌스

장애인의 경우, 장애인 건강권법에 중앙장애인의료센터, 지역장애인의료지원센터 등의 역할을 규정하고 있다. 국공립병원을 지원하고 있는 국립중앙의료원 공공보건의료지원센터와의 연계 및 협력 방안을 검토할 필요가 있다. 장애인 건강권법의 법적 역할을 수행하되, 연계 인프라는 기 개발된 공공의료복지 연계망을 활용할 수 있다. 지방의 시도 공공보건의료지원단 등을 활용하여 장애인 등 취약계층 의료복지 연계 확대 및 교육 지원 방안을 마련할 필요가 있다.

특히, 현재 일부 지방의료원 중심으로 취약계층 연계 체계를 구축하고 시범 사업을 수행하고 있으나 전국 안전망을 구축하기에는 한계가 있다. 지방의료원 및 적십자병원(39개)이 없는 지역 전국 230개 중, 191개 지역이 민간병원만 존재한다. 지방의료원 등 공공병원이 부재한 지역의 민간병원까지 확대하고, 이를 통한 공공의료복지 통합 지원 체계 구축이 필요하다. 의료법에 따라 종합병원에는 「사회복지사업법」에 따른 사회복지사 자격을 가진 자 중에서 환자의 재활과 사회 복귀를 위해 상담 및 지도 업무를 담당하는 요원을 1명 이상 두게 되어 있지만 최근 병원 내 의료복지 업무의 다양성과 포괄성으로 인해 기능이 확대되므로 병원 내 의료사회복지사도 100병상당 1명 정도가 필요한 상황이다.

제5장 외국의 장애인 건강권 지원 정책

제1절 영국
제2절 독일
제3절 일본

5 외국의 장애인 건강권 지원 정책

　외국의 장애인 건강 지원을 위한 정책을 알아보기 위하여 영국, 독일, 일본의 장애인 건강 관련 제도 및 현황을 파악하였다. 영국의 경우 장애인 대상 건강 관련 제도의 변화 및 배경, 발달장애인 중심의 건강 불평등 실태, 건강서비스 전달 체계의 변화를 파악하였고, 특히 장애인 건강 개선을 위한 서비스로 시행 중인 개인건강예산(Personal Health Budgets) 제도를 검토하였다. 독일의 경우 장애인 건강 정책의 기본적 이해를 위해 건강 개념을 검토하였고 관련 건강 정책과 현황, 그리고 장애인 건강 프로젝트를 파악하였다. 특히 장애인의 건강제도 현황에서는 재활스포츠와 기능훈련에 대한 심층적인 검토가 이루어졌으며, 지적장애인 및 중복장애 성인을 위한 의료치료센터를 소개하였다. 우리나라와 가장 비슷한 장애인 정책 환경을 가지고 있는 일본의 경우는 장애인의 건강 지원 정책의 기반이 되는 법적 근거를 파악하고 장애인의 건강증진을 위한 사업 현황을 파악하였다. 구체적인 사업으로는 장애 예방을 위한 생애주기별 건강 검진, 건강 지도, 주치의 제도 등이 포함된다. 그리고 장애인 치과 의료 지원, 의학적 재활 및 장애인 재활 전문기관 및 장애인 스포츠 활성화를 위한 제도들을 검토하였다. 이상의 영국, 독일, 일본의 사례 검토를 통하여 각 나라에서의 시사점을 도출하고 국내 적용 방안을 검토하였다.

제1절 영국

1. 장애인 건강 관련 제도의 변화 및 배경

가. 경제적 부담에 따른 건강 관련 제도의 개혁
  - 국가 중심, 치료 중심에서 지역 중심, 예방 중심으로

영국의 장애인 건강권 개념은 세계적 수준과 다르지 않다. 다만 장애인이 건강하게 살 수 있도록 지원하기 위한 체계는 국가별로 다를 수 있다. 영국의 건강과 사회적 돌봄 서비스는 제도 초기부터 분리되어 시작되었다. 보건서비스(health service)는 NHS(National Health Service)라는 기관을 통해 중앙정부가 담당하면서 무료로 제공하였다. 반면 지역사회에서의 돌봄서비스(또는 사회서비스, social care)는 지방정부 책임 하에 유료 또는 무료로 제공되고 있다.

이때 건강서비스(healthcare)의 일부는 보건서비스에 속할 수도 있고, 일부는 사회서비스에 속할 수도 있다. 특히 어떤 서비스가 건강서비스(healthcare)에 속하는지 혹은 사회적 돌봄 서비스(social care service)에 속하는지는 시대적 상황에 따라 혹은 사회에 따라 변화해 왔다(Hernandez-Quevedo, Llano & Mossialos, 2013, p. 3). 영국의 경우에도 다른 복지국가들처럼 서비스의 종류를 기준으로 건강서비스와 사회적 돌봄 서비스 중 어디에 속하는지를 구분하기는 명확지 않다(박승민, 2015, p. 122).

영국의 2008년 보건 및 사회서비스법(Health and Social care act)을 보면, 건강서비스는 사람의 신체나 정신건강과 관련된 의료 혹은 외과적 시술이 필요한 모든 상태를 다루는 것이고, 사회적 돌봄 서비스는 고

령, 질병, 장애, 임신과 출산, 알코올이나 약물 중독, 그 외에 이와 비슷한 경우들로 인해 개인적인 돌봄이나 보조가 필요한 경우에 제공되는 것으로 규정되고 있다. 이처럼 경계가 명확하지는 않지만 보건서비스와 사회서비스 또는 돌봄서비스는 분리되어 운영되고 있다.

우선 영국의 보건서비스 주무기관은 NHS(National Health Service)이다. 이 기관은 「1946년 국가보건서비스법(National Health Service Act 1946)」에 의해 1948년에 설립되었고, 일반 재정을 재원으로 삼는 보건의료 시스템 중 그 규모가 세계에서 가장 크다. NHS는 '모든 국민은 지불 능력에 상관없이 욕구에 따른 건강 서비스를 받을 수 있어야 한다.'는 설립 원칙에 따라 지금까지 무상의료를 실현하고 있다(이범재 등, 2016, p. 3). 합법적인 영국 거주자(6개월 이상 체류하는 유학생 포함)는 안과 및 치과 진료, 처방약, 장기요양 서비스를 제외하고는 모든 건강서비스를 무료로 이용할 수 있고, 응급의료나 감염병 치료는 단기 방문자에게도 무상으로 제공된다(이범재 등, 2016, p. 3). NHS는 잉글랜드, 스코틀랜드, 웨일즈, 그리고 북아일랜드에서 서비스를 제공하고 있지만, 각 권역은 개별적인 관리 체계를 갖고 있다(한국보건사회연구원, 2012, p. 337).

그런데 2008년 금융위기 이후부터 영국 중앙정부는 강력한 긴축예산 기조를 유지하고 있다. 장애인 예산 등 복지재정이 삭감되었고, 물가상승률보다 훨씬 더 가파르게 상승하고 있는 NHS 예산은 절감 압박에 시달리고 있다. 경제위기 국면에서 인구 노령화, 새로운 약물과 의료기술의 도입으로 인한 비용 증가, 비만 같은 생활 습관의 문제로 인해 예산 압박은 더욱 심화되고 있다(이범재 등, 2016, p. 3).

이처럼 영국의 보건의료 부문이 직면하고 있는 주요 문제는 주민들의 보건의료 수요 및 기대 수준의 증가, 신의료기술의 발전과 도입, 보건의료 재원의 부족 등으로 요약할 수 있다. 이로 인한 의료비 지출 증가에 대한 정치적인 압력도 증대되고 있다(한국보건사회연구원, 2012, p. 337). 실제로 2015년 NHS는 건강 및 사회적 돌봄 예산이 2020년까지 약 250억 파운드(약 36조 8000억 원) 적자가 날 것으로 추산했다(이범재 등, 2016, p. 4).

이에 대한 대책의 일환으로 영국 정부는 보건의료 체계와 사회복지 체계의 효율성 향상을 위해 노력하고 있다. 또한 보건의료 체계 개혁과 서비스 현대화, IT 투자, 새로운 인력의 확충, 보건의료 부문에 지출되는 예산의 가치 보장과 서비스의 질적 증대를 위해 다각적인 노력을 시도하고 있다(한국보건사회연구원, 2012, p. 338).

이에 따라 영국 정부는 「1946년 국가건강서비스법」을 대체하는 「2012년 건강 및 사회적 돌봄법(Health and Social Care Act)」을 제정하고 대대적인 건강 및 돌봄서비스 개혁에 나섰다. 이 법의 핵심은 중앙집권적으로 운영하던 건강서비스 업무를 지방으로 대폭 이양하고, 병원-기반 건강 정책을 포기하고 장소-기반 건강 정책을 선택한 것이다(이범재 등, 2016, p. 4).

이에 따라 주치의, 지역사회 간호사, 정신보건서비스, 사회서비스 등과 같은 다양한 부류의 지역사회 서비스를 통합하였다. 이에 의하여 전문가 서비스는 병원에서 벗어나 지역사회로 이동하게 되었다. 이를 NHS에서는 다학제적 지역사회 제공자(MCPs: Multispecialty Community Providers)라고 부른다. 또한 주치의, 병원, 지역사회 건강서비스, 정신건강서비스를 통합한 일차적 급성기 돌봄체계(PACS: Primary and Acute Care Systems)를 구축하였다. 그리고 지역 병원들 간의 역량 차이 및 효율성 차이를 줄이기 위하여 지역 병원들의 연계 시스템(ACCs: Acute Care Collaborations)을 강화하였다. 그리고 보건, 돌봄, 재활서비스를 통합한 서비스 제공을 확대하였다(NHS, 2017a, p. 30).

이와 더불어 중앙정부 차원에서 질병의 예방, 진단, 치료와 같은 보건서비스를 중심으로 하던 NHS는 퇴원 환자 또는 예비 환자들이 병원으로 유입되는 것을 줄이기 위해 선제적으로 지역사회에서 건강서비스를 제공하기 시작하였다. 이 프로그램이 'NHS가 책임지는 지속적 건강서비스(NHS continuing healthcare)'이고(NHS, 2017b), NHS는 건강서비스 비용에 대해 직접 재원을 제공하기 시작했다.

나. 건강서비스 전달 시스템의 변화

이와 같은 개혁에 의해 영국의 건강서비스 전달 시스템은 아래 도표와 같은 구조적 변화를 겪었다(이범재 등, 2016, p. 5).

〔그림 5-1〕 영국 보건서비스 개혁에 따른 전달 체계 개편

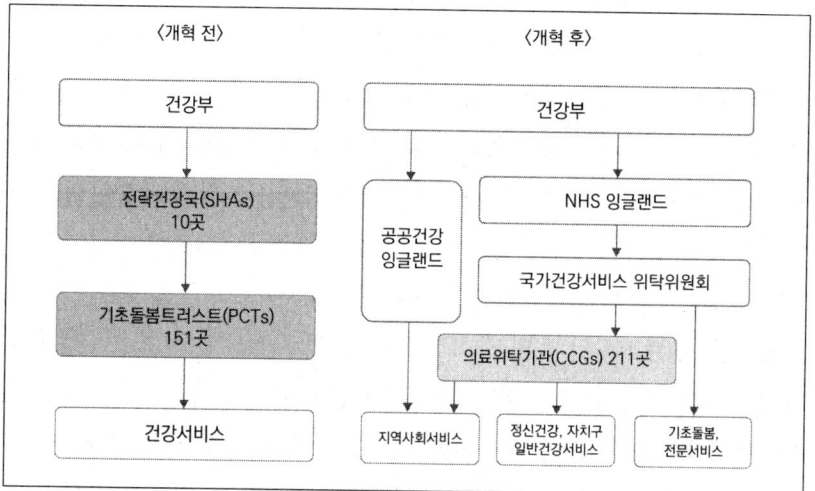

자료: 이범재 등. (2016). 영국 건강정책에서 배운다 - 병원에서 지역사회로. p. 5.

개혁 이전에는 중앙정부 보건부(Department of Health) 산하에 건강 전략기관(Strategic Health Authorities, SHAs) 10곳을 두고 그 산하에 일차 의료조직(Primary Care Trusts, PCTs) 151곳을 설치하여 모든 서비스를 직접 관장하였다.

우선 공공재원에 의한 보건의료서비스에 대한 책무는 보건부장관에 있다. 중앙정부의 보건의료에 대한 책무는 보건부가 일차적으로 가지며, 보건부는 중앙정부의 기구로 NHS, 공중보건, 성인에 대한 사회서비스와 기타 관련 서비스에 대한 정책 수립의 책임이 있다(한국보건사회연구원, 2012, pp. 339-340).

지방정부 수준에서는 해당 권역 내의 하부 지역의 서비스와 질을 보장하기 위해 10개의 건강 전략기관이 있다. 또한 지방의 보건의료서비스 제공을 위한 계획 수립과 공급자와의 계약 및 구매를 위한 151개의 일차 의료조직(PCTs)이 있다. 1개 조직당 약 34만 명의 인구를 관할하고 있으며, 제반 활동과 성과는 건강 전략기관(SHAs)에 의하여 모니터링되며, 보건부장관에 그 책임이 있다(한국보건사회연구원, 2012, p. 340).

보건부는 NHS 예산의 80%를 일차 의료조직인 PCTs에 배정하고 있으며, 그 기준은 인구수, 연령 분포, 의료 수요 관련 다양한 지표, 상호 상이한 지역 간 비용에서의 회피할 수 없는 차이 등이다. 지역 공공재원 의료서비스의 계획 수립과 공급자와의 계약 및 구매는 PCTs에 의하여 수행된다(한국보건사회연구원, 2012, p. 341).

하지만 「2012년 건강 및 사회적 돌봄법」이 제정되면서 2013년 4월부터 일차 의료조직과 건강 전략기관은 폐지되었다. 그 대신 국가건강서비스위탁위원회(NHS Commissioning Board)와 의료위탁기관(clinical commissioning groups, CCGs) 221곳이 신설되고, 보건부 산하 집행기관인 공공건강 잉글랜드(Public Health England)가 설립되었다.

£600억~£800억에 달하는 위탁계약 예산 또는 건강서비스 예산의 집행 권한은 지방으로 이전되었고, NHS 산하 일차 의료조직의 업무는 의료 위탁기관으로 이관되었다. 예전에는 일차 의료조직 소속 매니저들이 환자를 위해 지역사회 클리닉, 정신건강기관, 병원 입원서비스와 같은 서비스를 계획하고 구매하는 데 예산을 사용했다. 하지만 이제 그 책임의 상당 부분이 의료 위탁기관 소속 커미셔너들(commissioners)에게 이전되었다. 지방자치단체가 관장하는 의료 위탁기관이 최종적인 건강 서비스를 제공할 책임을 지게 된 것이다. 기존의 중앙정부 기능이 지방으로 대폭 이전된 것이다. 지방정부는 의료 위탁기관을 선정하고 관리할 뿐 아니라 건강서비스의 유형, 제공 방식, 대상자 등을 결정하는 데 많은 자율성을 가지게 되었다(이범재 등, 2016, pp. 5-6). 또한 지방정부는 NHS, 사회서비스, 공중보건과 타 지방서비스 간의 통합과 파트너십의 증진을 위한 책임을 가지게 되었다. 기존의 모든 NHS 트러스트는 2014년 4월에 파운데이션트러스트(Foundation Trusts)로 변환하였다(한국보건사회연구원, 2012, p. 362).

한편 의료 위탁기관 중 일부는 해당 지역의 주치의(general practitioners, GPs)가 운영하지만, 대부분은 민간 서비스 공급자들이 운영한다. 지역 주치의를 비롯한 의사들은 훨씬 더 큰 예산 지출 책임을 가지게 되었지만, 이제 민간 부문과 더 심한 경쟁을 해야 된다.

이 개혁에 대해 비판자들은 민영화를 위한 청사진이며, 정부가 책임져야 할 건강서비스에 반하는 것이라고 주장한다. 정부는 민간 부문만 참여하는 것이 아니라 사회적 기업의 참여를 독려하고 있다고 주장하지만, 비판자들은 사회적 기업은 자신보다 훨씬 많은 자산을 가진 민간기관과 경쟁이 되지 않는다고 반박한다. 우여곡절 끝에 건강서비스 분야 이해관계자들이 개혁에 합의하고 2012년 3월 법안은 국왕의 재가를 받았으나 여

전히 불씨가 남아 있는 상황이다(이범재 등, 2016, pp. 5-6).

2. 발달장애인의 건강 불평등 실태

장애인의 평균적인 건강 상태 또는 건강 불평등 실태에 대한 조사를 찾을 수 없었지만, 발달장애인에 대해서는 영국 보건부 및 관련 단체 등의 자료에서 찾을 수 있었기 때문에, 발달장애인의 건강 불평등에 한정하여 실태를 살펴보았다. 영국에서 신체적 장애인들의 경우 이동권 보장, 편의시설 확충, 편의서비스 증진 등 보건서비스 및 건강서비스에 대한 접근성이 좋아짐에 따라 의료 불평등 문제를 별도로 모니터링하지 않는 것으로 보인다. 하지만 발달장애인의 경우 사회적 불평등, 의사소통의 문제 등에 따라 건강 불평등이 심화되기 때문에 정부 차원에서 지속적인 모니터링을 하고 있는 것으로 보인다.

하지만 발달장애인의 건강 불평등을 해결할 수 있다면 신체적 장애인의 건강 불평등 문제도 해결 가능하기 때문에 발달장애인 건강 불평등 실태를 살펴보는 것은 의미가 있을 것이다.

영국에서 발달장애인들은 심각한 건강 불평등을 경험하고 있다(Emerson & Baines, 2010; Mencap, 2017). 평균적으로 발달장애인들은 일반 국민들에 비해 신체적 건강뿐만 아니라 정신적 건강에서도 열악한 상태에 놓여 있다. 발달장애인이 다른 인구 집단에 비해 2차적인 장애와 다른 건강 문제를 더 많이 가질 수 있기 때문이다.

가. 사망률

발달장애인들은 국민 평균 수명에 비해 보다 일찍 사망할 가능성이 높다. 영국 발달장애인 247명을 대상으로 평균수명을 조사한 '발달장애인의 조기 사망에 대한 조사연구단(The Confidential Inquiry into premature deaths of people with learning disabilities: CIPOLD)'의 조사에 따르면, 발달장애인 남성의 평균 수명은 65세였고, 발달장애인 여성은 63세였다(Heslop et al., 2013, p. 3). 영국 남성 평균 수명이 78세, 여성 평균 수명이 83세인 것과 비교하면, 여성 발달장애인은 일반 국민과 비교하여 20년 먼저 사망하고, 남성 발달장애인은 13년 먼저 사망하는 것이다.

또한 이 조사연구단의 연구 결과에 따르면 손상의 정도에 따라 평균수명도 달라졌다. 경도(mild)의 발달장애인 평균 수명은 67.5세였고, 중도(moderate)의 발달장애인 평균 수명은 64세, 중증(severe)의 발달장애인 평균 수명은 59세, 최중증이거나 복합장애(profound and multiple)의 발달장애인 평균 수명은 46세였다.

나. 일반적 건강 상태

자녀의 건강 상태의 열악함에 대한 부모 응답 결과, 장애아동의 경우 비장애 아동에 비해 2.5~4.5배 정도 높은 수치를 보였다. 또한 성인 발달장애인 7명 중 1명은 자신의 건강 상태가 좋지 않다고 인식하고 있었다. 하지만 돌봄을 제공하는 경우 자신의 돌봄에 의해 건강 상태가 좋아질 것이라고 인식하는 경향이 있기 때문에, 부모 등 돌보는 사람을 대상으로 조사한 결과는 실제 의학적 검사 결과보다는 많이 낮은 수준일 것이다. 따라서 이 수치는 최저치라고 해석할 수밖에 없다. 실제로 GP에 의해 등록한 발달장애인에 대한 건강검사 결과를 보면 미충족된 신체적, 정신적 욕구가 훨씬 높은 수준임을 알 수 있다(Emerson & Baines, 2010, p. 2).

다. 암

　일반적으로 암으로 인한 사망 비율은 발달장애인이 일반 국민에 비해 낮은 수준이다. 일반 국민의 경우 26% 정도이지만, 발달장애인은 12~18% 수준이다. 하지만 위장 관계 암의 경우, 발달장애인의 암 사망률은 48~59%로, 일반 국민의 암 사망률 25%보다 월등히 높은 수준이다. 나아가 수명의 증가로 인해 발달장애인의 암 사망률이 급격히 증가하고 있다. 특히 다운증후군 발달장애인 아동의 경우 일반 국민에 비해 유방암과 같은 고형 종양의 위험도는 낮지만, 백혈병 위험도는 높다. 또 위암, 위궤양의 원인으로 알려진 헬리코박터 파일로리 감염률이 높은 것으로 나타났다(Emerson & Baines, 2010, p. 2).

라. 관상동맥성 심장질환

　관상동맥성 심장질환은 발달장애인의 사망 원인 중 14~20%를 차지하고 있다. 또한 앞으로도 수명 연장과 지역사회와 관련된 삶의 패턴 변화로 인해 관상동맥성 심장질환은 더 증가할 것으로 예상된다. 다운증후군 발달장애인의 경우 태생적 심장 결함에 의해 영향을 더 많이 받고 있다(Emerson & Baines, 2010, p. 3).

마. 호흡기계 질환

　호흡기계 질환은 발달장애인 사망 원인 중 가장 높은 수준인 46~52%를 차지하고 있다. 일반 국민의 경우 15~17%인 것과 비교하면 상당히 높은 수준이다. 발달장애인이 흡연을 하는 경우 비흡연 발달장애인에 비해 천식을 가질 확률이 두 배 높아진다. 천식을 동반한 발달장애인 여성 중 절반 이상은 비만이었다(Emerson & Baines, 2010, p. 3).

바. 정신건강 및 도전적 행동

정신질환 유병률을 보면, 비장애 아동의 경우 8% 정도 수준이었으나, 발달장애 아동의 경우 36% 정도였다. 이처럼 정신질환 유병률이 높은 이유는 자폐성 장애의 증가와 관련이 있다. 도전적 행동은 발달장애인의 10~15% 정도에서 나타났으며, 20세에서 49세 사이에 가장 많이 나타났다. 일부의 경우 부적절한 의료적 치료에 의한 통증에 따라 도전적 행동이 나타나기도 하였다. 불안증이나 우울증은 일반 국민과 비슷한 수준의 유병률을 보였지만, 다운증후군 발달장애인의 경우 유병률이 보다 높았다(Emerson & Baines, 2010, p. 3).

사. 치매

65세 이상 인구 중 치매 유병률을 보면, 일반 국민의 경우 6% 정도였지만 발달장애인의 경우 22%로 상당히 높은 수준으로 나타났다. 그리고 이와 같은 결과는 도전적 행동과 건강 문제 등과 관련되어 있는 것으로 보인다(Emerson & Baines, 2010, p. 3).

아. 뇌전증(간질)

발달장애인의 간질 유병률은 일반 국민에 비해 최소 20배 정도 높은 것으로 보고되고 있다. 또한 복합적 발작이 발생하고 약물치료가 잘 안

되는 것으로도 보고되고 있다. 이와 같은 통제 불가능한 간질의 경우 상당히 부정적인 삶의 질에 영향을 미치고 사망률에도 안 좋은 결과를 미친다(Emerson & Baines, 2010, p. 3).

자. 감각 손상

발달장애인은 일반 국민에 비해 8~200배 정도 많이 시각 손상을 가질 수 있다. 발달장애인 중 40% 정도는 청각 손상이 있는 것으로 보고되고 있다(Emerson & Baines, 2010, p. 4).

차. 신체적 손상

발달장애인 성인 중 신체적 이동이 불가능한 사람은 이동성이 좋은 사람에 비해 사망률이 7배 높고, 부분적으로 이동이 불가능한 사람은 이동성이 좋은 사람에 비해 사망률이 2배 정도 높다(Emerson & Baines, 2010, p. 4).

카. 구강 건강

성인 발달장애인 세 명 중 한 명은 치아 건강 상태가 좋지 않았다. 가족과 함께 사는 발달장애인의 경우 치료하지 않은 충치가 많았고, 시설에 있는 발달장애인의 경우 치아 손실이 많았다(Emerson & Baines, 2010, p. 4).

타. 연하곤란

식사, 음료 섭취, 침 삼키기의 어려움은 건강, 안전 등의 지표가 될 수 있다. 연하곤란이 있는 성인 발달장애인 중 40%는 반복적으로 호흡기계 감염증을 앓았다. 또한 연하곤란에 의해 질식, 탈수, 영양실조 등의 부정적인 건강 결과가 발생하였다(Emerson & Baines, 2010, p. 4).

3. 발달장애인 건강 불평등의 원인

발달장애인의 건강 불평등을 야기하는 원인으로는 크게 여섯 가지가 제기된다. 우선 일반 국민들과 마찬가지로 빈곤, 열악한 거주환경 등 사회적 결정 요인이 있다. 둘째, 장애와 관련된 유전적, 생물학적 요인이 있다. 셋째, 발달장애인에게 더욱 문제가 되는 의사소통의 문제와 건강 교육의 부족이 원인이 되고 있다. 넷째, 개인적으로 건강에 위험을 미치는 행동이 있다. 다섯째, 건강서비스에의 접근 부족과 낮은 건강서비스의 질이 있다. 여섯째, 건강검진에의 접근 부족도 건강 불평등의 원인이 되고 있다(Emerson & Baines, 2010, pp. 6-9).

가. (일반 국민과 동일한) 사회적 결정 요인

발달장애인, 특히 경증 발달장애인의 경우, 빈곤, 열악한 거주 환경, 실업, 사회적 단절, 공공연한 차별과 같이 건강을 안 좋게 하는 일반적인 사회적 결정 요인에 쉽게 노출되는 경향이 있다. 이와 같은 사회적 역경과 건강 상태 사이의 연관성은 발달장애인이 일반 국민에 비해 더 높게 나타난다. 낮은 사회경제적 지위 및 빈곤에의 노출에 따라, 발달장애 청소년은 20~50% 정도 더 많은 건강 문제를 가질 수 있는 것으로 조사되었다. 또한 행동의 어려움이 32% 증가하고, 동료 간의 문제도 27% 증가하는 것으로 나타났다. 학교에서의 왕따 및 차별 경험은 발달장애인의 건강 상태를 악화시키는 것과 관련되어 있다.

나. 유전적 생물학적 요인

중증 발달장애인의 경우 일반 국민에 비해 선천성 기형에 의해 사망할 확률이 높다. 또한 발달장애와 관련되어 있는 수많은 증후군들은 특정 건강 문제들과 관련되어 있다. 예를 들어 선천적 심장병은 다운증후군이나 윌리엄 증후군 발달장애인에게 많이 나타난다. 조기발생 치매는 다운증후군 발달장애인에게 많이 발생한다. 또 시상하부 질환은 프레이더 윌리 증후군 발달장애인에게 더 많이 발생한다.

다. 의사소통의 문제와 건강 교육의 부족

발달장애인들은 신체에 대한 인식이 다소 떨어질 수 있고, 일부는 통증 반응을 억누르고 있을 수도 있다. 또한 의사소통 기술의 제한으로 인해 확인된 건강 욕구조차 다른 사람에게 전달하는 데 어려움을 겪을 수 있다. 결과적으로 보호자들이 건강 욕구의 확인을 위해 중요한 역할을 하게 되지만, 욕구 표현을 잘 인식하지 못함에 따라 어려움을 겪을 수 있다. 또한 발달장애인은 건강에 도움이 되는 식사 등과 관련된 지식이 부족하고 선택이 부족한 상황이다.

라. 개인적인 건강 위험 및 행동

　음식 섭취, 운동, 비만, 술·담배, 성적 건강 등 개인적인 특성도 건강 불평등의 원인이 된다. 우선 음식 섭취 상황을 보면, 지원 주거 형태의 서비스를 받고 있는 발달장애인 중 10% 미만은 균형 잡힌 식사를 제공받지 못하고 있다. 특히 과일이나 야채의 섭취가 부족하다. 보호자들은 일반적으로 정부가 제시하고 있는 음식물 섭취 기준에 대한 지식이 부족하다.

　또한 발달장애인 중 80%는 정부가 추천한 신체활동 최소 수준보다 낮은 수준으로 활동하고 있다. 또한 일반 국민에 비해서는 53~64% 정도 신체적 활동 수준이 낮다. 중증 발달장애인이나 제한적인 환경에서 생활하는 발달장애인은 비활동의 위험 정도가 높다.

　발달장애인은 일반 국민에 비해 과소체중이나 비만 상황일 확률이 높다. 특히 여성, 다운증후군 발달장애인은 비만의 위험도가 높았다. 과체중은 당뇨병의 위험을 증가시킨다.

　일반 국민에 비해 술을 마시거나 담배를 피우는 발달장애인은 적다. 그러나 경도의 발달장애인 중 흡연 비율은 동료들에 비해 높은 수준이다.

　그리고 발달장애인의 성 건강 불평등 정도에 대해 알려진 바는 거의 없다. 하지만 발달장애인들은 성 건강 서비스에 접근하는 데 많은 어려움을 겪고 있으며, 또한 젊은이들이 성과 성행위에 대해 배우게 되는 비공식적인 채널에 대한 접근성도 많이 떨어져 있다. 네덜란드의 조사를 보면, 남성 발달장애인의 경우 안전하지 못한 성행위에 의해 성에 의한 감염 질환 비율이 8배 이상 높았다.

마. 건강서비스에의 접근 부족과 낮은 건강서비스의 질

질이 떨어지는 건강서비스(healthcare)에 의해 건강 불평등 및 피할 수 있는 사망이 발생하고 있다. 조사연구단의 조사에 따르면, 연구 대상 중 29%는 피할 수 있는 원인에 의하여, 즉 양질의 건강서비스가 제공되었다면 사망하지 않았을 수 있는 상황에서 사망하였다(Heslop et al., 2013, p. 4). 일반 평균 9%에 비해 높은 수준이다.

Allerton과 Emerson(2012, p. 923)이 만성질환 및 손상을 가진 영국 성인들을 대상으로 양질의 건강서비스에 대한 접근 정도를 파악하기 위해 대규모 데이터를 사용하여 분석한 조사에는 309명의 발달장애인도 포함되었다. 조사 결과에 따르면, 조사 참여 영국 성인들 중 18%가 보건서비스(health service)를 이용하는 데 어려움을 겪었고 3%가 매우 어려움을 겪었다고 응답하였는데, 이에 반해 발달장애인은 40%가 보건서비스를 이용하는 데 어려움을 겪었고 12%가 매우 어려움을 겪었다고 응답하여 발달장애인의 의료서비스 이용의 어려움 정도가 큼을 보여주고 있다.

발달장애인들이 양질의 건강서비스에 접근하지 못하게 하는 다양한 장벽이 존재하고 있다. 이 장벽들에는 다음과 같은 것들이 포함된다(Heslop et al., 2013, pp. 4-5).

- 서비스에 접근할 수 있도록 도와주는 이동 수단의 부족
- 발달장애를 갖고 있는 것으로 확인되지 않은 상황
- 발달장애에 대한 지식이 부족한 직원
- 발달장애인의 상태가 좋지 않음을 인식하는 데의 실패
- 발달장애인에 대한 불안 또는 확신의 부족
- 다른 분야의 돌봄 제공자들과의 협업 부족
- 보호자 참여에 대한 허락 부족
- 부적절한 추후 지원

바. 건강검진에의 접근도 저하

건강 불평등을 감소시키기 위해서는 1년 단위의 건강검진이 필요하다. 하지만 발달장애인들은 충분한 건강검진을 받지 못하고 있다. 건강검진은 신체적, 정신적 건강 문제를 조기에 찾아내고 치료를 하기 위한 것이고, 이를 통해 보다 나은 건강 성과를 얻을 수 있다. 잉글랜드에서 정기검진을 받을 자격이 있는 발달장애인은 약 24만 명으로 추산되고 있다. 잉글랜드에서는 GP가 발달장애인 또는 관련 상태인 것으로 등록을 해야만 정기검진을 받을 수 있다. 그런데 GP가 등록한 발달장애인은 실제 발달장애인의 수보다는 훨씬 적은 수이다. 또한 GP에 의하여 등록한 발달장애인 중 63% 정도만이 정기검진을 받았는데, 2014년부터 19% 정도 증가한 것이다(Glover, 2014, p. 11).

발달장애인들이 건강검진을 받지 못하는 많은 원인이 존재하고 있다. 예를 들어, 발달장애인으로 등록되었지만 GP가 건강검진을 할 수 없는 경우, 건강검진 자격이 있는 사람으로 분류되어야 하지만 일부의 경우 현재까지 그러지 못해 왔다. 일부 발달장애인은 GP에게 알려져 있기는 하지만, 지방정부 서비스를 받지 못하는 경우가 존재한다. 일부 지역의 경우 등록되었다고 해서 모든 사람들이 건강검진 자격을 얻는 것은 아니다(Glover, 2014, p. 12).

또한 건강검진을 받을 수 있는데 실제 건강검진을 받지 않는 경우도 존재한다. 이 경우 추가적인 전화 상담 등에 의해 건강검진 참여를 촉진시킬 수 있다.

4. 장애인 건강 개선을 위한 서비스
- 개인건강예산(Personal Health Budgets)[14]

보건 및 사회서비스에서 건강서비스를 포괄하고 있고 모든 국민을 대상으로 하고 있기 때문에, 장애인만을 위한 건강 개선 제도를 찾기는 쉽지 않다. 다만 건강 불평등이 심하고 그래서 의료비가 많이 들어갈 수밖에 없는 대표적 계층인 장애인을 위해 2013년부터 개인건강예산제도가 만들어졌기 때문에, 개인건강예산을 중심으로 살펴보았다.

가. 제도의 개요

NHS는 2012년 개혁 조치에 따라 장애인을 대상으로 '개인건강예산(Personal Health Budgets)'을 지급하는 시범 사업을 추진하였다. 2009년부터 시범지역 20곳에서 장애인에 한정하여 시행했고 2013년부터 정식 도입하였다. 대상자도 임산부까지 확대하고 있다. 건강 예산을 지급하여 장애인이 건강하게 살 수 있는 조건을 만들어 병원 서비스를 줄이자는 의도에서 시작한 제도다. 이 제도는 기존에 운영되고 있는 장애인 '개인예산제도(Individual Budgets)'에서 착안한 것으로, 다른 점이 있다면 개인예산제도는 지방정부 돌봄 서비스 예산으로 운영되는 반면, 개인건강예산은 건강에 특화된 것으로서 중앙정부 기관인 NHS 예산으로 지원한다. NHS는 2016년까지 개인건강예산 대상자를 1만 명까지 늘릴 계획이다. 하지만 이것은 높은 산을 등정하는 것에 비유할 수 있는 난제로 여겨지고 있다. 왜냐하면 기존의 의료서비스 제도는 장애인에게 시혜를 베푼다는 시각을 가지고 있기 때문이다. 장애인은 돌봄서비스 또는 건

---
14) NHS(2017c). Personal Health Budgets.

강서비스의 수혜자가 아니라 당사자가 자신의 욕구를 가장 잘 파악할 수 있으면서 자신의 인생을 주도할 수 있다는 신념으로의 이동이 필요하다.

개인건강예산은 개인의 건강 돌봄 및 삶의 질과 관련하여 확인된 욕구를 지원하기 위한 지원액의 총합을 의미한다. 이 지원은 개인(또는 대리인)과 지방정부 보건 위탁기관(the local clinical commissioning group; CCG)이 계획을 세우고 합의한 것이다.

지원 계획(support plan)은 개인건강예산의 핵심이다. 이 계획에 따라 개인은 자신의 건강과 삶의 질의 목표를 확인할 수 있다. 또한 목표를 달성하기 위해 어떻게 예산을 사용할 것인지를 명확하게 할 수 있고, 이에 따라 건강을 유지할 수 있게 된다. 개인예산 접근법은 보건과 사회 돌봄 자금을 통합할 수 있는 가능성과 개인 수준에서 자기 주도 지원의 가능성을 증진시키고 있다.

나. 목적 및 원칙

개인건강예산의 목적은 자신의 건강과 삶의 질 욕구를 만족시키기 위해 사용되는 돈에 대해 더 많은 선택과 통제권을 개인이 갖도록 하는 것이다. 개인은 자신에게 가장 적합한 방식으로 자신들의 욕구를 만족시키는 치료와 서비스를 선택할 수 있다는 것이다.

개인건강예산의 비전은 장기요양이나 장애를 갖고 있는 사람들이 자신들이 받는 건강서비스에 대해 더 많은 선택, 융통성, 통제권을 갖도록 하는 것이다. 개인건강예산은 개인들이 자신의 돌봄에 더 많이 참여하여 논의하고 결정하는 것을 지원하는 방식 중의 하나이다.

개인건강예산의 주요 원칙은 다음과 같다.(NHS 홈페이지)

- NHS는 모든 사람이 지급 능력이 아니라 욕구에 기반하여 서비스를 받아야 한다는 사실을 지지한다.
- 사람들이 받는 NHS 돌봄과 지원은 안전하고 효과적이어야 한다.
- 개인건강예산은 NHS로부터 최상의 결과를 얻지 못하는 사람들이 상황이 악화되기 전에 더 나은 서비스를 받을 수 있도록 지원한다.
- 개인건강예산은 선택적이다. 원하지 않는데도 모든 사람들이 이와 같은 방식으로 건강서비스를 받을 필요는 없다.
- 사람들은 자신들이 원하는 만큼 자신의 결정에 대해 통제할 수 있다.
- NHS와 사회적 돌봄 기관들은 서로 파트너십을 형성하여야 한다.
- 누군가 개인건강예산을 가질 수 없다면, 그들은 지역 NHS 팀에 다른 방식으로 자신들의 욕구를 해결할 수 있는 방안을 요구할 수 있다.

다. 사용처

개인건강예산은 NHS 팀과 함께 합의된 지원 계획에 있는 모든 서비스에 지불될 수 있다. 욕구들은 CCG(Clinical Commissioning Group)에 의해 동의되어야 한다. 하지만 정부의 법률에 의해 술, 담배, 도박, 빚 갚기, 불법적인 것에 사용될 수는 없다.

개인건강예산은 응급치료에 사용될 수는 없다. 예를 들어 개인건강예산을 받고 있는 사람이 사고가 난 경우 다른 사람과 마찬가지로 A&E에 갈 것이다. 하지만 개인건강예산을 x-ray를 찍거나, 고정하거나, 석고붕대를 하는 데 사용할 수는 없다.

또한 개인건강예산은 GP(주치의) 방문, 치과 치료 등과 같은 일차적인 보건 서비스를 구매하는데 사용할 수 없다. 하지만 GP에 의해 추천된 물리치료와 같은 다른 서비스에는 사용할 수 있다.

라. 개인건강예산 관리 방법

돌봄 및 지원 계획이 동의되면, 개인건강예산상의 금액은 다양한 방식으로 관리될 수 있다.

첫째, 명목적 예산의 형태. 돈의 주인이 바뀌지는 않는다. 개인이 금액이 어떻게 사용될 수 있는지 정보를 받고 자신의 욕구를 만족시키는 데 필요한 다양한 방식을 지역 NHS 팀에 이야기하면 된다. 그러면 NHS 팀은 동의된 지원을 관리할 것이다.

둘째, 제삼자에 의해 운영되는 실제 예산의 형태. 다른 기관 또는 트러스트가 개인을 위하여 돈을 관리 운영한다. 이들은 개인이 필요로 하는 것을 결정할 수 있도록 지원한다. 개인과 지역정부 CCG 사이에 합의가 이루어지면, 이 기관들은 돌봄과 지원 서비스를 구매한다.

셋째, 건강서비스를 위한 직접 지불(direct payment) 형태. 개인은 직접 돈을 지급받고, 자신이 필요하다고 판단한 돌봄 및 지원 서비스를 구매한다. 이 서비스들은 지역 NHS 팀과 합의한 것들이어야 한다. 직접 지불 형태를 이용한 개인들은 돈이 어디에 사용되었는지 정산을 하여야 한다. 그러나 개인 또는 그들의 대리인은 그들 스스로 서비스를 구매하고 관리할 수 있다.

개인은 개인건강예산을 직접 지불 형태로 받기 위해서는 별도 계좌를 마련하여야 한다. 이 계좌는 건강서비스를 구매하는 데에만 사용되어야 한다. 그러나 사회적 돌봄 서비스 예산 또는 자립생활기금을 받고 관리하는 데 사용될 수는 있다.

누군가 예산을 받고는 싶지만 스스로 관리하기를 원치 않는다면, 다른 사람이 대신하여 예산을 관리할 수도 있다. 개인건강예산을 스스로 관리할 수 있는 역량이 부족한 사람을 돌보는 사람들도 동일한 관리 방식을 활용할 수 있다. 항상 개인에게 자신의 바람을 묻고 최선의 이익을 마음에 새기는 노력이 필요하다.

사람들은 그들이 선택한 지원서비스를 다양한 방식으로 관리할 수 있다. 스스로 관리하는 방식부터 다른 사람 또는 기관이 자신을 대신하여 지원 계획에 있는 내용을 수행하도록 할 수도 있다.

지원 계획(care plans)은 정기적으로 점검되어야 하고, 건강 욕구가 변하거나 계획이 제대로 작동하지 않는 등 필요한 경우 갱신되어야 한다. 또한 더 이상 이 방식으로 관리되는 것을 원치 않을 경우 개인건강예산을 포기할 수도 있다.

5. 시사점

영국의 사례를 검토한 결과 보건서비스에 대한 접근도 중요하지만 그 이전에 건강서비스에의 접근성을 강화함으로써 예방정책을 강화할 필요가 있음을 알 수 있었다. 또한 공급자 중심의 건강서비스 제공 방식을 벗어나 장애인이 스스로 선택과 통제권을 행사할 수 있도록 예산 방식의 지원이 필요함을 알 수 있었다. 또 장애인 건강 불평등 문제를 해결하기 위해서는 보건서비스 및 건강서비스에의 접근권뿐만 아니라 사회 전반에 걸쳐 장애인에 대한 배제를 극복하기 위한 노력이 필요함을 알 수 있었다.

첫째, 보건서비스에 대한 접근도 중요하지만 그 이전에 건강서비스에의 접근성을 강화할 필요가 있다. 영국의 경우와 마찬가지로 우리나라도 인구고령화, 신의료기술의 발전 등에 따라 의료비가 부담이 될 수밖에 없다. 건강보험료를 무한정 올릴 수도 없고, 건강보험의 보장성을 약화시킬 수도 없다. 그렇다면 의료정책의 궁극적 목표는 병원 방문 횟수를 줄이고 건강을 유지하며 행복한 삶을 지속하는 것이 되어야 한다. 이 경우 보건서비스에 대한 장벽을 높이는 것이 아니라 지역사회에서 보다 건강하게 살 수 있도록 지원하는 정책이 선행될 필요가 있다.

그런데 몸이 불편한 장애인은 평소 적절한 건강관리가 없다면 병원 방문이 늘 수밖에 없다. 따라서 장애인의 병원 치료에 대한 접근권 등 보건의료서비스에의 접근성을 강화하는 것도 중요하지만, 이에 앞서 지역사회에서 건강하게 살 수 있도록 지원하는 정책이 필요하다. 이렇게 하는 것이 영국의 사례에서 보듯 전체적인 비용 측면에서 보면 보다 더 유리할 수 있다.

둘째, 장애인의 선택과 통제권을 강화한 개인건강예산제도의 도입을 고려할 필요가 있다. 영국은 기존 장애인 건강 관련 서비스로는 장애인들의 욕구를 모두 충족시킬 수 없고, 또한 장애인의 선택과 통제권을 강화하기 위하여 개인건강예산제도(PHBs)를 도입하였다. 개인건강예산은 건강에 특화된 것으로서 중앙정부 기관인 NHS가 예산을 지원한다는 점에서, 지방정부 예산으로 돌봄서비스 구매를 지원하는 개인예산제도와는 차이가 있는 것이다. 개인건강예산제도에 따라 장애인의 자기 주도 지원의 가능성을 증진시키고 있다.

개인건강예산제도를 포함한 장애인 건강 정책의 목표는 '액티브 라이프(active life)'이다. 말 그대로 '활기찬 삶'을 살자는 것이다. 스포츠를 통해 자신의 욕구를 어떤 식으로든 충족시켜 보자는 것이다. 이에 따라 개인건강예산을 운동 프로그램에 사용하는 방식으로 운영할 수 있다. 예를 들자면, 근이양증 장애인이 삼발자전거를 구입해 타면서 몸이 변화하여 활력을 얻고 약물 사용량도 줄어들 수 있다.

셋째, 장애인의 건강 불평등 해결을 위한 다양한 노력이 필요하다. 장애인의 건강 불평등 문제는 건강 증진만으로는 해결될 수 없는 것이다. 건강 불평등은 기본적으로 경제적 안정성, 교육, 보건 및 건강서비스, 주변 환경, 사회적 맥락 등에 따라 결정되기 때문이다. 장애인들은 일자리를 구하는 데 어려움을 겪고 있고, 일반 학교 입학도 쉽지 않은 상황이다. 또한 정기검진을 받는데도 많은 제약이 있는 등 보건 및 건강서비스에의 접근에서도 제한이 있다. 일반 체육관, 피트니스 센터 등에의 접근도 쉽지 않다. 모든 분야에서의 배제 문제를 해결하여야 하지만, 우선 건강 불평등을 해결하기 위해 영국의 문제를 참고하면 다음과 같은 방안을 제시할 수 있다. 일반적인 사회적 결정 요인에 대한 노출 감소, 정기 건강검진 확대 등 조기 식별을 위한 노력, 의사소통 개선 및 건강 관련 문헌 및 교육의 개선, 건강 증진 및 건강서비스 분야에서 정당한 편의 제공의 확대, 건강 불평등 제거를 위한 모니터링 강화 등이 해당된다.

제2절 독일

1. 독일의 장애인 건강(권) 정책에 대한 기본적 이해

가. 건강에 대한 개념 및 기본적 이해

'건강'이란 일반적으로 신체적, 심리적 그리고 사회적으로 행복한 상태 또는 신체적, 심리적으로 온전한 활동 능력을 의미한다. 건강한 상태는 고유한 능력과 활동 가능성의 발달을 지원하고 또한 사회적 참여의 준비성을 향상시킨다. 사회적 삶의 참여는 다시금 행복한 상태에 긍정적인 영향을 미치며 따라서 건강에 영향을 준다. 이러한 견해는 장애인의 건강을 이해하는 데 중요한 의미를 가지는데, 왜냐하면 건강이란 한 개인의 신체적이고 정신적인 상태와 사회적 공동체의 참여의 상호작용으로 이루어지는 결과로서 이해하고 있기 때문이다. 그래서 독일은 장애와 질병을 동일시하지 않으며 따라서 건강을 위한 개인의 조건뿐 아니라 사회적 조건도 중요한 요소로서 인식하고 있다.

독일에서 건강을 정의하는 또 다른 중요한 개념으로는 Aaron Antonovsky의 '건강생성론(Salutogenese, 영어 Salutogenesis) 이론'15)을 들 수 있다. 즉 건강이란 이분법적 관점에서 단순히 질병이 없는 상태를 의미하는 것이 아니라 인간은 건강과 질병 사이의 연속선상에서 살아가고 있는데 그 안에서 건강을 위협하는 위험 요인을 감소시키고 더 나아가 개인이 건강에 영향을 미칠 수 있는 저항 자원을 가지게 하는 것을 의미한다(김지연, 2016, pp. 20-21). 그래서 한 개인이 속한 생태학적이고 사회적인 환경에서 개인이 사용할 수 있는 건강 관련 자원이 얼마나 존재하고 소유 여부가 중요한 요소가 된다. 또한 건강생성론의 관점하에서 개인의 건강 상태는 '개인의 내적 외적 자원과 그를 둘러싼 환경의 상호작용의 과정(개인과 환경의 통합성)에 의해 생성된 연속 과정의 한 지점'으로 이해하고 있다(Ristkariet et al, 2005, pp. 473-480; 김지연, 2016, p. 30에서 재인용).

건강을 개인적 요소뿐 아니라 사회적 요소로서 바라보는 건강에 대한 이해는 현재 독일의 장애인 건강 정책의 중요한 열쇠이다. 그러나 처음부터 장애인의 건강을 사회적인 문제로 바라본 것은 아니었다. 2000년대 초반에 들어서 외적·내적인 요인에 의해 장애인의 건강 문제에 대한 관심이 생기게 되었고 장애인 건강 시스템에 대한 요구로 인해 장애인 건강에 대해 본격적인 관심을 가지게 되었다.

---

15) '건강생성론(Salutogenesis)'은 이스라엘의 사회학자인 Aaron Antonovsky가 만든 개념으로 홀로코스트에서 살아남은 사람들을 통해 질병과 건강의 개념을 전통적인 의료적인 관점을 벗어나 사회적인 관점으로 재정립하였고 이때 건강생성론을 핵심개념으로 설명함.

먼저 외적인 요인으로는 2006년 제정된 UN장애인권리협약을 들 수 있다. 왜냐하면 각 조약 협약국들은 '접근권'으로서 장애인들의 건강관리의 틀을 세심하게 검증하는 것과 그 시스템을 계속적으로 발전시키는 것을 강조했기 때문이었다. 특히 장애인 단체 및 지원 단체들은 UN장애인권리협약의 중요한 원리인 자기결정, 평등성 그리고 다양성의 존중을 반영하기 위해 장애인이 이용할 수 있는 건강 시스템 구축과 모두에게 동등한 의료적 조건 및 질적 보장을 마련할 것을 정부에 요구하였다.

장애인 건강에 관한 관점의 변화에 있어서 내적인 요인은 다음의 두 가지 배경에서 찾을 수 있다. 첫 번째 배경은 독일의 국민 보건 시스템 영역에서 지난 수년간의 보건 시스템에서의 문제들을 해결하고 효율성을 높이고 국민들의 욕구에 합당한 건강관리를 보장하기 위한 재구조화가 일어났다. 그리고 더불어 취약그룹들, 예를 들면 사회적이고 건강상의 특별한 상황으로 인하여 또는 인지적·의사소통 어려움을 가지고 있어 그들의 욕구를 충분히 표현할 수 없는 그룹들에 특별한 관심을 가질 것을 요구하게 되었다. 두 번째 배경으로는 인구사회학적인 변화이다. 독일에서는 2016년 기준으로 장애인이 독일 전체 국민의 약 9.7% 수준이었는데 그 수는 매년 증가하고 있다. 그뿐 아니라 전체 장애인 중 약 75%가 중증장애인으로 인정받고 있으며 또한 50세 이상의 장애인이 거의 60%에 도달할 정도로 장애의 중증화, 고령화가 급속히 진행되고 있다(Stätistische Bundesamt, 2016). 이러한 장애인의 고령화는 돌봄 또는 간병의 높은 필요성을 발생시켰고 그와 더불어 장애인들의 실업률과 빈곤의 문제는 장애인의 건강에 엄청난 부정적인 영향을 끼치고 있었다. 특히 장애 여성의 경우 고용의 어려움, 저소득으로 인한 빈곤 가능성의 증가, 출산 및 양육의 어려움 등으로 인하여 건강 시스템에 있어서 더욱 세심한 접근이 필요하게 되었다.

장애인 건강권에 대한 독일 사회의 관심은 우선 법률안에서 구체화되기 시작하였다. 예를 들면 사회법전 제5권(공적 보험) 제2a항(장애인과 만성질환자의 급여)에서 '장애인과 만성질환자들의 특별한 이해(利害)는 고려되어야 한다(Bundesministerium der Justiz und für Verbraucherschutz (BMJV), n.d.a)'라고 진술하여 일반 건강보험 시스템 안에서 장애인의 건강에 대한 욕구와 이해를 인정하였다. 이 진술은 매우 중요한 의미를 가지는데 왜냐하면 독일의 장애인 건강 정책이 추구하는 목표인 '모든 사람들을 위한 건강 시스템'을 확인할 수 있기 때문이다. 즉 장애인을 위한 특별한 전달 체계나 독특한 서비스를 통하여 장애인의 건강권을 확보하는 것이 아니라 일반 건강 시스템 안에서 장애인의 요구와 욕구를 고려하여 모두를 위한 건강 시스템을 만들고자 하는 데 목표를 두고 있는 것이다.

장애인의 건강권을 일반 사회 시스템 안에서 풀어가려고 하는 노력은 독일 사회복지정책의 가장 중요한 원리인 연대성의 원리에서도 확인할 수 있다. 연대성의 원리는 법정 의료보험 틀 안에서 두 가지 방향으로 실현되고 있다. 하나의 방향은 건강한 사람들의 건강하지 못한 사람들에 대한 연대성이다. 이것은 두 그룹이 동일한 보험료를 납부하고 있다는 사실에서 찾을 수 있다. 다른 하나의 방향으로는 고소득자의 저소득자와의 연대성이다. 이것은 보험료가 소득을 고려하여 차등적으로 책정되지만 건강서비스의 혜택은 동일하게 이루어지고 있기 때문이다. 이러한 연대성의 원리는 장애인에게 더욱 중요한 의미를 가진다. 왜냐하면 장애인 또는 만성 환자들은 건강관리를 위해 많은 급여를 필요로 하며 빈곤한 상황에 처할 가능성이 많기 때문에 대부분 특별한 방식으로 사회적인 연대성을 통하여 그들의 건강권을 보장받고 있다.

현재 독일의 장애인 건강 정책은 연대성의 바탕 위에서 의료 영역에서의 건강권 보장을 넘어 일상생활에서 건강을 스스로 관리하고 자기 결정하에 지역사회의 건강 시스템에 참여할 수 있는 환경을 구축하는 데 목표를 두고 있다.

나. 장애인의 건강 실태

독일의 장애인의 건강 실태는 2016년에 연방노동사회청의 위탁으로 ISG 연구소가 조사 분석한 '장애인들의 생활 상황에 대한 정부 참여보고서(Engels, Engel & Schmitz, 2016. pp. 304-330)'를 통해 알 수 있다. 먼저, 조사 대상 장애인들의 12%만이 자신의 건강 상태에 대해 좋거나 매우 좋게 생각하고 있었으며 응답 장애인의 52%는 자신의 건강을 좋지 않거나 나쁘다고 평가하였다. 특히 자신의 건강 상태에 대한 부정적인 평가는 고령 장애인과 여성 장애인, 그리고 만성질환 장애인에게 더욱 뚜렷하게 나타났다. 그뿐 아니라 장애인들은 자신의 심리적인 안녕에 대해서도 단지 39%만이 좋거나 매우 좋은 상태라고 응답하였고 나쁘거나 매우 나쁘다고 평가한 장애인은 18%에 도달하였다. 이러한 결과는 비장애인에게는 각각 56%의 만족도와 7%의 부정적인 인식과는 대비되는 것으로 많은 장애인들이 신체적 및 심리적 상황에 대해서 부정적으로 느끼고 있음을 보여주는 증거이다.

다음으로 질병으로 인한 일상생활의 제한을 묻는 문항에 장애인들은 일년 동안 평균적으로 34일을 질병으로 인하여 일상생활에 제한을 받고 있다고 응답하였다. 또한 응답자의 13%는 30일에서 많게는 180일까지 자신의 장애나 질병으로 인하여 일상생활에 어려움을 겪었다고 대답하였다. 이러한 수치는 비장애인들의 평균인 7일에 비해 거의 5배에 이르는 시간으로 장애인들이 건강의 어려움을 겪고 있는 것으로 드러났다.

병원 방문 횟수는 장애인 건강과 관련한 중요한 척도 중 하나이다. 응답 대상자의 50%가 넘는 장애인은 지난 일년 사이에 병원을 5번 방문하였으며, 34%는 6~12번까지 병원을 찾았고, 14%는 12번 이상의 병원 방문을 통하여 의사의 관리를 받은 것으로 나타나고 있다. 특히 병원 방문이 빈번한 장애인은 18~49세 사이의 연령대(17%)에서 가장 많이 나타났고 연령이 증가할수록 병원 방문 횟수는 줄어드는 것으로 밝혀졌다. 이것은 통상적인 관념과는 달리 청장년층의 연령대에서 의료적 치료와 관리에 대한 욕구가 가장 큰 것으로 해석할 수 있다.

그러나 장애인의 건강에 대한 큰 욕구와는 달리 장애인과 만성질환자들은 일반 건강 시스템에 접근하고 이용하는 데 많은 어려움을 가지고 있었다. 많은 1차 병원기관은 장애인을 위한 물리적이고 구조적인 편의시설이 많이 부족한 실정으로 특히 시각장애인을 위한 편의시설과 지적장애인과 자폐성 장애인이 쉽게 이해할 수 있는 방향지각표시와 언어적 지원이 거의 제공되지 못하고 있었다. 이러한 상황은 2차 병원이나 3차 병원과 같은 전문기관에서는 조금 개선되고 있기는 하지만 전체적으로 많은 병원들은 장애인의 접근권을 위한 시설과 시스템을 갖추지 못한 것으로 드러나고 있다.16)

이와 함께 정보적 접근의 어려움은 무엇보다도 지적 자폐성 장애인에게 또 다른 장벽이 되고 있는데 전문가들은 다음과 같은 문제들을 들고 있다(Die Fachverbände für Menschen mit Behinderung, 2011, p. 2).

· 지적장애 및 중복장애를 가진 사람들에게서 볼 수 있는 질병의 증상, 과정 등에 대한 부족한 인식과 의사들과 의료직업군의 장애인에 대한 치료 가능성에 대한 인식 부족
· 특별하고 복잡한 요구 당사자들을 위한 전문적인 건강 업무의 부족 (예: 희귀질환)

---

16) 건강재단(Stiftung Gesundheit)이 독일 전역의 개인병원 의사 19만 명을 대상으로 공간적 접근권에 대해 조사하였다.

· 외래시설 또는 생활시설 장애인들의 특별한 요구에 대한 충분한 준비와 제공의 부족(예: 많은 시간 필요, 개별적인 지원인, 충분한 이해도를 가지고 접근하는 것 등)
· 건강서비스의 충분하지 않은 접근권과 이용의 어려움
· 치료 약품, 보조 도구 및 치료 도구의 불충분한 관리
· 불충분하고 적절하지 않은 상담 및 참여지원을 위한 의학적 가능성의 부족한 고려
· 지적장애인 또는 그의 동반자와의 의사소통의 어려움

이러한 일련의 조사와 연구들은 장애인의 건강관리의 어려움이 개인의 장애 때문이 아니라 사회적인 차원에서 장애인을 고려하지 않은 일반 건강 시스템에 기인한다는 인식을 가지게 하였다. 그래서 정부와 여러 장애인 단체들이 협력하여 일반 의료 시스템에 존재하는 장벽들을 제거하고 일상생활 속에서 의료 영역, 스포츠 영역, 일상생활 영역 등 장애인이 살아가는 모든 환경에서의 건강권의 보장과 실천을 구체화하고 있다.

2. 독일의 장애인 건강 정책

UN장애인권리협약은 권리로서 장애인의 욕구에 적합한 건강 시스템을 구축하도록 각 국가에 요구하고 있다. 독일 정부는 이러한 요구에 맞추어 연방 차원에서 2011년에 '국가적 행동계획 1.0(Nationaler Aktionsplan 1.0)'을 마련하였고 2016년 6월에는 '국가적 행동계획 2.0(Nationaler Aktionsplan 2.0)'을 다시 설계하여 13개의 행동 영역에서 175개의 전략들을 구체화하였다(Bundesministerium für Arbeit und Soziales(BMAS), n.d.a). 이 중 장애인의 건강권을 보장하기 위한

다양한 전략들도 포함되어 있다. 먼저 국가적 행동계획 2.0의 건강 영역에서는 장애인이 누구나 모든 건강서비스와 건강시설에 제한 없이(무장벽) 접근할 수 있어야 한다는 목표를 가진다. 특히 여성 장애인과 남성 장애인의 차이로부터 발생하는 특별한 요구들을 예방, 질병, 의약품, 치료 과정뿐 아니라 보조인, 의사소통, 그리고 치료 방식에 있어서 고려해야 한다고 바라보고 있다. 이러한 목표를 달성하기 위해 다음과 같은 다양한 전략을 계획하고 있다(Bundesministerium für Arbeit und Soziales (BMAS), 2016, pp. 67-68).

〈표 5-1〉 장애인 건강권 보장을 위한 건강 영역에서의 전략

전략	내용	시작 연도
의료시설에서의 무장벽을 위한 참여, 특히 '무장벽 주치의 병원'	-병원 시설에서의 '장벽' 없는 접근이 가능하도록 새로운 지원 프로그램의 실시와 강력한 실행	2016년
의료보험관리강화법	-치과적 예방 급여를 통하여 장애인의 치과적 관리의 개선 -의료보험을 통한 장기간의 치료 의약품의 허용과 완화 -지적장애인 성인과 중증장애인 성인의 욕구에 적합한 의료 치료센터의 설치 -의료보험조합에서 제공하는 의료서비스에서 장애인 자조 단체의 참여 강화 -유럽연합에서 국가의 경계를 넘어서 건강관리를 위한 국가적 기관을 신설하고 장애인의 병원 시설 접근성에 대한 정보 제공	2015년
건강관리 연구를 위한 연구지원 프로그램	-건강관리 연구의 지원 중심에 특히 '돌봄 시설에서의 관절구축장애를 가진 사람들의 삶의 질과 사회적 참여의 향상'을 위한 연구협회가 위치하여 지원	2012~2016년
장애를 가진 여성의 산부인과적 관리	-연방정부는 지방과의 협력 하에 장애 여성의 산부인과적인 예방 및 관리서비스의 향상을 위하여 어떠한 조치들이 적절한지에 대한 탐색과 급여제공자에게는 여성 장애인을 위한 충분한 서비스의 준비 강화	2016년

자료: Bundesministerium für Arbeit und Soziales. (2016). Unser Weg in eine inklusive Gesellschaft-Nationaler Aktionsplan 2.0 der Bundesregierung zur UN-Behindertenrechtskonvention(UN-BRK). pp. 67-68.

국가적 행동계획 2.0의 건강 영역과 관련한 다양한 전략들은 국가적 행동계획 1.0의 전략과의 연속선에서 진행하고 있다. 그 예로 여성 장애인의 건강권에 대한 전략과 장벽 없는 의료 시스템의 구축을 들 수 있다. 이는 독일 정부가 장애인의 건강 정책에서 중요하게 인식하고 있는 핵심 전략이라 할 수 있다. 이 외에도 장애인의 건강권과 관련하여 국가적 차원뿐 아니라 주정부 및 지방정부 차원에서도 세부적인 행동 계획을 마련하여 UN장애인권리협약을 이행하고 더 나아가 장애인의 삶의 질 향상을 위한 많은 노력을 하고 있다.

3. 장애인 건강(권)제도 현황

독일의 장애인을 위한 건강 정책은 일반적으로 장애인 급여군 중 '의료적 재활 급여'17) 안에서 이루어진다. 의료적 재활 급여는 만성질환과 장애의 예방·제거·완화·보상 및 악화 방지와 생업 능력의 제한과 돌봄 필요성의 최소화·극복·악화방지를 목적으로 제공된다(사회법전 제9권 제26조 제1항)(BMJV, n.d.b). 그래서 건강 상태의 유지 및 향상을 목표로 하는 정책들을 포함하고 있으며 이는 외래 또는 시설에서 이루어지고 있는데 그중 외래급여를 우선적으로 제공한다(Wegweiser Arbeitsfähigkeit, 2015a). 사회법전 제9권 제1장에 따르면 의료적 재활을 위한 급여들은 다음과 같다.

---

17) 독일의 장애인복지서비스는 크게 '의료적 재활 급여', '노동생활 급여', '공동체 삶의 참여 급여'군으로 나누어져 있으며 각각 그 안에 다양한 개별적인 서비스들로 구성되어 있다.

〈표 5-2〉 의료적 재활 급여의 종류

의료적 재활 급여	- 후속치료(Anschlussheilbehandlung) - 아동치료(Kinderheilbehandlung) - 부모재활치료(Medizinische Rehabilitation für Mütter und Väter) - 가족지향 재활(Familienorientierte Rehabilitation) - 종양 에프터케어 급여(Onkologische Nachsorgeleistungen) - 장애아동 및 장애위험에 있는 아동의 조기교육(Frühförderung behinderter Kinder und von Behinderung bedrohter Kinder) - 비의학적 소아과적 급여(Sozialpädiatrische nichtärztliche Leistungen) - 14세까지의 아동을 위한 사회의학적 요양(Sozialmedizinische Nachsorge für Kinder bis 14 Jahre) - 중독환자를 위한 중지치료 (Entwöhnungsbehandlung für Suchtkranke) - 단계적 재편입 (Stufenweise Wiedereingliederung) - 노인재활(Geriatrische Rehabilitation für ältere Menschen)

자료: Wegweiser Arbeitsfähigkeit. (2015a). Medizinische Rehabilitation. http://www.wegweiser-arbeitsfaehigkeit.de/ww/index.php/patienten/medizinische-leistungen/med-rehabilitation에서 2017. 4. 23. 인출.

이러한 의료적 재활 급여들은 공적의료보험기관, 공적연금보험기관, 산재보험기관이 담당하며 일반적으로 건강 회복을 위한 재활서비스라면 대부분 의료보험기관에 의해 제공되고 있으며, 생업 기능의 회복에 목표를 둔 재활서비스라면 대부분 연금기관이 비용을 담당한다. 의료적 재활 서비스를 받기 위한 전제조건으로는 의료적인 필요성이 존재해야 하며 의사 처방전이나 의사 소견서를 첨부하여 재활 담당 기관이 그 전에 허가해야만 한다(Betanet, 2017a). 이렇게 장애인의 건강에 가장 중요한 역할을 하는 '의료적 재활 급여'는 의료적인 바탕 위에서 실시되고 있다. 이와 함께 보충급여로서 장애인의 건강과 관련된 또 하나의 급여는 '재활스포츠와 기능훈련'이 있다. 이러한 다양한 급여 중 몇 가지 급여를 중심으로 제시하고자 한다.

가. 부모재활치료
(Medizinische Rehabilitation für Mütter und Väter)[18]

부모재활치료는 장애인을 위한 직접적인 서비스는 아니지만 장애아동을 포함한 아동이 있는 부모를 위한 급여이다. 왜냐하면 아동을 양육하는 부모, 특히 어머니는 양육의 부담감, 양육 어려움 또는 배우자와의 충돌로 인하여 건강상의 문제들을 경험하기 때문이다. 그래서 어머니에게 의학적인 이유로 어머니 요양시설 또는 다른 적절한 시설에서 재활을 제공하는 급여이다. 이 급여는 예방과 재활을 위한 특별한 의료적 급여로서 이해할 수 있으며 어머니뿐 아니라 아버지도 이 급여의 대상에 포함된다.

급여의 범위로는 특별한 치료적 서비스를 제공하는 입원 시설에서의 치료 또는 재활 조치를 포함한다. 재활 조치에는 다양한 치료 및 강좌를 통하여 질병에 대한 치료 이외에도 어머니의 심리적, 심리사회적인 건강을 촉진하는 지원들이 제공된다. 그리고 가족을 대상으로 심리적이고 관계적인 어려움 상황에 대한 지원도 제공한다. 부모재활치료 급여를 신청하기 위해서는 실제적으로 18세 이하의 아동(장애아동의 경우 21세)을 양육하고 있어야 한다. 이와 함께 부모와 아동의 재활의 필요성이 인정되어야 하며 부모의 재활 필요성으로 인해 아동을 돌볼 수 없거나 분리되어야만 할 때 부모-아동-급여를 신청할 수 있다. 어머니의 재활 기간 동안 아동의 동반은 일반적으로 12세의 연령까지 가능하며 특별한 경우에는 14세까지 가능하다 그러나 장애아동인 경우 연령 제한이 없다. 아동의 동반 여부와 상관없이 재활 급여는 일반적으로 3주 동안 진행되며 의학적 이유가 있는 경우 연장이 가능하다. 이때는 의사가 각 담당 기관에 신

---

18) Verband der Ersatzkassen, n.d.

청하고 그 필요성을 설명해야 한다. 부모치료 급여는 어머니치료조합(Müttergenesungswerk)(Elly Heuss-Knapp-Stiftung Mütter genesungswerk, n.d.)의 시설 또는 동등한 유형의 시설에서만 가능하지만 2015년부터 의료보험조합에서 추천하는 재활기관을 선택할 수 있는 권리가 있다. 부모재활치료의 비용은 의료보험조합과 사고보험기관이 모두 부담하고 있다. 그러나 연금보험기관은 단지 의료적인 급여만 지불하고 부모-아동-급여는 부담하지 않는다.

나. 단계적 재편입(Stufenweise Wiedereingliederung)

단계적 재편입 급여('함부르크 모델'이라고도 부름)는 고용 영역에서 중증장애 또는 건강장애를 가진 근로자를 위한 의료적 급여이다. 즉 중증의 질병을 가진 근로자(시간제 근로자, 직업훈련생, 자영업자도 포함)가 오랜 기간의 노동 불능 상태 이후 직장으로의 복귀를 위한 단계적인 조치를 의미한다. 그러나 이것은 단순히 생산 활동의 기능적인 측면에서의 향상을 의미하는 것이 아니라 장애인 근로자의 건강을 고려하여 직업 활동으로의 전환을 가능하게 지원하는 의료적 급여이다.

단계적 재편입 급여를 받기 위해서는 네 가지 전제 조건을 충족시켜야 한다.
- 장애인 또는 질병을 가진 근로자가 이전의 활동을 최소한 부분적으로 다시 할 수 있다는 의료적 소견서가 필요하다.
- 서비스 이전 또는 서비스 동안 노동 불능 상태임을 제시해야 한다.
- 장애인 노동자는 이전의 근로 현장에 투입되어야 한다.
- 장애인 노동자와 고용주가 단계적 재편입 급여에 동의해야 한다.

그러나 이러한 전제조건 중 장애 근로자의 경우 의료적 관점에서 완전하거나 부분적으로 노동 능력이 가능한지에 대한 여부와 언제 가능한지에 대한 예후가 포함된 재편입 계획을 제시한다면 고용주의 동의 없이 재편입 급여를 신청할 수 있다.

장애인 노동자는 의료적 재활 조치(예: 치료) 후 곧바로 재편입 급여를 받고자 한다면 재활병원에 있는 사회상담가의 의사와 장애인의 상호 협의에 따른 신청서 작성과 장애인 노동자의 활동과 시간 범위와 그 과정 단계들을 기술한 '재편입 계획서'를 작성한 후 실시하게 된다. 재편입 계획서에는 근로자의 양적(매일 활동 시간의 단계적인 증가 계획)과 질적(활동 목록의 단계적 확장 계획) 내용들이 함께 포함되어 있다. 이와 함께 시작 시점과 종결 시점, 단계들에 대한 구체적 내용, 합의된 재편입 계획서의 종료 이전에 해지 권리와 중단 근거, 급여 이용 기간 동안 노동 계약 규정의 중단 등에 관한 진술이 포함되어야 한다(Wegweiser Arbeitsfähigkeit, 2015b).

재편입 급여의 기간은 개별적인 건강 상태에 따라 다르게 나타나지만 일반적으로 6주에서 6개월까지 이용 가능하다. 이때 중요한 것은 수급 장애인은 단계적 재편입 급여 동안 소득대체급여, 즉 의료보험으로부터 의료수당, 연금보험기관으로부터 전환수당, 사고보험기관으로부터 재해수당 또는 노동 불능일 때는 노동 에이전트로부터 실업수당을 받게 된다(Betanet, 2017b).

다. 재활스포츠(Rehabilitationssport: Reha-Sport)와 기능훈련(Funktionstraining)

재활스포츠와 기능훈련은 질병(치료) 이후에 활동 능력의 강화를 위해 제공되는 급여이다. 그래서 의료적 재활의 범위 안에서 제공되는 보충급여로서 이해할 수 있으며 노동 생활 참여 지원을 위한 재활 안에서도 제공되고 있다. 또한 재활스포츠와 기능훈련은 현재 사회부조 틀 안에서 장애인의 편입급여로서 제공되기도 한다. 재활스포츠의 실시를 위한 법적 토대는 「사회법전 제9권(장애인의 재활과 참여)(2001년 7월)」[19])과 「재활스포츠와 기능훈련에 대한 기본적 합의(2011년 1월)」에 근거하고 있다. 그러나 재활스포츠와 기능훈련은 제공 내용에 따라 차이를 보이고 있다, 즉 재활스포츠는 보다 큰 활동, 즉 스포츠 수단과 스포츠적인 활동에 초점을 맞춘다면 기능훈련은 작업치료 또는 물리치료의 수단을 가지고 장애인과 장애 위험이 있는 사람들의 특별한 신체적 구조(근육, 관절 등)의 개선에 목표를 두고 있다(Bundesarbeitsgemeinschaft für Rehabilitation (BAR), 2011, pp. 10-11).

1) 재활스포츠와 기능훈련의 목적

재활스포츠와 기능훈련의 목적은 이전에는 주로 장애인과 만성질환자의 활동 기능과 스트레스 대처 능력의 개선이라는 관점에서 접근하였다면 현재는 그러한 관점에서 벗어나 장애인과 장애를 가질 위험이 있는 사람의 신체적·사회적 안정성에 기여하는 것과 지속적으로 노동생활에 편입하고 사회적 삶에 참여하는 것이라는 목적을 공통적으로 가지고 있다. 그리고 또 다른 중요한 목적으로는 재활훈련과 기능훈련을 받은 후 일상생활에서 스스로 스포츠 활동을 하거나 훈련을 하는 것이다. 이러한 공통적인 목적 위에서 재활스포츠와 기능훈련은 서로 다른 목적을 가지고 제공된다.

---

19) 사회법전은 독일 시민의 권리에 관한 법들을 집대성한 법률로서 총 12권으로 구성되어 있으며 그중 제9권은 장애인의 재활과 참여에 관한 내용을 다루고 있음.

재활스포츠는 장애인과 장애 위험이 있는 사람들에게 그룹 안에서 심리적·신체적 부담 능력을 강화시키는 것을 목적으로 한다. 그래서 장애 유형이나 정도 그리고 장애인의 일반적인 건강 상태에 따라 적합한 훈련을 통하여 개별적인 재활 목표에 도달할 수 있도록 지원한다(BMAS, n.d.b). 특히 재활스포츠의 중요한 그룹으로 여성 장애인을 포함하여 재활스포츠를 통한 자기 강화를 중요한 목표로 하고 있다. 재활스포츠의 구체적인 목표는 다음과 같다(Betanet, 2017c).

- 지구력과 근력의 강화
- 협응 능력과 유연성의 향상
- 자기의식의 강화, 특히 장애 여성과 장애를 가질 위험이 있는 여성의 자기의식의 강화
- 자기 조력을 위한 지원 제공, 자기 책임의 강화, (재활스포츠)참가자의 동기 자극, 그리고 처방받은 재활스포츠 이후 스포츠로의 계속적인 활동

이와는 다르게 기능훈련은 항상 (신체)기관을 지향하고 있다. 즉 기능 유지, 기능 침해의 제거 또는 개선 및 개별적인 신체 조직이나 기관 시스템의 기능 손실의 지연에 기여한다. 그래서 일반적으로 지지기관과 운동기관(근육과 관절 등)의 문제를 가진 경우, 예를 들면 류머티스나 관절염과 같은 퇴행적이고 염증으로 인한 변화에 있어서 기능훈련의 처방을 받는다(상동). 기능훈련의 구체적인 목표는 다음과 같이 구체화할 수 있다.

- 기능 유지와 기능 개선
- 개별적인 기관조직/지체의 기능 손실의 지체

◦ 고통 완화, 운동 개선, 질병 극복에 있어 지원
  ◦ 자조 능력을 위한 도움 제공, 자조 능력 잠재력의 활성화, 장애인과 장애 위험이 있는 사람들의 건강에 대한 자기 책임 강화 및 촉진, 독립적이고 자기책임 하에 움직임 훈련 실시

[그림 5-2] 재활스포츠와 기능훈련의 목표

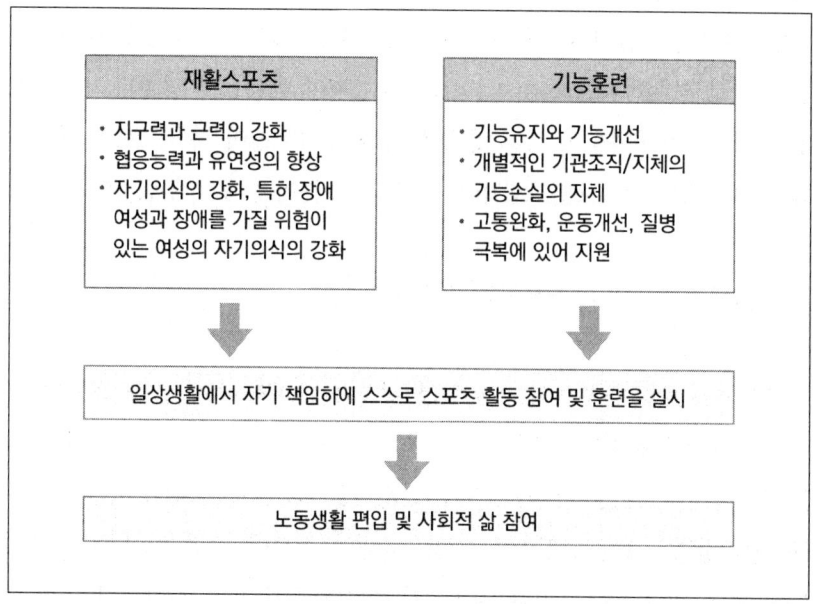

자료: Bundesarbeitsgemeinschaft für Rehabilitation (BAR). (2011). Rahmenvereinbarung uber den Rehabilitationssport und das Funktionstraining, Frankfurt/Main. pp. 0-11.

2) 담당 기관

재활스포츠와 기능훈련의 비용 부담은 연금보험기관, 의료보험조합, 사고보험기관, 사회청과 같은 다양한 기관에서 담당하고 있다. 우선 연금보험기관에서 제공하는 의료재활 급여를 받는 기간 동안 재활스포츠의

의료적인 필요성이 확인된다면 병원 의사로부터 소위 '최종 진단서'에 추천을 받아야 한다. 그리고 치료를 담당하는 의사로부터 재활스포츠나 기능훈련의 동의를 받아야 한다. 재활스포츠는 재활 조치 후 3개월 이내에 시작되어야 한다. 그때 일반적으로 연금보험기관이 비용을 담당한다.

산재보험기관도 의료적 조치와 연계하여 재활스포츠와 기능훈련 비용을 부담하고 있는데 이 경우는 사고보험과 관련 있는 경우(예: 노동사고, 직업병 등)에 해당된다. 그러나 만약 재활스포츠와 기능훈련이 재활을 위한 급여로 전제하지 않는다면 의료보험기관이 비용을 부담한다. 또한 저소득자나 무보험자들의 경우 상황에 따라서 사회청이 재활스포츠 비용을 담당하며 그때 의료보험조합의 비용 부담 수준에 준해서 부담한다.

3) 재활스포츠와 기능훈련의 기간[20]

재활스포츠는 스포츠와 스포츠적 게임과 참여자 수에 따라 목표가 설정되는 운동치료적인 훈련이 포함된다. 그래서 재활스포츠 급여의 범위로서 다양한 스포츠 유형과 연습이 존재할 수 있지만 참여자의 병력과 (현재의)질병, 그리고 장애와 기능 침해의 정도에 따라 크게 좌우된다 (Betanet, 2017b). 그러나 일반적으로 재활스포츠 필요성에 대한 의사의 진단서에 의해 주당 두 가지, 많게는 세 가지 종류의 운동 강좌를 확정하게 된다. 이러한 기간과 시간은 표준 수치에 근거하며 재활운동의 기간은 개인적인 상황에 따라서 다르게 처방된다. 그리고 재활스포츠를 시작하기 전에 급여수급권자는 의사의 처방전을 담당 재활기관, 예를 들면 의료보험기관에 제출하여 해당 비용에 대해 승인을 받아야 한다.

재활스포츠와 기능훈련은 일반적으로 제한된 기간 내에서 장애인에게

---

[20] BAR(2011), pp. 12-15.

제공된다. 왜냐하면 재활스포츠와 기능훈련은 일반적으로 '자기 관리를 위한 도움' 역할로 제공되는 것이기 때문에 재활 목표가 성취된 후에도 지속적으로 자기 책임 하에 스스로 운동훈련을 실시할 수 있도록 도와준다. 그래서 일반적으로 재활스포츠와 기능훈련의 비용은 일정 기간만 담당 기관이 부담한다(BMAS, n.d.b). 그러나 의료적 근거가 있다면 재활스포츠를 장기간 동안 처방받아 이용할 수 있다.

재활스포츠와 기능훈련은 비용 담당 기관에 따라서 제공 기간이 상이하게 나타나고 있다. 예를 들면 연금보험기관이 비용을 담당하는 재활스포츠의 경우 일반적으로 6개월 동안 받을 수 있으며 의료적인 필요성을 증명할 경우 12개월까지 재활스포츠를 받을 수 있다. 6개월 이상의 급여 기간은 다음과 같은 의학적 필요성이 인정되는 경우 가능하다.

- 중증의 만성적 심장질환으로 의사의 관찰이 지속적으로 필요한 경우
- 질병이나 장애로 인하여 재활스포츠 또는 기능훈련을 자기 책임하에 실시하는 것이 어렵거나 또는 계속 불가능한 경우, 예를 들면 질병 증상의 변화로 인하여 연습에 있어 지속적인 적응이 필요한 경우

이와는 달리 산재보험기관이 담당하는 경우 재활스포츠 이용 기간은 제한이 없으며 재수급 또한 가능하다. 왜냐하면 직업상 사고의 경우 재활스포츠 이용이 장기간에 걸쳐 요구될 수 있기 때문이다. 특히 중증의 이동장애(뇌병변장애, 하반신장애, 절단장애, 중증 뇌손상 또는 지체마비)와 시각장애를 가진 사람들의 경우에도 장기간의 이용이 고려된다.

의료보험기관이 비용을 부담하는 경우 일반적으로 의사의 진단서가 있으면 재활스포츠는 50여 개의 연습 목록(표준 수치)을 최장 18개월까지 최소 45분씩 받을 수 있다. 그러나 이동과 자기 관리에서 중증의 장애

와 복합적인 연습이 필요한 특정한 질병을 가진 장애인에게는 120여 개의 연습 목록이 36개월까지 제공된다. 여기에는 소아 뇌병변장애, 하반신장애, 양쪽 지체절단장애, 척추염, 근이영양증, 만성적폐질환, 만성신부전증 등과 같은 다양한 그룹이 속한다. 이와 함께 치료 내성을 가진 뇌전증과 전맹의 시각장애 그룹에게도 이러한 36개월의 급여 이용이 허용된다.

의료보험조합이 비용을 부담하는 재활스포츠에서 심장질환 그룹은 중요한 그룹으로 상황에 따라서 재활스포츠 급여 이용 기간은 상이하게 나타나고 있다. 먼저 만성적 심장질환(혈관 심장병, 심장감염, 심장근질환, 심장판막질환과 심혈관 중재/수술 포함)의 경우 재활스포츠를 90여개의 연습 목록으로 24개월까지 이용할 수 있다. 그러나 심장질환을 가진 아동과 청소년의 경우 동일한 24개월 이내에서 120여 가지의 더 많은 연습 목록으로 재활스포츠를 제공받을 수 있다. 또한 긴급한 심장-순환 정지 이후나 급성심근경색 증상 이후, 그리고 다양한 심장 관련 처치나 수술 이후와 같은 반복적으로 위급한 치료가 끝난 후에는 앞서 언급한 기간보다 훨씬 적은 12개월의 기간 동안 45개 안팎의 연습 목록만 제공받게 된다.

기능훈련의 이용 기간은 연금보험과 산재보험기관이 비용을 부담할 때는 재활스포츠와 기간이 동일하다. 그러나 의료보험기관을 통한 기능훈련의 이용 기간은 일반적으로 재활스포츠보다는 짧은 12개월까지만 해당된다. 만약 만성적이고 진행성인 질환(예: 류머티즘성 관절염, 척추염, 건성관절염) 중증의 운동/이동상의 침해가 있는 장애인에게는 약 24개월까지 이용이 가능하다.

〈표 5-3〉 주무 담당 기관에 따른 재활스포츠와 기능훈련의 기간

구분	재활스포츠	기능훈련
산재보험기관	기간 제한 없음	재활훈련 기간과 동일
연금보험기관	6개월(최대 12개월)	재활훈련 기간과 동일
의료보험기관	18개월(최대 36개월)	12개월(최대 24개월)

자료: Bundesarbeitsgemeinschaftfür Rehabilitation (BAR). (2011). Rahmenvereinbarung uber den Rehabilitationssport und das Funktionstraining, Frankfurt/Main. pp. 12-15.

4) 재활스포츠와 기능훈련의 제공 과정[21]

재활스포츠와 기능훈련을 받기 위해서는 먼저 '의학적인 필요성'이 존재해야 한다. 즉 첫 번째 단계로서 의사의 처방전을 필요로 한다. 예를 들면 의료보험조합에서 제공하는 '재활스포츠/기능훈련을 위한 처방전'을 신청 장애인을 치료하거나 담당하는 의사가 장애(또는 질병)와 그것의 영향에 대해 기술한다. 그리고 그 처방전에는 다음과 같은 내용들이 포함된다.

- ICD-10에 따른 진단과 경우에 따라서는 고려할 사항이 있거나 또는 처방 필요성에 영향을 미칠 수 있는 부가적 진단의 기술
- 재활스포츠/기능훈련의 필요성에 대한 이유와 목표들
- 주당 필요한 연습 목록의 수와 기간
- 적절한 스포츠 유형의 선택을 위한 추천
  - 그룹 안에서의 실시, 의사의 돌봄하에 실시
- 자기 훈련이 어렵다면 그 이유

두 번째 단계로는 '재활스포츠/기능훈련의 지원 신청서'를 재활 담당 기관(연금보험기관, 의료보험조합, 산재보험기관, 사회청) 중 한 기관으

---

21) BAR(2011), pp. 23-27.

로 의사가 제출하여 승인을 받아야 한다. 이때 신청서를 받은 담당 기관은 심사하여 비용 부담 여부를 결정해야 하며 만약 담당 기관이 아니라면 그 신청서를 즉시 담당 기관으로 송부해서 이용 여부를 결정한다.

세 번째 단계로는 비용 부담 담당 기관이 결정된 후 장애인은 지역 내의 적절한 재활스포츠 그룹 또는 기능훈련 그룹에 의사 처방전과 함께 재활 담당 기관의 비용부담증명서를 제출하여 신청한다. 현재 독일장애인스포츠협회 홈페이지에서는 재활스포츠 그룹 목록을 계속 업데이트하여 장애인이 지역 내에서 재활스포츠 그룹을 쉽게 찾을 수 있도록 제공하고 있다.22) 이때 중요한 것은 주거지 또는 근로 장소로부터 가장 가까운 곳에 위치한 재활스포츠 그룹이나 기능훈련 그룹에서 실시하여야 한다는 점이다.

마지막 단계로 재활스포츠 그룹 또는 기능훈련 그룹 내 전문가(리더)의 지도하에 훈련을 받게 된다. 재활스포츠 그룹 또는 기능훈련 그룹을 제공하는 담당 기관은 스포츠보험에 가입해야 하며, 그렇지 않을 경우 연습모임에 참여하는 참가자들을 위해 사고보험에 일괄적으로 가입해야 한다.

재활스포츠와 기능훈련의 신청부터 실시까지의 과정을 표로 정리하면 다음과 같다.

---

22) 독일장애인스포츠협회 재활스포츠그룹 사이트는 다음과 같음: Deutscher Behindertensportverband - National Paralympic Committee Germany(DBS). (n.d.). Rehabilitationssportgruppen in Deutschland. http://www.dbs-npc.de/sportentwicklung-rehabilitationssportgruppen-in-deutschland.html

<표 5-4> 재활스포츠 및 기능훈련 과정

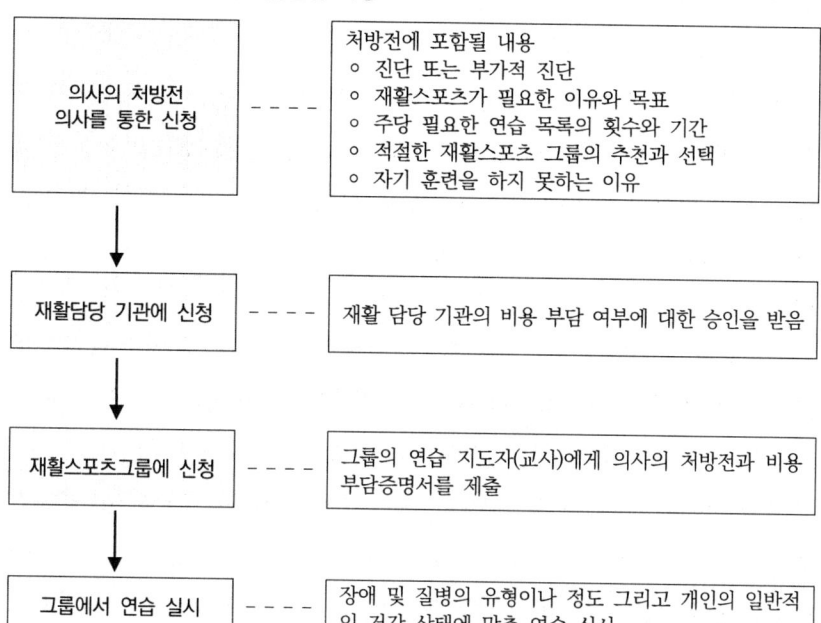

자료: Bundesarbeitsgemeinschaft für Rehabilitation (BAR). (2011). Rahmenvereinbarung uber den Rehabilitationssport und das Funktionstraining, Frankfurt/Main. pp. 23-25.

5) 재활스포츠와 기능훈련의 유형과 실시[23]

재활스포츠는 체조, 육상, 수영, 그룹 운동과 같은 활동을 우선적으로 고려한다. 그리고 이러한 재활스포츠는 항상 그룹 안에서 진행하는 것을 원칙으로 이루어지고 있는데 왜냐하면 그룹 안에서의 심리적, 사회적 능력의 향상이라는 목표에 도달할 수 있기 때문이다. 그러나 장애 여성과 장애 위험이 있는 여성의 자아의식 강화를 위한 연습은 독립적으로 진행되는 특별한 형태로서 제공되어야 한다. 또한 재활스포츠 교육 내용에 유

---

[23] BAR(2011), pp. 16-19.

도, 태권도, 긴장 완화 연습과 같은 다른 스포츠의 적합한 연습 내용을 포함하여 진행할 수도 있다.

재활스포츠에 있어서 중요한 점은 경쟁을 위한 스포츠가 아니며 참여자들 사이에 활동을 비교하는 것을 포함시키지 않는 것이다. 따라서 건강상 부상의 위험이 크거나 격투기 유형과 신변 보호 스포츠(복싱, 레슬링, 가라테, 태권도 등), 그리고 재활스포츠 비용과 비교하여 지나치게 많은 비용을 요구하는 스포츠는 재활스포츠에 포함되지 않는다.

기능훈련은 무엇보다도 치료체조와 작업치료로 구성된 연습을 포함하고 있으며 따라서 치료체조사/물리치료사 그리고 작업치료사에 의해 실시된다. 또한 기능훈련에는 건식체조나 수중체조도 제공한다.

재활훈련과 기능훈련의 실시는 일반적으로 각각 '독일장애인스포츠협회(DBS)'에 속해 있는 지역의 재활스포츠 그룹과 '독일 류머티즘연맹'에 속하는 지역사업공동체에서 담당하고 있다. 또한 재활스포츠는 지방스포츠협회의 소속 단체 또는 그 외 전문 단체와 '심장순환기질환의 중재와 재활을 위한 독일연합 지방조직(DGPR)'의 소속 단체에서도 실시할 수 있다. 기능훈련도 마찬가지로 다른 자조 그룹(독일 골다공증자조협회의 자조 그룹, 독일척추염연맹)에서 실시할 수 있다.

재활스포츠 그룹이나 기능훈련 그룹들은 DBS, DGPR, 독일 류머티즘 연맹의 지역 단체로부터 승인을 필요로 하며 만약 그 그룹들이 앞의 기관 소속이 아니라면 재활 담당 기관의 승인을 받아야 한다. 그리고 모든 재활스포츠 그룹과 기능훈련 그룹의 적합성 여부에 대한 모니터링은 일차적으로 재활 담당 기관에서 이루어지고 있다.

6) 재활스포츠와 기능훈련 그룹 구성과 연습 시간[24]

재활스포츠의 그룹은 그룹의 성격과 참가하는 장애인의 특성, 그리고 연령을 고려하여 다르게 구성되고 있다. 예를 들면 재활스포츠그룹은 일반적으로 1명의 전문가(교사)당 최대 15명의 참가자로 이루어진다. 그러나 자아의식의 강화를 위한 연습의 경우에는 참가자 수를 12명으로 제한한다. 참가자 수의 초과는 예외로서 허용하지만 이때 재활 담당 기관에 그 근거를 설명해야만 한다.

심장질환 그룹에 있어서 재활스포츠 그룹은 담당 의사가 참가자의 수를 정하게 되는데 최대 20명을 초과하지 않는 범위 내에서 이루어진다. 시각장애, 양절단장애, 뇌손상 중증마비를 가진 장애인 또는 다른 유형의 중증장애인 등과 같이 이동 능력과 활동에 많은 어려움을 가진 장애인들의 경우 재활스포츠 그룹 안에서 그들의 수가 7명을 넘지 않아야 한다. 이와 함께 연령도 그룹 구성에 영향을 미치는 요소로 작용하고 있다. 14세 이하의 아동과 청소년의 경우 10명으로 구성된 아동 연습 그룹을 적절한 크기의 그룹으로 보고 있지만 장애를 가진 아동의 경우에는 5명을 초과하지 않아야 한다.

기능훈련 그룹은 기본적으로 1명의 전문가(교사)당 최대 15명의 참가자로 이루어져야 하며 자아의식의 강화를 위한 연습의 경우에는 12명의 참가자로 그룹을 구성하여야 한다. 그러나 질병과 치료 목적으로 제공하는 기능훈련의 경우에는 특별한 그룹을 구성할 수 있다.

재활스포츠와 기능훈련 그룹의 연습은 공통적으로 주당 2회까지, 특별한 근거가 있다면 최대 3회까지 실시할 수 있다. 그러나 재활스포츠의 1회 연습 시간은 기본적으로 최소 45분 동안 이루어지며 심장질환 그룹의

---

24) BAR(2011), pp. 20-21.

경우 최소 60분으로 구성된다. 기능훈련 중 건식체조의 경우 원칙적으로 최소한 30분, 수중치료의 경우에는 최소한 15분 이상 제공해야 한다.

  7) 의사의 돌봄과 전문가의 자격

  재활스포츠와 기능훈련의 실시에 있어서 의사는 중요한 역할을 담당한다. 먼저 장애인과 장애를 가질 위험이 있는 사람의 개별적인 감독은 담당 의사를 통하여 이루어진다. 그리고 재활스포츠 그룹을 담당하는 의사들이 존재하는데 연습 모임에서 참가자들과 교사들에게 필요시 상담을 제공하거나 장애인을 직접 치료하거나 처방을 내리는 (다른)의사들에게 재활스포츠 실시에 있어 고려되어야 하는 중요한 정보를 제공하기도 한다. 특히 심장질환 그룹에서는 그룹을 담당하는 의사의 지속적이고 개인적인 참여가 요구되며 다음과 같은 역할을 담당하게 된다.

- 장애인과 장애를 가질 위험이 있는 사람들에게 적합한 연습을 결정
- 연습 모임을 시작할 때 설문을 통하여 (그룹의) 부담 능력을 확인
- 훈련의 구성과 연습 지도자에 알맞은 지시와 정보 제공
- 연습하는 동안에 참가자들을 감독
- 장애인과 장애를 가질 위험이 있는 사람들에게 상담 제공

  재활스포츠와 기능훈련 그룹을 이끌어 가는 전문가는 특별한 자격증명이 요구된다. 즉 '재활스포츠 지도자'는 독일장애인스포츠협회(DBS)의 교육과정 또는 독일올림픽스포츠협회(DOBS) 분야의 교육을 위한 개괄적 지침에 따라서 배출되며, 심장질환 그룹의 지도를 위해서는 DBS, DOBS와 DGPR(심장순환기질환의 중재와 재활을 위한 독일연합 지방조

직)에서 합의한 자격 과정을 요구하고 있다. 특히 장애 여성과 장애를 가질 위험이 있는 여성 그룹을 진행하는 전문가에게는 더 많은 능력을 요구하고 있다. 예를 들면 장애 여성의 자아의식 강화를 위한 독립적인 연습 모임은 기본적으로 두 명의 여성 교사(지도자)에 의해서 이끌어진다. 그때 한 명의 교사는 DBS의 연수와 후속 교육을 통하여 그룹 연습에 필요한 행동 능력, 전문 능력, 교육방법적 능력, 그리고 개인적이고 사회적인 능력 및 지식을 갖추고 있어야 한다. 이러한 재활스포츠의 양성 과정 및 후속 교육 과정은 모두 재활 담당 기관과 합의하여 이루어진다.

기능훈련에서는 물리치료사/치료체조사 그리고/또는 작업치료사들이 중심적인 역할을 담당하고 있다. 그래서 그들에게는 건식치료와 수중치료에 대한 지식과 류머티즘성 질병과 골다공증 영역에서 특별한 교육과정을 마쳐야 하며 참가자들의 수행 능력과 적절한 훈련 평가를 할 수 있는 임상경험을 요구한다.

라. 지적장애인 및 중복장애 성인을 위한 의료치료센터[25]

지적장애인 및 중복장애 성인을 위한 의료치료센터(Medizinische Behandlungszentren für Erwachsene mit geistiger Behinderung oder schweren Mehrfachbehinderungen: MZEB)는 사회법전 제5권(공적의료보험) 제119c에 포함(2015년 7월부터 효력 발생)되어 복합적인 장애나 중증의 장애을 가진 성인들을 위한 외래치료(방문치료도 포함)를 제공하는 기관이다(Sozialgesetzbuch, 2017). 그래서 장애를 획득한 시기와 상관없이 건강관리에 있어서 복합적인 요구를 가지고 있거나 장애로부터 발생하는 건강상의 문제가 의료적인 일반관리 시스템만으

---

25) Die Fachverbände für Menschen mit Behinderung(2015), pp. 1-14.

로는 충분하지 않은 18세 이상의 성인 장애인들이 의료치료센터를 이용할 수 있다.26) 그리고 인지적 침해, 심리적이고 행동상의 장애, 자폐성 장애, 감각침해, 의사소통과 운동상의 침해 등 다양한 기능상의 침해를 가진 장애인도 지적장애인 및 중복장애 성인을 위한 의료치료센터를 이용할 수 있다.

지적장애인 및 중복장애 성인을 위한 의료치료센터는 독일의 의료 시스템에서 첫 번째 주치의 관리 시스템과 두 번째 전문의 관리 시스템에 이어서 세 번째 단계로 특별한 건강관리 시스템이라는 위치를 차지하고 있다. 그래서 지적장애인 및 중복장애 성인을 위한 의료치료센터의 이용은 단지 장애를 가지고 있다는 것만이 아닌 중첩된 건강관리 시스템에서의 전문적인 관리 시스템으로 충분하지 않을 때 요구할 수 있다. 이러한 관점에서 장애인은 지적장애인 및 중복장애 성인을 위한 의료치료센터를 단독으로 이용하거나 일반관리 시스템의 서비스와 동시에 또는 연결해서 사용할 수 있다.

지적장애인 및 중복장애 성인을 위한 의료치료센터의 건강관리에 대한 구체적인 목표는 다음과 같다

- 건강 상태의 유지와 개선
- 존재하는 기능과 능력의 유지와 개선
- 예상할 수 있는 후속 질병과 합병증의 제거
- 과잉 관리, 과소 관리, 그리고 잘못된 관리의 방지
- 보조 도구 및 치료 도구 관련 사회의료적인 상담과 지원

---

26) 독일에서는 18세 이하의 장애인은 기본적으로 1차의료 시스템인 주치의 제도와 2차의료 시스템인 사회소아과와 청소년의학(Sozialpädiatrie und Jugendmedizin)에 의해 치료 및 건강관리를 하고 있지만 18세 이상의 성인 장애인은 주치의 제도만으로 그들의 다양한 복합적인 요구를 충족시킬 수 없기에 MZEB가 설립되었음.

이러한 목표를 달성하기 위하여 지적장애인 및 중복장애 성인을 위한 의료치료센터에서는 성인 장애인의 욕구에 적합한 의료서비스를 다학제적이고 다학문적·전문적으로 구성된 형태로 제공한다. 그리고 질병을 조기에 인식하고 적절한 치료 계획을 세우기 위하여 지적장애인 및 중증장애인에게 의료급여뿐 아니라 비의료급여(심리적, 치료적. 심리사회적 급여 등)와 돌봄 지원 그룹, 치료 도구 및 보조 도구 제공 그룹을 통한 다른 사회서비스들도 이용할 수 있게 제공한다. 그래서 지적장애인 및 중복장애 성인을 위한 의료치료센터에서는 팀 협력 작업을 통하여 장애인을 치료하고 있으며 각 팀의 구성원은 대상 그룹에 전문화된 지식과 행동 능력 및 의사소통능력을 가지고 있다. 또한 장애인을 치료하는 다른 병원의 의사들 및 편입급여 업무 기관과 공적 건강 업무 기관과도 긴밀한 협력을 통하여 치료 목표와 성과에 도달하고 있다.

〈표 5-5〉 지적장애인 및 중복장애 성인을 위한 의료치료센터에서 제공하는 서비스

	지적장애인 및 중복장애 성인을 위한 의료치료센터
제공 서비스	- 대상 그룹에 특화된 진단, 치료, 재활, 예방 및 사회의료적인 판정을 고려한 전문 감정서와 행동 능력 - 적절한 의사소통 전략을 통한 대상 그룹에 특화된 의사소통(쉬운 언어, 그림, 의사소통 도구, 의사소통 보조인 등) - 의료적 결정이나 의료적 조치의 시행에 있어서 생활환경 또는 사회적 환경의 고려 - 관련 사람들, 돌봄 지원인들, 치료사들, 다른 기관의 의사들과의 협력 - 장애인의 도전 행동이나 협력 거부 또는 제한에 있어서의 전문적이고 적절한 대처 방식

자료: Sozialgesetzbuch(SGB)(2017), Gesetzliche Krankenversicherung.§ 119c SGB V, Medizinische Behandlungszentren. http://www.sozialgesetzbuch-sgb.de/sgbv/119c.html에서 2017. 7. 23. 인출.

지적장애인 및 중복장애 성인을 위한 의료치료센터의 전 치료 과정은 전문적인 질적 보장과 증거 기반의 원칙하에서 다학문적인 팀 접근으로 이루어지며 치료 과정의 중심에는 진단과 다양한 접근을 통한 치료가 자

리 잡고 있다.

첫째, 진단은 장애인의 병력에 관한 정보들과 최신 자료들의 적절한 수집을 통하여 이루어진다. 병력의 경우 과거의 진단과 지난 치료 과정들을 장애 당사자뿐 아니라 관련 사람들(가족)을 통해서 얻는다. 진단을 위한 또 다른 방법으로는 다양한 신체적, 심리적, 신경학적인 검사를 통한 의학적 자료 수집을 들 수 있다. 이때 다른 기관에서 받은 검사가 있다면 협력 작업을 통하여 검사 결과를 요청한다. 이러한 두 가지 방법을 통하여 얻은 진단은 ICD 모델에 따라서 기술하고 그 결과를 장애 당사자에게 이해할 수 있도록 전달하고 장애인의 동의를 얻은 후 관련 사람들(가족이나 보조인)에게 알려준다.

둘째, 치료는 개별적인 치료 목적과 장애인의 감당할 수 있는 능력과 경제성을 고려하여 실시한다. 이때 치료의 출발점은 장애 당사자와의 대화이며 장애의 다양한 증상과 발전 과정, 그리고 부작용을 고려하여 치료 과정이나 세팅 등을 장애인에 맞게 조정한다. 치료 과정에서 중요한 것은 치료 돌봄, 간병인, 돌봄 상담, 상처 관리, 영양 관리, 보조 도구 관리, 지원 의사소통 방법 등에 관한 정보와 지원을 제공하는 것이다.

셋째, 치료 과정 평가로 장애 당사자와 치료에 참여한 사람들과의 치료 목표와 치료 과정에 대한 평가를 함께 실시한다. 평가의 횟수와 평가 세부 사항은 개인별로 다르게 진행할 수 있다. 치료 과정의 평가는 규칙적으로 제공되는 치료(심리치료, 언어치료, 작업치료 등)에서 매우 중요한데 왜냐하면 그것을 통하여 과잉 치료와 과소 치료, 또는 잘못된 치료를 피할 수 있기 때문이다. 그래서 평가 결과를 통하여 치료의 범위, 목적, 그리고 세팅을 조절하며 이때 장애 당사자의 요구도 고려된다.

4. 독일의 장애인 건강 프로젝트

독일 장애인 건강권에서 현재 중요한 흐름은 장애인의 건강관리와 적극적인 참여를 위해 시행 중인 다양한 프로젝트를 들 수 있다. 그 중 '운동과 스포츠를 통한 통합을 위한 연구소(Das Forschungsinstitut für Inklusion durch Bewegung und Sport :FIBS)'에서 진행하는 다양한 프로젝트는 현재 장애인의 건강권과 관련하여 중요한 논의들을 보여주고 있다.

먼저 운동과 스포츠를 통한 통합을 위한 연구소가 연방노동사회청의 위탁 하에 직업지원사무소와의 협력으로 이루어진 시각장애인의 통합을 위한 프로젝트 '시각장애인의 재활에서의 스포츠를 언급할 수 있다. 이 프로젝트는 '시각장애인들의 직업-통합적인 참여'를 위해 연방 차원에서 유효하고 구체적인 행동 지침을 운동과 스포츠를 통하여 만들어 가는 것을 목표로 하였다. 더욱이 이 프로젝트에서는 동료 상담 의미에서 시각장애인들이 다른 장애인들을 위해 운동과 스포츠의 전달자 및 촉진자의 역할을 담당할 수 있게 하였다. 그 결과 의료적 재활을 받는 동안 또는 재활 후 시각장애인들의 규칙적인 스포츠 참여는 삶의 질의 만족도를 향상시켰으며 또한 직무 수행 능력에 영향을 미치는 직업적 능력에 향상을 가져왔다. 더욱이 규칙적인 스포츠는 일상 이동 능력을 위한 시각-운동 능력에 좋은 영향을 미치는 것으로 나타났으며 위기 상황에서도 스스로 극복할 수 있는 내적인 힘을 가지게 되었다.

두 번째는 2015년부터 시작된 프로젝트인 '지원인을 통한 더 많은 스포츠'를 들 수 있다. 이 프로젝트도 노르트라인-베스트팔렌주(Nordrhein-Westfalen)에서 진행하는 것으로 장애인의 스포츠 참여를 위한 지원인 모델을 개발하고 평가하기 위한 목적으로 이루어지고 있다. 장애인 스포츠에 있어서 어려운 점은 지원의 부족으로 예를 들면 스포츠 장소로의 이동과 스포츠 활동 시 참여를 위한 지원 부족을 들 수 있다. 그래서 지원인을 통하여 스포츠에서 더 많은 참여와 지원이 이루어질 수 있는지에 대한 모형 개발을 시도하고 있다. 현재 6개의 모델 지역을 선정하였으며 첫 번째 단계로서 그 지역의 장애인들, 지역 내 스포츠 단체와 스포츠 그룹들, 그리고 전문가들을 상대로 실시하는 인터뷰를 통하여 지원인 모델을 구상 중이다. 이러한 과정을 거쳐 만들어진 모델을 현장에서 실시한 후 평가보고서를 발행할 예정이다.

5. 시사점

지금까지 독일의 다양한 장애인 건강 정책을 살펴보았다. 우리나라와 독일의 건강 시스템은 상이한 시스템과 서로 다른 문화적, 사회적 배경을 가지고 있다. 그래서 독일의 장애인 건강 정책을 단순히 비교하거나 적용하는 것은 어렵지만 앞으로의 우리나라 장애인 건강 정책에서 바라볼 수 있는 의미 있는 시사점들은 다음과 같이 정리해 볼 수 있다.

첫째, 건강 정책의 다양성이다. 독일의 장애인 건강 정책은 기본적으로 '의료적 재활 급여'의 틀 안에서 이루어지고 있다. 그러나 건강 관련 급여들이 의료 현장에서 이루어지는 것이 아니라 고용, 일상생활 등 삶의 다양한 환경을 고려하여 제공되고 있다. 예를 들면 고용 현장에서 질병이나 장애로 인하여 노동생활을 일시적이거나 장시간 중단한 후 다시 노동 현장으로 복귀할 때 '단계적 재편입' 급여를 통하여 직업 활동으로의 전환을 지원받는다. 또한 부모재활치료를 통하여 (장애)자녀 양육으로 인한 부모들의 신체적, 심리적 부담감과 건강에 관해 상담과 치료 등 다양한 서비스를 제공하고 있다. 특히 '여성 장애인'을 위한 건강 정책은 중요한 의미를 가지고 있다. 왜냐하면 여성 장애인이 자녀 양육으로 발생할 수 있는 여러 어려움과 문제들을 부모재활 급여를 통하여 지원받고 있으며 또한 재활스포츠와 기능훈련 급여에 있어서 여성 장애인은 하나의 중요한 그룹으로 일상생활에서 자아의식 강화와 건강관리를 지원받고 있다. 이처럼 가정과 고용, 그리고 일상생활 등 다양한 환경 속에 있는 장애인을 고려하여 그들에게 적절한 건강서비스를 제공하고 있는 상황은 우리에게 의미 있는 시사점을 던져주고 있다. 즉 우리나라의 장애인 건강 정책 또한 삶의 다양한 환경 속에서 발생하는 다양한 욕구를 충족시킬 수 있도록 보다 세분화되어야 할 것이다. 이것은 단지 건강 정책의 수가 증가하는 것을 의미하는 것이 아니라 다양한 환경을 고려한 건강 정책의 설계가 이루어지는 것을 의미한다.

둘째, 재활스포츠와 기능훈련의 중요성이다. 재활스포츠와 기능훈련은 장애와 질병으로 인한 제한된 활동 기능의 향상을 넘어 노동 생활과 사회적인 삶의 참여를 목적으로 제공하고 있다. 특히 재활스포츠와 기능훈련을 통하여 장애인이 일상생활에서 스스로 연습하고 활동하여 건강을 관리할 수 있는 것을 목표로 하고 있다. 이러한 목적들은 건강에 있어서 장애인의 주체적인 역할을 강조하고 있으며 장애나 질병이나 치료 이후의 삶의 질에 초점을 맞추고 있다. 그리고 장애인의 건강 정책은 의료적인 관점하에서 접근하는 것이 아니라 결국 사회 통합 및 사회 참여에 목적을 두고 실시되어야 함을 의미한다. 이러한 재활스포츠와 기능훈련의 목적과 관점은 우리나라의 건강 정책이 의료적 측면에만 치우쳐 있는 상황에서 중요한 시사점을 제시하고 있다. 즉 장애나 질병의 치료 이후 장애인에게 노동 생활과 일상생활로의 복귀와 참여를 가능하게 할 수 있는 건강 지원은 필수적이다. 이를 위하여 병원 내 치료 시설을 이용하는 것이 아니라 지역사회 속의 다양한 스포츠 기관과 건강관리 시설을 이용하여 비장애인들과 함께 스포츠 활동을 할 수 있는 환경을 구축하는 것이 필요하다. 따라서 지역 내의 스포츠 기관과 시설을 이용할 수 있도록 하기 위하여 접근성의 강화와 장애인에게 적합한 재활스포츠 프로그램의 개설, 재활스포츠와 기능훈련을 위한 전문가의 양성 등이 함께 이루어져야 할 것이다.

셋째, 다양한 프로젝트를 통한 건강 정책의 활성화이다. 독일의 각 지역에서는 장애인의 건강과 관련된 프로젝트를 실시하고 있는데 그 예로 시각장애인의 고용 영역에서의 건강 프로젝트와 지원인과 함께하는 스포츠 모델 프로젝트를 들 수 있다. 이러한 프로젝트들은 장애인이 속한 환경 속에서 존재하는 자원들을 활용하여 스포츠 활동에 보다 쉽게 참여할 수 있도록 하는 것에 목적을 두고 있다. 특히 지역사회 속에서 스포츠 활동을 할 수 있도록 지원 시스템을 구축하는 것은 현재 장애인 건강 정책과 프로젝트의 큰 흐름이라 할 수 있다. 이것은 '무장벽 의료(Barrierefreie Medizin)'라는 모토로 통합 건강 정책을 강하게 추진하는 것을 통하여 알 수 있다. '무장벽 의료'의 통합 건강 정책은 지역사회 내 주치의 병원에 장애인이 쉽게 접근할 수 있는 물리적 환경의 구축, 발달장애인에게 적절한 의사소통 제공과 장애에 적합한 의료적 자료들의 제공, 장애인의 특성을 고려한 치료 방식과 상담의 제공 등 모든 장애인이 일반 의료 시스템에 포함될 수 있는 환경을 만들어 가고 있다. 이러한 흐름은 독일의 장애인 건강 정책은 최종적으로 '모두를 위한 건강'을 지향하고 있음을 보여준다. 또한 모두를 위한 건강 시스템은 현재 존재하는 장애인과 비장애인의 건강 불평등을 해소할 수 있는 중요한 전략으로 인식하고 있다.

이렇게 하나의 시스템 안에서 장애 여부와 상관없이 누구나 건강권을 누려야 한다는 독일의 관점은 우리나라의 장애인 건강 정책의 나아가야 할 방향성을 제시하고 있다. 즉 장애인도 자신이 속한 지역사회 속에서 자원을 활용하여 건강한 삶을 스스로 영위하고 주체적인 삶을 살아갈 수 있도록 지원하는 것이 하나의 기본 명제이자 목표가 되어야 한다.

제3절 일본

1. 일본의 국민건강 운동과 건강증진법

가. 21세기 국민건강 만들기 운동(건강일본21)

21세기 일본은 고령화로 인해 질병이나 개호에 대한 부담이 상승하였다. 이에 일본은 질병과 개호에 대한 사회적 부담의 경감이 사회적 과제가 되었으며, 그 해결을 위해 2000년에는 건강일본21 운동을 전개하게 되었다. 이 운동의 이념은 국민 한 사람 한 사람이 건강한 신체로 사회생활을 영위하기 위한 것으로서 건강하게 장수할 수 있도록 지원하는 것으로, 일본의 평균수명과 건강수명 간의 격차를 줄이는 것이 중요하게 되었다. 즉 생활의 질과 인생의 질을 향상시키기 위해 건강일본21의 필요성이 인식되었다고 볼 수 있다. 이 운동에서는 생활습관병을 예방하기 위해 9개 분야에 대한 보건의료 수준 목표가 제시되었다. 9개 분야는 영양·식생활, 신체활동 운동, 휴양·마음·건강 만들기, 금연, 알코올, 치아 건강, 당뇨병, 순환기병, 암 등이다.

건강일본21은 2000년부터 2012년까지 시행되었으며, 2013년부터 2022년까지는 건강일본21(제2차)이 진행 중에 있다. 제2차의 기본 방침은 '건강수명 연장과 건강 격차의 축소', '생활습관병 발생 예방과 중증화 예방 철저', '사회생활에 필요한 기능 유지 및 향상', '건강을 유지하고 지키기 위한 사회 환경 정비', 그 외에도 9가지 생활습관 및 환경 개선을 목적으로 하고 있으며, 목표 설정과 보급 활동을 진행하고 있다(德久幸樹, 2003).

나. 건강증진법(2002년)

2000년에 시작된 21세기 일본 건강 만들기 운동(건강일본21운동)을 적극적으로 추진하는 과정에서 법적 근거가 필요해짐에 따라 2002년에 건강증진법이 제정되었다. 법률 제정으로 인해 국민건강에 대해서는 국민이나 국가 그리고 건강증진 사업 종사자에 대한 책임이 더해졌다(제1장). 또한 법률에 따라 도·도·후·현 건강증진계획 및 시·정·촌 건강증진계획을 세우게 되고(제2장), 건강검사 실시에 대한 방침(제2장), 국민건강과 영향조사를 통해 생활습관병의 발생 상황 파악(제3장), 도·도·후·현에 전문 지식과 기술을 필요로 하는 영양지도와 같은 보건지도(제4장), 특정 급식 시설의 영양관리와 공공시설에서의 금연(제5장), 특별용도표시 및 영양표시기준(제6장) 등이 명시되었다. 이 중에 제2장의 기본 방침은 건강일본21 내용을 기반으로 하였으며, 그 결과 건강일본21 운동은 더욱 체계화되었다. 건강증진법은 동법 제8조에 의하여 도·도·후·현과 시·정·촌에서 건강증진계획을 세우고, 17조의 1과 제19조의 2에서는 생활습관 상담, 보건지도 외 건강증진 사업을 실시하도록 하였으며, 사업을 기획하고 진행할 때는 관계기관과 연대하여야 한다고 명시하였다. 즉 보건소, 복지사무소, 관계 행정기관, 의사회, 치과의사회, 약제사회와 같은 보건의료 관계 단체, 사회복지협의회와 복지 관계 단체, 자원봉사를 포함한 주민 대표와 협의회를 구성하여, 건강증진 사업과 의료 및 복지서비스 그리고 지역과 지역 보건서비스의 유기적인 연대와 조정을 적극적으로 실시하여야 한다는 것이다. 특히 장애인의 경우 국가에서 제정한 장애인만을 위한 건강증진법이 별도로 있지 않기 때문에 관계기관과의 연대는 중요하다고 볼 수 있으며, 이 법에 근거하여 대부분의 장애인 관련 기관에서 별도로 장애인 건강 관련 사업을 진행하고 있다(厚生労働省, 2004).

2. 장애인 건강증진의 법적 근거

가. 장애인기본계획(제3차 계획)

장애인기본계획은 장애인기본법 제11조1항에 근거하여, 장애인의 자립과 사회 참가의 지원을 위한 시책을 종합적이고 계획적으로 추진하기 위해 책정되었으며, 주된 내용은 기본 이념, 분야별 시책의 기본 방향, 추진체제로 구성되어 있다. 장애인 건강과 관련된 부분은 분야별 시책의 기본 방향에 속해 있는 보건·의료, 연구개발 추진, 인재육성 확보와 장애의 원인이 되는 질병의 예방과 치료에 해당된다. 장애인은 비장애인보다는 일반적으로 비만이나 과체중일 확률이 높아, 생활습관병이나 2차 장애 질환에 걸릴 염려가 있다. 그러나 제3차 장애인기본계획(2013년~2017년 5년))에는 장애인 건강증진에 관한 서비스와 제공체제를 충실해야 한다고 명시되어 있지만, 장애인의 건강증진을 포괄한 지원과 장애인 건강 프로그램은 구체화되지 않았다고 할 수 있다(内閣府, 2017a, pp. ⅰ-ⅲ).

나. 장애인백서(2017년)

장애인백서는 장애인기본법 제13조에 근거하여 1994년부터 정부가 매년 국회에 제출하는 '장애인을 위한 시책과 현황에 대한 보고서'이다. 총 3장으로 구성되었으며, 제1장은 공생사회 실현을 위하여, 제2장은 장애인 지원 현황에 대하여, 제3장은 장애인 시책 실시 현황에 대하여 구체적으로 기술하고 있다. 이 중 장애인 건강 관련 내용은 제3장 제2절의 보건·의료 시책에 기술되어 있다(內閣府, 2017a, pp. ⅰ-ⅲ).

3. 장애인 건강증진

가. 장애 예방 생애주기별 건강검진

건강검진은 장애의 원인을 빨리 발견하여 질병 및 중증화를 예방할 수 있기 때문에 필요하며 필요에 따라 보건지도로 연결될 수 있는 기회가 되기도 한다. 페닐케톤뇨증(Phenylketonuria)과 선천성 대사이상 증후군이나 선천성 갑상선 기능 저하증 등의 조기 발견과 치료를 위하여 신생아 대상의 검사를 실시하고 있다. 청각장애 검사도 마찬가지이다. 또한 유아기에는 신체 발육이나 정신 발달이 중요하기 때문에 1.6세부터 3세의 모든 유아들에게 종합검사를 실시하여 그 결과에 따라 적절한 지도를 하고 있다. 학교에서는 입학 당시나 매 학년에 정기적으로 어린이들에게 건강진단을 실시하여 질병의 조기 발견과 그에 따른 조기 치료를 실시하고 있다. 직장에서는 노동자의 건강 확보를 위하여 정기적으로 건강진단을 실시해야 하는 것이 사업자의 의무이다(內閣府, 2017b).

1) 법적 의무 건강진단과 장애인 건강검사(人間ドック)

일본은 법적 의무가 있는 건강진단과 일반 건강검사가 있다. 법적의무가 있는 건강진단은 노동안전위생법에 의거하여 기업이 노동자에게 연 1회 의무적으로 실시해야 한다고 규정하고 있다. 법정 건강진단으로 검사

항목이 정해져 있으며, 검사 항목은 대체적으로 10~15항목으로 비교적 간단하게 구성되어 있다. 우리나라의 건강보험공단에서 실시하는 무료 건강검진이 이에 해당된다고 볼 수 있다.

반면 일반 건강검사는 법적 의무가 아니기 때문에 검사 항목이 정해져 있지 않으며, 복부초음파검사나 위내시경검사 채혈검사 등을 포함하여 검사 항목이 50~100가지나 되며, 가격 또한 보험 적용이 안 되는 경우가 많기 때문에 비교적 비싸다고 볼 수 있다. 우리나라의 일반 건강검진과 같은 것으로 개별적으로 병원을 예약하여 실시한다. 지금까지 장애인들은 노인보건법에 따라 지방자치단체가 주최하는 건강진단을 받아 왔지만 검사율이 낮았으며, 취업률도 낮기 때문에 직장 내 건강진단을 실시하는 장애인은 적은 수에 불과했다. 또한 재가 중증장애인 건강검진사업이 일시적으로 국가와 지방자치단체가 반씩 부담하면서 실시되어 왔지만 그 후 지역자치단체의 사업들이 전면적으로 후퇴하면서 장애인 건강관리체제를 포기하는 지방자치단체가 증가하였다. 그러므로 비장애인들에 비해 건강진단을 받은 장애인들은 굉장히 부족했는데 그 저해 요인으로는 장애인 검사를 위한 설비와 시설들의 부족을 들 수 있다.

이러한 요인들로 인해 1992년부터 장애인을 대상으로 하는 건강검사가 실시되었다. 검사 내용은 일반 병원이나 시설에서 실시되고 있는 것과 크게 다르지 않았지만 장애인을 배려한 검사 도구와 검사 시 배려가 필요한 내용을 선택할 수 있도록 하고 있다. 건강검진은 검사 항목이 많아 건강 체크에 큰 의미가 있지만 전액 자기 부담이 원칙이기 때문에 장애인들에게는 큰 부담이 아닐 수 없다. 이처럼 장애인이 안심하고 이용할 수 있고 이용하기 쉬운 검진 시스템은 적기 때문에 장애인 건강검진은 지방자치단체에서 실시하는 건강진단을 추천하는 경향이 높으며, 장애인들도 충분히 이용 가능하여, 이곳을 이용하는 장애인들이 점점 증가하고 있는 추세이다. 검사 비용 또한 자기부담금액 중 일부를 감액해 주거나 전액을 면제해 주기도 한다(佐久間肇, 2007).

오사카시에서도 장애인 건강진단 사업이 실시되고 있는데 그 목적은 질병의 빠른 발견과 2차 장애 예방에 있다. 적용 대상은 시내에 거주하는 18세부터 74세 이하의 재가 장애인으로 신체장애인수첩과 요육수첩(지적장애인수첩)을 소지한 사람, 정신보건 및 정신장애인복지법 제5조에 해당하는 정신장애인이 대상이다. 다만, 학교보건법, 노동안전위생법 등 건강관리사업에서 실시하는 보건서비스를 받고 있는 사람은 제외한다.

검사 내용은 필수 검사는 무료이며, 선택 검사의 경우 600엔이 추가로 발생한다. 다만 생활보호법에 따른 피보호세대 및 시민세비세제세대에 속하는 사람은 증명서가 있을 경우에는 무료이다(大阪市, 2017).

나. 장애 예방을 위한 건강 지도

장애 예방을 위한 건강 지도로 임산부나 신생아 미숙아가 장애의 원인이 되는 질병을 예방하고 건강을 유지 증진할 수 있도록 가정방문 등 개별 지도에 따른 보건지도를 실시하고 있다. 신체에 장애가 있는 아동이나 기능에 이상이 있는 아동을 빠르게 발견하여 요육 지도를 실시하며, 보건소나 시·정·촌에서 적절한 치료 지도를 받을 수 있도록 하고 있다. 이러한 활동은 장애의 치유 또는 경감에 목적을 두고 있다. 신체장애 아동에게는 요육 상태를 수시로 파악하여 그 상황에 따라 적절한 복지서비스를 지원해야 한다(內閣府, 2017b).

1) 장애인 건강 지도

장애인을 위한 건강 지도는 국가나 지방자치단체가 시스템 차원의 지원 체제로 운영하고 있지 않다. 그 이유는 장애가 있는 사람들은 어떠한 형태로든 정기적으로 병원을 이용하고 있기 때문이다. 그러나 정기적으로 병원에 다니는 장애인들의 경우에도 자신의 장애 관련 검사를 받을 뿐 고혈압이나 당뇨병과 같은 검사는 별도로 받고 있지 않기 때문에 이러한 생활습관병의 조기 발견을 놓치는 경우가 적지 않다는 점을 고려할 필요가 있다.

2) 현장에서 진행하고 있는 장애인 건강 지도

장애인 이용 시설이나 기관에서는 자체적으로 장애인 건강관리를 위한 노력을 별도로 하고 있다. 예를 들면 장애인직업종합센터나 지적장애인 관계기관에서 만든 핸드북이나 매뉴얼은 자체 사업비로 제작하여 배포하고 있으며, 각 시설이나 특수학교, 지역의 보건소 등에서는 자체적으로 제작한 매뉴얼에 따라 장애인에 대한 건강 지도를 실시하고 있다. 특히 지적장애나 정신장애를 가진 사람들은 지속적으로 보건지도를 받을 필요가 있는데 이 또한 의무가 아니기 때문에 건강에 관심 있는 장애인들만이 이용하고 있을 뿐이다.

[그림 5-3] 일하는 당신의 건강관리 핸드북

일하는 당신의 건강관리 핸드북
- 목차 -

1. 당신의 체중을 조심하라
2. 5색 식사
3. 당신의 연령과 5색 식사
4. 식사 시 주의 사항
5. 운동 후 휴식 방법
6. 위생과 몸가짐
7. 지원자에게
8. 자료

자료: 障害者職業総合センター. (2003). 働くあなたの健康管理ハンドブック. http://www.nivr.jeed. or.jp/에서 2017. 8. 14. 인출.

[그림 5-4] 지적장애인 건강관리 매뉴얼

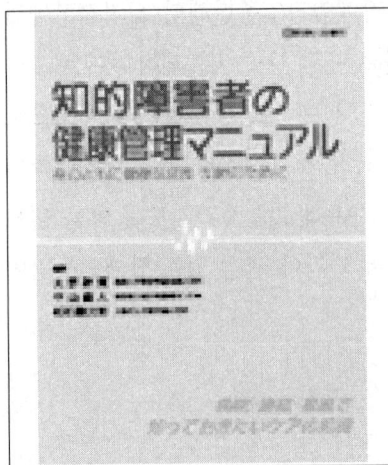

지적장애인 건강관리 매뉴얼
- 몸과 마음의 건강한 성장과 노화(가령, 加齡)를 위한 지적장애인 건강관리 메뉴얼
- 목차-

1. 지적장애란
2. 지적장애의 원인이 되는 주요 질환과 증상
3. 라이프 사이클과 건강관리 어드바이스
4. 조심해야 할 건강사의 문제
5. 지역 건강관리시스템과 각종 서비스

자료: 大野耕策. (2007). 知的障害者健康管理マニュアル. 診斷と治療社.

다. 장애 예방을 위한 생활습관병 예방

　일본은 건강증진법에 근거하여 생활습관병에 대한 대책을 추진한다. 급속하게 고령화가 진행되면서 질병 구조가 변화되고, 질병의 많은 부분을 차지하는 암, 심장질환, 뇌혈관질환, 당뇨병과 같은 생활습관병의 비율이 점차 증가하고 있다. 이러한 현상에 기반하여 젊었을 때부터 생활습관을 개선하고 적극적으로 건강증진을 위해 질병예방에 중점을 둔 대책과 추진이 필요하게 된 것이다. 이와 관련하여 장애인기본계획에도 장애 예방을 위한 생활습관병의 빠른 발견과 치료교육을 위하여 장애인 생활습관병에 대한 지식과 경험이 풍부한 의료와 복지 전문직의 확보를 도모해야 하다고 언급하고 있다. 그러나 장애인을 위한 생활습관병 예방 대책은 별도로 마련되어 있지 않다. 다만 건강증진법이 관계기관과의 연계를 중요시하고 있기 때문에 도·도·후·현과 시·정·촌은 장애인 복지서비스 내용에 장애인 건강을 포함시켜 자체적으로 장애인 건강증진에 관한 사업을 실시하고 있는 곳이 있으며, 복지 현장에서는 자체적으로 생활습관병 예방을 위한 교육과 강좌 프로그램 등이 진행되고 있는 것이 현실이다 (内閣府, 2017c).

[그림 5-5] 생활습관병 대책 지역 연대 위탁 지원 사업(도쿄도 네리마구)

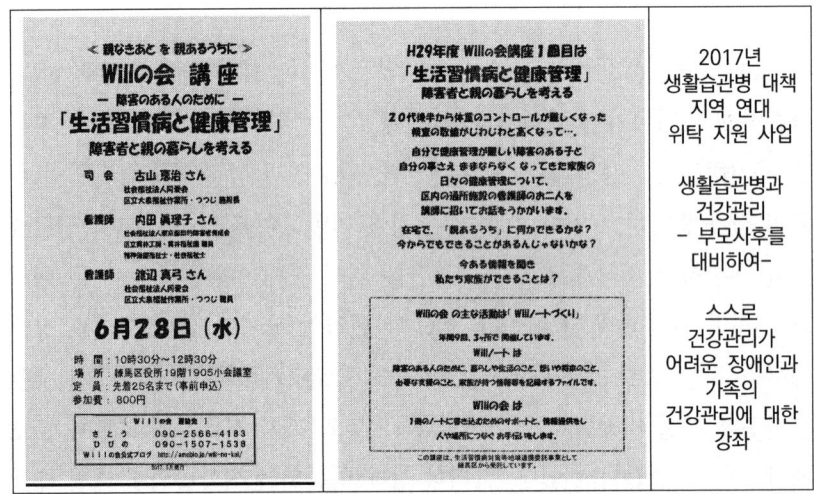

자료: 東京都練馬区. (2017). 生活習慣と健康管理. http://nerimachi.jp/에서 2017. 8. 25. 인출.

라. 주치의(가카리쓰케 의(医))

　후생성은 의료기관의 기능에 따른 역할 분담을 명확히 하고자 각 의료기관이 협력하여 환자 중심의 지역 의료를 진행하고 있다. 그중에 하나가 가카리쓰케 의(医)로 홈닥터 또는 주치의와 같은 의미이다. 가카리쓰케 의(医)는 지역주민과 밀착하여 일상적인 건강 유지 상담이나 고혈압, 당뇨병과 같은 생활습관병 등 만성질환을 진료하고, 전문적인 검사나 입원이 필요한 경우에는 전문병원을 소개함으로써 의료의 역할 분담을 꾀하고자 도입되었다. 질병 예방, 일상 건강관리, 초기에 병을 발견하여 전문적 진료가 필요한 경우에는 전문병원을 소개하고 입원할 수 있도록 지원하는 등의 역할을 한다. 감기나 장염 등과 같은 일과성 급성질환을 치료하고, 증상이 안정된 만성질환(생활습관병)의 치료와 관리를 한다.
　일본의 사회종합정책연구기구27)에서 2014년에 조사한 '일본의료에 관한 의식조사 결과'를 살펴보면 6800여 명의 응답자 중 가카리쓰케 의 (医)가 있다고 응답한 사람은 53.7%이며, 필요하다고 생각한 사람은 17.8%였다. 이러한 조사 결과를 보면 가카리쓰케 의(医)를 활용하는 국민의 수는 점차 늘 것으로 사료된다. 그러나 아쉽게도 장애인들이 얼마만큼 이용하고 있는지에 대한 조사 결과는 없다. 다만 자신의 장애로 인해 병원을 정기적으로 이용하는 장애인에게는 그 의사가 가카리쓰케 의(医)와 같은 역할을 하고 있다고 보인다(厚生労働省, 2017b).

[그림 5-6] 주치의(가카리쓰케 의(医)) 제도

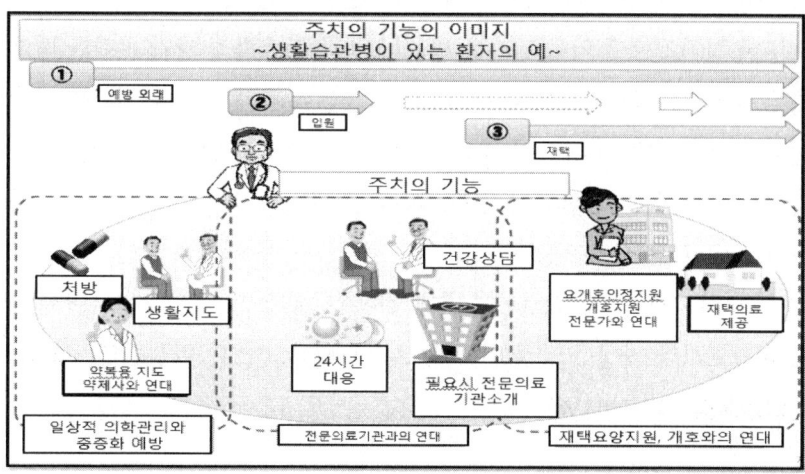

자료: 厚生労働省. (2017b). 横断的事項かかりつけ医機能. http://www.mhlw.go.jp/에서 2017. 7. 29. 인출.

4. 장애인 치과 의료

2012년에 제정된 「치과구강보건추진에 관한 법률」 중 국가 및 지방공공단체가 강구해야 할 시책 중에는 '장애인이 정기적으로 치과 검사를 받

---

27) 일본의사협회에서는 2002년부터 3년에 1회 '일본의료에 관한 의식조사'를 실시하고 있음.

을 수 있는 시책'(제9조)이 있다. 국가 및 지방공공단체는 장애인 또는 개호를 필요로 하는 사람에게 정기적으로 치과 검사를 받을 수 있도록 하며, 치과 진료를 받기가 어려운 사람이 정기적으로 치과 검진을 받을 수 있도록 필요한 시책을 강구해야 한다. 동 법률에 근거하여 도·도·후·현과 시·정·촌은 각자 사업을 실시하는데 주로 도·도·후·현에 있는 구강보건지원센터에서 실시한다. 그 예로 동경도립 심신장애인 구강보건센터에서는 치과 진료, 예방관리·영양지도, 상담, 기능요법으로 섭식·연하 기능요법 등을 실시하고 있다. 또한 장애인의 치과 의료 보급과 계몽을 목적으로 하는 교육 등을 실시하고 있다(厚生労働省, 2017a).

또한 정기적으로 치아 검진을 받거나 치과 진료를 받기가 곤란한 장애인에 대해서는 치과 질환 예방 등 구강 건강 유지와 증진을 계획하고 추진함과 동시에 장애 상황에 필요한 지식이나 기술이 있는 치과 전문직을 육성하기 위한 노력을 하고 있다. 의사, 치과의사 양성 및 평생 학습 등 재활에 대한 교육의 충실을 도모하고, 자질 향상을 위하여 힘을 기울이고 있다. 또한 다양한 케이스나 여러 대상자에게 대응할 수 있으면서 자질을 갖춘 간호사나 직원을 양성할 수 있도록 노력하고 있다(東京都立心身障害者口腔保健センター, 2017).

가. 장애인 치과 의료 기술자 양성 사업

장애인 중에서는 스스로 치통이 있어도 전달하지 못하거나, 충치치료의 필요성을 느끼지 못하는 사람이 있을 수 있다. 또한 신체장애로 인해 치료받기에는 자세가 불편하여 곤란한 케이스도 있다. 이러한 사실에 입각하여 각 도·도·후·현에서는 장애인 치과 진료가 가능한 치과의사나 치과위생사를 육성하기 위하여 필요한 경비를 지원하는 사업을 실시하고 있다. 예를 들면 돗토리현(鳥取縣)의 경우, 현내 치과의사를 대상으로 장애인 치과 지도의 및 인정의사들에 의한 임상실습을 실시하고 있는데 이는 2013년에 제정된 '돗토리현 치아와 구강 건강 만들기 추진 조례'에 근거하여, 현내 치과의사회와 연대하여 전문직 육성을 추진하고 있는 것이다(鳥取縣, 2017).

나. 일본장애인치과학회

장애인치과학회는 1973년 일본심신장애(아)치과의료연구회로 발족하여, 1984년에 일본장애인치과학회로 명칭을 바꾸었으며, 2012년 현재 약 4300명의 회원이 활동을 하고 있다.

일본의 장애인 치과 의료는 1960년대부터 시작되었으며, 오사카에서 지역 의료 활동을 시작으로 전국으로 확대되었다. 처음에는 장애아동이 대상이 되었지만 장애인의 증가로 인해 그 대상이 더욱 확대되었다. 1976년부터 일본대학 마쓰도치과학부에서 특수진료과가 운영 중에 있다. 그리고 현재는 5곳의 치과대학에 장애인 치과학 강좌가 개설되었으며, 타 치과대학에도 부속병원에 장애인을 대상으로 한 진료과가 있다. 한편 치과 의료의 내용도 질환치료에서 보건의료로 확대되었으며, 구강 기능의 재활 분야까지 임상 활동이 활발히 진행되고 있다. 또한 전국의 장애인치과의료에 관련된 일을 하는 회원들 간의 의견 교환과 연구 활동, 의료 보급 활동의 활발한 진행에 학회가 중심적 역할을 하고 있다고 볼 수 있다.

학회가 추구하는 목적은 회원 상호 및 국내외 관련 단체와의 교류 및 장애인치과학에 관한 연구와 교육 및 진료를 통해 장애인의 구강 건강 유지 향상에 공헌하고 국민의 건강과 복지 증진에 기여하는 것에 있다. 학회는 크게 두 축으로 나누어 활동을 하고 있는데 한 축은 대학의 교수와 연구자 그리고 또 한 축은 현장의 치과의사이다. 활동 내용은 학술대회 개최, 연구발표회, 강연회 및 강습회 개최, 학회지 발간, 장애인 치과 관련 자격 인정 사업, 장애인 치과에 관련된 의료, 보건·복지 사업자에 대한 교육과 육성 사업, 장애인 치과 관련 조사 및 합동 연구, 계몽활동 등이다(日本障害者歯科学会, 2017).

5. 장애인 대상의 의료 및 의학적 재활

가. 재활의료의 제공

장애인백서(2017년)에서는, 장애인을 위한 의료와 재활의료는 장애의 경감과 자립 촉진을 위해 불가결하다고 하였다. '장애인종합지원법'에 근거하여 신체장애의 경감을 위해 의료(갱생의료 및 육성의료)와 정신질환에 대한 계속적 치료를 자립 지원 의료로서 명확히 하고 의료비의 자기 부담 일부 또는 전부를 공비로 부담하고 있다. 정부는 2016년도 진료 보수 개선에 따라 의료기관에 대한 평가를 실시하였는데 그 내용은 중증 장애아동과 경증 장애아동에 대한 재택 의료와 입원 의료에 대한 건수였다. 이러한 활동은 장애인기본계획의 장애인이 지역에서 필요한 의료나 재활을 받을 수 있도록 지역 의료 체계를 충실히 해야 한다는 부분과 맥락을 같이한다. 장애인기본계획의 내용을 구체적으로 살펴보면 다음과 같다. 고령화로 인한 장애의 중증화·중복화 예방과 대응이 필요하며, 뼈와 관절 등 기능이나 감각기능의 장애, 고차뇌기능장애 등 의학적 재활기능의 유지, 회복이 기대되는 장애에 대하여 적절한 평가가 필요하다. 이러한 활동을 위해서는 병원에서 지역으로 일괄적인 의학재활을 확보해야 한다.

그러므로 장애인의 건강 유지 및 증진을 위하여, 복지서비스와 연대한 보건서비스 제공 체제를 충실히 해야 하며, 장애로 인해 합병증이 되기 쉬운 질병외상, 감염병 등을 예방하고 합병증이 발견된 장애 및 합병증에 대한 적절한 의료를 확보해야 한다. 더불어 장애인종합지원법을 기반으로 일상생활의 자립과 사회생활 영위를 위해 필요한 의료에 대해서는 의료비 조성을 실시해야 한다(內閣府, 2017d).

1) 지역재활지원체제정비 추진사업

지역재활지원체제정비 추진사업(이하, 추진사업)의 지역재활 기본 이념은 고령자나 장애인이 자신이 살던 익숙한 지역에서 사람들과 함께 평생을 안정하고 활기 있게 생활할 수 있도록 하는 것으로, 보건·의료, 복지, 생활에 필요한 모든 사람·기관·조직이 지역재활에 협력하는 모든 활동을 말한다. 지역재활의 직접 원조 활동으로는 장애발생 예방 추진과 장애의 급성기, 회복기, 유지기에 필요한 재활체제를 정비하는 것이다. 또한 조직화 활동으로서 네트워크와 연대 활동을 강화하여, 원활한 서비스 제공 시스템의 구축과 지역주민과 함께하는 종합지원체제를 정비하는 것이다. 마지막으로 지역주민에게 재활 교육을 실시하고 계몽활동을 실시하는 것이다.

지역재활 활동 지침으로는 장애 발생을 예방하고, 질병이나 장애가 발생하였을 초기부터 재활서비스를 제공하는 것이다. 또한 라이프 스타일에 따라 재활서비스를 계속적으로 제공하는 시스템을 정비해야 하며, 재활이 곤란한 사람들도 사회에 참가, 인간답게 생활할 수 있도록 지역주민들과 함께 종합적으로 지원해야 한다. 본 사업은 2006년부터 국가의 보조 사업에서 도·도·후·현 사업으로 이행되었다. 사업은 도·도·후·현의 재활협의회와 재활지원센터, 지역재활광역지원센터에서 실시하며, 그 내용은 아래와 같다(厚生労働省, 2015).

[그림 5-7] 사이다마현(埼玉縣) 노인·장애 지역재활지원체 정비(예)

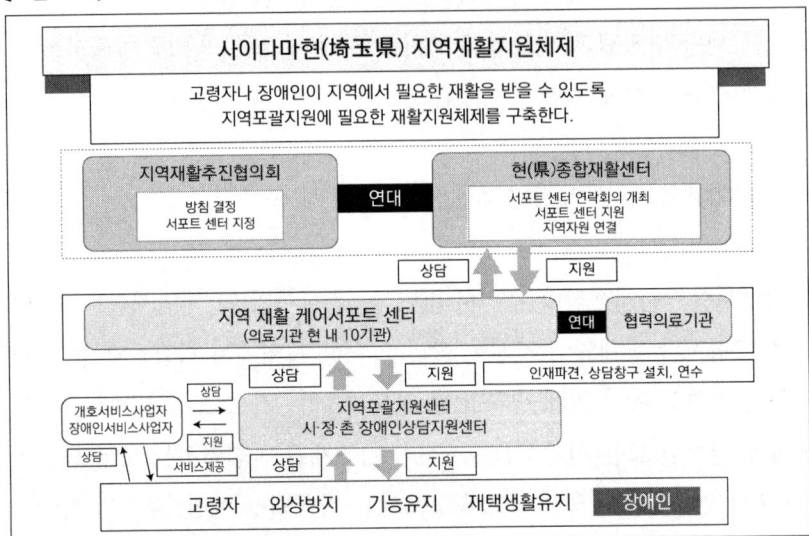

자료: 厚生労働省. (2015). 社會保障新議會介護保險部會(第51回委員提出資料). http://www.mhlw.go.jp에서 2017. 8. 6. 인출.

이렇게 질환, 외상 등에 대하여 적절한 치료를 위해 전문 의료 기관들을 연계해야 하며, 가까운 지역의 의료기관과 가정의 의료제공 체제를 충실히 한다. 그리고 보건소, 정신보건복지센터, 아동 상담소, 지자체 등에 의한 보건서비스의 제공 체제를 충실히 하며, 이들의 연계를 촉진시킨다. 지역과 연계할 곳은 다음과 같다.

가) 도·도·후·현 재활협의회의회 도·도·후·현의 보건·의료·복지 관계자로 구성되어야 하며, 협의회는 의료기관과 보건, 복지담당 기관과의 원활한 연대 확보를 위한 지침 작성 그리고 각 지원센터 지정을 위해 필요한 조정 및 협의를 실시한다.

나) 도·도·후·현 재활지원센터는 사업 추진을 위한 중핵으로서 한 곳이 지정되며, 지역재활광역지원센터를 지원하고, 지역재활 실시 체제에 대하여 조사하는 역할을 맡게 된다. 또한 관계 단체 의료기관과의 연락과 조정을 맡는다.

다) 지역재활광역지원센터는 노인보건복지 권역마다 한 곳이 지정된다. 센터의 역할은 지역재활 실시기관 지원과 재활 시설의 공동 이용, 종사자에 대한 기술 지원과 연수를 실시하며, 지역 관계 단체, 환자 모임 가족 모임 등이 중심이 되는 연락협의회를 설치 운영한다.

라) 지역재활 조정자 양성 연수 사업은 재가의 와상 장애인이나 노인 등에게 최고의 재활서비스를 제공하기 위하여, 지역재활에 관한 조정과 상담 및 지도를 실시하며, 지역재활 조정자 양성 연수를 실시한다. 또한 지역재활의 구체적 지원 활동과 지역재활 조정자에게 필요한 지식 및 기술에 대한 연수를 실시한다. 지역재활 조정자 양성 연수 수강자는 원칙적으로 시·정·촌 공무원으로 재가 와상 노인 등에 대한 보건 또는 복지에 관한 업무에 종사하는 보건사, 간호사, 물리치료사, 작업치료사, 사회복지사나 개호복지사 등이 된다. 이렇게 의료 재활에 종사하는 자에 대한 전문적인 기술과 지식을 가진 인재의 확보와 자질 향상을 도모하고 있다(信州大学, 2017).

2) 의학적 재활 확보

교통사고나 병으로 뇌 손상을 입고 후유증으로 기억력, 주의력, 수행기능, 사회행동과 같은 인지기능이 저하된 상태를 고차뇌기능장애라고 한다. 고차뇌기능장애(高次脳機能障害)는 일상생활 중에 나타나지만, 겉에서는 장애로 보이지 않는 '숨은 장애'로 불리고 있다. 도·도·후·현에서는 고차뇌기능장애에 대한 지원을 실시하기 위해 지원 거점 기관을 설치하였다. 거점 기관에서는 상담 지원 코디네이터가 고차뇌기능 장애인에게 전문 상담 지원을 하며, 관계기관과 지역 지원 네트워크를 연계하는 역할을 맡고 있다. 또한, 고차뇌기능장애 지원 방법에 대한 교육을 실시하는 '고차뇌기능장애 및 관련 장애에 대한 지원보급 사업'을 개시하고, 전국에서 고차뇌기능장애에 대하여 적절하게 대응할 수 있도록 하고 있다.

[그림 5-8] 고차뇌기능장애인 및 관련 장애인 지원보급 사업

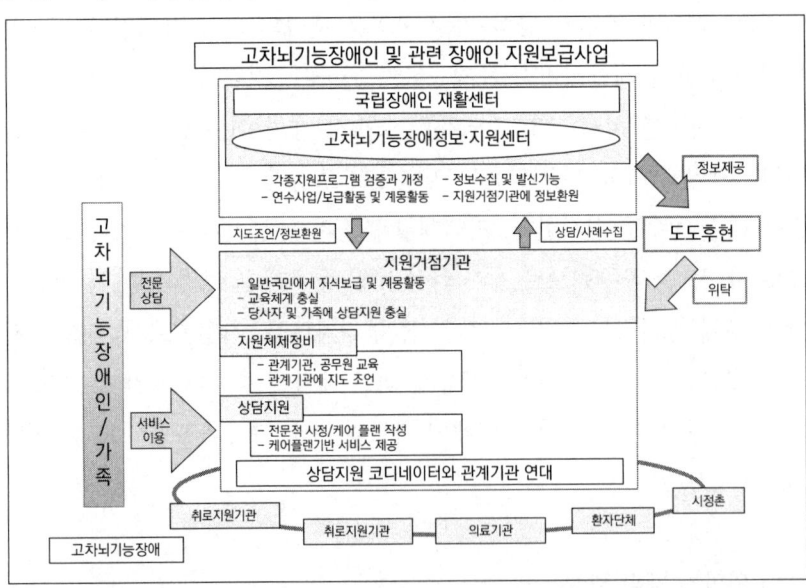

자료: 內閣府(2017a), 障害者白書, p. 145에서 재인용. http://www8.cao.go.jp/shougai/whitepaper/h29hakusho/zenbun/pdf/s3_3-2.pdf에서 2017. 5. 16. 인출.

나. 장애인 보건의료사업

2014년 현재 일본의 도·도·후·현(47곳) 또는 정령지정도시(21곳)에서 실시하는 장애인 시책 독자 사업 중 보건 의료 분야를 살펴보면 총 274개

가 있다. 이 사업의 취지는 장애인이 자신들이 살고 있는 지역 가까이에서 요육 지도와 서비스를 받을 수 있도록 하는 것이다. 주된 내용은 중증장애인에 대한 의료비 조성 사업 또는 치과 진료, 질병에 대한 빠른 발견과 치료, 정신장애인 의료비 지원 사업, 장애아동 지원 사업, 장애인 복지 관계자에 대한 교육 사업 등이 있다. 그러므로 사업 내용에 따라 추구하는 목적이 달라진다고 볼 수 있다(內閣府, 2017e).

1) 시·정·촌 중증심신장애·노인건강관리 지원 사업

장애인에 대한 의료비 지원은 각 도·도·후·현에서 실시하는 중증심신장애·노인건강관리 사업과 각 시·정·촌에서 시행 중인 중증장애인 의료비 조성 사업이 있다. 중증심신장애·노인건강관리 사업은 각 도·도·후·현과 시·정·촌에서 중증심신장애 노인의 의료비의 자기부담액을 조성하고 있다. 특히 중증심신장애 노인이 후기고령자의료제도에 따른 의료를 받았을 경우에도 건강관리에 필요한 비용으로서 일부 부담 금액을 조성받을 수 있다. 대상자는 65세 이상의 후기고령자의료제도 대상자로 신체장애인 수첩 1·2급 소지자, IQ35 이하의 지적장애인, 신체장애인 수첩 3급 소지자로 지적장애 IQ50 이하인 사람이 해당된다. 또한 중증장애인의료비조성사업은 그 대상이 노인뿐만 아니라 중증장애인인 경우에 대부분 지원을 받고 있다. 예를 들어 가와사키(川崎市)시의 경우, 중증장애인의 의료기관에서 검진을 받을 경우 보험 의료비의 자기부담액을 시가 대신 부담하는 것을 의미한다. 대상자는 가와사키시에 살면서 건강보험에 가입한 신체장애인 1·2급, 지능장애지수 35 이하로 요육수첩을 소지한 자, 3급의 신체장애인 수첩을 가진 사람으로서 지능지수가 50 이하인 사람이다. 또한 정신장애인 보건복지수첩을 소지한 정신장애인도 그 대상이 된다(川崎市, 2017).

6. 장애인 의료재활 전문기관[28]

가. 국립재활병원 장애인건강증진 · 운동의과학지원센터

장애인 건강증진에 대한 사회 환경이 최근 수년 사이에 크게 변화하였다. 손상으로 인한 장애인과 가령으로 인해 장애가 있는 사람들의 일상생활을 유지시키고 사회 참가를 촉진시키기 위한 장애인건강증진센터가 2010년 국립재활병원 내에 설치되었다. 2013년에는 장애인건강증진센터의 활동 폭을 장애인 스포츠로 확대시키면서 장애인건강증진·스포츠과학지원센터(이하, 건강증진센터)로 명칭을 변경하였다. 이는 스포츠청의 설치와 함께 건강증진센터의 기능을 더욱 명확히 한 것이다. 건강증진센터는 장애에 기인하는 저해 요인을 극복하고, 건강을 유지하여 장애인이 활동적으로 생활할 수 있도록 하며, 장애인 건강 만들기, 장애인 스포츠 지원, 사회 참가를 통한 장애인의 일상생활 향상과 장애인의 수명 연장을 목적으로 운영되고 있다.

건강증진센터에서는 장애인이 건강을 저해하는 요인을 극복하고, 건강한 생활을 유지하면서 안정감 있게 사회에 참가할 수 있도록 지원하고 있다. 또한 장애를 가진 모든 사람의 생활습관병이나 2차 장애의 실태를 파악하여, 장애를 예방하고 생활습관병 개선 프로그램을 개발하여, 적극적으로 건강 만들기의 참가를 촉진하고, 건강 만들기 환경 정비를 지원하고 보급한다.

---

[28] 장애인 의료재활 전문기관은 国立障害者リハビリテーションセンター(2017)(장애인증진의과학지원센터, 2017)에서 참고함.

1) 생활습관병 예방

국립재활원 장애인건강증진 장애인 스포츠 센터에서도 생활습관병 예방을 실시하고 있다. 특히 외래환자에 대한 비만 예방을 위한 식생활 개선과 영양 지도를 적극적으로 실시하고 있다. 단순히 먹는 양을 제한하는 것이 아니라 즐기면서 식사하고 영양을 섭취할 수 있도록 지도하고 있다. 또한 영양 정보를 홈페이지에서 공개하고 있다.

또한 생활습관병에 관한 연구 조사, 건강 진단, 장애 예방, 특정 진단, 보건지도 프로그램 개발, 신체활동 운동 습관, 담배 알코올 대책, 당뇨병, 순환기병 대책을 위한 프로그램 개발, 건강증진서비스 건강 교실, 운동 교실 개최, 자립지원국 이용자의 건강관리와 증진 프로그램 실행, 건강검진이나 교육 입원(내과계, 운동기계, 신경계 등)과 마음 건강증진 사업을 실시하고 있다.

2) 장애인 스포츠 보급

건강증진센터에서는 스포츠 지원을 큰 축으로 보고 있다. 그러나 어떠한 스포츠든 지나치면 근육이나 관절뿐만 아니라 피부와 같은 세포면과 순환기계 내장에도 영향이 간다. 운동에 따른 부작용은 장애나 질환에 좋지 않은 영향을 끼친다. 그러므로 일반적인 운동뿐만 아니라 운동 종목을 선택할 수 있는 환경이 필요하다. 휠체어 농구는 농구장, 육상경기는 트랙이 필요하다. 이러한 환경을 제공하는 것 또한 지원의 하나라고 볼 수 있다. 현재는 체육관이나 운동장을 개방하여 장애인들이 이용할 수 있도록 하고 있다.

3) 건강 만들기 환경 정비

자립지원국에는 신체장애인, 시각장애인, 고차뇌기능장애를 중심으로 다양한 장애를 가진 이용자가 자립 프로그램에 참가하고 있다. 최근에는 합병증을 가진 이용자의 증가로 인해, 건강관리 부분이 강화되었다. 건강증진센터는 자립지원국의 건강관리실과 협력하여 정기 건강진단을 실시하고 있으며, 생활지도, 대사증후군에 해당하는 사람들에 대한 운동 프로그램을 실시하고 있다. 장애인 건강검사(人間ドック)의 실시가 가능하다. 장애인 중에는 위내시경을 받을 수 있도록 또한 장애 유형에 따른 생활지도를 받을 수 있도록 장애인 정기 건강검진이 운영되고 있다. 장애인의 욕구에 따라 검사 항목을 선택할 수 있다. 리피터의 이용도 많아져 정기적으로 건강을 체크하는 곳으로 이용되고 있다. 또한 법적 의무인 건강검진도 가능하다. 만성기 장애인에 대하여 진찰 시간을 충분히 할애하여 당사자가 가진 문제와 건강에 대한 조언을 받을 수 있도록 하여, 자신의 문제를 정리하고 필요한 대응을 할 수 있도록 하고 있다. 특히 의료기관의 이용이 어려운 장애인들이 적극적으로 활용할 수 있도록 홍보하고 있다.

4) 연구개발 사업

장애 연구 및 개발 부분에서는 건강 만들기 전문위원회를 설치하여, 장애인의 건강 만들기 환경 정비를 촉진하기 위해 '장애인 건강 만들기 가이드라인(가칭)'을 준비하고 있다. 그리고 '실태 조사 워킹그룹'을 설치하여 장애인의 건강 만들기 현황을 파악하고자 한다. 2017년 장애인 헬스 프로모션 사업에 관한 연구를 통해 장애인 헬스 프로모션 사업에 종사하는 전문가(의사, 영양사, 보건사, 지도자 등) 연수를 실시하여, 보급에 필요한 전문 지식 및 기술을 습득하여 장애인 건강증진 확대를 도모하고 있다. 연수에 참가하는 사람은 1) 장애인 건강 만들기나 스포츠 활동 지원에 관한 의학적 관리를 업무하는 의사, 2) 영양사, 보건사 등 장애인 건강관리 업무에 종사하는 자, 3) 장애인 건강 만들기 스포츠 활동 지원을 실시하는 업무에 종사하는 지도자, 4) 스포츠 트레이너 및 스포츠 코치로 소속장이 추천한 사람으로 정하고 있다.

연수 과정은 기초 과정, 건강 커리큘럼, 실기 커리큘럼, 기타 커리큘럼으로 나누어 진행된다.

〔그림 5-9〕 장애인 헬스 프로모션 사업 전문가 연수 과정

[기초 과정]
장애인의 현황과 과제
· 지체부자유자의 특성
· 내과에서 본 운동에 대해

[건강 커리큘럼]
· 장애인의 건강 증진
· 건강증진 프로그램 개론 (보건지도)
· 건강증진 프로그램 개론 (영양지도)
· 건강증진 프로그램 개론 (운동지도)

[실기 커리큘럼]
· 건강 증진 프로그램의 실천
① 휠체어 운동
② 정좌 · 감각 제한 운동

[기타 커리큘럼]
· 장애증상별 검토

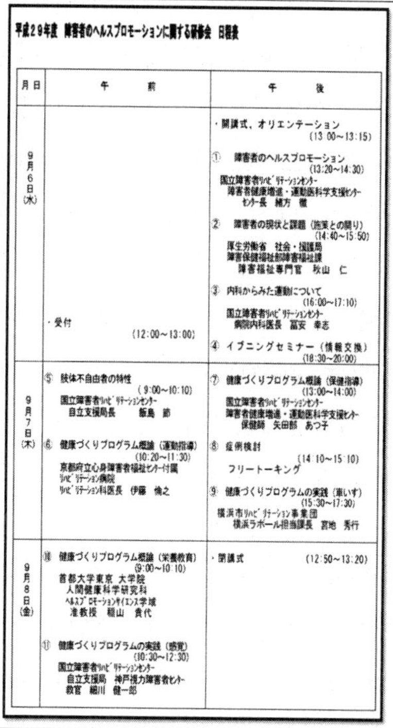

平成29年度 障害者のヘルスプロモーションに関する研修会 日程表

月日	午前	午後
9月6日(水)	・受付 (12:00~13:00)	・開講式、オリエンテーション (13:00~13:15) ① 障害者のヘルスプロモーション (13:20~14:30) 国立障害者リハビリテーションセンター 障害者健康増進・運動医科学支援センター センター長 緒方 徹 ② 障害者の現状と課題（施策との関り） (14:40~15:50) 厚生労働省 社会・援護局 障害保健福祉部障害福祉課 障害福祉専門官 秋山 仁 ③ 内科からみた運動について (16:00~17:10) 国立障害者リハビリテーションセンター 病院内科医長 冨安 幸志 ④ イブニングセミナー（情報交換） (18:30~20:00)
9月7日(木)	⑤ 肢体不自由者の特性 (9:00~10:10) 国立障害者リハビリテーションセンター 自立支援局長 飯島 節 ⑥ 健康づくりプログラム概論（運動指導） (10:20~11:30) 京都府立心身障害者福祉センター付属 リハビリテーション病院 リハビリテーション科医長 伊藤 倫之	⑦ 健康づくりプログラム概論（保健指導） (13:00~14:00) 国立障害者リハビリテーションセンター 障害者健康増進・運動医科学支援センター 保健師 矢田部 あつ子 ⑧ 症例検討 (14:10~15:10) フリートーキング ⑨ 健康づくりプログラムの実践（車いす） (15:30~17:30) 横浜市リハビリテーション事業団 横浜ラポール担当課長 宮地 秀行
9月8日(金)	⑩ 健康づくりプログラム概論（栄養教育） (9:00~10:10) 首都大学東京 大学院 人間健康科学研究科 ヘルスプロモーションサイエンス学域 准教授 稲山 貴代 ⑪ 健康づくりプログラムの実践（感覚） (10:30~12:30) 国立障害者リハビリテーションセンター 自立支援局 神戸視力障害者センター 教官 細川 健一郎	・閉講式 (12:50~13:20)

자료: 国立障害者リハビリテーションセンター. (2017). 障害者健康増進 · 運動医学支援センター. http://www.rehab.go.jp/에서 2017. 8. 19. 인출.

장애인재활센터는 전국 도·도·후·현에 설치되어 있으며, 지역에 알맞은 장애인 건강증진을 위한 내용이 진행되고 있다.

7. 장애인 스포츠 사업

가. 지역 장애인 스포츠보급 촉진 사업

일본은 2020년 장애인올림픽을 앞두고 2011년에 스포츠기본법이 제정되었다. 이 법은 장애인이 자주적이고 적극적으로 스포츠를 할 수 있도록 해야 하며, 장애 유형 및 정도에 필요한 배려를 통해 스포츠를 할 수 있어야 한다고 규정하고 있다. 동 사업은 지역 장애인의 스포츠 레크리에이션 환경 실태에 대해서 파악하고, 올림픽 선수의 육성, 비장애인과 장애인이 함께 스포츠 활동이 가능한 지역 만들기를 목표로 하고 있다. 또한 후생노동성에서 실행 중인 스포츠나 레크리에이션을 활용한 재활과 사회참가를 촉진하고, 연대와 협동을 기본으로 한 장애인 스포츠를 통하여 건강장수사회와 공생사회 구축에 기여하는 것을 목적으로 하고 있다(スポーツ庁, 2016).

이 사업은 2012년부터 점차 확대되어 담당 부서를 설치하는 시·정·촌이 꾸준히 증가하고 있으며, 2015년도부터는 모든 도·도·후·현에서 장애인 스포츠 경기대회를 실시하고 37개 도·도·후·현이 장애인 스포츠지도자 양성강습회를 실시하는 등 지방자치단체가 적극적으로 이 사업에 참여하고 있다고 볼 수 있다. 2016년 장애인 스포츠관련 사업과 예산은 총 35억 엔으로 2020년 도쿄올림픽 대회를 앞두고 경기력 향상과 저변 확대와 장애인 스포츠 경기력 향상을 위해 강력하게 추진하였다고 볼 수 있다. 장애인 스포츠 저변 확대 사업으로는 장애인 스포츠 보급 및 촉진 사업, 특별지원학교 장애학생 스포츠 활동 실천 사업, 일본장애인 스포츠협회 보조금, 전국장애인 스포츠대회 개최 사업, 체육 활동 과제 대책 추진 사업이 해당되며, 총 6억 4000만 엔이 지출되었다. 장애인 스포츠 경기력 향상을 위한 사업에는 경기력 향상 사업, 하이포퍼먼스 사업, 국제트레닝센터 경기별 강화 거점 시설 활용 사업이 해당되며 총 28억 6000만 엔이 소요되었다.

이 사업은 장애인의 스포츠지원과 함께 올림픽선수 육성이 목표이지만 앞으로 장애인의 스포츠 활성화에 크게 기여할 것으로 사료된다. 특히 특별지원학교에서 실시되는 방과 후 재학생과 졸업생이 참여할 수 있는 장애인 스포츠 활동에 대한 지원은 장애인의 건강관리에 크게 기여할 수 있을 것이다(笹川スポーツセンター, 2016).

[그림 5-10] 지역 장애인 스포츠 보급 촉진 사업

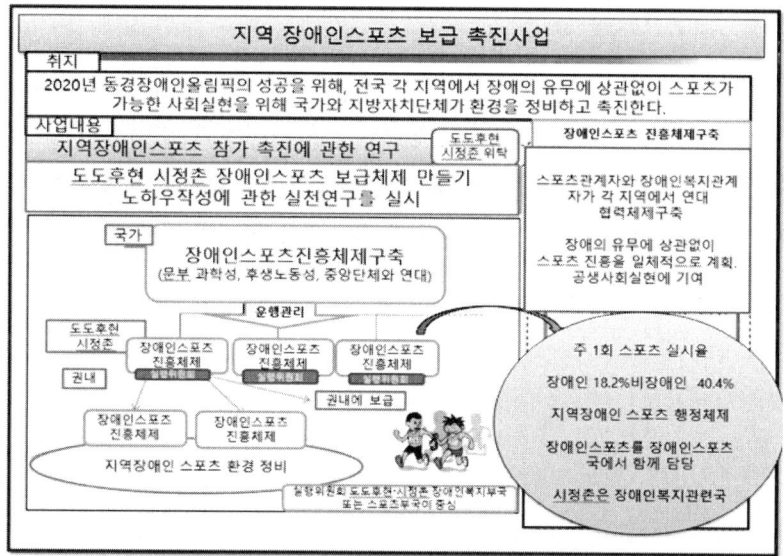

자료: スポーツ庁. (2016). 地域における障害者スポーツ普及促進にかんする有識者会議. http://www.mext.go.jp, p. 39에서 2017. 8. 29. 인출.

나. 장애인 스포츠 센터

장애인의 운동과 스포츠 활동이 가능한 시설은 전국에 139곳이 있다. 대부분의 도·도·후·현과 시·정·촌에 장애인 스포츠 센터가 존재하고 있다. 장애인 스포츠 센터는 장애인의 '완전 참가와 평등'의 실현을 위해 장애인 스포츠와 레크리에이션을 통한 장애인 건강 만들기와 사회 참가의 촉진을 위해 설립되었다. 도쿄도장애인종합스포츠 센터의 이용 시설을 살펴보면 다음과 같다. 내부시설로는 농구·핸드볼·배드민턴·보치아·골볼이 가능한 코트가 있으며, 트레이닝실, 탁구실, 사운드테이블테니스실 등이 있다. 외부시설로는 잔디운동장, 휠체어테니스장 등이 있어 많은 장애인들이 이곳을 이용하고 있다(東京都障害者総合スポーツセンター, 2017).

1) 장애인 스포츠 지도자 제도

장애인스포츠협회에서는 공인 장애인 스포츠 지도자 양성제도 도입하여, 일본의 장애인 스포츠 보급과 발전을 목표로 장애인 스포츠 환경을 구축하고 필요한 인재 양성과 자질 향상을 위해 장애인 스포츠 지도자 양성에 힘을 쏟고 있다.

> 1. 초급 장애인 스포츠 지도원
> 지역에서 활동하는 지도자로 주로 처음 스포츠를 접하는 장애인에게 스포츠의 즐거움과 재미를 중심으로 지도할 수 있는 기쁨을 중시한 스포츠 도입을 지원. 18세 이상인 자
>
> 2. 중급 장애인 스포츠 지도원
> 지역의 장애인 스포츠 지도자로서 현장에 대한 충분한 지식과 기술을 바탕으로 지도가 가능한 사람. 초급 장애인 스포츠 지도원 자격을 취득하고 2년 이상 경과 한 사람으로 80시간 이상 활동 경험이 있는 자. 또는 일본 체육 협회 공인 스포츠 지도원 자격 (스포츠 리더 제외)취득한 자로 3 년 이상의 교육 경험을 가진 자.
>
> 3. 고급 장애인 스포츠 지도원
> 현재 리더로서 현장에서는 장애인 스포츠에 대한 고도의 전문지식과 풍부한 경험을 가지고, 지도와 지도원을 리드할 수 있는 자. 중급 장애인 스포츠 지도원 자격을 취득하고 3년 이상 경과한 자로 120 시간 이상 활동 경험이 있는 자.
>
> 4. 장애인 스포츠 코치
> 각종 경기에서 장애인 선수를 육성하고 강화시킬 수 있는 자. 상급 또는 중급 장애인 스포츠 지도원 자격을 가지고 있으며, 당 협회의 가맹경기단체가 추천한 자
>
> 5. 장애인 스포츠 의사
> 장애인 스포츠·레크리에이션 활동에 필요한 의학적 관리와 지도, 지원이 가능한 자. 또한 일본의 의사 국가자격을 가지고 5년 이상 경과한 자
>
> 6. 장애인 스포츠 트레이너
> 장애인의 스포츠 활동에 필요한 안전 관리 및 경기력을 유지시키고 향상시킬 수 있는 자. 아래 ①, ②의 어느 하나에 해당하는 자
> ① 일본 체육 협회 공인 아틀레틱 트레이너 자격을 가지고 있는 자.
> ② 본 협회 가맹 경기 단체 등에서 활동하고 있는 사람으로 해당 가맹 경기 단체에서 추천한 물리 치료사, 작업 치료사 등의 국가 자격을 가진 자.
>
> 7. 인정교 : 공인 장애인 스포츠 지도원의 자격 (초급 및 중급 장애인 스포츠 지도원) 취득을 희망하는 학생들에게 편의를 도모하기 위해, 신청할 수 있는 자격을 인정하는 학교를 지정하고 있다.

자료: 日本障害者スポーツ協会. (2017). 障害者スポーツ指導者制度. http://www.jsad.or.jp/training/index.html에서 2017. 8. 29. 인출.

8. 연구개발

일본은 장애인 건강을 위한 중앙센터나 컨트롤 타워는 없는 것으로 보인다. 그러므로 장애인 건강 관련 통계나 데이터베이스 구축, 정보 제공, 건강 교육자료 개발과 교육을 실시하는 곳과 건강권 백서 발간 및 연구개발 사업 또한 별도로 진행되고 있는 것은 없다고 볼 수 있다. 조사 결과 장

애인 건강에 대한 정부 차원의 연구는 후생노동과학연구의 '장애인정책종합연구사업'에서 중점적으로 진행하고 있는데 주된 연구 내용은 장애 원인이 된 질환의 원인, 병의 해명, 효과적 예방, 진단, 치료법 등이다. 다만 일본은 이러한 연구의 성과를 성과로만 두지 않고 실제로 현실화를 위한 작업을 실시하고 있다. 대체적으로 크게 4가지로 나누어 진행하고 있는데 그 내용은 다음과 같다. 첫째 혁신적인 의약품·의료기기의 개발을 촉진하기 위해 연구 지원 임상 연구·치료 환경의 정비, 독립행정법인 의약품의료기기종합기구의 약사전략상담(藥事戰略)의 활용을 추진하고 있다. 둘째로는 최신 지식과 기술을 활용하고, 윤리적 측면을 고려하면서, 질병의 원인을 해명하고, 예방, 치료에 관한 연구개발을 추진하고 있다. 셋째로는 재생의료 및 개별화 의료와 같은 새로운 의료 분야에 많은 장애인과 환자가 혜택을 받을 수 있도록 연구 개발 추진 및 실용화 가속에 임하고 있다. 넷째로는 뇌 기능 연구의 추진으로 고차 뇌 기능 장애, 감각인지 기능장애에 관한 새로운 진단법 개발, 의료 재활의 효율화 및 훈련 프로그램의 개선을 추진한다. 장애인의 생활 기능 전체의 유지·회복을 위한 재활 기술 개발을 추진하고 있다(內閣府, 2017e).

이상에서 살펴본 바로부터 일본의 장애인 건강증진 정책에 대해서는 몇 가지의 결론을 내릴 수 있다.

첫째, 장애인 건강을 대상으로 한 정부 차원의 직접적인 법률이나 제도는 존재하지 않는다. 그로 인해 장애인 건강증진을 포괄한 지원과 장애인 건강 프로그램 등이 정부 차원으로 구체화되지 않고 있다고 볼 수 있다.

둘째, 장애인기본법을 근거로 한 장애인기본계획(제3차)에는 장애인 건강증진에 관한 서비스와 제공 체제에 충실해야 한다고 명시되어 있다. 그러므로 장애인 건강에 관련된 서비스는 도·도·후·현이나 시·정·촌 차원에서 자체적으로 진행되고 있다고 볼 수 있다.

셋째, 건강증진법상 도·도·후·현과 시·정·촌에서 건강증진 사업을 기획하고 실시할 경우에는 관계기관과 협력하고 연대해야 하며, 건강증진을 계획하고 운영할 때는 사회복지협의회와 복지 관계 단체들과 협력하여 적극적인 연대와 조정으로 유기적인 복지서비스를 실시하여야 한다고 규정하고 있다. 그러므로 장애인 건강에 관련된 서비스는 도·도·후·현이나 시·정·촌 차원에서 자체적으로 진행할 수 있는 법적 근거가 된다고 볼 수 있다.

넷째, 일본에서는 최근 적극적으로 지역 장애인 스포츠 보급 촉진 사업이 진행 중이다. 2020년 장애인올림픽을 앞두고 장애인올림픽 선수를 육성하는 것이 큰 목표이지만, 이는 장애인의 스포츠 활성화를 통한 장애인 건강증진에 크게 기여될 것으로 사료된다.

한편 일본의 장애인 건강증진 추진을 위하여 앞으로 개선해야 할 부분은 다음과 같다.

첫째, 장애인 건강증진 사업을 위해서는 장애 특성이나 생활 활동 양식 또는 시설의 구성을 감안한 실시 가능한 구체적인 기획과 프로그램이 필요하며, 이를 실행할 수 있는 행정 지원이 필요하다.

둘째, 장애인의 지원생활지원과 장애인 건강증진에 대한 주변 환경을 만들기 위해서는 장애인 건강에 대한 협의가 기관들 간에 필요하다고 보여진다.

셋째, 전문 상담기관에서 장애 특성에 따른 건강 문제와 과제를 공유하고 개별 지원 등의 협력체계를 강화할 필요가 있다고 보인다.

넷째, 도·도·후·현이나 시·정·촌에서 자체적으로 실시하고 있는 장애인 건강 사업들을 체계화하고 시스템화하여 전국적 차원에서 실시할 필요가 있다. 그럴 경우 관심이 없거나 예산이 없다는 이유로 장애인 건강에 소홀히 하는 지방자치단체가 줄어들 것이기 때문이다.

9. 시사점

가. 관계기관의 협력

일본은 국민건강증진법을 근거로 각 관련 기관이 협력하여 전 국민의 건강증진을 위해 노력을 기울이고 있다.

이러한 점에 기반한 시사점은, 우리나라에서도 건강 관련 기관들이 협력하여 함께 노력해야 한다는 점이다. 특히 장애인들은 의료기관과의 연계가 가장 중요하며, 최근에는 질병 예방과 성인병 예방을 위한 보건소와의 연계 또한 중요하게 되었다. 그리고 평상시 건강관리 유지를 위한 운동기관과의 연계 또한 중요시되고 있다. 이러한 연계는 장애인이 살고 있는 지역사회에서 그 지역의 자원을 활용한 연계여야 할 것이다.

나. 전인적 차원의 장애 예방→운동(스포츠)→재활의 연결

일본은 건강증진법에 근거하여 각 지역에서 장애 예방을 위한 생활습관병 예방 운동이 점차 확대되고 있다. 또한 정부 차원에서 재활에 힘을 쏟기 위해 지역별 재활 추진 사업을 대대적으로 진행하고 있다. 이는 장애인들 특히 노인성 질환으로 인한 장애인들의 중증화 예방을 위해 필요했기 때문이라고 볼 수 있다. 그리고 최근에는 2020년 장애인올림픽을 준비하면서(장애인선수 육성이 목적이지만) 대대적으로 장애인 운동(스포츠)에 대한 지원이 확대되고 있다. 이는 이미 각 지역별로 존재하고 있는 장애인 스포츠 센터의 기능을 강화시킬 것이며, 장애인들이 자신이 살고 있는 지역에서 운동에 쉽게 접근할 수 있는 계기가 되었다고 볼 수 있다.

1) 장애 예방(생활습관병 예방)

일본은 가카리쓰케 의(주치의사) 제도를 통해 주치의를 지정하도록 권장하고 있지만, 실제로 주치의 제도를 적극적으로 활용하는 장애인들은 많지 않다고 볼 수 있다. 난치병 환자나 신경계 질환인 척수경추장애인들은 정기적으로 병원을 방문하기 때문에 그곳 의사들이 주치의의 개념일 수 있다. 그러나 그곳에서는 장애인들의 생활습관병에 대한 결과와 통계를 가지고 관리한다고는 볼 수 없다.

가) 주치의 제도 실시와 지정 병원 지원
우리나라에서는 이러한 일본의 사례를 보완하여, 주치의를 지정하고, 주치의와 그 의료기관을 통해 재가 장애인들의 건강관리가 이루어질 수 있도록 구체화할 필요가 있다고 보여진다. 구체적으로,
첫째, 주치의 지정 병원에는 국가검진서비스의 일부 검진 항목을 검진받을 수 있도록 함으로써 수익성을 보장해 주는 노력 등 타 병원과의 차별성을 두도록 해야 할 것이다.
둘째, 생활습관병 예방을 위하여, 주치의의 지도하에 간호사와 함께 건강플랜을 계획하고, 정기적인 체크를 받을 수 있도록 한다.
셋째, 주치의 지정 병원을 지자체 홈페이지에 공개, 장애인들이 쉽게 찾을 수 있도록 한다.
넷째, 주치의 지정 병원에 대하여서는 장애인들이 검진과 진찰을 잘 받을 수 있도록 시설설비 보완을 위한 지원이 필요할 것이다.

2) 장애인 운동(스포츠)의 활성화

가) 아동기부터 운동을 습관화하도록 지원해야 할 것이다.

특수학교의 수업 중 운동 시간을 확대하여, 어렸을 때부터 자신이 좋아하는 운동 종목을 하나씩 만들어 준다면, 성인이 되었을 때도 자연스럽게 운동을 이어 갈 것이며, 그 운동을 통해 자신의 건강관리나 질병으로부터의 예방이 가능해질 것이다.

나) 종합복지관이나 장애인복지관 활용

광역이나 시군구별 장애인 스포츠 센터 설치는 막대한 예산과 장기적인 플랜이 필요하다. 그러므로 각 시군구에 있는 종합복지관이나 장애인복지관을 활용하여, 장애인들의 접근이 쉬운 지역에서 운동을 통해 자신들의 건강을 관리할 수 있도록 지원해야 할 것이다.

3) 지역사회에 재활훈련이 가능한 재활병원 확대(병원→재활병원으로 퇴원하여 재활훈련→재택퇴원)

일본이 최근에 재활에서 가장 중요하게 생각하는 것은 장애의 중증화, 즉 와상 장애인과 와상 노인을 감소시키기 위한 노력을 철저하게 하는 것이다. 그 결과 뇌졸중환자 중도에 장애를 입은 사람들은 병원에서 바로 가정으로 퇴원하기 전에 사설 재활병원으로 옮겨 일부 살아 있는 기능 회복을 위한 재활훈련을 한 뒤에 재택퇴원을 시키는 방법을 실시하고 있다. 이때 들어가는 비용은 개호보험에서 부담하거나 일부의 국가의 보조가 있다.

지역사회의 일부 병원을 재활병원으로 지정하여 살아 있는 기능의 회복 또는 강화를 위해 노력해야 할 것이다. 이는 와상 장애인이나 와상 노인을 줄이는 정책으로 연결될 것이며, 결국에는 중증노인, 장애인, 환자에 대한 의료비가 삭감되어 정부의 예산 감소로 이어질 것이다.

다. 구체적인 실행 계획과 프로그램이 필요하며, 이에 대한 적절한 행정지원 필요

일본 사례에서 살펴보았듯이 법과 제도적 차원에서 장애인 건강과 관련한 구체적인 실행 계획과 프로그램은 존재하지 않았다. 일본의 이러한 점을 보완하여, 다음의 시사점을 제안할 수 있다.

우리나라에서는 법을 근거로 한 구체적인 실행 계획을 세우고, 실현 가능한 프로그램을 만들어 진행해야 할 것이다. 장애 유형별, 특성에 따른 건강 문제와 과제를 공유하여 건강관리에 대한 구체적인 개인별 실행 계획과 프로그램을 마련할 필요가 있다. 그리고 이를 달성하기 위해서는 적극적인 행정 지원이 필요하다고 볼 수 있다.

라. 장애인 건강 관련 관계자에 대한 교육실시

장애인 건강 관련 교육을 실시하는 데는 준비 시간이 필요할 수 있다. 그러므로 지금 당장 할 수 있는 것을 활용하여 실시할 필요가 있다. 예를 들면, 장애인 인권교육에 장애인 건강 내용을 추가시키는 것이다.

최근에 우리나라는 장애인 인권교육이 강화되면서, 장애인 관련 사업이나 지자체 사업을 통해 인권교육에 대한 지원이 확대되고 있는 것이 현실이다. 이에 장애인 건강권 또한 인권 문제임을 인식하여, 인권교육 내용 안에 장애인 건강권 내용이 반드시 들어갈 수 있도록 규정하여, 관련 기관의 관계자에 대한 교육을 실시하도록 하여야 한다.

추후에는 장애인 건강 관련 커리큘럼을 짜고, 교육가를 양성시켜 장애인 건강권 교육이 독립적으로 진행될 수 있도록 하여야 한다. 특히 신경 써야 할 것은 장애인은 환자가 아니기 때문에 환자로서 대우해서는 안 된다는 것에 대한 교육이 반드시 필요할 것이다.

마. 장애인 운동(스포츠) 처방 및 지도사 양성

관련 주요 시사점은, 장애인들은 어떤 형태로든 신체적 손상이 있는 사람들로, 그러한 사람들에 대한 운동 지원을 위해서는 장애인들에게 운동처방을 하고 그 처방에 따른 운동이 가능하도록 지원할 수 있는 지도사의 양성이 필요하다. 장애인 운동 처방 및 지도사는 장애 개인의 장애 유형과 특성에 맞는 운동을 찾아내어 자신의 신체에 맞는 운동이 가능하도록 지원해야 하기 때문에 전문적인 영역이라고도 볼 수 있기 때문이다.

일본의 장애인 복지 현장은 늘 법과 제도보다 앞서는 경우가 많이 있다. 그렇기 때문에 일본에 장애인 건강권 관련 법 제도가 없다고 하여 전혀 장애인 건강권이 무시되어 있다고는 볼 수 없다. 현장에서 작고 소박하지만 장애인 건강에 관련된 일들은 진행되고 있다. 다만 현장에서 이루어지고 있는 것을 아직 체계화하지는 않았다고 볼 수 있다.

그 이유는 첫째, 노인 건강 관련 사업들이 체계적으로 진행되고 있으면서 자연스럽게 장애인 건강 관련 사업들이 함께 이루어지고 있기 때문이다. 예를 들면 노인 건강 관련 사업이어도, 대상이나 목적에는 "노인 및 장애"라는 단어를 넣기 때문이다.

둘째, 장애인 건강과 관련하여 장애인 단체의 요구가 적극적이지 않았다는 인터뷰 내용도 있었다. 이 부분은 연구 내용에 포함시키지 않았지만, 적어도 틀리지는 않다고도 생각할 수 있다. 장애인 인권운동에 영향력이 있는 대부분의 장애인 리더들이 특수학교와 시설 입소가 의무화되었던 시대를 살아왔던 사람들로, 재활훈련이라는 이유로 의료 측으로부터 받은 차별과 인권 유린의 경험을 가지고 있다. 그로 인해 장애인 운동 측은 여전히 의료재활을 거부하고 있으며, 의료재활에 대한 깊은 불신이 있다고도 볼 수 있다.

즉 의사는 장애인을 특성을 가진 인간으로 보지 않고, 환자로 볼 것이고, 강력한 권력으로 장애인 개인을 통제할 것이라는 생각을 가지고 있기 때문이다. 그러므로 관계자에 대한 교육을 실시할 때는 이 부분에 대한 교육이 충분히 이루어져야 할 것이다.

제6장 장애인의 건강권 증진 방안

제1절 기본 방향
제2절 건강권 증진 방안

6 장애인의 건강권 증진 방안

제1절 기본 방향

  비장애인에 비해 건강 취약계층인 장애인의 건강증진을 위한 지원 정책은 장애인의 장애 특성과 건강 특성 그리고 욕구를 반영하여야 하며, 이는 장애인이 생활하고 있는 지역사회에서 차별받지 않는 환경을 구축함으로써 가능할 것이다. 건강권이란 '신체적·정신적 질병이 없이 건강할 권리'로서 사회적 소수계층인 장애인에게도 동일한 의미를 가진다. 따라서 장애인은 건강권에 있어서도 동등한 권리를 가지고 있다는 인식에 기반하여 현재 나타나고 있는 장애인의 건강 불평등, 건강권 접근에서의 차별 금지 등의 문제들을 우선적으로 검토하여야 할 것이다.

  그러나 현재 장애인의 건강권에 대한 개념이 불명확한 상태로 건강권 논의를 하고 있는 상황에서 장애인 건강권에 대한 개념 정립을 통한 사회적 공유가 필요하다. 특히 장애인 건강권법이 제정되어 시행을 위한 제도 및 사업 마련을 준비하는 상황에서 개념 정립은 필수적이라 하겠다. 그동안 장애인이 경험하는 차별과 그로 인한 건강과 안녕의 영향에 주목하지 못하여 왔고 현재 장애인 건강권법에서의 건강권은 장애인 주치의 등 보건의료서비스에의 권리에 치중하는 경향을 보이고 있으나 건강권 개념은 보건의료서비스 외에도 사회환경으로부터 건강을 훼손당하지 않을 권리 등 보다 포괄적인 접근이 필요하다.

  장애인의 건강증진은 장애인 개인의 노력만으로는 달성하기 어려우므로 사회 및 국가의 장애인 건강권 실현을 위한 적극적인 개입이 필요하다. 장애인의 건강한 삶 실현을 위해 빈곤, 실업, 차별 등 사회적 문제 해소 정책이 필요하고, 또한 보건의료 체계 내에서 서비스를 구매하는 당사자로서 자신의 건강을 통제할 권리와 간섭으로부터 자유로울 권리를 확보할 수 있는 제도적 장치가 필요하다. 이는 영국 사례에서 볼 수 있었듯이 건강서비스로의 접근성 강화와 더불어 장애인의 건강서비스에 대한 선택과 통제권을 강화한 그리고 장애인의 자기 주도 건강 지원의 가능성을 증진시킨 개인건강예산제도 도입이 하나의 방안이 될 수 있을 것이다. 즉 장애인의 건강권은 비차별성과 동등한 대우가 이루어지도록 해야 하는 것이다. 장애인은 건강한 삶을 살아갈 수 있는 다양한 지원을 통해 학교, 직장, 가정 등 지역사회에서 일상적인 삶을 영위할 수 있으며 이는 결국 장애인의 삶의 질 향상에 기여하게 될 것이다.

따라서 본 연구에서의 장애인의 건강한 삶 정착을 위한 건강증진 방안의 기본 방향은 장애인이 최적의 건강관리와 보호를 받을 권리를 가지고, 장애를 이유로 건강관리 및 보건의료에서 차별을 받지 않아야 하며, 비장애인과 동등한 의료접근성을 가져야 한다는 건강권법의 기본 이념과 맥을 같이한다. 결국 장애로 인한 차별 없이 건강할 권리, 건강 관련 서비스에의 권리, 건강 관련 서비스 체계 내에서의 권리를 평등과 비차별의 원칙 하에 행사하기 위해 건강권에 대한 책무성을 가지고 관련 제도 및 사업을 마련하는 등 장애인이 지역사회에서 장애로 인한 건강에서의 차별을 극복하기 위한 적극적 정책이 필요하다.

제2절 건강권 증진 방안

1. 장애인의 특성에 따른 장애인의 건강증진 방안

가. 전 생애주기에 따른 장애인의 건강 정책 마련

장애인의 건강 정책은 전 생애주기를 포괄하여 수립될 필요가 있다. 일반적으로 연령이 높을수록 건강 위험이 높아짐을 고려할 때 장애인의 경우 고령 장애인의 건강 위험 수준은 매우 높다. 따라서 고령 장애인의 건강 정책이 우선적으로 고려되어야 한다. 그러나 고령기까지의 건강 수준은 아동기부터 청장년기의 다양한 개인적, 사회환경적 요인이 영향을 미친 결과임을 감안할 때 장애인 건강 정책은 전 전 생애주기적 건강 정책을 통하여 수립될 필요가 있다. 또한 장애인 건강 정책은 장애 발생 이후 치료 및 관리와 함께 예방적 건강 정책을 통하여 도출될 필요가 있다. 이를 위해 특수학교, 특수학급에서 아동기부터 운동을 할 수 있도록 운동 시간을 확대하는 것과 성인장애인을 위해서도 지역사회에서 접근성이 좋은 장애인복지관 등을 활용한 운동 활성화를 통해 건강관리를 하는 것이 필요하다. 그리고 장애의 중증화와 와상 장애 노인을 줄이기 위해 일부 병원을 장애인의 기능 회복 및 강화 역할을 전문적으로 수행하는 재활병원으로 지정하거나 보건의료기관과등 과의 연계를 통해 지속적인 건강관리가 이루어질 수 있도록 하여야 할 것이다.

나. 장애인의 장애 특성을 고려한 건강 정책 마련

장애인과 비장애인의 건강 격차 분석 결과, 장애인은 비장애인에 비해 양호한 건강 인지율, 만성질환 이환율 등 모든 건강 영역 측면에서 격차가 큰 것으로 나타났다. 특히 장애 유형별로 보면 내부장애인과 정신장애인의 경우에, 장애 정도별로는 경증장애인에 비해 중증장애인의 양호한 건강 인지율, 만성질환 이환율 등에서 큰 격차를 보여 더욱 건강이 열악한 상황에 있음을 알 수 있다. 따라서 장애인의 건강 정책 마련에 있어 장애 유형별로는 내부장애인과 정신장애인, 장애 정도별로는 중증인 장애인에 대해서 우선적인 고려가 필요하다. 특히, 장애특성을 고려한 지속적인 만성질환 관리 및 주된 장애에 대한 관리가 필요하다. 더불어 장애 유형 중 정신장애인과 내부장애인이, 장애 정도에서는 중증장애인의 우울 증상과 자살 생각률, 정신건강 문제 약물복용 등 정신건강 측면에서 더욱 위험 집단인 것으로 나타났음을 고려할 때 장애 유형 중 정신장애인과 내부장애인, 그리고 장애 정도가 중증인 장애인을 대상으로 정신건강 증진을 위한 정책 마련이 더욱 강화될 필요가 있다.

다. 여성 장애인, 고령 장애인, 저학력 장애인 등 건강 취약계층의 다양한 지원을 통한 건강 격차 해소

장애인의 건강 격차 분석 결과, 인구사회학적 특성 측면에서 남성장애인에 비해 여성 장애인이, 젊은 장애인에 비해 고령 장애인이, 고학력 장애인에 비해 저학력 장애인이, 그리고 고소득 장애인에 비해 저소득 장애인이 만성질환 이환율 등 건강의 모든 영역에서 건강 격차가 큰 것으로 나타났다, 즉 더 건강하지 못한 생활을 하고 있다고 할 수 있다. 따라서 장애인 중에서도 건강 취약계층이 되고 있는 여성 장애인, 고령 장애인, 저학력 및 저소득 장애인에 대해 더 많은 관심과 다양한 지원을 통해 건강 격차를 줄이도록 하는 노력이 필요하다.

여성 장애인의 경우 건강한 삶을 위해서는 보다 차별화된 다양한 지원이 필요한데, 이는 임신·출산·육아 등 여성 특화된 건강보건관리 등 모성보호를 위한 지원이 해당된다. 임신·출산·육아를 담당하여야 하는 여성장애인에게 원스톱 서비스 제공으로 이에 대한 부담을 완화시키는 것이 필요하다. 고령 장애인의 경우는 만성질환 등 건강 위험 집단으로 지속적인 건강관리가 필요하며 더불어 복지 영역의 돌봄서비스와의 연계를 통한 복합적인 지원 또한 매우 필요하다. 또한 저학력, 저소득 장애인의 경우는 경제적인 어려움으로 인해 보건의료서비스로의 접근성이 떨어지고 있음을 고려할 때 건강검진 등의 건강관리와 더불어 경제활동 참여를 통한 소득 창출이 이루어질 수 있도록 지원하는 것이 필요하다. 분석 결과, 장애인의 연 개인 지출 의료비는 79만 3001원으로 비장애인의 62만 4017원보다 16만 8984원 많았으며, 1.27배 높은 금액이었다. 따라서 저학력·저소득 장애인 대상 지원에 있어 취업 및 창업을 위한 교육 및 금융지원 등이 고려되는 것이 필요하며, 더불어 장애인 비급여 보장성 강화를 위한 지원책 마련이 필요하다. 이는 결국 건강 격차 해소에 도움이 될 것이다.

라. 장애인의 치과서비스 이용 확대

장애인은 신체적, 정신적인 장애 특성상 다양한 측면에서의 배려가 고려되지 않으면 충분한 치료를 받는 데 한계가 있다. 특히 장애인 중 자폐성장애인, 정신장애인, 지적장애인 등 정신적 장애 유형의 장애인은 더욱 세심한 배려가 필요하다. 치료를 받는 데 느끼는 어려움은 미충족 치료율을 통해 알 수 있는데, 장애인은 비장애인에 비해 3.2%포인트 더 높은 미충족 치료율을 보였다. 특히 치과 치료 제한율은 비장애인에 비해 5.1%포인트 높았으며, 장애 인구 중에서는 여성 장애인, 저소득장애인, 중증장애인의 치과 치료 제한율이 높은 결과를 보였다. 따라서 장애인 전반적으로 미충족 치료율을 낮추기 위한 노력이 필요하며, 특히 장애인들의 지역사회 내 치과 치료의 제한을 없애기 위한 정책이 필요하다. 이는 특히 의료진의 장애에 대한 이해가 필수적이라 하겠다. 이러한 장애인에 대한 지역사회의 치과서비스는 일본의 경우 오사카에서 1960년부터 장애아동을 대상으로 시작되어 현재는 전국으로 확대되었다. 특히 대학 내 장애인을 대상으로 하는 특수진료과가 운영 중이며, 주로 정신장애인과 장애아동이 대상이 되고 있다. 더불어 장애인치과학회 중심으로 장애인 치과와 관련하여 연구 활동과 의료 보급 활동 등을 활발히 하고 있는데, 이는 우리나라에 시사하는 바가 크다.

2. 장애인 건강증진을 위한 건강보건관리 강화

가. 장애인 건강검진 제도화 및 사후관리

장애인은 비장애인에 검진 수검률이 낮았고, 걷기 실천율과 운동 실천율 등 건강관리율이 매우 낮았다. 특히 중증장애인과 고령 장애인의 경우 건강관리가 매우 낮은 수준으로 나타났다. 건강의 척도가 되고 있는 비만율과 위험 음주율의 경우도 여성 장애인, 고소득 장애인이 높게 나타났다. 장애 특성별로는 정신장애인의 흡연율이, 장애 정도별로는 경증장애인의 흡연율이 높았다. 특히 30대 경증장애인의 흡연율과 위험 음주율이 높았다. 이는 장애인의 경우 낮은 연령대에서부터 정기적인 건강검진 등을 통해 지속적인 건강관리가 이루어져야 함을 나타내는 것으로, 그렇지 못할 경우 장애는 중증화될 수 있고 이는 연령이 높아질수록 즉 고령이 되면 더욱 심각한 건강 상태로 이어질 수 있기 때문이다. 따라서 장애인의 건강검진 수검률의 향상과 장애인의 건강 실태에 근거한 연령대별, 장애 특성별 맞춤 건강관리가 지속적으로 이루어질 수 있도록 하는 것이 필요하다.

구체적으로 장애인 건강검진 제도화, 의료기관 종별 장애인 검진시설, 인력, 장비 인프라 구축의 적용 가능성 및 기준의 개발, 의료인용 건강검진 매뉴얼 개발, 장애인 맞춤형 건강검진 실시를 위한 장애인의 장애 유형 및 정도, 연령, 모성보호, 성별 등의 특성 및 생애 주기에 맞는 건강검진 항목 설계 등이 이루어져야 할 것이다(보건복지부, 2016). 그리고 건강검진 결과에 따른 사후 관리를 통해 건강검진 본연의 목표를 달성할 수 있어야 한다.

나. 재활운동 및 재활체육 활동 위한 지원체계 구축

기존에는 병원 기반의 물리치료와 작업치료와 같은 치료적 운동과 일상생활에서의 여가를 위한 생활체육, 그리고 전문 스포츠 활동을 위한 전문 체육만 존재했으며, 치료사 주도의 치료적 운동과 체육 지도자 주도의 생활체육 사이에 재활체육이 존재하기는 했지만, 실제 장애인들이 체감할 수 있는 활동은 거의 없었고 제공 인력 및 체계가 명확하지 않았다(호승희, 2016). 국가가 제공할 책임이 있는 다양한 시설과 환경을 이용할 수 있도록 하여 장애인이 양호한 건강 상태에 도달하고 유지할 수 있도록 하여야 함을 장애인 건강권법에 명시하고 있음을 고려할 때, 장애인이 재활체육에 적극적으로 참여할 수 있는 환경을 구축하는 것이 무엇보다 중요하며, 이는 결국 장애인 스스로 건강에 대한 책임성을 높이게 되고 건강한 삶을 유지시킬 수 있을 것이다. 그러나 현재 재활운동 및 체육의 정의가 명확하지 않은 상황이다. 재활체육은 건강 생활의 자기 책임성 강화와 지역사회 생활 정착을 동기화시키는 목적으로 병원 퇴원 후 전문 지도자에 의해 제공되는 프로그램으로서 그룹형 체육 활동으로, 재활체육은 지역사회에서의 생활체육 활동으로의 전이를 용이하게 해 주는 장점이 있다. 이러한 지역사회로의 전이를 위한 재활체육 및 기능훈련은 독일의 사례에서 볼 수 있었듯이 일상생활에서 자기 책임 하에 스스로 스포츠 활동에 참여하거나 훈련을 통해 결국 노동생활에 편입하거나 사회적 삶에 참여하게 되는 긍정적 결과로 나타날 수 있다. 따라서 재활운동 및 재활체육 서비스의 수혜 대상자 및 제공 시기를 명시화하고, 서비스 수행 기관, 인력 등이 포함된 재활운동 및 체육서비스 제공 체계의 구체화가 필요하다. 특히 장애인들에게 운동을 처방하고 처방에 따른 운동이 가능하도록 지원하기 위해서는 지도사의 양성이 필요한데, 장애 특성에 맞는 운동이 가능하도록 지원해야 하기에 전문적이어야 한다. 그리고 현재 사용되고 있는 재활운동, 재활체육, 생활체육 등 관련된 개념의 정의가 선행되어야 할 것이다. 또한 일본의 스포츠기본법(2011)의 사례에서 볼 수 있듯이 장애인의 장애 유형 및 정도에 필요한 배려를 통해 장애인이 자주적이고 적극적으로 스포츠를 할 수 있도록 우리의 경우도 체육 관련 법에 명시되고 구체화되는 것이 필요하다.

다. 수요자 중심의 적극적인 장애인 건강관리사업

장애인 건강권법의 가장 핵심이 되는 부분이 장애인 대상의 건강관리사업으로, '제8조 장애인 건강관리사업'에 "장애인의 생애주기별, 성별 질환 관리를 위한 사업(장애인 건강관리사업)을 시행할 수 있다"라고 명시되어 있는데, 구체적으로 어떤 내용이 포함되어 있는지 파악이 어렵다. 현재 장애 인구 증가와 함께 장애로 인한 2차 장애와 만성질환 등으로 인한 의료비 지출이 증가하고 있는 현실을 생각할 때, 건강관리서비스는 가장 적극적인 장애인 건강관리사업이라고 할 수 있다(김영복, 2016). 따라서 장애 등록 시부터 개인의 건강평가기준과 건강관리서비스의 개발, 건강관리서비스를 제공하기 위한 전달 체계 개편이 필요하며, 이를 위한 내용이 법, 시행령, 시행규칙에 포함될 수 있는 제도적 방안이 마련되어야 할 것이다. 장애인 건강 문제를 해결하기 위한 현재의 공급자 중심 건강정책은 장애인의 미충족 치료를 증가시킬 수 있으며, 다양한 장애인 건강 문제에 대해 효율적으로 대처하기 어려울 것으로 예상되는바, 공급자 중심에서 수요자 중심의 보건사업관리 체계로의 개선이 필요하며, 이는 장애인 당사자와 가족들 대상의 건강교육과 함께 이루어져야 할 것이다.

라. 장애인 건강관리를 위한 다학문적 팀 접근 및 관계기관 협력

장애인의 건강관리를 위한 사업을 추진함에 있어 의료적 치료 과정에서 재활의 과정에 이르기까지 장애인의 욕구에 맞는 전문적인 서비스 제공을 위해서는 다학문적인 팀 접근으로 이루어지는 것이 필요하다. 구체적으로 진단 및 치료 과정에 있어서 장애 당사자와의 대화를 통해 시작하며 치료 과정이나 세팅 등을 장애인에 맞게 조정하는 것이 기본이 될 것이다. 이후 치료 과정에서 치료 돌봄, 간병인, 돌봄 상담, 상처 관리, 영양관리, 보조기구 지원 및 관리, 지원 의사 소통 방법 등에 관한 정보와 지원을 제공하여야 하며, 치료 과정에 대한 평가 또한 장애인 당사자와 치료에 참여한 사람들이 함께 실시하는 방식이 되어야 할 것이다. 이를 위해서는 장애인은 물론 의료인 및 관련 인력들의 장애인의 건강권에 대한 교육이 기반이 되어야 하며, 이러한 과정은 장애인이 중심이 되어 의학, 재활학, 사회복지학 등 다학문적인 팀 접근으로 이루어질 때 가능할 것이다. 또한 장애인의 건강증진을 위해서는 건강 관련 기관들이 협력하는 노력이 필요하다. 구체적으로 지역사회의 의료기관과 질병·성인병 예방을 위한 보건소와의 협력이 가장 대표적이라 하겠다.

3. 보건의료서비스 접근성 보장

가. 장애인 건강 주치의 제도 시행 방안 마련

의료비의 지속적인 증가와 장애인의 만성질환 유병률 증가 등 장애인 보건의료 문제의 변화에 대응하기 위한 방안으로 장애인 대상 일차 의료 제공 시스템 강화가 필요한 상황이다. 그러나 현재 만성질환 관리 목적의 일차 의료 시범 사업이 실시 중이나 장애인 대상 사업은 아니다. 따라서 현재 장애인에게 제공되고 있는 진료서비스를 기본적으로 제공하면서 주치의 제도를 통해 건강 문제를 지속적, 포괄적으로 관리하고, 필요시 다른 의료서비스와 연계할 수 있는 제도적 방안을 마련해야 할 것이다(김승희 등, 2016). 장애인 건강 관련 환경은 매우 어려운 상황이기에 장애인 주치의 제도 시행이 더욱 필요시되고 있다. 2014년 장애인실태조사 결과에 의하면, 본인이 원하는 때 병의원을 가지 못한 장애인은 59%였고, 제때 건강관리를 받지 못하여 병원에 입원하게 되는 장애인의 입원 진료일 수는 18일로 전체 인구의 2.3일에 비해 약 8배 높게 나타났다. 따라서 장애인 주치의 제도를 통한 지속적이고 일원화된 건강관리가 필요하다. 주치의 제도를 통한 서비스 항목으로는 평생 병력 관리, 전화 상담, 방문 진료, 시간외 진료, 중점 질환 관리, 건강검진, 진료 의료 회송 등이 제공되어야 할 것이다(정현진 등, 2007). 현재 건강권법(제16조)에 장애인 건강 주치의는 중증장애인을 대상으로 하고 있는데, 그 대상범위를 의료진에 의해 건강관리가 필요하다고 인정된 장애인 수준까지 포함할 것인지에 대해서는 지속적인 논의가 필요하다. 또한 주치의 제도 도입을 위해서는 지역별 주치의 지원 및 관리 기능을 수행하는 전담 조직의 구성·운영이 필요하며, 주치의 제도 활성화 차원에서 의료 공급자에게 수익성을 보장해 주어 타 병원과의 차별성을 가지도록 하는 등 인센티브 방안도 검토할 필요가 있다. 그리고 장애 감수성을 지닌 장애인 주치의로서의 역할 수행을 위한 주치의 교육 내용, 교육 이수 조건 및 보수교육 등의 프로그램이 마련되어야 할 것이다. 구체적으로 장애인을 대상으로 하는 주치의 또는 의료인을 대상으로 장애 유형에 대한 이해, 의사소통 방법, 보건의료서비스 제공 시 유의사항 등 장애 이해 교육 및 장애인 건강권 교육이 필요하며, 장애 인권에 대한 이해를 높일 수 있는 장애 인권 교육도 필요하다. 그리고 무엇보다 중요한 것은 장애인이 주치의 지도하에 간호사와 함께 건강관리 등의 계획을 세우고 지속적인 상담과 정기적인 관리가 되도록 하는 일일 것이다.

나. 의료기관 이동 지원 및 이용 편의 제공 등 무장벽 의료 추진

장애인은 의료서비스에 대한 욕구가 매우 높음에도 불구하고 이동 및 의사소통의 제한 등 장애 특성으로 인해 의료서비스로의 접근성이 매우 낮다. 신체기능장애인의 경우는 이동의 제한으로 인해, 감각장애 및 정신적 장애 유형의 경우는 의사소통 등의 제한으로 인해 의료서비스로의 접근권을 확보하지 못하고 있는 것이 대표적인 예이다. 현재 장애인 활동 지원, 장애인 콜택시, 수화통역센터 등 편의 제공 서비스가 실시 중에 있으나, 콜택시는 대기 시간이 길고 예약이 어려우며, 와상 장애인의 경우 고가의 사설 구급차를 이용해야만 병원 방문이 가능하다는 문제점이 있다. 따라서 의료기관 이용 시 장애인 콜택시 우선 이용이 가능하도록 편의를 제공하고, 장애인 건강검진기관, 지역장애인보건의료센터 등 장애인 건강권법에 따른 보건의료서비스 기관에서는 교통수단 등 이동 지원, 수화통역 등을 제공하는 보조 인력 등이 지원되어야 할 것이다. 특히, 농아인, 시각장애인, 뇌병변장애인, 발달장애인의 경우 장애 특성에 따른 수화통역 지원과 의사소통 보조기기의 지원이 반드시 필요하다. 발달장애인을 위한 쉬운 그림 등 적절한 의사소통 제공과 장애 특성에 적합한 의료적 자료들의 제공, 장애 특성이 고려된 치료 방식과 상담의 제공 등이 이에 해당된다. 그리고 의료기관의 홈페이지 등 의료 정보를 파악할 수 있도록 정보 측면에서의 접근권이 확충될 수 있도록 하여야 한다. 더불어 지역사회 내 좁은 출입문 등 물리적 장벽 해소를 통한 의료기관 접근 및 접근할 수 없는 의료장비 문제 등 건강서비스 이용 보장을 위한 장애 유형에 따른 보조기기 등의 편의 제공은 기본이 될 것이다.

다. 중증장애인 대상 방문 진료 서비스 도입

중증장애인 특히 와상 장애인은 건강상의 문제를 해결하기 위해 병원을 방문하고자 해도 이동 편의 지원 및 인적 지원이 동반되지 않으면 매우 힘든 상황이다. 따라서 와상 중증장애인의 경우 방문 진료의 필요성이 매우 높다. 그러나 현재 중증장애인의 경우 보건소 방문건강관리사업, 가정간호서비스 등을 이용할 수는 있지만 의사 방문에 의한 진료는 불가한 실정이다. 따라서 현재 시행 중인 방문 간호 등과 연계한 방문 진료의 계획 및 구상, 장애인 대상 원격의료 서비스 모델의 확대 도입, 거동 불편 중증장애인 대상 방문 진료에 대한 건강보험 수가 도입 및 인센티브 부여 등의 방안을 고려할 수 있을 것이다. 현재 일부 지방자치단체에서는 건강한 지역사회 조성을 목적으로 포괄적인 건강관리사업을 실시하고 있는

데, 이러한 구체적인 사업이 방문 진료를 하고 있는 방문보건사업이다. 현재 시행 중에 있는 사업들을 고려하여 장애인 주치의의 방문 진료사업에 대한 시행 방안을 검토하는 것이 필요하다. 이때 방문 진료 서비스에서는 주장애와 일반 질환의 진료, 질환의 예방 및 관리, 전문적 의료서비스의 연계·조정, 지역사회 장애인 건강보건관리사업에 대한 정보 제공 등 안내 등이 이루어져야 할 것이다.

4. 장애인의 건강 관련 통합법으로서의 장애인 건강권법

장애인 대상 건강 관련 법으로는 「보건의료기본법」, 「장애인복지법」, 「장애인 차별금지 및 권리구제 등에 관한 법률」이 있는데, 이러한 개별법들은 각각의 입법 목적이나 중점 규정 대상이 달라 각 기관과 주체 간의 협조와 공조가 어려우며, 법적 시행이 어렵거나 관련법들 간의 중복 등의 한계를 지니고 있다. 이러한 문제점을 해결하기 위한 방안으로 개별법과는 별도로 장애인 건강과 관련된 독립적인 통합법 제정에 대한 필요성이 있다. 장애인의 건강 문제는 여러 요인들이 복합적이고 다층적으로 결합하여 나타나는 것이므로 통합법 역할을 수행할 수 있도록 장애인 건강권법을 보강하여 장애인의 건강에 대한 통합법으로서의 역할을 수행할 수 있도록 해야 할 것이다.

장애인 건강권 문제의 사회적 심각성에 비추었을 때 장애인 대부분이 장애로 인한 다양한 질환을 앓고 있다는 보고에 비하여 법·제도적 현황은 추상적이고 구속력이 없으며, 실질적인 지원 체계가 구비되지 못한 채 주변부에 머물러 있다. 이런 측면에서 장애인의 건강과 관련된 법·제도를 정비하는 노력은 매우 중요하다. 「장애인 건강권법」에서 장애인건강보건사업에 대한 모니터링과 평가제도, 평가 후 결과에 따른 개입 및 조치 방안을 명확히 기술하여 장애인 건강증진 관련 사업의 모니터링과 평가 환류 체계가 실제적으로 구속력을 가지고 실행될 수 있도록 법제화하는 것이 필요하다. 「장애인 건강권법」이 장애인 건강 정책을 수행하는 데 있어 실질적인 기준 및 가이드라인이 될 수 있도록 해야 한다. 「장애인 건강권법」에 장애인의 특성을 고려한 정책 목표와 지원 체계를 구체화하고 명문화해야 할 것이며, 장애 특성별 맞춤형 법 규정에 대한 개선이 필요할 것이다.

그러나 현실적으로 빠른 시행에는 어려움이 있을 것으로 예상되는 바, 현재 시행하고 있는 관련 사업에서의 개선을 통해 병행하여 단계적으로 접근해 가는 것을 고려할 수 있는데 공공보건의료 분야에서 현재 시행하고 있는 장애인 등 취약계층 공공의료복지 연계 허브 구축 사업이 바로 그 예가 될 수 있다. 구체적으로 기존의 공공의료복지 연계센터를 활용하여 장애인 등 대상별 특화된 역할 및 기능을 부여하는 방안으로 '공공보건의료에 관한 법률'의 개정 등을 통해 더욱 활성화시키고자 하는 것이다. 이를 위해 개정이 필요한 주요 내용으로는 취약계층의 미충족 의료서비스 전달 체계 구축과 취약계층에 장애인 등 대상 범위 및 특성별 서비스 내용이 포함되도록 하는 지원 체계 관련 내용이 해당된다. 이에 따른 공공의료복지 연계센터의 확대는 궁극적으로는 「장애인 건강권법」에 따라 설치되는 지역 장애인보건센터와의 연계기관으로서의 역할을 수행하게 될 것이며, 이는 지역사회에서 장애인의 건강보건관리에 기여할 수 있을 것이다.

5. 장애 차별 없는 지역사회 기반 통합 건강 정책

장애인이 지역사회에서 건강한 삶을 살아가도록 하기 위해서는 장기적으로 기존의 공급자 중심의 건강서비스 제공 방식에서 벗어나 장애인이 스스로 선택과 통제권을 행사할 수 있는 체계로의 검토가 필요하다. 이는 영국의 사례에서 볼 수 있었던 개인건강예산제도로서 이는 장애인의 자기 주도 지원의 가능성을 증진시킬 수 있을 것이다. 지역사회 장애인의 건강 격차를 해소하기 위해서는 지금까지 논의한 보건 및 건강서비스에의 접근권 등 보건의료서비스에의 접근성을 강화하는 것도 중요하지만, 이에 앞서 지역사회에서 건강하게 살 수 있도록 지원하는 정책이 필요하다. 즉, 우리 사회 전반에 걸쳐 있는 장애인에 대한 배제를 극복하기 위한 노력이 우선적으로 필요하다. 이를 위해 건강권 영역에서의 차별 금지 대상 확대와 장애로 인한 차별을 극복하기 위한 적극적 조치 정책이 필요하다. 그리고 지역사회에 내 건강 관련 기관 간, 건강과 복지 관련 기관 간의 협력과 연계에 의한 지원이 필요하다. 이는 접근성이 가장 좋은 보건소와의 연계, 재활운동 및 체육기관과의 연계, 장애인복지관과의 연계, 그 외 장애인 복지 관련기관 등과의 연계 및 협력 등을 통해 이루어질 수 있으며 보건과 복지가 통합된 형태로 건강 지원이 이루어진다면 더 좋은 결과로 나타날 수 있을 것이다. 단, 이러한 관계기관 간의 연계 및 협력은 장애인이 살고 있는 지역사회에서의 지역 자원을 활용하여야 한다.

그리고 독일의 사례에서 볼 수 있듯이 건강 정책의 다양성이 필요하다. 가정과 고용, 그리고 일상생활 등 다양한 환경 속에 있는 장애인을 고려하여 그들에게 적절한 건강서비스를 제공하는 것이다. 즉 삶의 다양한 환경 속에서 발생하는 다양한 욕구를 충족시킬 수 있도록 환경을 고려한 건강 정책의 설계가 필요하다. 그리고 장애나 질병의 치료 이후 장애인에게 노동생활과 일상생활로의 복귀와 참여를 가능하게 할 수 있는 건강 지원은 필수적이다. 이를 위하여 지역사회 속의 다양한 스포츠 기관과 건강 관리시설을 이용하여 비장애인들과 함께 스포츠 활동을 할 수 있는 환경을 구축하는 것이 필요하다. 하나의 체계 안에서 장애 여부와 상관없이 누구나 건강권을 누려야 한다는 독일의 관점, 즉 장애인도 자신의 지역사회에서 자원을 활용하여 건강한 삶을 스스로 영위하고 주체적인 삶을 살아갈 수 있도록 지원하는 것이 장애인의 지역사회 기반 건강권 증진의 기본 목표가 되어야 할 것이다.

참고문헌

국가인원위원회. (2012). 장애인 인권증진 중장기계획 2013~2017. 서울: 국가인권위원회.

국민건강보험공단. (2015). 건강보험청구자료.

국민건강보험공단, 한국보건사회연구원. (2013). 2013년 한국의료패널 원자료.

국민건강보험공단, 한국보건사회연구원. (2014). 2014년 한국의료패널 원자료.

권복순, 박현숙. (2005). 성인 여성장애인의 우울의 실태와 영향요인에 관한 연구. 한국사회복지학, 57(1), 169-192.

김계하, 김옥수, 김정희. (2004). 지체장애인의 주관적 건강, 사회적지지 및 자아통제감이 우울에 미치는 영향. 성인간호학회지, 16(2), 297-305.

김성희, 이연희, 황주희, 오미애, 이민경, 이난희 등. (2014). 2014년 장애인실태조사. 한국보건사회연구원.

김성희, 황주희, 노승현, 강민희, 정희경, 이주연, 이민경. (2014). 장애노인 대상의 통합적 복지서비스 제공을 위한 정책 방안. 한국보건사회연구원.

김승희, 임승지, 문성웅, 최은희, 이지혜. (2016). 중증장애인 건강관리의사 제도 모형 개발 연구. 원주: 국민건강보험공단.

김예순, 김선영, 김명. (2014). 성인 장애인의 일상생활활동과 우울 영향요인. 대한보건연구, 40(4), 51-62.

김영복. (2016). 만성질환 예방을 위한 맞춤형 건강관리 서비스의 접근전략과 발전방향. 보건교육건강증진학회지, 33(4), 89-100.

김왕배, 김종우. (2012). 인권으로서의 건강권에 대한 탐색과 전망. 보건과 사회과학, 32, 1-18.

김주경. (2011). 헌법상 건강권의 개념 및 그 내용. 헌법판례연구, 12, 137-180.

김지연. (2016). 건강생성이론(Salutogenesis)에 근거한 자살기전 분석과 예방정책. 서울대학교 보건대학원 박사논문. 서울대학교.

김창엽. (2013). 건강할 권리: 건강정의와 민주주의. 후마니타스.

김현희, 황지영, 박일수. (2016). 장애인 실태조사 자료를 이용한 국민기초생활

수급 장애인의 미충족 의료 결정요인 분석. 한국장애인복지학, 31, 5-28.
김희성, 홍은경. (2012). 건강권 및 의료접근권에 대한 비교법적 고찰-입법배경 및 사회문화적 관점을 중심으로. 강원법학, 36, 233-262.
문창진. (1997). 보건의료사회학. 신광출판사.
박승민. (2015). 영국의 건강과 사회적 돌봄 서비스 시스템 통합의 복지정치, 1948-2010. 정부학연구, 21(3), 121-161.
박종혁, 신동욱, 김소영, 김부경, 김재현, 박종헌 등. (2016). 장애유형별 장애인 건강검진 매뉴얼 개발. 서울: 국립재활원.
보건복지부. (2011). 제3차 국민건강증진종합계획 2011~2020. 세종: 보건복지부.
보건복지부. (2012). 제4차 장애인정책종합계획 2013~2017. 세종: 보건복지부.보건복지부. (2016). 장애인정책 미래포럼 3차 포럼. 세종: 보건복지부; 서울: 한국장애인개발원.
보건복지부, 한국보건사회연구원. (2014). 2014년 장애인실태조사 원자료.
보건복지부. (2017). 공공보건프로그램 사업 지침.
손인서, 김승섭. (2015). 한국의 차별경험과 건강 연구에 대한 체계적 문헌 고찰. 보건사회연구, 35(1), 26-57.
손정인, 김창엽. (2016a). 개념으로서의 건강권 - 명명, 사용빈도, 그리고 추세. 비판사회정책, 52, 7-44.
손정인, 김창엽. (2016b). 인권의 불가분성, 상호의존성, 상호연관성-건강권을 중심으로. 보건과 사회과학, 43, 139-174.
신영전. (2011). 사회권으로서의 건강권: 지표개발 및 적용가능성을 중심으로. 상황과복지, 32, 181-222.
신은경, 이한나, 신형익. (2014). 장애인의 건강상태 분석 및 사회참여에 관한 사회적지지 조절효과 검증-WHODAS 2.1의 활용. 한국사회복지조사연구, 39, 121-148.
오화영. (2016). 여성장애인의 건강권: 여성장애인의 경험을 중심으로. 젠더와 문화, 9(1), 131-160.
우주형. (2016). 현장중심에서 바라본 '장애인건강권 및 의료접근성 보장에 관한 법률'. 현장중심에서 바라본 장애인 건강권법 토론회 자료집.
유동철. (2016). 장애인의 나이들어감에 따른 건강의 변화와 정책방향: 비장애인과의 비교를 중심으로. 동의대학교 지방자치연구소 공공정책연구, 33(1), 23-46.
이계승. (2014). 임금근로 장애인의 사회경제적 지위와 건강수준의 관계-우울과 장애수용의 매개효과. 한국장애인고용공단 고용개발원.
이범재, 심상득, 김의수, 이권희. (2016). 영국 건강정책에서 배운다- 병원에서 지역사회로. (사)한국장애인인권포럼.
이소영. (2013a). 장애인 건강격차의 문제와 건강지표 활용추세-발달장애인의 건강문제를 중심으로. 한국융합인문학, 1, 73-106.
이소영. (2013b). 지적장애인의 건강에의 권리와 국제 인권법에 관한 고찰. 미국헌법연구, 24(3), 201-227.
이웅, 김동기. (2015). 장애인의 주관적 건강 영향 요인 탐색. 한국사회복지조사연구, 47, 133-158.
이한나, 신은경, 신형익. (2014). 장애인의 직업과 건강상태에 관한 연구: WHODAS 2.0 활용. 직업재활연구, 24(1), 5-28.
임종한, 김슬기, 김주경, 박종혁, 오영철, 이문희, 임석영. (2014). 장애인 건강권 증진방안에 관한 연구. 국가인권위원회.
장숙랑. (2004). 장애인 재활사업의 포괄적 관리 모형개발 연구. 서울대학교 보건학박사 학위논문.
전지혜. (2010). 장애차별경험과 장애인의 우울감의 관계 연구-자아존중감의 매개효과와 사회적 지지의 조절효과를 중심으로-. 정신보건과 사회사업, 35, 51-80.
전해숙, 강상경. (2013). 장애인의 우울 궤적 관련요인에 대한 탐색적 연구. 재활복지, 17(2), 41-67. 전해숙. (2014). 장애인의 소득과 건강의 종단적 관계: 노령인구와 비노령인구의 비교. 장애와 고용, 24(4), pp. 50-70.
정덕진. (2014). 장애노인의 주관적 건강이 우울에 미치는 영향에 대한 심리사회적 자원의 조절효과. 보건사회연구, 34(2), 247-275.

정민수, 김지연, 김수인. (2014). 건강권의 법적 토대와 그 실현에 대한 국제인권법적 고찰. 한국의료법학회지, 22, 205-231.

정현진, 황라일, 서수라, 김철웅. (2007). 유럽의 일차의료현황과 주치의 제도 개혁, 한국에의 함의. 원주: 국민건강보험공단.

질병관리본부. (2015). 2014 국민건강통계. 보건복지부·질병관리본부.

탁순자, 신은경. (2013). WHODAS-Ⅱ를 활용한 장애인 건강상태 영향요인 분석. 재활복지, 17(3), 83-117.

통계청. (2013). 한국의 사회지표.

한국건강형평성학회. (2009). 건강형평성 측정방법론. 한울.

한국보건사회연구원. (2012). 주요국의 사회보장제도-영국. 한국보건사회연구원.

호승희. (2016). 제45회 RI Korea 국제컨퍼런스 자료집. 장애인 건강과 재활운동 및 체육에 대한 토론문. 서울: 한국장애인재활협회, 국회의원 양승조.

호승희, 김예순, 김현진, 김지현, 김경국, 박재민 등. (2017). 2016 장애인건강관리사업. 서울: 국립재활원, 세종: 보건복지부.

호승희, 홍현숙, 윤지은, 전상남, 이희연, 심영빈 등. (2013). 2012 장애인건강관리사업. 서울: 국립재활원, 세종: 보건복지부.

황주희, 전동일, 김홍모. (2014). 장애인의 실업과 우울 사이의 상호 인과성 분석. 장애와 고용, 24(1), 27-49.

황혜민, 이명선. (2009). 여성지체장애인의 건강 관련 경험에 관한 페미니스트 질적 연구. 성인간호학회지, 21(4), 367-378.

Allerton, L., & Emerson, E. (2012). British adults with chronic health conditions or impairments face significant barriers to accessing health services. *Public Health*, 126, 920-927.

Anand, S. (2002). The concern for equity in health. *Journal of Epidemiol Community Health*, 56(7), 485-487.

Asakura, T., Gee, G. C., Nakayama, K., & Niwa, S. (2008). Returning to the "homeland": work-related ethnic discrimination and the health of Japanese Brazilians in Japan. *American Journal of Public Health*, 98(4), 743-750.

Asher, J. (2004). NGO를 위한 건강권 매뉴얼 (김주연, 역). 서울: 국가인권위원회 인권정책과 (2009).

Borrell, L. N., Jacobs, D. R. Jr., Williams, D. R., Pletcher, M. J., Houston, T. K., & Kiefe, C. I. (2007). Self-reported racial discrimination and substance use in the Coronary Artery Risk Development in Adults Study. *American Journal of Epidemiology*, 166(9), 1068-1079.

Bundesministerium für Arbeit und Soziales. (2016). Unser Weg in eine inklusive Gesellschaft-Nationaler Aktionsplan 2.0 der Bundesregierung zur UN-Behindertenrechtskonvention (UN-BRK). Bundesarbeitsgemeinschaft für Rehabilitation (BAR) (2011) Rahmenvereinbarung uber den Rehabilitationssport und das Funktionstraining, Frankfurt/Main.

Burgess, D., Tran, A., Lee, R., & van Ryn, M. (2007). Effects of perceived discrimination on mental health and mental health services utilization among gay, lesbian, bisexual and transgender persons. *Journal of LGBT Health Research*, 3(4), 1-14.

Chae, D. H., Krieger, N., Bennett, G. G., Lindsey, J. C., Stoddard, A. M., & Barbeau, E. M. (2010). Implications of discrimination based on sexuality, gender, and race/ethnicity for psychological distress among working-class sexual minorities: the United for Health Study, 2003-2004. *International Journal of Health Services*, 40(4), 589-608.

Chae, D. H., Takeuchi, D. T., Barbeau, E. M., Bennett, G. G., Lindsey, J. C., Stoddard, A. M., et al. (2008). Alcohol disorders among Asian Americans: associations with unfair treatment, racial/ ethnic discrimination, and ethnic identification(the national Latino and Asian Americans study, 2002-2003). *Journal of Epidemiology and Community Health*, 62(11), 973-979.

Chou, K. L. (2012). Perceived discrimination and depression among new migrants to Hong Kong: The moderating role of social support and neighborhood collective efficacy. *Journal of Affective Disorders*, 138(1-2), 63-70.

Committee on Economic, Social and Cultural Rights. (2000), General Comment No. 14: The right to the highest attainable standard of health (article 12 of the International Covenant on Economic, Social and Cultural Rights), E/C.12/2000/4, 11 August 2000.

De Vogli, R., Brunner, E., & Marmot, M. G. (2007). Unfairness and the social gradient of metabolic syndrome in the Whitehall II Study. *Journal of Psychosomatic Research*, 63(4), 413-419.

Die Fachverbände für Menschen mit Behinderung. (2011). Gemeindenahe Gesundheitsversorgung für Menschen mit einer geistigen oder mehrfachen Behinderung. *Konzept Gesundheitsversorgung April 2011*, 1-6.

Die Fachverbände für Menschen mit Behinderung. (2015). Rahmenkonzeption Medizinische Behandlungszentren für Erwachsene mit geistiger Behinderung oder schweren Mehrfachbehinderungen (MZEB). *Bundesarbeitsgemeinschaft Ärzte für Menschen mit geistiger oder mehrfacher Behinderung e.V*. pp. 1-21.

Emerson, E., & Baines, S. (2010). Health Inequalities and People with Learning Disabilities in the UK: 2010. *Improving Health And Lives: Learning Disabilities Observatory*.

Engels, D., Engel, H., & Schmitz, A. (2016). Teilhabebericht der Bundesregierung über die Lebenslagen von Menschen mit Beeinträachtigungen, *ISG Institut für Sozialforschung und*

Gesellschaftspolitik GmbH.

Feinstein, B. A., Goldfried, M. R., & Davila, J. (2012). The relationship between experiences of discrimination and mental health among lesbians and gay men: An examination of internalized homonegativity and rejection sensitivity as potential mechanisms. *Journal of Consulting & Clinical Psychology*, 80(5), 917-927.

Gibbons, F. X., O'Hara, R. E., Stock, M. L., Gerrard, M., Weng, C. Y., & Wills, T. A. (2012). The erosive effects of racism: Reduced self-control mediates the relation between perceived racial discrimination and substance use in African American adolescents. *Journal of Personality and Social Psychology*, 102(5), 1089-1104.

Glover, G. (2014). The Uptake of Learning Disability Health Checks 2013 to 2014. *Public Health England.*

Han, J., & Richardson, V. E. (2014). The relationships among perceived discrimination, self-perceptions of aging, and depressive symptoms: a longitudinal examination of age discrimination. *Aging & Mental Health*, pp. 1-9.

Hernandez-Quevedo, C., Llano, R., & Mossialos, E. (2013). Paying for Integrated Care. *Eurohealth*, 19(2), 3-6.

Heslop, P., Blair, P., Fleming, P., Hoghton, M., Marriott, A., & Russ, L. (2013). Confidential Inquiry into premature deaths of people with learning disabilities (CIPOLD): Final Report. *Norah Fry Research Centre.* Available online.

HHS. (2012). Department of Health and Human Services. *Healthy People 2010.* US.

Kim, H., Jayaraman, S., Landsbergis, P., Markowitz, S., Kim, S., & Dropkin, J. (2013). Perceived discrimination from management and musculoskeletal symptoms among New York City restaurant workers. *International Journal of Occupational & Environmental Health*, 19(3), 196-206.

Kim, S.-S., & Williams, D. R. (2012). Perceived Discrimination and Self-Rated Health in South Korea: A Nationally Representative Survey. *Plos One*, 7(1), 1-8.

Kivimaki, M., Ferrie, J. E., Brunner, E., Head, J., Shipley, M. J., Vahtera, J., et al. (2005). Justice at work and reduced risk of coronary heart disease among employees: the Whitehall II Study. *Archives of Internal Medicine*, 165(19), 2245-2251.

Krahn, G., Hammond, L., & Turner, A. (2006). A Cascade of Disparities: Health and Health Care Access for People with Intellectual Disabilities. *Mental and Developmental Disabilities Research Reviews*, 12, 70-82.

Krieger, N. (1999). Embodying inequality: a review of concepts, measures, and methods for studying health consequences of discrimination. *International Journal of Health Services*, 29(2), 295-352.

Lewis, T. T., Everson-Rose, S. A., Powell, L. H., Matthews, K. A., Brown, C., Karavolos, K., et al. (2006). Chronic exposure to everyday discrimination and coronary artery calcification in African-American women: the SWAN Heart Study. *Psychosomatic Medicine*, 68(3), 362-368.

Lin, D., Li, X., Wang, B., Hong, Y., Fang, X., Qin, X., et al. (2009). Discrimination, Perceived Social Inequity, and Mental Health Among Rural-to-Urban Migrants in China. *Community Mental Health Journal*, 47(2), 171-180.

Mays, V. M., & Cochran, S. D. (2001). Mental health correlates of perceived discrimination among lesbian, gay, and bisexual adults in the United States. *American Journal of Public Health*, 91(11), 1869-1876.

McGinnis, M., Pamela, W-R., & James R. K. (2002). The Case For More Active Policy Attention To Health Promotion. *Health Affairs*, 21(2), 78-93.

Moomal, H., Jackson, P. B., Stein, D. J., Herman, A., Myer, L., Seedat, S., et al. (2009). Perceived discrimination and mental health disorders: the South African Stress and Health study. *South African Medical Journal*, 99(5 Pt 2), 383-389.

NHS. (2017a). Next Steps on the NHS Five Year Forward View. NHS.

O'Donnell, O., Doorslaer, E., Wagstaff, A., & Lindelow, M. (2008). Analyzing health equity using household survey data - A Guide to techniques and their implementation. *World Bank Institute*.

Paradies, Y. (2006). A systematic review of empirical research on self-reported racism and health. *International Journal of Epidemiology*, 35(4), 888-901.

Pavao, A. L., Ploubidis, G. B., Werneck, G., & Campos, M. R. (2012). Racial discrimination and health in Brazil: evidence from a population-based survey. *Ethnicity & Disease*, 22(3), 353-359.

Perreira, K. M., & Telles, E. E. (2014). The Color Of Health: Skin Color, Ethnoracial Classification, And Discrimination In The Health Of Latin Americans. *Social Science & Medicine*, 116, 241-250.

Richman, L. S., & Jonassaint, C. (2008). The effects of race-related stress on cortisol reactivity in the laboratory: implications of the Duke lacrosse scandal. *Annals of Behavioral Medicine*, 35(1), 105-110.

Ristkariet, T., Sourander, A., Helenius, H., Nikolakaros, G., & Salanterä, S. (2005). "Sense of coherence among Finnish young men-a cross-sectional study at militarycall-up". *Nordic Journal of Psychiatry*, 59(6), 473-480.

Santana, V., Almeida-Filho, N., Roberts, R., & Cooper, S. P. (2007). Skin colour, perception of racism and depression among adolescents in urban Brazil. *Child and Adolescent Mental Health*, 12(3), 125-131.

Sen, A. (2002). Why health equity?. *Health Economics*, 11(8), 659-666.

Sutin, A. R., English, D., Evans, M. K., & Zonderman, A. B. (2014). Perceived sex discrimination amplifies the effect of antagonism on cigarette smoking. *Nicotine & Tobacco Research*, 16(6), 794-799.

Vogt Yuan, A. S. (2007). Perceived Age Discrimination and Mental Health. *Social Forces*, 86(1), 291-311.

Wang, B., Li, X., Stanton, B., & Fang, X. (2010). The influence of social stigma and discriminatory experience on psychological distress and quality of life among rural-to-urban migrants in China. Social Science & Medicine, 71(1), 84-92.

Whitehead, M. (2000). The concepts and principles of equity and health. *Copenhagen: World Health Organization*, Regional Office for Europe.

WHO. (2002). Questions and answers on health and human rights. *World Health Organization*.

WHO. (2011). World Report on Disability. Geneva: WHO, 전지혜, 박지영, 양원태(역). 2012. WHO 세계장애보고서, 서울: 한국장애인재단.

Wiehe, S. E., Aalsma, M. C., Liu, G. C., Fortenberry, J. D., & Stultz, L. (2010). Gender differences in the association between perceived discrimination and adolescent smoking. *American Journal of Public Health*, 100(3), 510-516.

Williams, D. R., Gonzalez, H. M., Williams, S., Mohammed, S. A., Moomal, H., & Stein, D. J. (2008). Perceived discrimination, race and health in South Africa. *Social Science & Medicine*, 67(3), 441-452.

Williams, D. R., Haile, R., Mohammed, S. A., Herman, A., Sonnega, J., Jackson, J. S., et al. (2012). Perceived discrimination and psychological well-being in the U.S.A. and South Africa. *Ethnicy & Health*, 17(1-2), 111-133.

Williams, D. R., & Mohammed, S. A. (2009). Discrimination and racial disparities in health: evidence and needed research. *Journal of Behavioral Medicine*, 32(1), 20-47.

Wyatt, S. B., Williams, D. R., Calvin, R., Henderson, F. C., Walker, E. R., & Winters, K. (2003). Racism and Cardiovascular Disease in African Americans. *The American Journal of the Medical Sciences*, 325(6), 315-331.

Zeiders, K. H., Doane, L. D., & Roosa, M. W. (2012). Perceived discrimination and diurnal cortisol: Examining relations among Mexican American adolescents. *Hormones and Behavior*, 61(4), 541-548.

보건복지부. (2016. 3. 24.). 장애유형 생애주기별 건강검진 제도화를 위한 논의 의장마련. 보도자료. http://www.mohw.go.kr/react/al/sal0301vw.jsp?PAR_MENU_ID=04&MENU_ID=0403&SEARCHKEY=&SEARCHVALUE=&DATA_GUBUN=&page=1&CONT_SEQ=330658에서 2017. 7. 22. 인출.

Betanet. (2017a). Medizinische Rehabilitation. http://www.betanet.de/betanet/soziales_recht/Medizinische-Rehabilitation-264.html에

서 2017. 4. 24. 인출.

Betanet. (2017b). Stufenweise Wiedereingliederung. http://www.betanet.de/betanet/soziales_recht/Stufenweise-Wiedereingliederung-465.html에서 2017. 5. 17. 인출.

Betanet. (2017c). Reha-Sport und Funktionstraining. http://www.betanet.de/betanet/soziales_recht/Reha-Sport-und-Funktionstraining-330.html에서 2017. 5. 26. 인출.

Bundesministerium für Arbeit und Soziales(BMAS). (n.d.a). Nationaler Aktionsplan 2.0. http://www.gemeinsam-einfach-machen.de/GEM/DE/AS/NAP/NAP_20/nap_20_node.html 에서 2017. 4. 15. 인출.

Bundesministerium für Arbeit und Soziales(BMAS). (n.d.b). Rehabilitationssport. http://www.einfach-teilhaben.de/DE/StdS/Gesundh_Pflege/Reha/Sport/sport_node.html에서 2017. 5. 26. 인출.

Bundesministerium der Justiz und für Verbraucherschutz (BMJV). (n.d.a). Sozialgesetzbuch (SGB) Fünftes Buch (V) - Gesetzliche Krankenversicherung - (Artikel 1 des Gesetzes v. 20. Dezember 1988, BGBl. I S. 2477) § 2a Leistungen an behinderte und chronisch kranke Menschen. https://www.gesetze-im-internet.de/sgb_5/__2a.html에서 2017. 4. 2. 인출.

Bundesministerium der Justiz und für Verbraucherschutz (BMJV). (n.d.b) Sozialgesetzbuch (SGB) Neuntes Buch (IX) - Rehabilitation und Teilhabe behinderter Menschen - (Artikel 1 des Gesetzes v. 19.6.2001, BGBl. I S. 1046). https://www.gesetze-im-internet.de/sgb_9/BJNR104700001.html#BJNR104700001BJNG000700000 에서 2017. 4. 23. 인출.

Das Forschungsinstitut für Inklusion durch Bewegung und Sport (FIBS).

(n.d.). http://www.fi-bs.de/에서 2017. 7. 26. 인출. Verband der Ersatzkassen(Vdek). (n.d.) Mutter-/Vater-Kind-Maßnahmen (§§ 24, 41 SGB V) https://www.vdek.com/vertragspartner/vorsorge-rehabilitation/mvk.html에서 2017. 5. 2. 인출.

Deutscher Behindertensportverband – National Paralympic Committee Germany(DBS). (n.d.). Rehabilitationssportgruppen in Deutschland. http://www.dbs-npc.de/sportentwicklung-rehabilitationssportgruppen-in-deutschland.html에서 2017. 6. 2. 인출.

Elly Heuss-Knapp-Stiftung Müttergenesungswerk. (n.d.) https://www.muettergenesungswerk.de/startseite.html에서 2017. 5. 3. 인출.

Mencap. (2017). Health inequalities - research and statistics. Mencap Homepage. https://www.mencap.org.uk/learning-disability-explained/research-and-statistics/health-research-and-statistics/health에서 2017. 8. 30. 인출.

NHS. (2017b). NHS continuing healthcare. https://www.nhs.uk/conditions/social-care-and-support/nhs-continuing-care/에서 2017. 8. 25. 인출.

NHS. (2017c). Personal Health Budget. https://www.nhs.uk/NHSEngland/patient-choice/personal-health-budget/Pages/about-phb.aspx에서 2017. 9. 9. 인출.

Sozialgesetzbuch (SGB). (2017. Juli. 18) Sozialgesetzbuch (SGB V) Fünftes Buch, Gesetzliche Krankenversicherung.§ 119c SGB V Medizinische Behandlungszentren. http://www.sozialgesetzbuch-sgb.de/sgbv/119c.html에서 2017. 7. 23. 인출.

Stätistische Bundesamt (2016) Behinderte Menschen. https://www.destatis.de/DE/ZahlenFakten/GesellschaftStaat/Gesundheit/Behinderte/BehinderteMenschen.html에서 2017. 4. 2. 인출.

UN CRPD 홈페이지. https://www.un.org/development/desa/disabilities/

convention-on-the-rights-of-persons-with-disabilities.html에서 2017. 6. 9. 인출.

Wegweiser Arbeitsfähigkeit. (2015a). Medizinische Rehabilitation. http://www.wegweiser-arbeitsfaehigkeit.de/ww/index.php/patienten/medizinische-leistungen/med-rehabilitation 에서 2017. 4. 23. 인출.

Wegweiser Arbeitsfähigkeit. (2015b). Stufenweise Wiedereingliederung. http://www.wegweiser-arbeitsfaehigkeit.de/ww/index.php/patienten/medizinische-leistungen/stufenweise-eingliederung에서 2017. 5. 16. 인출.

WHO. (2016). Fact sheet - Disability and health. http://www.who.int/mediacentre/factsheets/fs352/en/에서 2017. 9. 7. 인출.

大野耕策. (2007). 知的障害者健康管理マニュアル. 診斷と治療社.

德久幸樹. (2003. 12. 20.). 康増進法について, 瓜生ゼミ論文提出資料. http://www.ic.daito.ac.jp/~uriu/thesis/2003/tokuhisa.htm에서 2017. 7. 21. 인출.

国立障害者リハビリテーションセンター. (2017). 障害者健康増進・運動医学支援センター.

http://www.rehab.go.jp/health_promotion_centre/outline.php에서 2017. 8. 19. 인출.

厚生労働省. (2004). 健康増進法の概要.

http://www.mhlw.go.jp/shingi/2004/12/dl/s1202-4g.pdf#search=%27%E5%81%A5%E5%BA%B7%E5%A2%97%E9%80%B2%E6%B3%95%27에서 2017. 7. 23. 인출.

厚生労働省. (2015). 社會保障新議會介護保險部會(第51回委員提出資料). http://www.mhlw.go.jp/file/05-Shingikai-12601000-Seisakutoukatsukan-

Sanjikanshitsu_Shakaihoshoutantou/0000028028.pdf#search=%2
7%E5%9C%B0%E5%9F%9F%E3%83%AA%E3%83%8F%E3%83%93%E
3%83%AA%E3%83%86%E3%83%BC%E3%82%B7%E3%83%A7%E3%
83%B3%27에서 2017. 8. 6. 인출.

厚生労働省. (2017a). 部局横断的な歯科口腔保健施策について. http://www.
mhlw.go.jp/file/06-Seisakujouhou-12600000-Seisakutoukatsukan/
0000114063_3.pdf#search=%27%E9%9A%9C%E5%AE%B3%E8%80
%85%E6%AD%AF%E7%A7%91%E5%8C%BB%E7%99%82%E3%80%8
C%E9%9A%9C%E5%AE%B3%E8%80%85%E7%AD%89%E3%81%8C
%E5%AE%9A%E6%9C%9F%E7%9A%84%E3%81%AB%E6%AD%AF%E
7%A7%91%E6%A4%9C%E8%A8%BA%E3%82%92%E5%8F%97%E3%
81%91%E3%82%8B%E3%81%93%E3%81%A8%E7%AD%89%E3%81
%AE%E3%81%9F%E3%82%81%E3%81%AE%E6%96%BD%E7%AD%9
6%E3%80%8D%27에서 2017. 7. 25. 인출.

厚生労働省. (2017b). 横断的事項かかりつけ医機能. http://www.mhlw.go.
jp/file/05-Shingikai-12404000-Hokenkyoku-Iryouka/000015269
5.pdf.#search=%27%E3%81%8B%E3%81%8B%E3%82%8A%E3%81
%A4%E3%81%91%E5%8C%BB%E3%81%A8%E3%81%AF+%E5%AE%
9A%E7%BE%A9%27에서 2017. 7. 29. 인출.

川崎市. (2017). 重度障害者医療費助成事業. http://www.city.kawasaki.jp/350/
page/0000022242.html에서 2017. 8. 9. 인출.

内閣府. (2017a). 障害者白書. pp. ⅰ-ⅲ. http://www8.cao.go.jp/shougai/
whitepaper/h29hakusho/zenbun/pdf/s3_3-2.pdf에서 2017. 5. 16.
인출.

内閣府. (2017b). 障害者白書. p. 143. http://www8.cao.go.jp/shougai/
whitepaper/h29hakusho/zenbun/pdf/s3_3-2.pdf에서 2017. 5. 23.
인출.

内閣府. (2017c). 障害者白書. p. 143. http://www8.cao.go.jp/shougai/

whitepaper/h29hakusho/zenbun/pdf/s3_3-2.pdf에서 2017. 6. 10. 인출.

內閣府. (2017d). 障害者白書. p. 144. http://www8.cao.go.jp/shougai/whitepaper/h29hakusho/zenbun/pdf/s3_3-2.pdf에서 2017. 7. 10. 인출.

內閣府. (2017e). 障害者白書. p. 149. http://www8.cao.go.jp/shougai/whitepaper/h29hakusho/zenbun/pdf/s3_3-2.pdf에서 2017. 8. 15. 인출.

內閣府. (2017a). 障害者基本計画a. http://www8.cao.go.jp/shougai/suishin/kihonkeikaku25.html#anc3-1에서 2017. 5. 22. 인출.

內閣府. (2017b). 障害者基本計画b. http://www8.cao.go.jp/shougai/suishin/kihonkeikaku25.html#anc3-1에서 2017. 6. 20. 인출.

內閣府. (2017c). 障害者基本計画c. http://www8.cao.go.jp/shougai/suishin/kihonkeikaku25.html#anc3-1에서 2017. 6. 27. 인출.

內閣府. (2017d). 障害者基本計画d.http://www8.cao.go.jp/shougai/suishin/kihonkeikaku25.html#anc3-1에서 2017. 7. 28. 인출.

內閣府. (2017e). 障害者施策独自事業. http://www8.cao.go.jp/shougai/suishin/h26jigyo/pdf/shisaku/02_hoken.pdf#search=%27%E5%9C%A8%E5%AE%85%E9%9A%9C%E5%AE%B3%E8%80%85%E5%81%A5%E5%BA%B7%E7%AE%A1%E7%90%86%E4%BA%8B%E6%A5%AD%2에서 2017. 8. 8. 인출.

日本障害者スポーツ協会. (2017). 障害者スポーツ指導者制度. http://www.jsad.or.jp/training/index.html에서 2017. 8. 29. 인출.

日本障害者歯科学会. (2017). http://www.kokuhoken.or.jp/jsdh-hp/html/syokai/index.html에서 2017. 8. 15. 인출.

大阪市. (2017). 大阪市障害者健康診断事業. http://www.city.osaka.lg.jp/fukushi/page/0000007818.html에서 2017. 8. 25. 인출.

佐久間肇. (2007). 「障害のある方の人間ドック」について, 月刊ノーマライゼー

ション. http://www.dinf.ne.jp/doc/japanese/prdl/jsrd/norma/n310/n310003.html에서 2017. 8. 2. 인출.

障害者職業総合センター. (2003). 働くあなたの健康管理ハンドブック. http://www.nivr.jeed.or.jp/research/kyouzai/08_kenkou.html에서 2017. 8. 14. 인출.

スポーツ庁. (2016). 地域における障害者スポーツ普及促進にかんする有職者会議. http://www.mext.go.jp/sports/b_menu/shingi/002_index/toushin/__icsFiles/afieldfile/2016/03/31/1369121_01_1.pdf#search=%27%E9%9A%9C%E5%AE%B3%E8%80%85%E3%81%AE%E5%81%A5%E5%BA%B7%E5%A2%97%E9%80%B2%E3%83%BB%E3%82%B9%E3%83%9D%E3%83%BC%E3%83%84%E6%94%AF%E6%8F%B4%E6%99%AE%E5%8F%8A%E4%BA%8B%E6%A5%AD%27http://www.nivr.jeed.or.jp/research/kyouzai/08_kenkou.html/에서 2017. 8. 29. 인출.

信州大学. (2017). 地域リハビリテーション推進事業実施要綱. http://sugp.wakasato.jp/Material/Medicine/cai/text/subject04/no14/html/section8.html에서 2017. 8. 25. 인출.

笹川スポーツセンター. (2016). 地域における障害者スポーツ普及促進事業報告書. http://www.ssf.or.jp/research/report/category5/tabid/1281/Default.aspx에서 2017. 8. 25. 인출.

鳥取縣. (2017). 障がい者等歯科医療技術者養成事業. http://db.pref.tottori.jp/yosan/27Yosan_Koukai.nsf/2f5d0814a1a7da9f492574820032bf09/7eefd8b8193e05d149257dc50031a642?OpenDocument에서 2017. 7. 29. 인출.

東京都練馬区. (2017). 生活習慣と健康管理. http://nerimachi.jp/hiroba/willnokai2-170628.jpg에서 2017. 8. 25. 인출.

東京都障害者総合スポーツセンター. (2017). http://tsad-portal.com/mscd에서 2017. 8. 27. 인출.

東京都立心身障害者口腔保健センター. (2017). http://tokyo-ohc.org/kensyu/

에서 2017. 8. 27. 인출.

경제적, 사회적 및 문화적 권리에 관한 국제 규약 (1966. 12. 16. 국제연합총회 채택).
공공보건의료에 관한 법률 [법률 제13982호, 2016. 2. 3., 일부개정].
보건의료기본법 [법률 제14558호, 2017. 2. 8., 일부개정].
사회보장기본법 [법률 제14839호, 2017. 7. 26., 타법개정].
사회복지공동모금회법 [법률 제13995호, 2016. 2. 3., 일부개정].
사회복지사업법 [법률 제14884호, 2017. 9. 19., 일부개정].
소비자기본법 [법률 제15015호, 2017. 10. 31., 일부개정].
세계보건기구 헌장 서문.
세계인권선언 (1948. 12. 10. 국제연합총회 채택).
의료법 [법률 제14438호, 2016. 12. 20., 일부개정].
장애인권리협약과 선택의정서.
장애인 건강권 및 의료접근성 보장에 관한 법률 [법률 제13661호, 2015. 12. 29., 제정].
장애인 복지법 [법률 제13663호, 2015. 12. 29., 일부개정].
장애인 차별금지 및 권리구제 등에 관한 법률 [법률 제14893호, 2017. 9. 19., 일부개정].
정신건강증진 및 정신질환자 복지서비스 지원에 관한 법률 [법률 제14224호, 2016. 5. 29., 전부개정].
헌법 [헌법 제10호, 1987. 10. 29., 전부개정].

관련 자료

류정희, 김정현, 박능후, 함영진, 유진영. (2014). 차상위계층 지원사업 현황과 체계화방안 연구. 한국보건사회연구원.

HHS. (2005). Department of Health and Human Service. The Surgeon General's Call to Action to Improve the Health and Wellness of Persons with Disabilities 2005. US.

文部科学省. (2016). 地域における障害者スポーツ普及促進にかんする有職者会議. p. 39.
http://www.mext.go.jp/sports/b_menu/shingi/002_index/toushin/__icsFiles/afieldfile/2016/03/31/1369121_01_1.pdf에서 2017. 8. 29. 인출.

간행물회원제 안내

▶ 회원에 대한 특전
- 본 연구원이 발행하는 판매용 보고서는 물론 「보건복지포럼」, 「보건사회연구」도 무료로 받아보실 수 있으며 일반 서점에서 구입할 수 없는 비매용 간행물은 실비로 제공합니다.
- 가입기간 중 회비가 인상되는 경우라도 추가 부담이 없습니다.

▶ 회원종류
- 전체간행물회원 : 120,000원
- 보건분야 간행물회원 : 75,000원
- 사회분야 간행물회원 : 75,000원
- 정기간행물회원 : 35,000원

▶ 가입방법
- 홈페이지(www.kihasa.re.kr) - 발간자료 - 간행물구독안내

▶ 문의처
- (30147) 세종특별자치시 시청대로 370 세종국책연구단지 사회정책동 1~5F
  간행물 담당자 (Tel: 044-287-8157)

KIHASA 도서 판매처

- 한국경제서적(총판) 737-7498
- 영풍문고(종로점) 399-5600
- Yes24 http://www.yes24.com
- 교보문고(광화문점) 1544-1900
- 서울문고(종로점) 2198-2307
- 알라딘 http://www.aladdin.co.kr